O Ciclo do Totalitarismo

Coleção Estudos
Dirigida por J. Guinsburg

Equipe de realização – Edição de texto: Iracema A. de Oliveira; Revisão: Geisa M. de Oliveira; Sobrecapa: Sergio Kon; Produção: Ricardo W. Neves, Sergio Kon, Lia N. Marques, Luiz Henrique Soares e Elen Durando.

Ruy Fausto

O CICLO DO TOTALITARISMO

CIP-Brasil. Catalogação-na-Fonte
Sindicato Nacional dos Editores de Livros, RJ

F27c

Fausto, Ruy, 1935-
O ciclo do totalitarismo / Ruy Fausto. - 1. ed. - São Paulo:
Perspectiva, 2017.
360 p. ; 23 cm. (Estudos ; 352)

Inclui bibliografia
ISBN 9788527311168

1. Ciência política. 2. Sociologia política. I. Título. II. Série.

17-45340

CDD: 320
CDU: 32

11/10/2017   16/10/2017

Direitos reservados à
EDITORA PERSPECTIVA LTDA.

Av. Brigadeiro Luís Antônio, 3025
01401-000 São Paulo SP Brasil
Telefax: (011) 3885-8388
www.editoraperspectiva.com.br

2017

Sumário

Introdução XI

I. O CICLO DO TOTALITARISMO E OS IMPASSES
   DA ESQUERDA MUNDIAL

   Primeira Parte: O Ciclo do Totalitarismo 1

   Segunda Parte: Teoria (e Perspectivas Políticas Gerais) 37

   Terceira Parte: Os Impasses da Esquerda Mundial ... 54

II. SOBRE AS ORIGENS DO TOTALITARISMO

   Introdução 73

   1. Capitalismo, Democracia, "Pré-História" 75

   2. Das Origens Intelectuais
      do Totalitarismo Igualitarista 82

   3. Conclusão 118

III. COMUNISMO E NAZISMO

Introdução......................................121

1. Os Dois Totalitarismos 122

2. Fases da História do Comunismo 126

3. A Emergência dos Dois Totalitarismos 127

4. Despotismo e Burocracia 133

5. Do Leninismo ao Stalinismo 142

IV. EM TORNO DA INSURREIÇÃO DE OUTUBRO
DE 1917 E DOS SEIS PRIMEIROS MESES DO
PODER BOLCHEVISTA

Primeira Parte..................................149

Introdução 149

1. Lênin e a Tomada do Poder Por um Só Partido..155

2. Sobre o Governo Provisório 157

3. Tentativas de um Governo Plural 162

4. A Assembleia Constituinte e o Seu Destino ...166

Segunda Parte..................................171

1. O Fechamento Progressivo do Regime 171

2. A Guerra e a Paz de Brest-Litovsk...........175

*3. A Desintegração da Base Social do Bolchevismo
e a Repressão dos Opositores* 178

Conclusão 187

V. REVOLUÇÕES RUSSAS:
Questões "Políticas" de um Não Historiador
em Torno da História e da Historiografia das
Revoluções Russas

1. Revolução e Revoluções......................193

2. Leituras do Movimento de Outubro 194

3. Os Partidos e as "Grandes Tendências" nas
Revoluções Russas 209

VI. SOBRE A REVOLUÇÃO CHINESA:
A Assim Chamada Revolução Chinesa Foi uma
Revolução Camponesa? A Revolução Chinesa e a
Classe Média Intelectual

Introdução:
Revolução Chinesa e Revolução Russa............ 245

1. Os Movimentos Autóctones e a Terceira
   Internacional................................ 246

2. Comunistas e Nacionalistas 250

3. Leninismo e Stalinismo....................... 253

4. "Revolução Camponesa"?..................... 255

5. Como os Comunistas se Impõem nas Cidades ... 260

* * *

VII. "JE SUIS CHARLIE": BALANÇO E REFLEXÕES.. 269

1. Introdução................................. 274

2. O Massacre e as Circunstâncias............... 276

3. *Charlie Hebdo* e os Atentados................. 280

4. Blasfêmia.................................. 282

5. O Contexto 287

6. Islã, Jihadismo. Religião, Religiões do *Livro*....... 306

7. Depois do Massacre......................... 322

Fontes 329

Introdução

Os sete estudos que compõem o volume que estou oferecendo aos leitores ocupam um lugar muito incerto na divisão de trabalho dominante nas universidades. Minha formação é filosófica, por isso mesmo os textos, como logo indico, têm alguma coisa a ver com filosofia; mas eles se situam também no interior de outros domínios do que poderia representar uma divisão "oficial" do saber. Trata-se, em parte, de filosofia da história. Esta constitui o limite do que há de mais ambicioso nesses estudos. No outro extremo, eles representam, mais simplesmente, leituras de historiadores por um não historiador. Entre esses dois polos, diria que alguns dos ensaios – pelo menos se a definição for bastante flexível, e ainda que eu não me considere nem sociólogo, nem cientista político –, remetem a qualquer coisa como à ciência política. Assim, o leitor encontrará, aqui, um discurso que vai da leitura de certa historiografia até uma protofilosofia da história, numa trajetória que conduz da empiria (mesmo se a historiografia examinada não é empirista) até a filosofia. Se o ajuste difícil às divisões tradicionais não é, necessariamente, um defeito intrínseco, ele também não é, em si mesmo, garantia de fecundidade ou de rigor.

O tema geral desses trabalhos é o totalitarismo, mas, em contraposição, eles também se ocupam, em alguma medida, da democracia e dos caminhos da esquerda. O totalitarismo não foi, entretanto, um verdadeiro ponto de partida. Não houve de minha parte um projeto de escrever um livro sobre o totalitarismo. Na realidade, esse objeto me interessou muito nos últimos vinte anos, e continua interessando, mas os estudos foram elaborados ao sabor de circunstâncias objetivas ou subjetivas. Uma parte deles já havia sido publicada, seja na revista eletrônica *Fevereiro*, de cuja equipe de direção faço parte, seja em outra publicação. Outros estudos são inéditos, porém ligados – como, de resto, também alguns dos já publicados – a seminários que, nos últimos anos, codirigi, na Universidade de São Paulo, junto com meu amigo Cicero Araújo.

Os ensaios têm, assim, como centro o totalitarismo, ou mais exatamente, os totalitarismos: a saber, o totalitarismo de esquerda (o que chamei de "totalitarismo igualitarista") – tanto na sua versão russa como na sua versão chinesa – e o totalitarismo de direita, cuja expressão por excelência foi o nazismo. O último ensaio não tinha, em princípio, uma relação mais precisa com os anteriores. Ele comenta e teoriza os atentados terroristas que tiveram lugar em Paris, no início do ano de 2015. Na aparência, algo muito distante das revoluções russa ou chinesa, e mesmo do nazismo. Entretanto, como o leitor se dará conta, o fundamentalismo religioso, do qual o mais ativo é hoje o islamista, e que está por trás do massacre de janeiro, foi progressivamente se revelando como um movimento que, sem abuso de linguagem, poderia ser chamado "totalitário". Aquele último ensaio, que parecia se distanciar da temática relativamente unitária dos demais, aparece assim, ao fim e ao cabo, bastante ligado aos seis primeiros. Entre ele e os outros há um fio, que remete à definição do fenômeno totalitário.

Em que medida esses ensaios permitem algum tipo de generalização teórica, isto é, em que medida eles dão acesso a alguma teoria mais geral ou, pelo menos, a algum tipo de esquema histórico mais amplo?

Fazendo um balanço dos estudos, seríamos levados às seguintes conclusões. O quadro tradicional da história do século xx – o que se costumava oferecer e que, em grande medida, ainda se oferece, principalmente nos meios políticos de esquerda – é ilusório, e mesmo mistificador. Refiro-me à ideia de um século marcado por revoluções, de uma forma ou de outra, "emancipadoras", por muito que se admitam erros, crimes ou recuos. O século xx passava por ser, e passa ainda, para muitos, o século "da revolução" (mais ainda do que o xix, no interior do qual, uma periodização conhecida, situava-se a "idade da revolução"). Que houve "revoluções", no sentido de *bouleversements*, isto é, de transformações profundas na estrutura social e no poder político, como resultado de mobilizações fundadas na violência, não pode haver dúvida. Por outro lado, é verdade que ocorreram, de fato, "revoluções emancipadoras" no século xx, ou pelo menos processos vitoriosos de emancipação, mesmo se essa emancipação foi e é ambígua, tanto pelos seus métodos como pelos seus resultados. Penso nos movimentos históricos que levaram à independência política de numerosas nações na África, e também na Ásia e na Oceania. Até aí, isto é, quando se visa o processo de descolonização, que fez *pendant*, no século xx, ao que ocorrera no xviii e no xix para a maioria das nações da América, nada a objetar. Emancipação política houve sim, é claro, e isso foi, em si mesmo, um progresso. Porém, a experiência russa, como a chinesa (sem falar na alemã, isto é, no nazismo), é de outra ordem. Houve, aí, sem dúvida, transformação violenta, é o mínimo que se poderia dizer. Teria havido, efetivamente, algo assim como uma revolução que mereceria o epíteto de "emancipadora"? É o que os argumentos desenvolvidos nos estudos que compõem este livro – estudos amplamente dependentes do trabalho dos historiadores – levam a questionar. À luz deles (isto é, do que nos dizem os historiadores críticos), o século xx é menos o das revoluções do que, para parafrasear um importante, mas insuficientemente conhecido livro de ensaios – e apesar do que a expressão poderia conter de impreciso –, o "século das tiranias"[1].

Se quisermos resumir de forma mais ou menos simplificada tanto a leitura corrente como a que proponho aqui, poderíamos dizer o seguinte. Na versão comum, o século xx teria se caracterizado – além de o ser por outros eventos, como as duas guerras mundiais, cujas histórias, de resto, estão imbrincadas com a das revoluções – por duas grandes revoluções: a russa e

---

1   Cf. Élie Halévy, *L'Ère des Tyrannies: Étude sur le socialisme et la guerre*, prefácio de Célestin Bouglé, Paris: Gallimard, 1938.

XIV O CICLO DO TOTALITARISMO

a chinesa. A primeira, que começou a sua história "de poder" com a chamada "revolução de outubro" – de outubro/novembro de 1917 – (em termos de partido, ela remonta ao surgimento do bolchevismo, no início do século XX), teria sido de essência proletária, embora se admita, sem muita dificuldade, o seu caráter de revolução proletária mais ou menos *sui generis*. A segunda, que começa a sua história no início dos anos de 1920, com a fundação do Partido Comunista Chinês, desemboca num ganho de áreas de poder a partir dos anos de 1930 e é vitoriosa no final dos anos de 1940[2], teria sido uma grande "revolução camponesa", a maior revolução camponesa da história, para alguns. O processo histórico teria produzido, para o caso russo, uma revolução proletária em um país relativamente atrasado, hipótese que Marx não descartara, mas que adotara, de certo modo, como *second choice*. Quanto ao caso chinês, o peso enorme do campesinato teria imposto, com a intermediação clarividente do líder, a emergência de uma revolução não proletária, mas camponesa, revolução em que, entretanto, o proletariado teria tido, de forma direta ou indireta, um papel importante. Eis aí a linha geral da leitura corrente que fazia e faz a maioria da esquerda – e não só ela – do que se passou, no século XX, em matéria de revoluções. Ora, se com o que se encontra nos estudos que compõem este livro (e que, repito, dependem sem dúvida, em ampla medida, do que disseram historiadores críticos) esse quadro cai por terra, estaríamos diante de uma virada importante na interpretação do passado. De fato, se abandonarmos, desse modo, a versão clássica que circulava na esquerda (e que era a da leitura oficial, inclusive a trotskista, evidentemente), a figura da história do século passado muda completamente. Essa história aparece como um objeto diferente e quase oposto ao que nos apresentava a interpretação corrente.

A "revolução russa" – a que começa como poder, em outubro – *não foi uma revolução proletária*, e a "revolução chinesa" – a que começa como poder mais ou menos global, em

---

2 Diferentemente do que aconteceu na chamada revolução russa, o poder comunista chinês chega a constituir primeiro uma "região liberada" de extensão reduzida, para se elevar a um poder global (ou aproximadamente), em 1949, depois de uma guerra civil que, ao contrário do que aconteceu na Rússia, veio antes e não depois do que representou propriamente a "tomada do poder".

1949 – *não foi uma revolução camponesa*. Mais do que isto. Tanto a revolução russa como a chinesa não foram a rigor, revoluções "emancipadoras". O que significa que, *em certo sentido* – a saber, se na conotação do termo for incluída a ideia de um progresso moral-político – não foram nem mesmo "revoluções". Outra coisa, se fizermos abstração daquela ideia. E assim, de século de revoluções emancipadoras passamos à de século de convulsões, ou de revoluções, se se quiser, mas em sentido mais ou menos neutro, se não negativo. É que estamos diante de revoluções que conduziram a poderes totalitários e, afinal, a formas sociais totalitário-capitalistas. A nova leitura implica o reconhecimento de que se deu, no século XX, uma interrupção; e mais, uma inversão da linha do progresso, se é válido dizer que até aí, apesar de tudo, o mundo dos séculos XVIII e XIX teria seguido certa linha de progresso. Stalinismo (ou leninismo-stalinismo) e maoísmo, para usar denominações simplificadas, implicaram verdadeiras *regressões* históricas[3]. Não se trata evidentemente de regressão técnica, portanto o progresso que se tem em vista, e que se supõe negado ou interrompido, não é o progresso técnico. Mais ainda: também não se trata de regressão enquanto empobrecimento da imaginação social-histórica, em sentido mais geral, o progresso que se tem em vista e que se supõe negado não é o da criação de novas formas históricas (o nazismo e também o stalinismo são formas históricas novas)[4]. Com os totalitarismos, assiste-se, no século XX, a uma

3   Aí, o leitor dará um salto, porque entro em terreno instável. Regressão histórica? Em termos impressionistas, parece que sim. Mas como fundamentar essa ideia? Ela não implicaria um critério de julgamento para avaliar a história? E que critério seria esse? A relatividade e a subjetividade desses critérios não seriam inevitáveis, e elas não comprometeriam toda possível universalização? De minha parte, acho que é possível julgar, e que esse julgamento não vem necessariamente afetado de relativismo e comprometido por causa deste. Retomo logo mais o problema.

4   Por que, apesar de tudo, se pode falar em regressão? Há regressão porque fenômenos como genocídio, negação brutal do indivíduo e extermínio e ausência total de liberdade – para ficar em alguns traços – são evidentemente regressivos. Mas esse "evidentemente" está suficientemente justificado? O que estou supondo é que liberdade, autonomia e respeito à vida definem, em parte pelo menos, o progresso. Essa afirmação está bem fundada? Creio que sim. Claro que não posso exibir um fundamento último, mas não existem fundamentos últimos. Ficamos nas evidências. Porém, ao contrário do que supõem os relativismos, uma filosofia da evidência não nos conduz necessariamente ao relativismo e ao ceticismo, em primeiro lugar porque há uma

verdadeira regressão no plano da liberdade e do respeito pelo indivíduo. Claro que houve muitos horrores no passado: na Antiguidade, na Idade Média, na época moderna. Mas seria possível dizer – parece – que a violência extrema, embora sempre presente, tendeu a diminuir a partir do final do século XVIII e durante o XIX. Apesar de tudo, as guerras desse tempo não foram propriamente genocidas. Quanto ao indivíduo, se é inegável todo o horror do primeiro capitalismo industrial e da miséria irlandesa, há, aparentemente, uma tendência geral para um ganho muito incerto, sem dúvida, e ziguezagueante, mas com saldo, a despeito de tudo, em termos de respeito pelo indivíduo e de reconhecimento progressivo dos direitos civis e políticos[5]. A Primeira Guerra Mundial é o episódio de horror que marca a abertura da regressão. Os totalitarismos do século XX, que não teriam existido sem essa guerra, dão como que formas institucionais a essa inversão brutal do processo. Com

grande convergência das evidências. Essa convergência é, num primeiro enfoque, o segredo da universalidade das filosofias da evidência, o que as salva do relativismo e do ceticismo. Elas podem parecer frágeis e mal fundadas: evidência para quem? Quem ou o que garante a validade das evidências? Leibniz, que não era nem relativista, nem cético, já formulava críticas desse tipo à evidência cartesiana. Mas – continuam as dificuldades – então o critério seria o *consensus gentium*? Não exatamente. Se a pergunta em torno do "critério" for uma pergunta válida (o que é duvidoso, cf. Hegel), o critério é o da própria evidência. Digamos: o objeto genocídio "se apresenta" (à consciência, se se quiser, e não necessariamente à consciência "moral") como um mal. Não para todos, sem dúvida, mas para muitos. Em certa medida, até para certos nazistas. De fato, alguns deles se referiam a atos desse tipo como um mal necessário. Porém o "critério" não está nessa quase universalidade. Na realidade, tudo se passa como se a evidência de que o genocídio é um mal se apresentasse de forma suficientemente clara e distinta, para que possamos considerar excepcional e desprezível a experiência (?) daqueles que a recusam. É como se a experiência do genocídio como um mal tivesse tal "grau" de evidência que permitiria excluir a não evidência de alguns. Se a minha argumentação não for uma simples casuística (e não creio que seja), estamos diante de outra coisa que não o *consensus gentium*, mesmo se ele vem junto, em grande medida. De fato, não se deve pensar esse consenso como fundamento. Pelo contrário, deve-se pensá-lo como resultado da evidência, sem dúvida, da convergência das evidências, mas enquanto evidências.

5   Essas afirmações visam essencialmente ao mundo europeu e às relações entre nações suficientemente desenvolvidas e "civilizadas". Porque esse período assiste ao massacre das populações indígenas na América e às brutalidades coloniais. Como Hannah Arendt já mostrara, a barbárie do século XX não é invenção absoluta, mas antes importação para o mundo "civilizado" de horrores que eram ou se haviam tornado mais ou menos normais no mundo colonial.

eles, como que se estabiliza uma bem real e radical regressão. Essa regressão é dificilmente pensável a partir da teoria que se tornou hegemônica no interior da esquerda, por muito que ela apresentasse um esquema de progresso não retilíneo e comportando regressões. O recuo a que assistimos no século passado foi de outra ordem. Muito mais profundo e violento, embora na sua forma mais pura não tenha durado muito tempo. Digo "na sua forma mais pura" porque, até certo ponto, o totalitarismo sobrevive até os nossos dias, isto é, até a segunda década do século XXI; além de ter deixado marcas profundas na vida social e política de todos os povos. Se se pretender que vivemos numa época pós-totalitária, é preciso supor que esse "pós" é *inclusivo*, não *exclusivo*. E, de qualquer forma, direta ou indiretamente, a experiência totalitária está presente. O mundo não é mais o mesmo desde que surgiu o totalitarismo, embora as suas formas mais canônicas tenham sucumbido ou se modificado consideravelmente. De resto, a teoria hegemônica não sofre um abalo apenas porque a sua ideia do progresso, por razoavelmente rica que ela tenha sido (ela não é simplista), não dá conta das rupturas radicais que o século passado ofereceu. A grande teoria foi abalada no próprio conteúdo. De fato, ou se dá ao chamado "materialismo histórico" uma latitude tal que ele se torne capaz de dar conta de quase qualquer fenômeno histórico – e aí, valendo para tudo, ele se torna insignificante – ou se supõe que ele implique certo número de teses mais ou menos precisas, ainda que indicativas de fenômenos tendenciais, e então ele seja suscetível de confirmação ou de "infirmação". Para mim, é evidente que ele não passou no teste. Para dar um exemplo, quando Hitler, em plena debacle da grande Alemanha, em vez de concentrar todas as suas forças para tentar organizar uma defesa eficaz envia Eichmann à Hungria para se ocupar da liquidação dos judeus (trata-se de um exemplo, há outros, mas este é expressivo), o que está por trás da sua ação, mesmo mediatamente, não é nem a economia, nem mesmo o poder. Hitler quer destruir os judeus porque quer destruir os judeus. Sem dúvida, há uma motivação "ideológica" por trás disto. É preciso liquidar a sub-raça que corrompe o mundo. Mas o tipo de motivação ou de causalidade que se introduz aí não tem nada a ver com os esquemas do chamado "materialismo histórico". Estamos em outro universo e é preciso extrair as lições desta constatação.

De fato, nos deparamos com uma realidade que tem de ser repensada. Estamos vivendo um processo de reconstrução de uma teoria da história. Fique claro: a visão da história a que somos conduzidos não é simples. Não se trata de substituir o progresso pela regressão (nesse caso, apenas inverteríamos os sinais, como sugere criticamente Adorno). Na história, há progresso, há regressão e há linhas de "estagnação". E claro que há também uma diversidade das formas de atividade – mais ou menos inertes; mais ou menos autônomas – que deve ser reexaminada. A maioria dos textos subsequentes fica aquém dessa discussão. Mas dois ou três deles vão até aí, ainda que como um primeiro trabalho de abertura do problema.

Se a maioria dos estudos deste livro se ocupa do totalitarismo nas suas espécies "igualitarista" e "anti-igualitária"[6] – sendo que a primeira aparece sob a forma de duas variedades, a russa e a chinesa –, o último artigo trata de um objeto aparentemente bem distinto, os massacres, em Paris, no começo do ano de 2015. No universo a que nos conduz este último texto, temos um bom exemplo da complexidade da história contemporânea e da dificuldade para enunciar um julgamento lúcido sobre o que ocorre nela. Não vou entrar em detalhes sobre o significado do acontecimento que é o seu objeto, o massacre parisiense de janeiro de 2015, pois isso será feito no próprio texto. Em lugar disso, aí vão algumas reflexões sobre o que poderia ligar este evento, e tudo o que está na sua base, à análise dos totalitarismos. À primeira vista, estamos longe destes, porque se trata mais de terrorismo "civil" (os totalitarismos praticaram principalmente um terrorismo "de Estado"). Além disso, a violência tem, nesse caso, embora não exclusivamente, uma dimensão religiosa (os grandes totalitarismos foram ateus), e a base do movimento se situa em áreas periféricas da economia mundial. Nos outros casos, também intervêm "periferias". Mas se a Rússia e a China eram de algum modo "periféricas" – a China mais que a Rússia –, agora é toda uma região "periférica" com traços culturais comuns que está em ebulição. No entanto, a ideia de que

---

6   Justificarei, mais adiante, a assimetria das duas expressões.

INTRODUÇÃO   XIX

o jihadismo é uma forma totalitária vai fazendo o seu caminho, e mesmo se impondo progressivamente. E, de fato, há razões para empregar o conceito, apesar de todas as singularidades: trata-se de um movimento hiperautoritário, que vive pela mobilização das bases, que intervém nos menores detalhes da vida de cada um, que tem uma tendência expansionista confessa, que pratica certas formas de genocídio (como escreveu alguém, o que caracteriza o genocídio não é o número de mortos, mas as razões da matança) etc.[7] Se a conceituação for aceitável, seria o caso de comparar um pouco as duas espécies de totalitarismo reconhecidas até aqui com o fundamentalismo, trabalho que passa por uma comparação prévia entre aquelas duas espécies.

Comunismo e nazismo têm uma história diferente. Porém, no ponto de chegada, há certo número de coisas comuns: os campos, o genocídio, a violência contra as pessoas, uma ideologia e uma política expansionista etc. O que, precisamente, permite remeter os dois à noção de "totalitarismo". Eles diferem, entretanto, por sua história, mas também, em várias coisas, no seu resultado. Um deita suas raízes na história da esquerda e nas lutas populares pela emancipação e o socialismo, o outro tem uma gênese diferente, pois remete às experiências do lado contrário, isto é, às forças que se opõem aos movimentos populares. Com isso, não quero dizer que um e outro não representem rupturas. O que estou tentando descrever é mais a gênese – a pré-história deles – do que a sua história, ou, preferindo, mais os pressupostos da sua história do que a sua história. Um é marcado por uma referência à igualdade (por mais infiel que ele seja, de fato, a essa ideia); o outro é inimigo da igualdade, prega a hierarquia e a desigualdade. Por isso se pode chamar o primeiro totalitarismo de "igualitarista" (e não "igualitário", porque a igualdade aí é, em grande parte, ilusória), e o outro, de totalitarismo "anti-igualitário" (não há simetria exata com o

---

7   Outra possibilidade seria entender os fundamentalismos como formas arcaicas remanescentes do "teológico-político", isto é, como figuras análogas aos despotismos de direito divino, que procedem as "luzes". De fato, eles têm alguma coisa disto, principalmente, uma referência religiosa e uma forma autocrática. Mas, além do fato de terem uma relação muito especial com a mídia moderna (para não falar do armamento), eles praticam uma política de mobilização popular que, *mutatis mutandis*, os aproxima bem mais dos totalitarismos modernos.

seu oposto, porque a igualdade que este último combate é real e não ilusória). No fundo, ambos não anti-igualitários, mas sob modalidades bem diferentes. Assim, temos essas duas formas, as quais se inserem com descontinuidade na história do século xx. Dois monstros que nascem por processos relativamente autônomos entre si, e que levam a resultados que têm muito em comum. A emergência dos dois configura, pelas razões citadas, uma regressão histórica. Como se situa, em relação a eles, o fenômeno fundamentalista? Refiro-me, em particular, ao fundamentalismo islâmico, que se pode chamar de jihadismo. Pelos motivos indicados, este pode ser subsumido também ao gênero "totalitarismo". Qual a diferença entre essa "espécie" e as duas anteriores? Alguém escreveu que comunismo e nazismo são irmãos gêmeos heterozigóticos. Se for assim, o jihadismo seria irmão deles, simplesmente, e de uma "idade" bem diferente. O fundamentalismo islâmico é, na realidade, uma variedade do fundamentalismo religioso, que pode se pensar como constituindo uma espécie (a se contrapor às duas outras espécies). Pode-se pensá-lo também como um grupo, o grupo religioso, contraposto ao grupo laico que reúne as duas outras espécies[8]. As outras variedades do fundamentalismo religioso são, principalmente, o fundamentalismo judeu e o fundamentalismo cristão. Das três, o islâmico é hoje, certamente, o mais importante. Os outros são, à sua maneira, ativos. A característica desses movimentos é o seu arcaísmo. E um arcaísmo que se combina com traços modernos, principalmente no plano do manejo das armas e no plano da mídia. A emergência desse tipo de movimento totalitário representa também, e mais ainda, uma espécie de ruptura objetiva na história ou no progresso histórico, e igualmente um abalo na teoria da história que é hegemônica, na tradição da esquerda. Não que o marxismo não conhecesse certo tipo arcaico de sociedade em que dominava o que se poderia chamar de "teológico-político". Mas – e

8 Os totalitarismos religiosos teriam, aparentemente, um parentesco maior com uma das espécies do grupo dos totalitarismos laicos: o totalitarismo laico de direita. Se isso for verdade, a ordenação dessas formas seria ainda mais complexa, como se pode perceber. Mas isso não é sempre claro. Há um trabalho assistencial em certas formas de jihadismo que vai bem mais longe, parece, daquilo que houve de *welfare* no nazismo, e que os aproxima também, em alguma medida, do totalitarismo de esquerda.

isso vai junto com o que ocorre com a sua maneira de lidar com as regressões – se o marxismo conhecia essas sociedades e a sua presença no cenário moderno, tratava-se de uma presença, apesar de tudo, residual. Não creio que passasse pela cabeça dos dois fundadores daquela teoria a possibilidade de que movimentos fundamentalistas como os que conhecemos na atualidade, e que são bastante antigos na sua configuração geral, pudessem vir a ter o peso que têm hoje, no mundo. Esse tipo de fenômeno – o sucesso relativo, mas considerável, de tais movimentos – estava fora dos seus cálculos. De fato, esses movimentos ganharam um peso na história mundial que quase ninguém havia previsto. Que significa essa presença? Se nazismo e comunismo são verdadeiras rupturas regressivas na história contemporânea, o fundamentalismo islâmico se apresenta como uma regressão e uma ruptura muito maior. De fato, como os demais fundamentalismos religiosos, ele em geral é regressivo em sentido muito mais literal do que os outros dois, os totalitarismos laicos ou ateus. Estes últimos podem ser considerados regressivos, porque transgridem exigências fundamentais de liberdade e de bem-estar introduzidas, pelo menos como princípios, pela primeira revolução. Eles "voltam atrás" no plano dos princípios e da prática implementada na base daqueles princípios. Mas não propõem uma volta a algum regime antigo ou arcaico. Nazismo e comunismo não são movimentos de volta ao passado (entenda-se, de volta a certas formas sociais ou ideológicas que datam do passado). É o que acontece, pelo contrário, com os fundamentalismos. Aqui se pretende sim, e quase literalmente, voltar ao passado, mesmo se essa volta não é absoluta; voltas históricas absolutas são impossíveis. Eles propõem e impõem a obediência literal ao que dizem textos de uma tradição muito antiga. É aqui, propriamente, que há retorno, mesmo se o retorno é complexo, porque sustentado por certa modernidade, que explicito melhor em seu lugar.

Desse modo – voltando aos regimes laicos –, a história contemporânea é assombrada por dois modelos de regimes monstruosos que resultam, cada um pelo seu lado e com descontinuidade, de uma luta histórica que não é de hoje. Essa luta, que remonta pelo menos ao início da época moderna, opõe forças de emancipação – as quais visam (e isso tem de ser precisado) a mais igualdade e mais liberdade – e forças conservadoras ou "reativas". Dessa luta, resultaram dois regimes (ou dois modelos de regimes) hiper-repressivos e genocidas que representaram uma violenta regressão – não técnica, nem científica, nem no plano da criação de formas sociais, mas regressão "moral-política" – no interior dessa história. A essas rupturas veio se somar o totalitarismo fundamentalista, este literalmente regressivo.

As formas totalitárias não esgotam, evidentemente, o elenco das formas sociais contemporâneas no interior de uma história em que há regressões, linhas de progresso, e de *statu quo*. Nos estudos que compõem este livro, trata-se também da democracia, como o outro do totalitarismo. Falarei logo em seguida da democracia. Sem pretender fazer aqui uma apresentação geral das formas sociais contemporâneas, vou introduzir mais outra que representa uma forma, por assim dizer, "intermediária" (ela também está presente nos textos que seguem, mas tem um tratamento um pouco diferente do que tentarei dar, brevemente, nessa introdução). Se faço questão de mencioná-la, é porque, na atualidade, por razões diversas e às vezes até opostas, ela está na ordem do dia. Esta forma tem certo parentesco com o totalitarismo. De fato, existem certas formações que, sem serem elas mesmas propriamente totalitárias, como que se "deduzem" das formas totalitárias, porque têm com elas alguma coisa em comum. E elas podem também ser consideradas "patológicas" (deixo em suspenso se elas são rigorosamente "regressivas"). Acho que poderíamos reunir esse gênero pelo termo, muito controvertido e criticado, e nem por isso ilegítimo, "populismo". Talvez fosse melhor falar em populismos.

Que são afinal os populismos? Embora diferentes, e essencialmente diferentes dos totalitarismos, eles têm alguns traços comuns com estes, se se quiser atenuados. Os traços são, entre outros, além do nacionalismo, o autoritarismo, isto é, a tendência a adotar práticas antidemocráticas de governo, e o apelo à mobilização popular, o qual não tem, entretanto, a intensidade das mobilizações totalitárias. É fácil observar que há um populismo de esquerda e um populismo de direita. E que o primeiro imita (imita "mal", isto é, sem muita fidelidade) o totalitarismo de esquerda, enquanto o populismo de direita

INTRODUÇÃO   XXIII

preenche uma posição mais ou menos análoga em relação ao totalitarismo de direita. O fenômeno populista é muito atual e, como o totalitarismo, mas de outro modo – com uma localização espacial e temporal mais ou menos deslocada em relação a ele –, ocupa também um lugar importante na cena política do século xx e do século xxi. No presente mais imediato, assistimos ao desenvolvimento dessa forma, na sua figura direitista, em alguns países do leste europeu. Mesmo em vários deles. O lugar dos populismos de esquerda foi e continua sendo o do mundo subdesenvolvido ou emergente. Nesse populismo, se reconhece um autoritarismo que fica longe da violência totalitária de esquerda – ele pratica a própria forma de violência – e, por outro lado, uma relação com a igualdade que é também da ordem do "igualitarismo" (isto é, a sua mensagem é também, em ampla medida, ilusória), mas introduzindo um igualitarismo "moderado", estranho aos totalitarismos de esquerda. Atualmente, ele está em crise e, por isso mesmo, desperta interesse. Com os progressos que vem obtendo na Europa do leste, principalmente, o populismo de direita aparece, pelo contrário, como uma forma em ascensão, e ameaçadora, no cenário europeu e mundial. O interesse que ele desperta vem da sua força atual.

A essa dupla forma social acrescento, para terminar, a democracia, que é também nosso tema. Como pura forma, as democracias são numerosas no mundo; como democracias reais, o são muito menos. Porém, mesmo no que chamo aqui de democracias reais – aquelas em que o voto é efetivamente livre e os poderes respeitam suficientemente as regras do jogo –, elas são imperfeitas porque coexistem com o capitalismo. Temos assim um sistema dual pelo menos virtualmente contraditório (a democracia é o regime da igualdade, o capitalismo é essencialmente anti-igualitário). É preciso observar que o capitalismo não está presente apenas fazendo dupla com a democracia. Ele aparece também no interior dos regimes totalitários de direita, e, em geral, nos populismos de direita ou de esquerda (e, também, hoje, na maioria das formações estatais totalitárias, de caráter fundamentalista). Na situação anterior, a do século xx, ele estava ausente dos totalitarismos de esquerda, que se apresentavam como anticapitalistas, e efetivamente o eram (o que não representava garantia de progresso social, na

XXIV O CICLO DO TOTALITARISMO

medida em que a forma política era hiperautocrática, enquanto a forma econômica, burocrática, não oferecia propriamente vantagens em relação ao capitalismo). Na situação presente, temos uma mudança fundamental. Como desenvolvo principalmente no primeiro ensaio, os dois grandes totalitarismos de esquerda perderam a sua forma burocrática anticapitalista. Sob modalidades um pouco diferentes das ocidentais, e também algo diferentes entre si, eles exibem uma economia capitalista que é, no caso da China, não só uma economia capitalista com alto grau de desigualdade – o que deve ser também o caso da Rússia –, como também, o que não ocorre com a Rússia, uma economia capitalista em plena expansão. O capitalismo se apresenta, assim, como a base de todo o sistema mundial. Porém, atenção. Como assinalei em outro lugar, o capital é a *base* (*Grundlage*, em hegelianês), mas não necessariamente o *fundamento* (*Grund*, na mesma língua). O que significa não apenas que, em cada forma, "algo" se erige sobre essa base, mas que esse "algo" é muito variado e pode comportar uma relação com a base de teor muito diversificado[9]. Explico-me: a base *pode* ser mesmo, e é, em muitos casos e situações, um verdadeiro *fundamento*, isto é, ela pode ser mais do que *base*,

---

9   Há aqui dois problemas: 1. o de saber se o que se instaura sobre essa base a contradiz ou não; 2. o de saber se o que se instaura sobre a base tranfere ou não para si toda a essência da formação. Assim, em várias passagens deste livro, tento mostrar como há uma contradição, pelo menos virtual, entre capitalismo e democracia. Porém, a presença da democracia não elimina, embora limite, o papel que tem a noção de "capitalismo" na definição da sociedade em questão. Já num caso como o do nazismo, e pelos menos em algumas das formações estatais do nosso tempo, de estilo fundamentalista religioso, a natureza do que se erige sobre uma base capitalista "puxa para si" a essência do sistema. A formação em questão não poderá mais ser definida (e nem mesmo codefinida) em termos da sua base. Nesses casos, há capitalismo, mas o regime não é mais a rigor "capitalista", é totalitário (totalitário laico ou fundamentalista religioso); esse é, entretanto, um caso-limite, de que me ocupo bastante neste livro, mas que não desenvolvo nessa passagem. O caso geral, digamos, é aquele em que a referência ao capitalismo fica, mas ela é completada por uma outra determinação; esse é o caso das chamadas democracias ocidentais (que são, na realidade, democracias capitalistas). Por outras razões específicas, este parece ser também o da China, a que me refiro logo em seguida. De fato, da China atual se pode, sim, afirmar que se trata de capitalismo, mas capitalismo totalitário ou totalitarismo capitalista. Essas variações (presença ou não presença da base capitalista como coessência na definição da sociedade em tela) se devem ao papel que tem o *ethos* capitalista na "maneira de ser" global da sociedade em questão.

INTRODUÇÃO   XXV

pode ser *a essência* (ou pelo menos a coessência) da forma em questão. Mas, em outros casos e situações, ela é apenas base, o que significa que a essência (mesmo se como coessência) *não está na base*, mas em outro lugar, digamos, no âmbito do que se chamava antigamente "superestrutura". Este é o caso-limite. Mas mesmo fazendo abstração desse caso-limite, em que o que se acrescenta à base a expulsa enquanto (co)essência, é preciso dizer, de forma geral, não apenas que as diferenças de natureza política, social e cultural não são desprezíveis – o que ninguém negaria –, porém, mais do que isso, que elas fazem parte da *essência*, elas são coessenciais à forma em questão[10]. Assim, se a qualificação de "capitalista" diz alguma coisa sobre um regime – e, convenhamos, que até diz bastante –, *ela, entretanto, não diz o suficiente*. À forma econômica deve-se acrescentar pelo menos a forma política. Ora, esta última *pode não ser congruente*, e em geral não o é, pelo menos em longo, se não em médio, prazo. É o caso, muito frequente, das *democracias-capitalistas*, as quais, ao contrário do que pensam marxistas e liberais, encerram uma contradição interna (*para os liberais, não existe aí contradição alguma, para os marxistas existe, mas ela não reside na junção do político com o econômico*). Porém, o surgimento de capitalismos que sucedem aos totalitarismos de esquerda introduz uma grande novidade histórica. É o caso da Rússia e da China, mas esta última é o melhor exemplo (a Rússia atual talvez fique entre um neototalitarismo e um

---

10 Digo "elas fazem parte da essência". Essa expressão, relativamente vaga, visa proteger contra a ideia falsa de que o que se imporia, no caso geral (o das "democracias" ocidentais, por exemplo), seria virar o esquema marxista de cabeça para baixo, reconhecendo na essência a "superestrutura". Nesse caso (que eu chamei de "caso geral"), não se trata disso (e mesmo para os outros, o dos casos-limite, a formulação é um pouco grosseira). Também não se trata de negar, em geral, a validade do uso da noção de "essência" (ou de significação fundamental) Tudo se passa, entretanto, como se a essência devesse ser expressa a partir de mais de um estrato. A minha impressão é a de que, quando se trata de pensar a significação de uma forma social, poucos seguem esse caminho. O marxismo continua sendo poderoso demais, ou então, precisamente, tem-se uma inversão do esquema; ou então, terceira possibilidade, se segue o caminho do ceticismo. Entretanto, como o leitor verá pela sequência do texto, o objeto só começa a ser realmente interessante quando se reconhecem contradições (ou, pelo menos, oposições) entre os conteúdos respectivos desses estratos. E aí se vê qual a natureza do bloqueio teórico: aqui, como alhures, o que bloqueia a análise e a crítica é o horror da contradição.

populismo de direita)[11]. A China reúne à forma econômica capitalista a forma política neototalitária herdada do totalitarismo de esquerda, de quem conservou também a ideologia (essa grande potência capitalista defende o "comunismo", e a "luta de classes"!) e, finalmente, um pronunciado nacionalismo, que tem alguma coisa em comum com os populismos (hoje, já não dá mais para dizer rigorosamente se o regime chinês se aparenta com o populismo de esquerda ou de direita, acho que, a rigor, ao de direita, mas as duas coisas se confundem).

Nesses casos (diferentemente, a meu ver, do que se exigiria para a definição do nazismo, onde a política totalitária como que "submerge" o capital), também é necessário definir pela dupla referência, ao econômico e ao político (ou ao ideológico). Mas aqui os dois estratos só são realmente contraditórios se, como na China, subsistir uma ideologia comunista. No plano sociopolítico, não há real contradição entre totalitarismo (ou autoritarismo extremo) e capitalismo.

No momento em que escrevo essas linhas (fevereiro de 2016), a China atravessa uma crise econômica séria. Porém, se fizermos um corte temporal maior, ela aparece com suas características fundamentais: uma economia capitalista agressiva e em expansão, um poder militar – embora ainda distante do dos Estados-Unidos – também em pleno desenvolvimento, um nacionalismo emergente com pretensões à hegemonia cultural. A China é hoje a segunda potência econômica do mundo, e uma força geopolítica de primeira grandeza, tudo isso no quadro de um regime híbrido, coquetel de formas sociais patológicas e regressivas. Que um país com tal configuração política vá pouco a pouco tomando um lugar de grande liderança no "concerto"

---

11 Como o leitor poderá ler no corpo deste livro (em particular, no primeiro ensaio), a responsabilidade do FMI e do governo americano pela involução do regime russo pós-totalitário, nos últimos anos do século XX, foi enorme. Jogou-se a carta da consrução de uma economia de grandes capitais não a carta da fundação de uma democracia com mercado. Pensou-se, parece, que aquela seria a melhor garantia. do não retorno do "comunismo". Certo, ninguém poderia desejar a volta daquele monstro. Mas não se viu – ou se viu e aprovou – que havia outro monstro em gestação: um poder opressivo internamente e agressivo externamente, um populismo pós-totalitário de direita que ainda não deu a última palavra. Que o governo americano e o FMI tenham dado com isso um tiro no próprio pé seria um problema deles, se o tiro não tivesse alcançado também (provocando um ferimento duradouro) a Europa e o mundo.

das nações não é, certamente, motivo de tranquilidade para o mundo. Se a isso se acrescentar outras ameaças que se fazem presentes no nosso planeta, principalmente as de natureza ecológica (acúmulo de CO_2 na atmosfera), temos um quadro global diante do qual não há lugar para muito otimismo. Sem dúvida, há forças de esquerda ou de progresso social que emergem aqui e ali. No entanto, por ora, é difícil dizer para onde elas irão e quais são as suas possibilidades.

* * *

Uma palavra final sobre os estudos que seguem. Tive de enfrentar um problema difícil a propósito deles: o da repetição. De fato, vários deles voltam aos mesmos temas: leninismo e stalinismo, marxismo e totalitarismo, comunismo e "luzes" etc. Eliminei o quanto pude as repetições. Não fui mais longe porque me dei conta de que se os temas se repetem, o tratamento é diferenciado. Assim, se "leninismo e stalinismo" está presente na maioria dos textos (em I, II, III e V), no capítulo V o desenvolvimento é de caráter bastante histórico, no capítulo III é mais analítico, enquanto no capítulo II o contexto é o da história das ideias. O capítulo I é o que está mais próximo da apresentação de uma filosofia da história. Mas um dos seus eixos principais é o paralelo, interior aos totalitarismos de "esquerda", entre o destino da URSS e o da China. O paralelo entre o totalitarismo de "esquerda" e o de direita está no capítulo III, enquanto o capítulo IV trata de uma questão histórico-política particular, o movimento de outubro de 1917 e os meses que imediatamente o sucedem. O capítulo V se ocupa também de história (e historiografia) russa. Finalmente, o capítulo VI é sobre a "revolução chinesa" e o VII trata dos atentados jihadistas em Paris, no início de 2015.

Com tais considerações, termino a introdução aos sete ensaios políticos que compõem este livro, a qual pretendeu em parte resumir e em parte desenvolver um pouco os resultados que o leitor irá encontrar no corpo do volume.

I. O Ciclo do Totalitarismo e os Impasses da Esquerda Mundial[*]

PRIMEIRA PARTE:
O CICLO DO TOTALITARISMO

1. Introdução. Que o Ciclo do Totalitarismo É Mal Conhecido Pelo "Grande Público" de Esquerda. A História do Totalitarismo; Outros Ciclos, Outras Histórias

Com a plena adesão da China a um capitalismo autoritário e com o governo autocrático "não comunista" de Putin, termina, pode-se dizer, um ciclo. Um ciclo que conduziu a China e a Rússia de sociedades oligárquicas com capitalismo incipiente e grande base agrária a sociedades de capitalismo selvagem e, consideravelmente, mafioso. É sobre esse processo que se trata de refletir. Eu o tomo em bloco, em continuidade, se se quiser, embora, é claro, haja no interior dele rupturas ou descontinuidades.

De imediato, algumas questões: em que sentido poder-se-ia falar em "ciclo"? E, por outro lado, seria realmente importante discutir, hoje, a questão do totalitarismo?

---

[*] Agradeço a Cícero Araújo pelas observações críticas que fez à primeira versão deste texto. Incorporei quase todas elas.

Começo pelo segundo ponto. Aparentemente, o problema pertence ao passado – esta é a opinião de muita gente. De fato, conforme a definição que se dê de totalitarismo, hoje não restam muitos governos totalitários no mundo. Se a definição for bem estrita, a rigor, só um: a Coreia do Norte. Ela tem os seus defensores (!), mas esses são minoritários. Porém, restam, por um lado, os autoritarismos populistas e o que poderíamos chamar, na falta de um melhor termo, de "pós-totalitarismos" (a China, por exemplo, a Rússia, em parte), entendendo esse "pós" *como inclusivo, e não exclusivo*, sem o que, a expressão seria um truísmo. Assim, embora o totalitarismo enquanto tal (*na sua forma pura*) quase não subsista mais, a questão do totalitarismo continua sendo absolutamente atual. É que o "pós-totalitarismo" e também os populismos trazem as marcas do totalitarismo, e não são pensáveis (sobretudo o primeiro) sem referência a este último. Os pós-totalitarismos do nosso tempo, e mesmo lá onde eles não são mais fiéis a uma prática "comunista", reivindicam frequentemente as experiências do que teriam sido as revoluções russa ou chinesa, reclamam uma conexão histórica e ideológica com elas. Por outro lado, ou por isso mesmo, eles conservam traços herdados do stalinismo e do maoísmo. Ou, dizendo de outro modo: o totalitarismo interessa porque, se ele desapareceu, o seu desaparecimento não foi total. Ele antes se *transmutou*. E a forma transmutada guarda laços com a forma original, conserva traços dela. Quanto aos populismos, eles têm um parentesco não propriamente histórico, mas estrutural, com o totalitarismo. De outro modo, a sua compreensão exige também a referência ao totalitarismo.

Por que falar em "ciclo"? Poderíamos dizer o seguinte. Os poderes comunistas – o russo, por exemplo – começam com formas que são autoritárias (pré-totalitárias, se se quiser) e depois evoluem (involuem) para formas totalitárias. Essas formas, por sua vez, envelhecem ou se rompem e dão origem a um pós-totalitarismo que tem alguma coisa em comum com o pré-totalitarismo (ou autoritarismo) de que partiu. Há aí uma espécie de ciclo. Há também um ciclo no sentido de que se parte de sociedades se não capitalistas, pelo menos com presença capitalista (as sociedades russa e chinesa do *ancien régime*), e se volta ao capitalismo, agora pleno ou suficientemente desenvolvido.

O CICLO DO TOTALITARISMO E OS IMPASSES DA ESQUERDA MUNDIAL 3

De uma forma mais geral, seria preciso observar: a partir de outubro de 1917, constituíram-se grandes poderes ditos "comunistas", mas esses poderes não tinham disso (e hoje têm menos ainda) muito mais do que o nome. É como se, a partir de outubro de 1917, tivesse surgido um descompasso fantástico entre as coisas (as formações históricas) e o nome das coisas. Os nomes não têm mais muito que ver com o objeto nomeado. Talvez o melhor exemplo singular desse fenômeno esteja na expressão "União das Repúblicas Socialistas Soviéticas". Como escreveram alguns (não sei quem foi o primeiro a dizer isso, talvez Souvarine) não se tratava nem de "união", nem de "repúblicas", e elas não eram "socialistas", nem "soviéticas"... O que seria fácil mostrar. Assim, como afirmou uma vez Bentham (a propósito de fenômenos históricos do seu tempo), as coisas se separam dos nomes. (Com a agravante, eu diria, de que, em muitos casos, os nomes já na origem não correspondiam às coisas.) Só que os indivíduos continuam acreditando que a correspondência se conservou, crença que teve e tem as consequências mais desastrosas. Raciocina-se não na base das coisas, mas dos nomes. É o que acontece com parte da esquerda europeia, e com uma parte considerável da esquerda dos países emergentes.

Bem entendido, um balanço desse totalitarismo (refiro-me, neste primeiro capítulo, quase sempre ao que chamei de "totalitarismo igualitarista", não ao totalitarismo de direita, o nazismo)[2], deveria ser completado com um balanço da social-democracia. A situação da esquerda atual só é compreensível se fizermos a comparação. Eu a fiz, em alguma medida, em outros textos, indicados mais adiante. Aqui, sem fazer silêncio sobre a social-democracia, concentro-me no seu outro. Mas não posso deixar de dizer duas palavras sobre a situação global. Hoje, fala-se muito no "fim" ou na "decomposição" da social-democracia, principalmente depois da experiência negativa do governo Hollande. Há ali, efetivamente, um mergulho capitulacionista. E na história da social-democracia há coisas muito sinistras. Porém: 1. essa história não se reduz a esses desastres, e a experiência do socialismo nórdico, para falar da sua realização mais bem-sucedida, experiência que, aliás, durou

2   Para simplificar, escreverei frequentemente "totalitarismo" em lugar de "totalitarismo igualitarista". Quando me referir ao totalitarismo de direita ou a totalitarismo em geral, di-lo-ei expressamente.

muito tempo, não pode ser liquidada sem mais; 2. *not least*, os erros e crimes da social-democracia (ou de uma parte dela) têm de ser comparados com o balanço de horror do "comunismo". O comunismo conduziu a uma catástrofe histórica cujo custo para a humanidade, principalmente na pessoa de camponeses, foi de algumas dezenas de milhões de mortos. Essa história é um livro fechado para muita gente de extrema-esquerda, inclusive especialistas, particularmente nos países emergentes.

De fato, a primeira coisa a observar é o quanto esse processo foi e é mal compreendido pelo grande público de esquerda (e por certo número de teóricos). E, aquém da *compreensão*, o quanto ele é desconhecido. O objeto data de quase cem anos – ele "nasce" em outubro de 1917 –, e a literatura a respeito, de valor desigual, sem dúvida, mas na qual se encontram obras de algum ou de muito valor, data mais ou menos da mesma época. Um ano após outubro, já se publicavam livros ou brochuras importantes sobre o regime revolucionário russo. Poder-se-ia dizer que essa literatura é, apesar de tudo, relativamente mal conhecida na Europa; e, com exceção dos textos que vão no sentido do que são hoje ortodoxias, como a *História da Revolução Russa* de Trotski, ela é essencialmente desconhecida em países como o Brasil. A razão profunda do desconhecimento e dos mal-entendidos em relação a esse grande pedaço de história é o fato de que, mesmo se, muitas vezes de modo mais ou menos inconsciente, o marxismo continua sendo hegemônico em grandes setores da intelectualidade dos países emergentes. Ora, ainda que isso possa surpreender alguns, *eu diria que o marxismo está muito mal situado para entender aqueles fenômenos*. E isso não só porque eles se situam num tempo bem posterior ao da morte de Marx, mas porque o autor de *O Capital* pouco teorizou o destino de governos pós-revoluções comunistas, e quando o fez, fez mal. Diria que, por paradoxal que possa parecer, outubro (novembro) de 1917 é uma data decisiva na história do envelhecimento do marxismo. É que ela assinala o ponto de partida de uma história que o marxismo estava muito mal preparado para teorizar, diria mais, uma história (futura, eventual) cuja realidade fora simplesmente denegada por Marx[3].

---

3 Nada mais característico a respeito do que o texto em que Marx critica Bakunin, a propósito da preocupação deste com o destino de um Estado pós-revolucionário. Marx não vê problema aí: num governo revolucionário, ▸

O ciclo do totalitarismo começa quando começam também outros ciclos. Coincide, em parte, com ele o ciclo do totalitarismo de direita, e também o da social-democracia. A história do totalitarismo se imbrica, por outro lado, com outra história, que emerge mais ou menos no mesmo momento em que ele nasce: uma história que se poderia chamar de "antropológica", isto é, uma história que *põe* – e não apenas pressupõe – uma relação dos homens com a natureza, e com o conjunto da espécie humana. A primeira manifestação dessa emergência é a grande catástrofe que representou a Primeira Guerra Mundial, guerra que é, aliás, um elemento decisivo, se não *o* elemento decisivo, do nascimento das duas vertentes do totalitarismo.

2. Ilusões e Enganos Sobre o Significado do Ciclo

O ciclo do totalitarismo é mal conhecido (refiro-me sempre ao conhecimento por parte do grande público de esquerda, não ao estado das pesquisas). Pior do que isto, há uma verdadeira mitologia em torno dele. A primeira coisa a fazer é desconstruir, num primeiro momento, essa mitologia. Resumindo, poder-se-ia dizer o seguinte. O ponto de partida do ciclo, a insurreição de

▷ os indivíduos que assumissem funções administrativas seriam sempre controlados pelos trabalhadores, sua posição seria semelhante à "de um numa fábrica [organizada em] cooperativa de trabalhadores" (Marx-Engels, *Werke*, Berlin: Dietz, v. 18, 1972, p. 635. Ver o meu *A Esquerda Difícil: Em Torno do Paradigma e do Destino das Revoluções do Século XX e Alguns Outros Temas*, São Paulo: Perspectiva, 2007, p. 237). Não mais do que isso. Marx afirma – o que é uma maneira de liquidar a discussão – que estaríamos diante de uma situação em que "o proletariado [...] obteve força e organização suficiente para utilizar meios de coerção universais contra [as classes privilegiadas]" (Ibidem, p. 634). Bakunin precisa que só uma minoria poderia exercer o poder e não "o conjunto do proletariado". Porém, essa minoria, continua Bakunin, assumindo um momento o que poderia ser um argumento do adversário – na realidade, Marx quer evitar toda ideia de representação popular, refugiando-se no modelo problemático da "vontade efetiva da cooperativa" –, seria "constituída de operários". Argumento que Bakunin comenta, excelentemente: "Sim, com licença, [seria constituída] por *ex*-trabalhadores, os quais, entretanto, no momento em que se tornaram apenas representantes ou governantes do povo, *deixaram de ser trabalhadores*" (Ibidem, p. 635; grifo de Bakunin). Sem idealizar a figura de Bakunin, cuja teoria política tem aspectos desastrosos, é indiscutível que ele é muito mais realista do que Marx no que se refere à reflexão sobre o destino incerto dos governos pós-revolucionários. Marx se refugia numa espécie de "robinsonada" otimista e ilusória.

6   O CICLO DO TOTALITARISMO

outubro de 1917, na Rússia, é considerado comumente uma revolução proletária. O segundo momento, a emergência e, depois, a vitória do comunismo chinês, é lido como o processo vitorioso de uma "revolução camponesa". Revolução proletária russa, revolução camponesa – ou proletário-camponesa, o mesmo se diz às vezes da revolução russa – na China. Ora, há razões para duvidar de uma coisa e de outra. O movimento de outubro foi mais um golpe do que uma revolução, ainda que um golpe que teve como fundo um proletariado radicalizado e disposto a apoiar (mas a apoiar em quê?) o partido que promoveu a insurreição[4].

4   Cf. Em Torno da Insurreição de 1917 e dos Seis Primeiros Anos do Poder Bolchevista, revista *Fevereiro*, n. 2-3, dez. 2010, jun. 2011, artigo que, com modificações, veio a ser o capítulo IV do presente livro e que tem como base o trabalho da história crítica do movimento de outubro. Ver, a respeito, principalmente Orlando Figes, *A People's Tragedy: The Russian Revolution 1891-1924*, London: Pimlico, 1996 (trad. bras. Valéria Rodrigues, *A Tragédia de um Povo: A Revolução Russa 1891-1924*, Rio de Janeiro: Record, 1999); e os livros e artigos de Nicolas Werth. A ideia de que o movimento de outubro (novembro) de 1917, na Rússia, foi uma "revolução proletária" é problemática. Há, primeiro, um problema com o número dos participantes efetivos dessa "revolução proletária". Dir-se-á que o argumento é frágil, que o número não importa, e que é necessário definir "revolução". Entretanto, sem me limitar a esse argumento, creio que ele interessa se partirmos não da discussão da simples tese de que outubro foi uma revolução, mas da discussão da tese mais precisa, e ultraconsagrada, de que foi uma revolução proletária. É que aí já aparece o fenômeno do "substituísmo" do proletariado. Uma minoria, pequena minoria de gente ligada a um partido, opera uma espécie de golpe de Estado, rebatizado "revolução proletária". Na realidade, só uma parcela minúscula do proletariado russo de Petrogrado (uns 15 ou 20 mil dos aproximadamente 400 mil; para os dados sobre o proletariado de Petersburgo; ver Robert B. Mackean, *St. Petesburg Between The Revolutions: Workers and Revolutionaries, June 1907-February 1917*, New Haven/London: Yale University Press, 1990 p. 327-328) interveio nele, e a participação total que nele tiveram as "massas" de Petrogrado, em geral, foi também pequena (uns 25 ou 30 mil ao todo, segundo Trótski, para uma população global de soldados e operários de ordem de 500 ou 600 mil, cf. O. Figes, op. cit., p. 493). Se considerarmos a porcentagem dos operários de todo o país que participaram da insurreição em todas as cidades em que ocorreu algum movimento, teremos um resultado ainda mais esmagador. Para que se tenha um elemento de comparação, em fevereiro, cerca de 200 mil operários saíram às ruas de Petrogrado. Sem dúvida, é verdade que, a partir de junho/julho de 1917, os bolcheviques começaram a ter grande prestígio entre os proletários, e que, em setembro, eles se tornaram majoritários no soviete de Petrogrado. Porém, esses fatos não significam apoio por parte do proletariado a um movimento que não se limita a substituir o governo provisório, ultradesmoralizado, por um governo "do soviete" (soviete que representava a vontade popular dominante), mas que leva ao poder um partido único – embora os socialistas-revolucionários de esquerda viessem a participar dele por um breve período – e que muito cedo ▶

O CICLO DO TOTALITARISMO E OS IMPASSES DA ESQUERDA MUNDIAL 7

Na China – ver os livros de Lucien Bianco, principalmente, mas também obras mais recentes de outros historiadores –, tem-se um Partido Comunista que mobiliza os camponeses; não só os instrumentaliza, é verdade, mas consegue "colá-los" à sua pele. Porém, apesar das aparências, isso não transforma a revolução chinesa em "revolução camponesa", como pretendem a ortodoxia e o senso comum[5]. E ela também não foi, evidentemente, uma "revolução proletária". Assim, na simples análise dos elementos nucleares do discurso dominante, surgem dificuldades que afetam a própria definição do objeto. No limite, seria preciso entender a sequência como um período de grande mobilização popular, mas no qual o poder passa das mãos de uma elite para o de outras elites. Pensar assim significaria acreditar nessa espécie de conspiração da *intelligentsia* que encontramos descrita em certos autores, como nas obras de Alain Besançon?[6]. Não, porque, ao contrário do que ocorre em grande medida em

▷ liquida, pelo contrário, toda autonomia dos sovietes (Werth fala em "quiproquó" de outubro). De resto, o apoio do proletariado ao bolchevismo não durou mais do que uns poucos meses, as eleições para os sovietes locais o comprovaram. Por isso mesmo, o poder bolchevista intervém pela força, por toda parte, impondo os seus representantes e impedindo a posse dos eleitos, ou pondo em prática medidas similares ou ainda mais brutais (ver, a esse respeito, principalmente, o livro de Vladimir N. Brovkin, *The Mensheviks After October: Socialist Opposition and the Rise of the Bolshevik Dictatorship,* Ithaca/London: Cornell University Press, 1991 [2. ed. 1987]; e o capítulo IV do presente livro).

5   "Foram os comunistas, na origem uma elite exterior ao campesinato, que conceberam, fomentaram e conduziram essa revolução. *Que eles a tenham feito triunfar com a ajuda do campesinato não faz da revolução chinesa uma revolução camponesa.* Os camponeses participaram de uma revolução empreendida e dirigida por outros, o que pouco a pouco modificou suas concepções e seu comportamento" (Lucien Bianco [com a colaboração de Hua Chang-Ming], *Jacqueries et Révolution dans la Chine du XXe siècle,* Paris: Éditions de la Martinière, 2005, p. 454, grifo nosso). Ver também, do mesmo autor, *La Révolution fourvoyée, parcours dans la Chine du XXe siècle,* préface de Marie-Claire Bergère, présentation de Michel Bonnin, Paris: L'Aube, 2010. No prefácio, pode-se ler: "A revolução chinesa foi realmente uma revolução camponesa, os camponeses foram os seus principais atores e os grandes beneficiários como repetiu frequentemente a história oficial? Essas questões preocuparam Lucien Bianco desde o início das suas pesquisas e *a resposta – negativa – que ele lhes dá se encontra na sua obra*" (M.-C. Bergère, em L. Bianco, *La Révolution fourvoyée,* p. 14, grifo nosso). Trato mais extensamente desse problema no capítulo VI deste livro: Sobre a Revolução Chinesa: A Assim Chamada Revolução Chinesa Foi uma Revolução Camponesa? A Revolução Chinesa e a Classe Média Intelectual, texto que é de 2008, publicado, pela primeira vez, neste volume.

6   Cf. Alain Besançon, *Les Origines intellectuelles du léninisme,* Paris: Gallimard, 1996 [1977].

Besançon, é preciso ver esse poder de elites sobre o fundo de um amplo movimento, do qual ele obtém uma *aparente* legitimidade. Besançon toma, frequentemente, as sociedades capitalistas ou oligárquicas como "sociedades normais", e vê no que ele chama de "ideologia", o discurso da *intelligentsia* fanatizada, uma espécie de patologia política. Que haja delírio e, mesmo patologia, é pensável, mas não se pode perder de vista o ponto de partida (mesmo se este não puder servir de legitimação). O bolchevismo, como em geral os projetos pré-totalitários ou totalitários de esquerda, são uma espécie de *hybris dos movimentos de emancipação*. Eles nascem em sociedades injustas e se enraízam nas lutas contra essa injustiça. Isso não os legitima, mas leva a entendê-los melhor e, entre outras coisas, a não perder de vista o que eram as sociedades em que eles se desenvolveram, e o que foi, num país, o conjunto do movimento de contestação. Levando-se isso tudo em conta, evita-se uma concepção quase conspirativa da história, como a que paira sobre a leitura da história que faz Besançon. Contra certa opinião conservadora que afirma o contrário, Barrington Moore Jr escreve, numa passagem do seu livro mais conhecido[7], que sociedades *sãs* são aquelas em que as revoluções são possíveis, ou seja, as que comportam um potencial revolucionário (eu precisaria: "revolucionário", em sentido bastante amplo). E seria necessário explicar: a normalidade dessas *sociedades* se entende em contraposição ao caráter em alguma medida *patológico* do *poder* que nelas se encastela, e que essas sociedades enquanto *sociedades* combatem. De onde se concluiria que, se os totalitarismos igualitaristas são patologias – e eles certamente o são –, trata-se de patologias que exploram, em proveito próprio, lutas legítimas contra as patologias historicamente existentes.

3. O Atraso Histórico. A "Dobra" no Tempo e no Espaço

Diz-se, com frequência, que a dificuldade em pensar o "ciclo do totalitarismo" provém do fato de que, na sua base, está um

---

7   Ver Barrington Moore Jr., *Social Origins of Dictatorship and Democracy*, Boston: Beacon, 1966, p. 457-458; idem, *Les Origines sociales de la dictature et de la démocratie*, trad. francesa de Pierre Clinquart, Paris: La Découverte/Maspero, 1983, p. 365.

O CICLO DO TOTALITARISMO E OS IMPASSES DA ESQUERDA MUNDIAL   9

evento histórico que, por assim dizer, "não estava no programa". A revolução, que deveria ter lugar nos países mais avançados, veio a ocorrer em países mais ou menos atrasados. Daí toda a complicação. De certo modo, isto é verdade. Mas o argumento é simplista e tem o inconveniente de nos instalar imediatamente no interior da política de Marx, e de nos fazer supor, sem uma rediscussão prévia, mais do que seria admissível. É que, ao se falar na "surpresa" que representou a chamada revolução russa – sabe-se, de resto, que na sua juventude e, de forma diferente, na maturidade, Marx considerou a possibilidade de que a revolução irrompesse por um caminho "anormal" –, supõe-se, em geral, que a complicação vem, *apenas* ou *essencialmente*, do relativo atraso (a definir o que isso significa) daqueles países. Na realidade, o atraso sobredetermina problemas que já estão na ideia de um poder de classe, instalado através de uma revolução eclodindo mesmo nas melhores condições. Por outro lado, o argumento supõe implicitamente que tivemos, na Rússia e na China, revoluções operárias ou camponesas, o que, já vimos, é difícil afirmar. De fato, temos aí um longo processo que se faz "pelo caminho do *atraso*". O que significa precisamente isso? Que a história como que fez uma dobra, que ela se dobrou sobre si mesma e inseriu seu futuro em seu presente arcaico, em vez de continuar a partir desse presente? É uma imagem simplificadora que poderia ilustrar, entretanto, o que aconteceu. Quanto ao conteúdo do atraso, digamos, desde já, que um dos seus aspectos mais interessantes é a ausência, ou quase ausência, naqueles países, de tradições democráticas.

Os bolchevistas – como também os menchevistas, cada um à sua maneira – se preocuparam muito com a questão do atraso histórico. Era o tema essencial das discussões do Partido Operário Social-Democrata Russo. Os menchevistas achavam que, por causa do atraso da Rússia, só seria possível, de imediato, uma revolução democrático-burguesa, a revolução socialista ficaria para mais tarde. Os bolchevistas puseram em dúvida esse postulado ortodoxo. Lênin e Trótski (que só adere ao bolchevismo em 1917) tinham cada um uma versão de como enfrentar o atraso histórico, sem sacrificar – pensavam eles – a revolução socialista. As duas respostas (a de Lênin e a de Trótski) eram semelhantes, não idênticas. O interessante é que as duas mobilizavam o adjetivo "democrático-burguês" (às vezes, sem o burguês), mas o "democrático" aí não apontava para a democracia tal como se poderia entender. Lênin acreditava que antes da "ditadura do proletariado" deveria haver uma "ditadura democrática – oximoro curioso – dos proletários e dos camponeses". Esta realizaria as "tarefas (termo sintomático e também carregado de implicações) democrático-burguesas". Trótski, valendo-se de uma expressão que Marx empregara a propósito da Alemanha, país atrasado, por ocasião da revolução de 1848, dizia – "nuance" em relação à posição de Lênin – que o proletariado realizaria as "tarefas" democrático-burguesas e que, num movimento contínuo (é o que representa o adjetivo, na célebre expressão "revolução permanente"), passaria destas às "tarefas" correspondentes à revolução socialista. A acrescentar que Trótski punha no fundamento da sua argumentação a ideia de que a Rússia não era rigorosamente um país atrasado. Ela combinava atraso com grandes avanços: assim, se a indústria e o proletariado eram relativamente reduzidos, havia grande concentração e alguns outros traços modernos. Desse modo, seria resolvida a questão do atraso da Rússia. Trótski e Lênin não negavam, portanto, o atraso, mas, se o admitiam, não o faziam à maneira dos mencheviques, porque o reconhecimento, na variante deles, não implicava a obrigação de postergar a tomada (pelo menos parcial) do poder pelo proletariado[8]. Havia aí, por parte dos dois líderes, cada um à sua maneira, uma formidável tentativa de acertar o relógio da história russa, cujas engrenagens de algum modo se imbricariam nas da relojoaria da história mundial. Através da revolução, a Rússia pôr-se-ia ao nível da contemporaneidade. Em nenhum dos dois casos (nem em Lênin, nem em Trótski) tratava-se propriamente de um "salto". Previa-se (ou propunha-se), na realidade, uma espécie de aceleração da história, aceleração que, numa das versões era pensada como contínua, na outra escandida em duas etapas, as quais não instauravam, entretanto, verdadeiras divisões, como no caso das etapas previstas pelo menchevismo (estas últimas separavam um momento de

---

8 Claro que, nisso tudo, a dimensão propriamente política (tal como eles entendiam a política) era essencial: "proletariado" remetia ao partido, considerado seu representante.

O CICLO DO TOTALITARISMO E OS IMPASSES DA ESQUERDA MUNDIAL 11

recusa do poder e um momento de participação). Para além das tentativas de justificação, *a posteriori*, essa superação do atraso se revelou ilusória. O bolchevismo pretendia adiantar o relógio da Rússia, acertando-o pela hora da contemporaneidade mais avançada. Na realidade – de um ponto de vista crítico, pelo menos –, a Rússia nunca se libertou do atraso. Apesar desses programas, ou antes, precisamente por causa deles, a Rússia antes chafurdou e continua chafurdando nele (com o que, não se está negando, é claro, o progresso que teve no plano técnico e econômico). Quando emerge o momento "stalinista" da história pós-revolucionária, Trótski se lembrará de novo do atraso russo e o mobilizará – junto com outras circunstâncias, principalmente a guerra civil – para explicar o chamado "termidor" stalinista (o paralelo com *termidor*, diga-se de passagem, é muito grosseiro). Mas, se a velha Rússia se exprimia, é claro, em muita coisa do terrível interregno stalinista, o impacto do atraso histórico vinha de antes. Mesmo se menos sinistro do que o stalinismo e, sob muitos aspectos, diferente dele, *era precisamente o bolchevismo que representava, em primeiro lugar, o anacronismo russo.* Aquele partido cujo chefe admirava tanto a modernidade capitalista, inclusive em algumas das suas piores formas, e que se pretendia o arauto e demiurgo do que seria uma Rússia moderna (moderna e – ou antes, porque – revolucionária), *era a melhor expressão da velha Rússia*, com suas tradições de autoritarismo, de centralismo organizatório e de ausência de (maiores) escrúpulos diante da violência (mesmo se o bolchevismo não fosse, em princípio, terrorista). Quando Trótski abandonou uma postura que ele passou a considerar como a de um mero intelectual radical e se pôs a cantar hinos idílicos à guilhotina e à revolução como instância absoluta, ele supôs ter liquidado certo arcaísmo do revolucionário judeu do tipo Martov ou Axelrod, seus ex-mestres, em proveito da modernidade de uma revolução proletária de um tipo novo, novíssimo mesmo. Na realidade, sob muitos aspectos, deu o pulo inverso. Abandonou um projeto que herdava o melhor da tradição revolucionária ocidental em proveito da velha Rússia, com seu legado autoritário (este incluía o jacobinismo, herança ocidental, é claro, mas herança "arcaica", porque encarnando a "outra" revolução – ou o pior dela – como o assinalava

12 O CICLO DO TOTALITARISMO

Luxemburgo; e, já, de resto, mediado por seus cultores eslavos). O bolchevismo era e é um suporte, e, se podemos dizer assim, um "motor" do "atraso" russo. Como o bolchevismo veio a ser uma das forças hegemônicas na esquerda mundial, ele apareceu como o grande promotor, *no mundo inteiro*, de maneiras de pensar e de agir que, *de certo modo*, mas simplificando, poderiam ser chamadas "arcaicas". Aquela "dobra" da história a que me referi – aquela virada da história que finalmente faria tábula rasa de 1789, enquanto revolução dos *direitos do homem* – se operou através do bolchevismo. Mais precisamente, operou-se através dele e dos seus filhos, deformados sem dúvida, mas filhos apesar de tudo, que foram o stalinismo e o maoísmo, sem falar em outros. Bem entendido, o outro lado – o capitalismo autoritário ou liberal – não foi estranho à brutalidade, e também foi veículo de horrores. Mas, como se sabe, no final do século XIX e começo do XX, esses horrores se localizavam principalmente na periferia do sistema, no mundo colonial. Foi a Primeira Guerra Mundial que os pôs no próprio coração geográfico do sistema[9]. Nesse sentido, também aqui há uma dobra, mas ela

9 "Mesmo hoje, é quase impossível descrever o que efetivamente aconteceu na Europa em 4 de agosto de 1914. Os dias que precedem a Primeira Guerra Mundial, e os que a sucedem, estão separados não como o fim de uma antiga época e o começo de uma nova, mas como o dia que precedeu e o dia que sucedeu à explosão [...] Antes que a política totalitária atacasse de forma consciente e, em parte, destruísse a própria estrutura da civilização europeia, a explosão de 1914 e suas graves consequências [em termos de] instabilidade abalaram suficientemente a fachada do sistema político da Europa, pondo a nu a sua estrutura secreta" (Hannah Arendt, *The Origins of Totalitarism*, San Diego/New York/London: Allen & Unwin, 1967 [1951], p. 267).

Interessam-nos aqui, principalmente, os efeitos que teve a guerra sobre a ideia de "direitos do homem" e a leitura que Arendt faz desse fenômeno. No mesmo contexto, referindo-se aos refugiados, Arendt escreve "que, uma vez privados dos seus direitos humanos", eles eram "sem direitos", e o título do capítulo em que se insere toda essa passagem é "O Declínio do Estado-Nação e o Fim dos Direitos do Homem", tema de que ela trata, *ex-professo*, no tópico "as perplexidades dos direitos dos homens". Certos autores que professam algo assim como uma filosofia anti-humanista tentaram levar água para o seu moinho a partir dessas considerações de Arendt sobre os direitos do homem. Tal recuperação é, no melhor dos casos, um mal-entendido. Arendt trata da *fragilidade* desses direitos na situação do pós-guerra. Mas falar da fragilidade de um direito não é contestá-lo e pode significar até o contrário. (Do mesmo modo, utiliza-se às vezes a fragilidade da democracia na república de Weimar para contestar todo projeto democrático, quando o antidemocratismo da direita, mas também, mesmo se de outro modo, o da esquerda, estão precisamente entre as causas importantes da derrocada daquela república.) Que não há no texto de Arendt uma crítica dos direitos do homem, ▶

representa, no caso, um quase retorno ao passado. Porém essa dobra não foi apenas temporal, foi também espacial. A história mundial se dobrava no tempo, retornava, de um modo muito *sui generis*, é claro, a um aquém dos princípios de 1789, mas, ao mesmo tempo, fazia do *ethos* da sua periferia o do seu centro, efetuando uma "dobra" também no espaço.

Na gênese do totalitarismo igualitarista, mas também do totalitarismo "anti-igualitário", a guerra, a Primeira Guerra Mundial ocupa, como se sabe, um lugar especial. A Grande Guerra, catástrofe maior que se destaca na *bischer Geschichte*, na história até então da guerra, é um primeiro episódio da história "antropológica" que emerge no início do século xx. O bolchevismo nasce antes dela; mas, sem ela, não teria chegado ao poder. Além do que, ela reforça certamente os traços do bolchevismo (e o seu impacto) e, em alguma medida, o "conforma", apesar do fato – ou, talvez, por causa do fato – de que os seus dirigentes, ao contrário da liderança nazista, não participaram dela. Martov insiste nesse lado militar do bolchevismo. Ele é real, embora o bolchevismo tenha-se alçado ao poder valendo--se do sentimento geral de recusa da guerra. A Primeira Guerra Mundial tem um pouco o caráter do desastre produzido pela manipulação inábil de um aprendiz de feiticeiro. Qualquer que seja a responsabilidade de cada um dos governos há ali também um sinistro efeito surpresa do poder de destruição dos novos instrumentos bélicos, o que, entretanto, já se anunciava na mortandade relativamente elevada de uma guerra curta como a de 1870. A Grande Guerra como que dissolveu "todos os valores" e dissolveu em todo caso certos escrúpulos vigentes ainda,

▷ em todo caso, certamente, que não há nesses textos nenhuma crítica *anti-humanista* dos direitos do homem, fica claro pela leitura de certas passagens, como a seguinte: "esse tipo de propaganda factual [H. Arendt se refere à política inicial de expulsão dos judeus que visava alimentar o preconceito antissemita nos países vizinhos] funcionava melhor do que a retórica de Goebbels, não só porque instaurava os judeus como a borra da terra, mas também porque a inacreditável má condição de um grupo crescente de inocentes era como que a demonstração prática [da validade] *das afirmações cínicas dos movimentos totalitários, de que algo como direitos humanos inalienáveis não existe,* e de que as afirmações em contrário das democracias eram simples preconceitos, hipocrisia e covardia diante da cruel majestade do mundo novo" (Ibidem, p. 269 [grifos nossos]). O significado do texto de Arendt não tem ambiguidade: nele se tem um juízo sobre aquilo a que *de fato* foram reduzidos os direitos do homem, não um juízo pondo em dúvida a sua legitimidade.

em certa medida, na metrópole europeia, no que concerne às populações civis não beligerantes e, em geral, aos direitos dos cidadãos e do homem[10]. A partir dela, tudo veio a ser possível. Diferentemente do bolchevismo, o nazismo nasceu depois da guerra e veio impregnado por ela, num grau que é, seguramente, maior do que o do bolchevismo. Como entender a relação entre os dois totalitarismos? Se o bolchevismo remete ao atraso russo, o nazismo tem certamente a ver, a observação não é nova, com o *Sonderweg* alemão (o caminho histórico peculiar que trilhou a Alemanha). Na Alemanha, houve uma industrialização tardia, acelerada e impulsionada pelo poder (vinda "de cima"), que veio a ser paralisada pela derrota na guerra. Essa constelação de sucesso nacional bloqueado por uma guerra mal sucedida deve ser um elemento explicativo de por que a dissolução dos valores que operaram os horrores da conflagração mundial gerou, na Alemanha, um totalitarismo de direita. O impulso dominante foi o da exigência de uma "revanche". O que exige, primeiro, que tenha havido glória e sucesso no passado imediato (de fato, para que se vise uma "revanche" é preciso supor que nossa energia foi, e ainda seja, considerável) e, segundo, que a inversão do curso vitorioso tenha vindo de um acidente ou de uma manobra traiçoeira – o suposto golpe de punhal desferido pelas forças de dissolução, nas costas da Alemanha. A Rússia teve industrialização tardia acelerada, mas não tão importante como a alemã, e se, de certo modo, perdeu a guerra, não a perdeu como a Alemanha. Seu regime autoritário arcaico apodreceu e abriu o caminho para a esquerda. Aproveitando a incapacidade do governo provisório para resolver o problema da guerra, o bolchevismo hasteou a bandeira de um radicalismo que pregava "o poder aos sovietes". Sua vitória foi, entretanto, a morte de toda representação soviética livre.

---

10 O socialismo "reformista", que, em parte, se compromete com a guerra, teve de enfrentar uma contradição. Ele, que propunha exclusivamente meios políticos pacíficos de luta, de repente, viu-se apoiando uma guerra de uma violência inédita. O Trótski pré-bolchevique, adversário do reformismo, aponta com argúcia e certa ironia a contradição. Bernstein apoia o governo alemão no primeiro momento, depois, impressionado com os horrores da guerra, muda de posição.

4. Ainda Sobre o Bolchevismo. As Teorias Sobre o Caráter do Poder Revolucionário, e o Posicionamento da Esquerda. Expansão do Bolchevismo. Histórias Paralelas: URSS e China

a. Não vou desenvolver muito, aqui, a questão das diferenças entre marxismo e leninismo, das quais tratei em outros lugares. Poder-se-ia dizer, em geral, que o marxismo não corresponde muito rigorosamente nem ao reformismo, nem ao leninismo, as duas correntes que se reclamaram dele. A política de Rosa Luxemburgo, muito minoritária depois da morte dela, é provavelmente a que representa de maneira mais fiel o que poderia ser uma herança do marxismo. No leninismo, temos uma cristalização da ideia de "ditadura do proletariado" que, em Marx e Engels, era antes um "momento" (o equivalente, ou quase, segundo H. Draper, da "ditatura", em sentido romano). Em todo caso, há, no bolchevismo, um vanguardismo que é estranho à concepção "massista"[11] de revolução que encontramos, em geral, em Marx, e também um à vontade nos métodos, que ultrapassa, de longe, o distanciamento em relação à moral que caracteriza o pensamento de Marx e de Engels (neles, a recusa da moral não está, sem certas exigências e escrúpulos, implícita ou explícitamente).

O bolchevismo se constituíra a partir de dois livros: *Que Fazer?* (1902) e *Um Passo à frente, Dois Atrás* (1904), opúsculos que definem a essência dos "majoritários" [*sic*]. Pelo que neles se lê, a teoria que exprime a consciência socialista do proletariado nasceria fora do proletariado. Essa tese tem certa verdade, no sentido de que toda teoria, enquanto tal, é transcendente ao tempo histórico, mas há aí bem mais do que isso, uma verdadeira confissão do segredo do bolchevismo: sua política não é a do proletariado, mas a de uma elite que lhe é exterior. Além disso, encontra-se neles a tese de que a organização do partido tem como símile a organização de uma fábrica. Não menos. Bem entendido, não pretendo dizer com isso: 1. nem que inexistia discussão e razoável democracia *interna* no partido bolchevique (o fim da democracia interna viria depois, e como que uma resultante da recusa da democracia externa); 2. nem que

---

11 Por "massista" – neologismo – entendo uma ideia de revolução que privilegia o papel da mobilização do conjunto da classe ou das classes revolucionárias e não a da vanguarda, ainda que esta não deva estar ausente.

16 O CICLO DO TOTALITARISMO

não houvesse dentro do partido forças mais democratizantes e menos vanguardistas – elas existiam, vejam-se as divergências que apareceram em várias ocasiões, principalmente logo após a tomada do poder, quando uma parcela importante da direção se recusou a aceitar um governo de partido único e se demitiu do Comitê Central[12]; 3. nem que Lênin planejasse uma dominação de elites sobre o proletariado. Subjetivamente – mesmo alguém como Castoriadis o admitia –, é seguro que Lênin, ao contrário de Stálin, desejava a vitória do proletariado e do comunismo (veja-se como ele se debate nos seus anos finais, num esforço derrisório para tentar evitar a burocratização do partido, sem entretanto abrir mão da "ditadura do proletariado"). A NEP (Nova Política Econômica), adotada em 1921, é um momento sintomático, quando se quer mostrar a diferença entre leninismo e stalinismo. O poder leninista praticara, até então, muita violência contra os camponeses (sem falar no terror nas cidades, nos primeiros anos)[13], mas, diante da resistência camponesa, optou por uma política econômica de compromisso. Ainda que as condições tenham sido diferentes, não se pode perder de vista que, diante da resistência dos camponeses, Stálin preferiu a coletivização forçada e o genocídio.

A descrição que fiz do bolchevismo é a da sua matriz; matriz que, sem dúvida, só veio a ser obedecida depois da tomada do poder. Até então, e principalmente em 1917, o partido bolchevista era alguma coisa consideravelmente diferente do tipo de

12 Outro grupo, que coincide em parte com o que acabo de mencionar, se retirou do governo. Na grande maioria dos casos, uns e outros acabaram retomando os seus postos. Ver, a respeito de tudo isso, o meu texto "Em Torno da Insurreição de 1917 e dos Seis Primeiros Meses do Poder Bolchevista", inserido no capítulo IV deste livro, mais as suas indicações bibliográficas. Além do livro de Figes, já referido, ver principalmente, de Leonard Schapiro, o clássico *The Origin of The Communist Autocracy, Political Opposition in the Soviet State, First Phase 1917-1933*, London: The London School of Economics and Political Science/University of London/G. Bell and Sons, 1955. Trad. franc.: *Les Origines de l'absolutisme communiste: Les Bolchéviks et l'opposition 1917-1922*, trad. Serge Legran, Paris: Les Îles d'Or, 1957. Sobre o partido bolchevique e suas mutações, ver Robert Service, *Bolshevik Party in Revolution: A Study in Organisational Change, 1917-1923*, London/Basingstoke: Barnes Noble, 1979.

13 Sobre o terror nesse período, ver Jacques Baynac, em colaboração com Alexandre Skirda e Charles Urjewicz, *La Terreur sous Lénine*, Paris: Le Sagittaire, 1975; e Serguei Melgounov, *La Terreur Rouge en Russie, 1918-1924*, traduzido do russo por Wilfrid Lerat, Paris: Syrtes, 2004 [1927].

organização que sugeriam as duas obras fundadoras. Mas elas definiram o destino do bolchevismo e, nesse sentido, pode-se e deve-se considerá-las os textos que nos indicam o que foi, e o que ainda é, o modelo político bolchevique e sua ideia de revolução.

b. Depois de outubro, e muito cedo, colocou-se o problema de definir o caráter do novo poder. Bem entendido para certa opinião ortodoxa, que, no momento, ainda era muito poderosa, tratar-se--ia de um poder revolucionário preparatório à instauração de uma sociedade socialista (ou, mais exatamente, comunista). Porém, depois da experiência de alguns meses, com o fechamento dos jornais, a repressão policial, a liquidação progressiva dos sovietes e, *not least*, o fechamento brutal, no início de janeiro, da Assembleia Constituinte, livremente eleita (velha aspiração democrática, afinal realizada, e que os bolcheviques haviam apoiado desde sempre) – tudo isso antes que se desencadeasse propriamente a guerra civil –, começaram a surgir vozes discordantes. Os críticos do bolchevismo começaram a se pronunciar. Além da crítica clássica de Luxemburgo, aparece, em 1918, o livro de Karl Kautski, *A Ditadura do Proletariado*, que vê no poder bolchevique não uma ditadura do proletariado, mas uma ditadura sobre o proletariado. Mais tarde, e principalmente com a emergência do stalinismo, abre-se na esquerda não stalinista um verdadeiro debate sobre o caráter do poder "soviético". Com a vitória de Mao a questão se duplica. Trata-se de saber, também, o que significa o poder maoísta, vitorioso em 1949. Interessa-nos aqui tanto a natureza dos diagnósticos sobre a essência desses poderes como o provável destino futuro que se lhes imputava. Deixando de lado os devotos que se extasiavam diante dos sucessos da "ditadura do proletariado", havia na esquerda, podemos dizer, duas posições fundamentais. De um lado, a teoria trotskista – "teoria" é um termo pesado demais para o que era uma espécie de doxa otimista, embora não totalmente arbitrária –, que via na URSS um governo "operário" [*sic*]. Com isso, queriam dizer: um governo que "potencialmente" – difícil ser mais preciso – iria com direção à construção do socialismo, trazendo consigo, entretanto, determinação importante, "deformações burocráticas". (Anos depois, para caracterizar o regime dos países satélites, à "deformação" se preferia "degenerescência" e, assim, falava-se em "governos operários degenerados" [*sic*].) Na esquerda e extrema-esquerda não trotskista, não se acreditava no potencial "operário" (isto é, socialista) da URSS; o poder "soviético" era considerado um "capitalismo de Estado", ou um poder "burocrático autoritário", ou ainda – denominação que acabou tendo grande aceitação – um governo "totalitário". A direita denunciava a "ditadura comunista", ou a "tirania", ou também o poder "totalitário". Essas denominações acabaram sendo mais ou menos aplicadas também ao comunismo chinês. Seria, entretanto, importante salientar que, se a maior parte da esquerda havia aceitado o governo russo pós-outubro como um verdadeiro governo revolucionário, esse entusiasmo se renovou com relação ao segundo poder revolucionário, o do PC Chinês, desde 1949. O entusiasmo de grande parte da esquerda ocidental, e de parte da sua intelectualidade, pela "revolução chinesa", no momento mesmo em que o PC Chinês cometia os seus maiores crimes e barbaridades, é um fenômeno a ressaltar e a ser sempre estudado e reestudado.

No que se refere às perspectivas do poder revolucionário – pensemos, principalmente, no caso russo, que é o primeiro e o fundante – e à sua "temporalidade", os trotskistas achavam que ele não duraria "muito tempo" (pode-se supor que acreditavam numa duração só de algumas décadas). Entre os não trotskistas, alguns lhe davam um futuro muito mais amplo, o que, evidentemente, dada a apreciação que faziam do poder comunista, implicava uma visão bastante pessimista da história. Outros, apesar de cristalizá-lo numa forma específica, davam-lhe um tempo de vida relativamente curto. Quanto à natureza do regime que viria depois do fim da "burocracia", os trotskistas acreditavam numa "volta ao leninismo", o que, para eles, seria o equivalente a uma "volta ao marxismo", como também a um retorno a um projeto socialista não deformado. (Foi sempre uma característica da posição trotskista a de estabelecer uma separação marcada entre leninismo e stalinismo; na realidade, uma separação existe, mas não exclui uma continuidade "objetiva"[14].)

14 Insisto que "objetiva". De forma alguma, dever-se-ia concluir do presente texto, que, para mim, Lênin e Stálin e, menos ainda, Trótski e Stálin tenham sido, como indivíduos, "vinhos da mesma pipa". Eles foram quase opostos. A esse respeito, convém reler as páginas que o historiador trotskista, Pierre Broué, consagra em seu *Trotski* (Paris: Fayard, 1988) à luta dramática de Trótski contra o stalinismo internacional mais a extrema-direita, nos anos 1930. ▶

O CICLO DO TOTALITARISMO E OS IMPASSES DA ESQUERDA MUNDIAL 19

Ou então, na alternativa pessimista, a burocracia voltaria ao capitalismo. Os outros críticos acreditavam em geral que, em algum momento, e por uma iniciativa vinda "de baixo", o poder burocrático seria minado e retornar-se-ia, pelo menos, a uma situação favorável a um combate em prol de um socialismo refundado. Antes de discutir o quanto e o que os acontecimentos parecem ter confirmado dessas teorias e previsões, e o quanto e o que parecem desmentir, reflitamos um pouco sobre a situação das esquerdas – penso também e particularmente nas esquerdas do "terceiro mundo" – durante aquele interregno. A tomada de posição não era difícil para os ortodoxos, e, até certo ponto, também não o era para os trotskistas: seria preciso lutar contra o "imperialismo americano" e defender o Estado soviético (no caso dos trotskistas, a nuance, não tão insignificante, era a de que essa defesa não excluía uma crítica bastante aguda do stalinismo). A dificuldade existia para os outros, para a esquerda não ortodoxa nem trotskista. Ela se apresentava assim: como criticar o hegemonismo americano sem cair na idealização de um governo que, sob muitos aspectos, representava uma forma de exploração e opressão pior do que a que representava o capitalismo liberal-democrático do ocidente? A observar que, para a esquerda do Terceiro Mundo, o poder americano era o mais próximo, aquele cujo impacto o Terceiro Mundo recebia imediatamente, já que se encontrava (penso na América Latina, principalmente) no interior do campo de dominação dos EUA. Como escrevi muitas vezes, colocava-se aí uma questão, em última análise, lógica – mas, claro, eminentemente política: a da recusa do princípio do terceiro excluído. Talvez se tenha aí, nessa recusa, o axioma fundamental de toda política lúcida de esquerda para o nosso tempo. Esse ponto continua sendo essencial, hoje, na segunda década do século XXI. Os grupos de esquerda – na realidade, muito minoritários – que tinham uma atitude realmente crítica em relação à URSS resolveram como puderam o problema. Claro que havia uma resposta para ele, a rigor poder-se-ia mesmo dizer que não havia problema – as

> ▷ E, entretanto, não se pode deixar de concluir não só que o antidemocratismo radical que professava o leninismo preparou o campo para o stalinismo como, mais do que isso, que o leninismo foi o primeiro a pôr em prática alguns dos piores métodos da era stalinista.

formas de opressão e exploração são múltiplas. A dificuldade vinha do peso das esquerdas dominantes, trotskistas inclusive, que se recusavam a pensar a possibilidade de uma terceira posição e a elaborar um discurso correspondente.

Se se puder admitir que chegamos a um quase final de caminho (final muito relativo, é claro), isto é, se se supuser, como estou supondo, que da situação histórica em que nos encontramos é possível compor um balanço suficientemente rigoroso e esclarecedor, deveríamos fazer as seguintes considerações. Em primeiro lugar, sobre a essência daquele poder pós-revolucionário, ou daqueles poderes pós-revolucionários. À luz de tudo o que hoje se sabe sobre a história dos regimes chinês e russo – o "grande salto para frente"[15], a revolução cultural[16], a fome camponesa dos anos de 1930[17], o grande terror[18],

15 Sobre o "Grande Salto Para Frente", ver o livro de Frank Dikötter, *Mao's Great Famine: The History of China's most Devastating Catastrophe, 1958-1962*, New York: Walker, 2010. E Yang Jisheng, *Stèles, La Grande Famine en Chine, 1958-1961* [2008], trad. francesa de Louis Vincenolles e Sylvie Gentil, Paris: Seuil, 2012 (há também uma versão inglesa); livro clássico, cujo autor, um jornalista que rompeu com o sistema, é considerado às vezes o Soljenitsine chinês. Na versão original, o livro tinha mais de mil páginas: a profusão de "histórias" (de horror) é tal que, com relação a certos capítulos, o leitor é tentado a reduzir um pouco, mesmo na versão condensada. Mas a obra é certamente muito importante e, sem ser sinólogo, ouso dizer que F. Dikötter se engana ao subestimar o significado dela, como assinalou um crítico.

16 Sobre a Revolução Cultural, ver principalmente Roderick Macfarquhar e Michael Schoenhals, *Mao's Last Revolution*, Cambridge/London: Harvard University Press, 2006. Frank Dikötter acaba de publicar o terceiro volume da sua trilogia, *The Cultural Revolution: A People's History 1962-1976*, New York: Bloomsbury, 2016, livro que chegou tarde demais às minhas mãos para que eu pudesse utilizá-lo aqui.

17 Sobre a Grande Fome Camponesa, ver o livro, já antigo, de Robert Conquest, *La Grande Terreur, les purges staliniennes des années 30, précédé de Sanglantes Moissons, la collectivisation des terres en URSS*, edição revista e aumentada, trad. franc. de Marie-Alyx Revellat e Claude Seban, Paris: Robert Laffont, 1995 [1968]; também, Nicolas Werth, "Un État contre son peuple, violences, répressions, terreurs en Union Soviétique", em Stéphane Courtois et al., *Le Livre noir du Communisme, crimes, terreur, répression*, Paris: Robert Laffont, 1997. (A introdução de Courtois provocou uma discussão entre os autores desse livro.) Ver também os trabalhos do historiador italiano A. Graziosi, *The Great Soviet Peasant War*, Ukrainian Research Institute/Harvard University, 1996 (indicado por Werth em "Un État contra son Peuple", op. cit., p. 158, n. 1).

18 Sobre o Grande Terror, ver Robert Conquest, *La Grande Terreur, les purges staliniennes des annés 30*; Nicolas Werth, *L'Ivrogne et la marchande de fleurs, autopsie d'un meurtre de masse 1937-1938*, Paris: Tallandier, 2009; do mesmo autor, *La Terreur et le Désarroi. Staline et son système*, Paris: Perrin, 2007; e do ▶

mais todo "pequeno" horror que se situa entre esses momentos apoteóticos, além daquilo que revela a própria análise dos modos de exploração e de opressão inerentes a esses regimes –, é difícil não dar razão à esquerda e extrema-esquerda não trotskista, que viam no regime russo e no regime chinês um tipo de poder opressivo e explorador, e também genocida e terrorista. Um poder que merecia, sem dúvida, uma denominação especial, e no qual, em todo caso, de forma alguma devia se reconhecer uma "transição para o socialismo" (e, menos ainda, um "Estado operário deformado"!). Qual dessas denominações conviria melhor não vou discutir aqui, mas o termo "totalitarismo" vale, certamente, como também o "poder burocrático".

Quanto ao destino desses poderes, que a realidade atual parece revelar, pode-se dizer que ela não confirma, em geral, as perspectivas de uns e de outros, embora houvesse elementos de verdade em algumas daquelas previsões. Vejamos isso mais de perto. Os acontecimentos desmentem a perspectiva ortodoxa: a história da China pós-revolucionária e a da Rússia pós-outubro não levou à construção de nenhum tipo de sociedade socialista (os devotos poderão sempre dizer que houve forças contrárias que inibiram o processo etc.). Quanto às perspectivas trotskistas, que eram, na alternativa otimista, a "volta ao leninismo" e, na alternativa pessimista, a "volta ao capitalismo", a primeira não se realizou e, quanto à segunda, se ela se efetivou de algum modo, foi, como veremos melhor, de maneira muito diferente e em forma bem mais complexa do que eles haviam suposto (de resto, na medida em que esta era a alternativa pessimista, os trotskistas, com o seu otimismo de bons marxistas, nunca apostaram muito seriamente nessa eventualidade). Entretanto – como observei já há bastante tempo –, a ideia de que o regime não duraria muito tempo se confirma. É talvez o único ponto em que a perspectiva trotskista acerta. Mas isso é pouco, se pensarmos em tudo o que os acontecimentos desmentem da sua construção em torno dos "Estados operários deformados ou degenerados"[19]. As oposições não trotskistas pensavam em

> mesmo autor, ainda, *1936-1938, Les Procès de Moscou* [1987], Paris: Éditions Complexes, nova edição revista e aumentada, 2006.

19 Embora Trótski falasse também em "ditadura totalitária". Ver Pierre Broué, op. cit., p. 896, 932-933 e 940.

O CICLO DO TOTALITARISMO

geral numa sobrevivência mais longa, porém não é claro que todos fizessem disso uma tese bem precisa. Eles acertaram mais no diagnóstico da essência desses regimes do que no do seu destino. Como os trotskistas, eles acreditavam que a ruptura viria de um movimento "de baixo". E não foi exatamente o que aconteceu, pelo menos em relação à própria URSS. Na periferia do sistema (Hungria, Polônia, Tchecoslováquia, Alemanha), houve sim um movimento a partir de baixo, operários inclusive, e bastante. Na metrópole, a partir de cima é que foi se operando a transformação, como se o totalitarismo se revelasse inviável e desmoronasse. Enfim, tanto no seu conteúdo como no seu encaminhamento, o resultado foi inesperado e original. Seria preciso explicar melhor aonde se chegou, e como.

c. Alçando-se ao poder, o bolchevismo não só liquidou muito cedo toda oposição interna como começou a se expandir internacionalmente. Ele começou tendo um impacto mais da ordem da imitação e, muito cedo, se impôs através de um trabalho de intervenção, primeiro indireta, depois direta, via emissários. A história das revoluções no mundo, após outubro, começa com a revolta espartaquista de janeiro de 1919, esmagada em sangue. Vem depois a revolução húngara, dirigida por Béla Kun, no mesmo ano, a qual dura 133 dias[20], e a república soviética da Baviera (abril de 1919), que dura um mês. O impacto do bolchevismo e da Terceira Internacional vai se tornando, progressivamente, cada vez mais direto e instrumental. Há qualquer coisa de insólito e de extraordinário nessa expansão. Não se trata de uma conquista militar, mas também não se tem aí um análogo da difusão vitoriosa de uma religião. Há, por um lado, um poder de Estado, peça essencial nesse contexto; por outro, o peso de uma ideologia que se beneficia do prestígio de uma vitória, que se supõe seja a da classe destinada a romper um dia

---

20 Ver, a respeito, Archie Brown, *The Rise and Fall of Communism*, London: The Bodley Head, 2009, p. 79-80. Os bolcheviques se interessam de perto pela revolução húngara. Basta dizer que, entre 21 de março e 1º de agosto de 1919, datas extremas da "república soviética", "nada menos do que 318 mensagens são trocadas entre os comunistas húngaros – quase invariavelmente na pessoa de Béla Kun – e os russos, muitas vezes Lênin e Tchitcherin" (Miklós Molnar, *From Béla Kun to János Kádár, Seventy Years of Hungarian Communism*, trad. de Arnold J. Pomerans, New York/Oxford/Munich: Berg, 1990, p. 234).

O CICLO DO TOTALITARISMO E OS IMPASSES DA ESQUERDA MUNDIAL   23

os seus grilhões. Assim, a promessa se cumpria, realizava-se a utopia, ou o primeiro passo, em direção dela.

Uma vez efetuada a cisão no interior dos partidos social-democratas, cisão que carrega consigo, em alguns casos, a maioria do antigo partido[21], constituem-se os partidos comunistas que irão sendo "formados" pelo partido "soviético". O caso chinês é característico[22]. Os enviados da Terceira Internacional[23] vão amoldando aquela massa ainda informe de ex-anarquistas e antigos participantes do 4 de maio de 1919[24]. A adesão foi, aliás, em parte pelo menos, muito mais "organizatória". A adesão ideológica veio depois. Houve, é verdade, fatores internos, mutações na sociedade chinesa, que teriam facilitado a conversão. Mas o peso externo – que, em sentido geral, é, na realidade, duplo: o do prestígio advindo do sucesso da revolução (porém

---

21 Em geral, as 21 condições da Terceira Internacional foram aceitas só por minorias, em ruptura, dos partidos social-democratas. Só em alguns casos, como o da Noruega (aliás, os socialistas noruegueses voltariam atrás alguns poucos anos depois), e, principalmente, o da França (a ruptura se deu no Congresso de Tours, em 1920), o grupo cisionista pró-Terceira Internacional foi majoritário (ver, a respeito, Donald Sassoon, *On Hundred Years of Socialism: The West European Left in te Twentieth Century*, New York: The New Press, 1996, p. 33s.). Na Alemanha, já se havia constituído um partido comunista (no final de 1918, a partir da Liga Espartaquista de Luxemburgo e Liebknecht) antes do congresso de fundação da Terceira Internacional (março de 1919). (Mas não nos esqueçamos de que Rosa Luxemburgo tinha uma posição crítica em relação ao leninismo.) Por outro lado, a política chauvinista do Partido Social-Democrata produzira uma cisão ainda durante a guerra, com a fundação do Partido Social-Democrata Independente, de que participaram tanto o centro kautskista como a extrema-esquerda. Em outubro-dezembro de 1920, Zinoviev, enviado especialmente ao congresso dos sociais-democratas independentes – Martov representava a posição oposta (doente, o seu discurso, ao que parece, foi lido por outro) –, graças a uma verdadeira maratona oratória, conseguiu convencer a maioria do partido independente a aderir à Terceira Internacional. Fora um pequeno grupo, a minoria voltou ao antigo Partido Social-Democrata (dito "majoritário", em oposição ao "independente"). Tratei desses processos de ruptura no meu texto "Para um Balanço Crítico das Revoluções (e de Alguns Movimentos de Reforma) do Século xx [A Esquerda Onde Está?]", em *A Esquerda Difícil: Em Torno do Paradigma e do Destino das Revoluções do Século xx, e Alguns Outros Temas*, ver principalmente em torno da página 226.

22 Sobre a China, ver, infra, capítulo vi.

23 Sucessivamente, Voitinsky, Maring (o holandês Sneevliet, futuro dissidente trotskista, que viria a ser fuzilado pelos nazistas) e Borodin.

24 Grande movimento político que começa com manifestações de protesto contra a decisão da conferência de Versailles de entregar ao Japão antigas concessões alemãs na China.

24 O CICLO DO TOTALITARISMO

a violência "revolucionária" também provocou reticências) e, principalmente, o do trabalho direto dos enviados estrangeiros – foi inegável. Referindo-se à fundação do PC Chinês, em 1921, Arif Dirlik escreve:

Eu creio que as evidências de que dispomos indicam a justeza das suposições da Guerra Fria de que o Partido Comunista Chinês foi um produto da intervenção direta da Internacional Comunista.

[...]

A organização comunista assumiu esta rápida coerência [...] em grande medida por causa dos esforços dos conselheiros do *Komintern*. O *Komintern* não "catalisou" apenas a organização do comunismo na China. Evidências circunstanciais (*circunstancial evidence*) indicam que Voitinsky e seus assistentes participaram diretamente em todas as fases e aspectos da organização do partido.[25]

Assim, o bolchevismo se propaga de cima para baixo. Aquele partido que nascera de uma obscura divergência a respeito de certos problemas de organização, que ainda era muito minoritário no início de 1917, mas que ganha força aproveitando bem as circunstâncias e se alça ao poder por um movimento habilmente preparado (depois, ele se impõe, na guerra civil), aquele partido ainda obscuro em fevereiro de 1917 tornar-se-á rapidamente hegemônico, numa parcela considerável da esquerda mundial. É nesse sentido também, e principalmente, que há aí uma "dobra" da história mundial, *um verdadeiro Sonderweg do mundo*: o bolchevismo, versão russa do marxismo, doutrina que é consideravelmente diferente da sua matriz e que traz marcas profundas do passado russo, vai ser o modelo de um número importante de partidos e organizações (mais tarde, governos), e sua ideologia se encarnará nos movimentos que influenciou, dirigiu ou fez surgir. *O Bolchevismo Mundial* é o nome de um pequeno livro de Martov.

25 Arif Dirlik, *The Origins of Chinese Communism*, Oxford: Oxford University Press, 1989, p. x; 153. "Voitinsky [...] foi responsável não só por dar início à organização comunista na China, mas ele a acompanhou (*saw*) na sua infância, mantendo os comunistas no caminho reto e estreito do bolchevismo. Mais ainda, a organização comunista, desde os seus começos ficou sob a direção do *Komintern*, que fixou o seu curso através dos anos de 1920. E, finalmente, foi sob a direção direta do *Komintern* que o marxismo se enraizou na China; os marxistas começaram a se distinguir eles próprios dos outros socialistas com os quais haviam cooperado de perto antes da chegada de Voitinsky" (Ibidem, p. 193).

O CICLO DO TOTALITARISMO E OS IMPASSES DA ESQUERDA MUNDIAL   25

Assim, a partir dos anos de 1920 e 1930, uma ideologia que traz os estigmas da história russa se tornará uma das correntes políticas dominantes do mundo contemporâneo, incluindo também o Terceiro Mundo. E, até hoje, principalmente no mundo dito "emergente", quando alguém – penso nos intelectuais *militantes* (para os outros, já não é bem assim) – se declara marxista, ele é, na maioria dos casos, menos marxista do que leninista (às vezes lenino-maoísta, mais frequentemente lenino-castrista).

d. Impossível relatar aqui, mesmo resumidamente, as histórias paralelas dos dois comunismos, o russo e o chinês. Talvez seja possível tentar esquematizar os marcos dessas histórias. Há um descompasso cronológico entre elas. Em termos de poder, uma começa em outubro de 1917, a outra, se considerarmos uma dominação mais ou menos global, em janeiro ou em outubro de 1949. Se se tratar dos partidos, um deles poderia ter como data inicial 1902/1903, anos dos primeiros "entreveros" entre futuros bolcheviques e mencheviques; o outro é fundado em julho de 1921. O início da crise dos dois poderes despóticos (crise que foi, em si mesma, um evento auspicioso para a luta de emancipação) se dá com a morte dos tiranos, respectivamente, em 1953 e em 1976. Stálin estivera no poder durante mais ou menos 30 anos – como "guia", mais ou menos em 25. No longo período em que domina, assinala-se a industrialização, que, mesmo brutal, teve êxito, e a Segunda Guerra Mundial. Nesta, Stálin começa cometendo erros que poderiam levar à vitória nazista; depois, ao inverso de Hitler, teve a boa ideia (os famosos quatro anos de lucidez de Stálin) de dar certa autonomia aos seus generais. A URSS enfrenta a máquina de guerra hitlerista e a derrota, ainda que optando por um estilo de campanha que implicou um enorme sacrifício humano. Costuma-se comparar o curso das duas revoluções, ou antes, dos dois poderes, destacando certos momentos de "radicalização" que já mencionei: a grande fome camponesa, na URSS, de 1931 a 1933, é comparada aos horrores do "grande salto para frente", na China (1958-1962); o grande terror stalinista (1937-1938), à revolução cultural chinesa (1966-1976). Comparam-se, na realidade, as respectivas "apoteoses" no horror. O primeiro par – as duas "fomes" – representa um grande massacre cujo lugar foi o campo; o segundo, um massacre que não foi centrado no campo. Somando os mortos dessas quatro catástrofes, não se fica muito longe dos cinquenta milhões. Mas esse paralelo não é mais do que um ponto de partida. Desde logo, é visível a diferença entre o estilo da revolução cultural e o terror. A comparação entre as duas "fomes" também revela diferenças: embora alguns historiadores o contestem[26], na fome stalinista parece ter havido uma verdadeira intenção de punir os camponeses, o que não ocorreu no caso chinês (circunstância não suficiente para apagar responsabilidades). *É de se observar, desde já, o quanto os camponeses foram as grandes vítimas dessas revoluções.* Sob muitos aspectos, o que tivemos foram grandes massacres de camponeses. O proletariado sofreu relativamente menos. Kautski já dizia, no seu livro sobre a ditadura do proletariado, de 1918, que, *depois da burocracia,* a classe que tinha mais vantagens com o poder era o proletariado. Disso não se conclui, de forma alguma, nem Kautsky o concluía, é claro, de que se tratasse de ditadura do proletariado. Para ele, apesar de o proletariado ter uma situação relativamente melhor que a dos camponeses e dos intelectuais, o que havia sim era um ditadura sobre várias classes, inclusive sobre o proletariado. Para efeito da comparação entre os dois governos, lembremos que, desde muito cedo, houve e ainda há, (pelo menos até o final da primeira década do século XXI), também na China, os famosos "campos de trabalho". (Ver a respeito o capítulo que lhe consagra Frank Dikötter no seu livro sobre o primeiro período revolucionário chinês, indicado em seguida.) A convergência entre os dois regimes é, de qualquer modo, bastante grande, apesar das diferenças. Talvez se pudessem esquematizar as diferenças dizendo que, se nos dois casos temos um "déspota" e uma burocracia, na URSS, o déspota é mais autônomo em relação à burocracia do que na China. Mesmo se também na China o déspota não fosse, propriamente, instrumento da burocracia, a autonomia de que gozava Stálin era maior. Há um fator que pode ter tido influência nisto: a longa guerra civil chinesa. Mao é um ex-companheiro de armas de um grande número de dirigentes do partido. A guerra civil russa foi muito mais curta. Stálin forma um grupo a partir dela cuja ação teve

---

26 Cf. O. Figes, *The Whisperers, Private Life in Stalin's Russia*, London: Allen Lane/Penguin, 2007, p. 98.

O CICLO DO TOTALITARISMO E OS IMPASSES DA ESQUERDA MUNDIAL 27

consequências mais limitadas. Claro que há também outros elementos que não examino aqui. Por outro lado, o regime chinês foi mais populista do que o regime russo. Haja vista, por exemplo, a diferença já assinalada entre o terror e a revolução cultural. Nesta, o déspota age através de massas interpostas. Nunca houve coisa semelhante sob Stálin, mesmo se, no caso do grande terror, ele fizesse apelos para que se denunciassem os "sabotadores" a serviço da Alemanha ou do Japão, e, em outras ocasiões, também conclamasse o povo a apoiá-lo. Porém, não devemos limitar a análise desses regimes à consideração dos seus "pontos máximos". Importantes, nesse contexto, são os estudos recentes sobre a revolução chinesa antes do "grande salto para frente". Frank Dikötter mostra de maneira convincente tudo o que havia de mítico na ideia de um primeiro período de paz e de relativa moderação[27]. Há, na realidade, uma sucessão de violências (com características stalinistas, do tipo quotas de "contrarrevolucionários" a executar etc.) de tal modo que se tem a impressão de que já estavam dados, na época, os elementos que viriam desencadear, mais tarde, o "grande salto" e a revolução cultural[28]. Outro resultado – este visível no outro

---

27 Cf. F. Dikötter, *The Tragedy of Liberation: A History of Chinese Revolution, 1945-1957*, London: Bloomsbury, 2013.

28 De resto, a violência de Estado não começa com a tomada "global" do poder, em 1949. Ler em: Idem, *The Tragedy of Liberation*..., principalmente o cap. 9, p. 174s., a história dos simpatizantes – frequentemente intelectuais – da revolução maoísta que fazem a viagem até Yan'nan para viver em "região liberada". Eles iriam encontrar um regime opressivo, que impunha certos programas "educativos", programas que incluíam a assistência a sessões de violência contra os "inimigos de classe", se não a prática da violência, e a aceitação de uma ideologia primária, com sacrifício do indivíduo e da sua obra, se fosse o caso. A propósito de *The Tragedy of Liberation*, a visão extremamente negativa que ele tem da chamada revolução chinesa seria plenamente aceitável? Ou faltaria alguma coisa a esse livro, certamente muito impressionante?
     Excurso sobre *The Tragedy of Liberation*, e sobre a questão teórica do "contrato totalitário":
     Utilizei bastante dois livros importantes sobre a China, de Frank Dikötter. Um sobre o "grande salto" e outro sobre os primeiros anos da revolução, considerando, especialmente, este último: *The Tragedy of Liberation*. Sua perspectiva arquicrítica e negativa seria em alguma medida unilateral? Faltaria, digamos, o "lado positivo" da política de Mao? *Ce serait trop dire.* "Lado positivo" é uma expressão pesada demais e insinua a existência de pelo menos um relativo equilíbrio entre dois "lados". Entretanto, teria sido necessário pôr também em evidência (o que não ocorre *efetivamente* no livro de Dikötter, mesmo se esse aspecto não está inteiramente ausente) o lado "welfare State" do regime de Mao. (Ver, a esse respeito, incluindo o tema da célebre "tigela ▸

28 O CICLO DO TOTALITARISMO

livro importante de Dikötter, *Mao's Great Famine, the History of Chine's Most Devastating Catastrophe 1958-1962*, é a confusão entre a fome e a repressão política, ou antes o fato de que, mesmo no caso do "grande salto para frente", a repressão foi em parte diretamente política (porque, indiretamente, a fome tem também um caráter repressivo). Enfim, os trabalhos recentes mostram certa homogeneidade sinistra na política repressiva do poder chinês. Revelam também o grau da violência e o número enorme de vítimas (talvez mais de quarenta milhões, só para o "grande salto"), o que relativiza, se ouso dizer, o caso-limite internacional do totalitarismo igualitarista que foi o regime de Pol-Pot. Tudo o que se teve lá já estava presente, em escala (intensiva e extensiva) relativamente menor – não *muito* menor, nem menor em termos *absolutos* –, nos "melhores" anos do maoísmo e do stalinismo.

▷ de arroz de aço" – as garantias em termos de emprego –, o livro de Joe C.B. Leung e Richard C. Nann, *Authority and Benevolence: Social Welfare in China*, Hong-Kong: The Chinese University Press, 1995. Um título melhor para o livro, seguindo, aliás, o que nele se encontra, seria, sem dúvida, *Authoritarianism and Benevolence...*) Por surpreendente que isso possa parecer, à luz do que se sabe através de livros como o do universitário holandês (Dikötter), junto com outras obras, estas sobre os traços "welfare" do regime maoísta, uma prática hiperautoritária – e, depois, genocida – coincidia com uma política que promovia, dentro de certos limites, certa proteção social. Mas é precisamente essa coexistência insólita que caracteriza os Estados totalitários na sua forma pura. Existe algo assim como um "contrato social totalitário" que consiste no seguinte: o Estado oferece um mínimo necessário em termos do comer e do beber (mais um mínimo de assistência médica e de alojamento) e, em troca disto, renuncia-se a todas – ou a muitas, porque a dominação nunca é total – liberdades sociais e políticas. A acrescentar, embora isso não valha para todos os governos "comunistas" que o século xx conheceu, os indivíduos aceitam de fato a possibilidade de se tornarem vítima anônimas da fúria genocida do Estado. Observe-se o quanto esse modelo, se comparado com a forma "anterior", isto é, à forma capitalista, instaura uma história *pendular*. Ganhar-se-iam garantias que no capitalismo não existem. Mas perdem-se aquelas que ele outorgava. A partir daqui, há duas coisas a desenvolver: 1. mostrar como e por que esse troca, mesmo realizada em forma pura, é ilegítima; 2. mostrar a evolução desse modelo que, mesmo se em forma muito imperfeita e parcial, ocorreu na China (e, de outro modo, também na Rússia, em parte). Isto é, mostrar aonde foram parar os dois atos "recíprocos" do contrato totalitário. Algo desse desenvolvimento aparecerá mais adiante, ainda nessa primeira parte. Eu o retomarei, de forma mais ampla, na segunda parte deste capítulo.

O CICLO DO TOTALITARISMO E OS IMPASSES DA ESQUERDA MUNDIAL   29

5. *Histórias Paralelas (China e Rússia): A Crise Final e o Seu Resultado*

Afinal, a que resultado se chegou? O sentido geral dele, já conhecemos, é o de que a Rússia e a China, os poderes revolucionários chinês e russo, evoluíram ou involuíram para o capitalismo, um capitalismo selvagem e mafioso. Talvez mais mafioso do que selvagem, na Rússia, mais selvagem do que mafioso, na China, o que não é certo. Diferenças há, primeiro, em termos de sucesso no plano puramente econômico e também no do puro poder: a China dá um salto, a Rússia retrocede. Na China, houve grande, enorme, crescimento econômico, o contrário ocorreu na Rússia. A China acabou se fortalecendo no plano político, a Rússia se enfraqueceu. Porém, o sucesso ou o insucesso econômico e "político" (técnico-político) não significa que uma ou outra tenham sido "bem (ou mal) sucedidas" do ponto de vista de uma apreciação crítica, isto é, de um julgamento que tem como fundamento os interesses da luta emancipatória. As duas coisas podem não andar juntas. Digo isto, principalmente, com vistas aos entusiastas do regime chinês.

Digamos que, no centro da diferença, aparece o fato de que o Partido Comunista Chinês não explodiu e se manteve no poder, enquanto o Partido Comunista da União Soviética perdeu o poder, explodiu e, durante um período, foi inclusive posto na ilegalidade[29]. Essa diferença explica muitas coisas (por exemplo, o ritmo das mudanças e o grau de controle que se exerce sobre elas), mas ela, por sua vez, deve ser explicada. Do ponto de vista da luta emancipatória – é preciso ter sempre presente essa perspectiva, frequentemente obscurecida –, deve-se dizer, em princípio e mais do que em princípio, que a ruptura do partido único é um evento preferível à conservação do partido único; porém, é claro que, se o pluralismo que emerge em seguida à ruptura for ilusório, a vantagem para a luta de emancipação também será mais ou menos ilusória, pelo menos imediatamente. Archie Brown[30] observa que no PC Chinês se cogitou uma mudança de nome para o partido, a

---

29 Foi Cícero Araújo quem insistiu sobre esse aspecto, depois da leitura da primeira versão desse artigo, no qual a diferença entre os destinos dos dois partidos não aparecia com o necessário destaque.

30 Archie Brown, op. cit., p. 606.

qual só não foi adotada, parece, por medo de que houvesse oposição e divisão e, com isso, pluralização de partidos. Isso mostra que o que contava para eles não era o caráter "comunista" do partido, mas a sua unicidade. De qualquer modo, no resultado político final, subsiste uma diferença, embora tênue: na China, há partido único (e esse partido é o comunista), na Rússia, há mais de um partido (e o partido formalmente no poder não é o comunista), porém a pluralidade sob Putin, como, em geral, o peso dos partidos, é cada vez mais formal.

Os dois processos de transição, enquanto tais, divergem mais do que o seu resultado. No plano econômico, um elemento decisivo é que houve, na Rússia, a aplicação de uma "terapia de choque" imposta pelo FMI (as duas coisas interessam: que houve "terapia econômica de choque" e que se obedeceu a uma quase imposição externa), enquanto nada disso ocorreu com a China, embora ela também tenha recorrido a empréstimos. Por que o relativo gradualismo chinês? E por que a Rússia se submeteu ao FMI e a China, não? A sobrevivência ou não do partido único explica isso, em parte, mas, como já disse, ela mesma tem de ser explicada.

Como muitos já disseram, na China, houve praticamente um só líder, Mao, que foi ao mesmo tempo o fundador do sistema e aquele que conduziu o seu desenvolvimento. Na Rússia, houve um fundador, Lênin, e um "herdeiro" do fundador, Stálin (aliás deslegitimado pelo famoso "Testamento", mas Lênin nomeara ou aceitara a nomeação do herdeiro como secretário-geral, um ano antes, em 1922). Isso poderia ter facilitado um resultado contrário ao que ocorreu. Parece mais simples conservar o regime se se pode resguardar a figura do fundador e sacrificar a do seu sucessor, o que, na China, não era possível. Na realidade, a ausência do "foguete de dois módulos" não teve esse efeito. É como se a unicidade do líder implicasse uma ruptura tão grande que ela viesse a resguardar a mística do partido. Mao finalmente foi menos criticado do que Stálin (embora, nos dois casos, tenha aparecido o recurso às curiosas porcentagens do "andou bem a tantos por cento", "andou mal a tantos por cento"). O caráter mais populista do regime maoísta, em comparação com o stalinista, também deve ter contribuído para que o partido único fosse mais protegido. De fato, o envolvimento, mesmo se induzido das bases

O CICLO DO TOTALITARISMO E OS IMPASSES DA ESQUERDA MUNDIAL   31

na revolução cultural – um trauma que, como vimos, às vezes se compara com o grande terror stalinista –, tornou possível, quando se inverteu o vapor, encontrar um bode expiatório fora do partido. No caso do terror stalinista, o envolvimento popular foi limitado e inteiramente orquestrado, o que obrigava a reconhecer mais claramente a responsabilidade do chefe. Essa imputação poderia, sem dúvida, preservar o partido, como em parte preservou, mas, dado o envolvimento de muitos quadros no processo repressivo, de qualquer modo protegia menos o partido do que uma experiência como a da revolução cultural chinesa em que a base e não a direção aparecia (ilusoriamente) como culpada. É preciso acrescentar, contraditoriamente, que o lado populista do regime chinês facilitou, sob outro aspecto, a luta democrática (embora esse populismo fosse imediatamente o contrário absoluto da democracia). De fato, sabe-se que uma fração – que deve ter sido pequena, entretanto – dos guardas vermelhos evoluiu para a democracia e se reencontrou em Tianan'men, *fenômeno chinês, que não tem equivalente russo.*

Sem pretender explicar isso tudo, pode-se, aparentemente, apontar certas razões que influenciaram a diversificação dos dois processos. Eu daria bastante peso à questão nacional, e isso sob dois aspectos, que têm certa conexão interna. Se havia múltiplas nacionalidades na China[31], lá não se estava numa situação como a da Rússia, onde a nação dominante representava apenas a metade da população do país[32]. A existência de uma dualidade, que se tornou polar, entre a Rússia e a União Soviética foi certamente um elemento importante na ruptura; a ausência dessa dualidade, na China, contribuiu, inversamente, para que o processo seguisse um curso diferente, menos explosivo. Para além desse fator, o da maior unidade – em parte, independente dele, em parte, talvez, efeito dele –, aparece o fato de que revolução chinesa de Mao representava – ou pretendia representar –, muito mais do que a revolução russa de Lênin, uma revolução nacional. Na realidade, a chamada "revolução chinesa", inclusive na sua fase pós-Mao, pode aparecer como revolução nacional, enquanto a chamada "revolução russa", principalmente na sua fase final, apareceu,

---

31 Segundo Archie Brown, a China reconhece 55 "grupos étnicos". Ver Archie Brown, op. cit., p. 317.
32 Ibidem, p. 457.

32 O CICLO DO TOTALITARISMO

pelo contrário, como *a dissolução de um império colonial*. Bem examinadas as coisas, o segundo aspecto existe também para a China – potência que oprime o Tibete e a minoria muçulmana, entre outras –, e o primeiro aspecto ilumina também, em certa medida, a URSS, pelo menos no seu movimento ascendente. Mas subsiste a diferença. A revolução chinesa se inscrevia – ou pretendia se inscrever – na luta secular contra os imperialismos, luta cuja grande figura havia sido Sun Yat-Sen[33]. Isso deve ter contribuído muito para que o processo fosse menos centrífugo. E também para certas particularidades do seu encaminhamento.

A Rússia aceita a política do FMI (uma humilhação com a qual a China dificilmente concordaria). Tal política teve como resultado uma verdadeira liquidação econômica da classe média, um golpe de ordem econômica na democracia em proveito do grande capital. A condição para que a classe média não fosse liquidada economicamente era a de que as privatizações precedessem a liberação dos preços, e não o contrário[34]. É interessante

33 Sobre o conjunto dos atores da revolução chinesa, considerando todo o processo – Sun Yat-Sen, Chiang Kai-Shek e Mao, pesa um forte ressentimento, uma espécie de cicatriz histórica, que é a das humilhações sofridas pela China, humilhações impostas pelas potências ocidentais. Na Alemanha pré-nazista e nazista, eu observei, o impulso de *revanche* é dominante. Deseja uma *revanche*, e confia nela, só quem tem a memória de vitórias relativamente recentes. No caso chinês, essas vitórias existiram, mas estavam muito distantes no tempo. O que não impedirá que, mais tarde, o poder vá explorar a carta da China, país mais avançado do mundo, que só perdeu a primazia num período curto, que começa no século XIX.

34 Ver, a respeito, Peter Reddaway; Dmitri Glinski, *The Tragedy of Russia's Reforms: Market Bolschevismo against Democracy*, Washington: United States Institute of Peace Press, 2001, p. 270-271: "o procedimento de Gaidar [Yegor Gaidar, primeiro-ministro e, depois, ministro da economia, o pai da "terapia de choque" liberal; o procedimento dele ia a contrapelo de um plano anterior, dito dos 500] *destruía as economias da classe média do dia para a noite*, deixando-a sem meios para adquirir o que seria privatizado mais tarde" (grifos nossos). A liberalização dos preços é do início de janeiro de 1992; um plano de privatização é aprovado em junho do mesmo ano. A distribuição (derrisória, em grande medida) dos "cheques de privatização" começa em outubro (ver Rémi Peres, *Chronologie de la Russie au xx⁰ siècle*, Paris: Vuibert, 2000, p. 190s.). "Não é difícil enxergar por que o grupo de Volsky [o líder do grupo industrial conservador] tinha um vivo interesse pela sequência e a lógica das reformas que Gaidar escolheu: *primeiro a liberação dos preços, privatização depois.* [...] De mesmo espírito que esse contrato social entre os membros da elite era o programa de privatização de Chubais [ministro da economia sob Yeltsin] que, em termos práticos, era tão conservador que *ele praticamente excluiu toda substituição dos top managers* no decorrer da privatização" (Ibidem, p. 289, grifos nossos). O livro de Reddaway e Glinski foi ▸

O CICLO DO TOTALITARISMO E OS IMPASSES DA ESQUERDA MUNDIAL   33

analisar, nesse contexto, o sentido da intervenção norte-americana, porque não foi apenas o FMI que impôs a sua política, o governo americano a apoiou. Os EUA, democracia capitalista, revelou preferir o capitalismo à democracia. Primeiro, em sentido econômico, ao se dispor a sacrificar economicamente as classes médias. Mais adiante, também em sentido diretamente político. Mais precisamente, optou pelo grande capitalismo contra o pequeno, ou pela economia de mercado sem limites contra a economia de mercado obedecendo a certas regras de jogo. Na realidade, como assinalam Reddaway e Glinski, a questão não se colocava em termos de capitalismo ou socialismo, mas de grande capital *versus* economia de mercado relativamente aberta ou igualitária[35]. Deve-se dizer que o FMI e o governo americano – Clinton inclusive – jogaram não só contra a democracia (econômica, e depois também política), mas também contra eles mesmos. No final, Yeltsin entronizou Putin, cuja política foi se revelando claramente antiamericana e antieuropeia.

▷ objeto de várias resenhas, na imprensa internacional, algumas delas bastante críticas. Frequentemente, pergunta-se sobre a possibilidade objetiva de que a reforma tivesse seguido outro caminho. Ver, por exemplo, Robert Cottrell, Russia: Was There a Better Way?, *New York Review of Books*, v. 48, n. 15, oct. 2001. Às vezes, caricatura-se o livro (é o caso de um crítico, que creio ser Walter Laqueur, embora não tenha conseguido localizar a referência), insinuando-se que a leitura que ele oferece da reforma russa oporia o ideal da circulação simples de mercadorias ao da produção capitalista, o que evidentemente não é o que está no texto. Já uma obra que é anterior ao livro, mas cita um artigo mais antigo de Reddaway sobre o mesmo tema, defende tese convergente à de Reddaway e Glinski: Janine R. Wedel, *Collision and Collusion, the Strange Case of Western Aid to Eastern Europe 1989-1998*, New York: St. Martins Press, 1998 (ver principalmente o capítulo 4), obra que o resenhador da *New York Review Books* conhece. Quaisquer que sejam as dificuldades para chegar a um juízo rigoroso a respeito, deve-se dizer que a argumentação de Reddaway e Glinski é pensável no plano econômico e, no plano político, contando com a visão retrospectiva de mais de uma década, ela se revela mais objetiva do que a dos seus críticos, inclusive na perspectiva que parece sugerir sobre o que deveria ser a continuação do processo. Putin, o herdeiro consagrado de Yeltsin, apenas desponta no livro dos dois autores (o livro é de 2001), mas fica bem claro que eles, pelo menos, não têm nenhuma ilusão em relação ao atual homem forte da Rússia, o que nem sempre se pode dizer dos seus críticos.

35   "acreditamos que considerar o colapso econômico soviético em termos de luta entre o capitalismo e o socialismo impede uma compreensão genuína da tragédia [que constituem] esses acontecimentos [...] De fato, a luta real não se travou entre a questão abstrata do capitalismo *versus* socialismo, mas em torno da questão de quais forças sociais viriam a ser os protagonistas do desenvolvimento capitalista e que regras de jogo aplicariam" (P. Reddaway; D. Glinski, op. cit., p. 268).

O CICLO DO TOTALITARISMO

A liquidação da democracia se completará, no plano propriamente político, com o fechamento do Congresso por Yeltsin, fechamento que os americanos também aplaudiram[36].

Na China, inicialmente, não se liquidaram economicamente as forças econômicas mais frágeis. No início, a reforma econômica ajudou os camponeses[37] e os pequenos comerciantes. Mas não se pode idealizar essa reforma ou o curso que ela tomou. Por várias razões, herança burocrática do passado, diferença crônica de nível econômico entre o campo e a cidade, nascimento de novas desigualdades, o movimento não conseguiu evitar o êxodo rural e começou a não produzir mais efeito, por volta de 1984[38]. De qualquer forma, é na esteira dessa reforma

36 Eis como Reddaway e Glinski definem as forças em presença (creio que é necessário fazer, aqui, uma longa citação): "A coalisão democrática que constituía a maioria dos deputados no Parlamento russo e nos sovietes regionais fazia campanha, de modo mais ou menos consistente, *em favor da participação da classe média na transição econômica e especialmente na desnacionalização da indústria.* O programa democrático, que sublinhava a necessidade de um campo de forças honesto (*a level playing field*) no processo de privatização, teria proposto uma intervenção governamental forte e ativa para reduzir as desigualdades existentes entre, por um lado, os cidadãos soviéticos comuns, e, por outro, *a nomenclatura dirigente, a máfia comercial, as companhias do Komsomol que tinham privilégios, e os managers das firmas industriais* [...] Esta [última] coalisão era constituída por *gente que tinha conseguido acumular fortunas imensas através de meios ilegais, operando ou nos altos escalões da elite dirigente, ou entre os burocratas de nível baixo e os praticantes do mercado negro.* Era para eles que a genuína revolução democrática, que presssupunha a redistribuição da propriedade, era a ameaça mais imediata. Portanto, não é surpreendente que *a ideologia dos 'Chicago boys' e os seus aliados na sociedade soviética (os quais procuravam um cenário oligárquico para a transição para o mercado) tenha-se tornado a ideologia radical da retirada do governo* em relação à economia, enquanto a sua estratégia política veio a ser a do *enfraquecimento e descrédito dos sovietes e parlamentos democraticamente eleitos*" (Ibidem, grifos nossos).

37 Observe-se que têm um papel importante na implementação dessa reforma – de cujo projeto haviam participado, de resto, certos intelectuais que se reuniam em "salões" autônomos – duas figuras com posições críticas também em matéria política, Hu Yaobang e Zhao Ziyang. O movimento de Tianan'men começa pelas manifestações em homenagem a Hu, que, já afastado da direção, falecera naquela ocasião. Zhao será punido, por sua vez, pela sua atitude conciliatória em relação aos estudantes, e passará o resto da vida em prisão domiciliar. Ver, a respeito e em geral, sobre os movimentos de resistência, o livro de Jean-Philippe Béja, *À la Recherche d'une Ombre Chinoise, le mouvement pour la démocratie en Chine* (1919-2004), Paris: Seuil, 2004 (p. 90, sobre o papel de um grupo de intelectuais na preparação do plano de reformas).

38 Ver os dados sobre o aumento de produtividade no campo até 1984, mas não depois, em Marc Blecher, Collectivism, Contractualism and Crisis in the Chinese Countryside, em Robert Benewick e Paul Wingrove (eds.), *China in the 1990s,* ►

(e radicalizado também pelas dificuldades do país) que o movimento estudantil se insurge contra o regime. Mas o movimento foi esmagado. Segue-se um segundo momento da reforma, que beneficiou claramente o grande capital e que deixou os trabalhadores sem proteção. O que ocorreu? Como escrevi anteriormente, o poder totalitário chinês dava certas garantias aos trabalhadores urbanos e rurais em termos de emprego, de saúde, de moradia etc. No que se refere aos trabalhadores urbanos (no campo, as comunas eram, à sua maneira, os veículos de proteção), essas garantias valiam só para os trabalhadores empregados, e só para os trabalhadores das empresas do Estado. Ora, quando a lei de garantia foi promulgada (1951) "quase 98,6% da população empregada trabalhava nas SOE (Empresas de Propriedade Estatal)"[39] e, através de meios "artificiais", o desemprego era exceção. A situação se altera com o curso que tomam as reformas, a partir dos anos de 1980. A grande maioria das firmas deixa de pertencer ao Estado, de tal sorte que "82% da população trabalhadora da China" fica fora daquela "seguridade social, e da rede da previdência"[40], sem falar no crescimento da massa de desempregados. Assim, por caminhos diferentes, chegamos, *mutatis mutandi*, a resultados semelhantes. Mas mesmo os caminhos não foram tão diferentes. Nos dois casos, houve "repressão econômica" e repressão política. Repressão econômica: reforma russa modelo FMI, segunda vaga da reforma chinesa. Repressão política: liquidação física do movimento de Tianan'men, fechamento do parlamento por Yeltsin (e, depois, regime policialesco de Putin).

Assim, os dois regimes tomam o caminho do capitalismo, mas não exatamente o da democracia. Entretanto, eles pareciam

> ▷ London: Macmillan, p. 113. A perspectiva de Blecher, visível também no seu livro *China Against the Tide: Restructuring trough Revolution, Radicalism and Reform*, New York: Continuum, 3. ed., 2010, é, a meu ver, entretanto, excessivamente otimista em relação à experiência maoísta, para não dizer mais.

39 Joe C.B. Leung; Richard C. Nann, *Authority and Benevolence: Social Welfare in China*, p. 57.

40 Ibidem, p. 62, 65. Na realidade, e graças também a leis posteriores, os empregados das firmas particulares não ficaram inteiramente desprotegidos. Mas a proteção é insuficiente e não tem nada a ver com a que se oferece às firmas estatais. Para dados mais recentes, ver o capítulo 10: Social Policy, de Tony Saich, *Governance and Politics of China*, 2. ed., New York: Palgrave-Macmillan, 2004, e a bibliografia especializada referente ao capítulo (p. 351-352).

se aproximar dela. E, de fato, houve mudanças políticas importantes. Por exemplo, hoje, cidadãos chineses e cidadãos russos podem sair dos seus respectivos países (isto é, se tiverem recursos e não estiverem implicados demais nos movimentos de resistência). Só que, se houve uma passagem, não foi a esperada passagem do totalitarismo à democracia a que ocorreu, mas sim a do totalitarismo para o que chamei, na falta de um termo melhor, de "pós-totalitarismo"[41]. *E é nesse sentido que a questão do totalitarismo continua sendo atual.* Repito: se hoje o totalitarismo, na sua forma pura, só subsiste praticamente num caso, o da Coreia do Norte, ele continua a interessar porque a sua morte não foi um desaparecimento puro e simples, mas uma *transmutação* (em termos filosóficos, seria algo que ficou entre um desaparecimento + gênese e uma simples alteração). O totalitarismo se *transmutou* num autoritarismo de um novo tipo: autoritarismo capitalista, e com ideologia "comunista", no caso da China, autoritarismo capitalista, com ideologia *rouge-brune*, comunista-fascista, no caso da Rússia. Esse autoritarismo guarda as marcas do totalitarismo de que se origina (por isso mesmo, é melhor chamá-lo de pós-totalitarismo) e, embora não se confunda com ele, o estudo do primeiro não pode prescindir da análise do último. O resultado, aqui e ali, é, assim, um capitalismo autoritário. E qual o destino desse capitalismo autoritário? Faço aqui uma pausa para repensar, ainda uma vez, o que significa todo esse processo e em que sentido ele obriga a modificar alguns dos pressupostos clássicos da esquerda, ou pelo menos da sua teoria hegemônica. Volto mais adiante àquele resultado, o novo capitalismo autoritário.

---

41   Mesmo no caso da China, regime de partido único, principalmente quando se compara com a situação anterior, é um pouco difícil falar *simplesmente* em "totalitarismo". Entretanto, fatos como a recente confissão pela TV, na presença de dois agentes do Estado, do ex-bloguista dissidente Charles Xu, o qual, no melhor estilo da época de ouro do stalinismo, depois de um "tratamento" na prisão, reconheceu todos os seus erros, nos faz às vezes considerar que o termo sem mais determinações seria ainda adequado para caracterizar tal regime. Na falta de algo melhor, falo em "pós-totalitário" (entendendo esse pós, repito, como inclusivo, e não exclusivo, sem o que a expressão seria vazia). Quanto ao caso Xu, eu o recomendo à meditação dos entusiastas da nova China, tanto os de direita como os de esquerda.

SEGUNDA PARTE:
TEORIA (E PERSPECTIVAS POLÍTICAS GERAIS)

6. *Reconstrução da Teoria: a. A Experiência do Ciclo do Totalitarismo. História Cíclica e História Pendular. Progresso. Sobre as Teses de Benjamin; b. O Projeto de uma Nova Teoria da História e os Textos do "Melhor Marx"*

a. Esse itinerário histórico do totalitarismo é, sob muitos aspectos, surpreendente. E ele exige uma verdadeira reconstrução do discurso político das esquerdas. Talvez a primeira coisa a considerar seja o próprio fato de que, em lugar de um governo protossocialista, teve-se uma ditadura burocrática que floresceu sob a forma de um regime totalitário e genocida. Qual a necessidade histórica dessa sequência? A meu ver, não basta dizer que, *por certas razões a revolução* (qualquer que fosse a sua forma, eventualmente pacífica) não veio. Esse tipo de formulação já supõe coisas demais. Insinua que a revolução *deveria vir.* Deveria vir onde? Nos países mais avançados? Já indiquei que esse tipo de consideração não é satisfatório. Supõe-se sempre que, historicamente, a revolução estava na ordem do dia em algum lugar, pelo menos. Como necessidade, rezava o discurso mais ortodoxo. Como possibilidade, diz o que chamei de "melhor marxismo". Sim, como possibilidade, na realidade, mais como possibilidade *abstrata* do que como possibilidade concreta. A experiência do ciclo do totalitarismo deveria nos convencer de que o "destino normal" – não o "destino fatal" – das sociedades contemporâneas, mesmo para o caso dos países mais desenvolvidos, *não é a revolução* (qualquer que seja a sua modalidade, pacífica ou não), *mas a continuidade – sob uma forma ou outra – da dominação e da exploração.* Digamos que a experiência do século xx revela uma profunda *inércia* da história, isto é, daquilo que Marx chamava de *pré-história* da humanidade (essa conceituação, veremos, é muito problemática). A revolução – entendendo esse termo, insisto, em sentido bem amplo – é, na verdade, uma ruptura bem maior ou de uma outra ordem da que supunha a teoria hegemônica no interior da esquerda. Em que sentido? No de que as forças de conservação são muito fortes e, mais, de que *a tendência histórica é* *antes para a emergência de novas (ou não muito novas) formas de exploração e de opressão do que para a emergência de um regime ao menos protoemancipador.* A tal ponto que não se pode mais partir da ideia do "deveria vir e não veio", ou fracassou, como se o caminho que desembocasse na revolução fosse o "normal" (por muito que se admitissem dificuldades e obstáculos); isto é, *não se deve partir da hipótese da revolução* que "deve vir" (apesar de tudo, essa hipótese, de forma implícita ou explicita, ficava subjacente), mas da ideia *de uma história cíclica,* no sentido de que o caminho "normal" (aproximadamente o mais provável) é o de uma história que *vai revelando sucessivas formas de opressão/dominação.* É como se, finalmente, os teóricos do ciclo (Políbio, Vico, Michels, talvez Pareto), qualquer que fosse a versão da história cíclica pela qual tivessem optado – enquanto teóricos em sentido estrito, isto é, sem que se aceite o seu projeto político e a sua atitude e juízo diante da realidade da inércia e do ciclo –, tivessem tido bastante razão, em contraposição aos teóricos do progresso[42]. A revolução – entendida como uma verdadeira revolução, duradoura e emancipadora, e não como um golpe de Estado que se apresenta como revolução, ou como um momento efêmero de emancipação que logo se esvai e passa ao seu contrário – seria, na realidade, *uma ruptura mais profunda do que a se pensa até aqui,* digamos, *uma ruptura da "lei" histórica, que é uma "lei" cíclica.* Dir-se-á que envereda aí por uma crítica do progresso; e que esta crítica não é tão nova, e vem mesmo ganhando terreno, nos últimos anos, em muitos meios da esquerda. Sim, mas atenção. A crítica corrente do progresso, a de esquerda inclusive, concentra-se em geral nos problemas ecológicos, os quais são muito importantes, essenciais até, mas não abarcam todo o problema; por isso, ela fica, na maioria dos casos, aquém da crítica *propriamente política* do progresso. Temos, por exemplo, certos discursos ecossocialistas, para utilizar uma terminologia que serve de bandeira a alguns, em que se combina marxismo e ecologia, às vezes até leninismo ou trotskismo e ecologia... *Ora, não há crítica do progresso se não atacarmos as raízes dessas ideologias,*

---

42 Sobra a ideia de história cíclica, ver o cap. 3 de Cícero Romão Resende de Araujo, *A Forma da República: da Constituição Mista ao Estado,* São Paulo: Martins Fontes, 2014, p. 187-201.

O CICLO DO TOTALITARISMO E OS IMPASSES DA ESQUERDA MUNDIAL   39

no fundo "hiperprogressistas", que são o leninismo ou o trotskismo. Quanto ao marxismo, sem jogar fora toda a sua herança, pois há nele uma vertente válida – insuficiente, acho eu, para que seja legítimo se declarar marxista, atualmente –, é evidente que é preciso pelo menos repensá-lo criticamente a *fundo.* A meu ver, deveríamos partir de uma história que "em si e para si" – para falar hegelianês – seja a história de ciclos de poderes dominantes que se sucedem na história. Uma revolução, como verdadeira virada emancipatória – o que, no estágio atual, não passa, sem dúvida, de um possível abstrato – *viria a quebrar essa "lei" dos ciclos* (isso é um pouco diferente do que diz a tradição; significa que, a rigor, a revolução *não está inscrita na história*). Na mesma ordem de considerações, refletindo ainda sobre o ciclo do totalitarismo, seria preciso dar uma latitude muito maior à ideia de *regressão histórica.* Regressão em sentido ético-político e não técnico ou científico (conforme o caso, poderia ser não simplesmente técnico-científico). Isto é, pensar com seriedade na ideia aparentemente abstrusa de uma *história que vai para trás.* Bem entendido, encontra-se nos clássicos da esquerda a ideia de regressões históricas; porém, não havia lugar, pelo menos no quadro da modernidade contemporânea, para regressões da ordem daquelas a que assistimos. Sequências como a do "grande salto para frente" maoísta, ou do calvário dos camponeses sob Stálin, nos anos de 1930, na realidade toda a trajetória do stalinismo e de suas ramificações (e, *a fortiori*, do nazismo), constituem verdadeiros movimentos regressivos da história. Sem dúvida, em sua fase final principalmente, podem-se reconhecer nos totalitarismos "igualitaristas", no meio de muita regressão, certos elementos de progresso extracientífico, elementos em geral efêmeros, não muito mais do que isso. Eis aqui um tema ainda a meditar seriamente: como foi possível que movimentos – e, depois, processos históricos de aparência eminentemente revolucionária, tidos por isso pela opinião de esquerda esmagadoramente dominante como indiscutivelmente *emancipatórios* – tenham provocado a aniquilação de mais ou menos cinquenta milhões de pessoas para, afinal, desembocar em sociedades autoritárias, de capitalismo "selvagem" ou "mafioso" (ou, talvez, os dois)? E a meditar, especialmente, sobre o "detalhe" curioso de que durante anos muito pouca gente na esquerda se deu conta disso. De fato, uma parte, talvez o melhor da intelectualidade ocidental, em pleno processo, por exemplo, daquele grande massacre que foi "o grande salto para frente", saudava as vitórias da revolução chinesa e se comprazia no culto do grande Mao (como cultivara, alguns anos antes, o mito do grande Stálin, "pai dos povos" e melhor encarnação humana do projeto socialista...). Alguma coisa ainda nos escapa nisso tudo. Não o digo em benefício da política do pior, ou do pessimismo niilista. Só afirmo a necessidade de tentar pensar, *ainda uma vez*, com coragem e rigor, o sentido da sequência totalitária. A propósito do progresso, seria preciso completar acrescentando que a social-democracia, à sua maneira, também pagou um preço pelo culto do progresso (embora seja verdade que Bernstein tenha falado em "regressão", a respeito do "comunismo" russo). Nesse caso, o progresso é concebido de um modo simetricamente oposto ao do totalitarismo "igualitarista". Progresso sem rupturas, história como processo ascendente contínuo. Porém, não só a social-democracia mas *também* o "comunismo" é "progressista". Ambos o são. E é uma insuficiência maior das famosas *Teses Sobre o Conceito de História*, de Walter Benjamin, que elas deem um peso excepcional à crítica do progressismo social-democrata (ver Tese 11, Tese 12 e Tese 13), enquanto a crítica do "comunismo", pode-se dizer, fica qualitativa e quantitativamente a meio caminho. A respeito do "comunismo", há principalmente (Tese 10) uma alusão crítica a um episódio, sem dúvida funesto e escandaloso, da sua história, mas não suficientemente representativo da sua essência, o pacto germano-soviético, mais algumas referências que poderiam servir aos dois casos, como quando se fala da "adaptação servil a um aparelho incontrolável" (Tese 13). Mas o fenômeno do totalitarismo "igualitarista" (com os seus antecedentes leninistas) não é tema das teses de Benjamin (que, entretanto, escrevia em 1940, e antes da frente anti-hitleriana). Por isso, elas puderam alimentar, e alimentam ainda, um *gauchisme* que chega à crítica ecologista do progresso, e permanece "progressista", *malgré lui*, no plano político, o que, de um modo particular sem dúvida, poder-se-ia dizer também, por

O CICLO DO TOTALITARISMO E OS IMPASSES DA ESQUERDA MUNDIAL   41

paradoxal que isso possa parecer, e apesar da sua crítica ao progressismo social-democrata, do próprio Benjamin[43]. Um desdobramento da ideia de uma história cíclica é a de uma *história pendular*. O leninismo e, depois, o stalinismo e o maoísmo aparecem, sob certo aspecto, como projetos de inversão brutal do capitalismo (do capitalismo democrático, em particular). Assim, se neste tem-se um contrato que garante certo número de liberdades sociais e políticas, mas não se garante a ninguém o direito de não morrer de fome, naqueles,

---

43 Evidentemente, o tema merece um desenvolvimento muito maior, que virá em outro lugar. Não se trata de subestimar os méritos de Benjamin, nem a grandeza das *Teses Sobre o Conceito de História*. Porém, estou convencido de que, apesar de tudo, não enquanto clássico, mas enquanto clássico *para o nosso tempo*, o que muitos querem que elas representem, as *teses* não servem. No momento em que Benjamin as escreve, ele está rompendo, ou, antes, já rompeu, com o *poder stalinista* (depois de um momento de perplexidade – Benjamin diz "ter perdido o seu latim" com os processos de Moscou – e com muito esforço, maior ainda que aquele que fizeram Adorno e Horkheimer). Isso não significa nem que ele tenha chegado a uma análise suficientemente profunda da natureza da URSS, nem – até onde sei, e li nos textos – que ele tenha acertado contas com o leninismo. Ora, a crítica do leninismo é essencial a uma crítica do progresso, o leninismo representa bem, se não "por excelência", o progressismo no plano político (entendido o progressismo, como se deve, em sentido bem mais amplo do que o de Benjamin). Como as *teses* ficam aquém desse acerto, a crítica do progresso que elas oferecem é enganosa. Assim, a ideia de que nada é mais corruptor do que a crença de que nadamos "no sentido da corrente" (*Tese 11*) é preciosa, desde que se a reformule em termos não benjaminianos. Não é apenas a social-democracia que pensou seguir a corrente, para ela, uma corrente contínua. Há também outro otimismo cósmico, e esse se acomoda com a descontinuidade, e mesmo se alimenta dela. Nesse sentido, *Teses Sobre o Conceito de História* fica aquém da dialética: critica só o entendimento continuísta, não o seu oposto, que lhe é, na realidade, inseparável, razão pela qual as *teses* puderam se transformar na menina dos olhos de todos os neoleninismos e neotrotskismos *semi-aggiornati* por uma vertente ecológica. A ideia sobre a qual insisto neste texto é a de uma inércia da história, e, se posso dizer assim, de uma *inércia de transformação*. Entenda-se: *transformação na inércia*. A história não "resiste" simplesmente ao progresso ético-político. Ela resiste alterando, e às vezes profundamente, as regras da sua inércia. Por outras palavras, a regra do processo histórico, se assim posso dizer, é a da transformação, mas da transformação na inércia. Pergunto-me se no esquema teórico introduzido por Benjamin reconhece-se esse aspecto. Sua relativa cegueira diante da significação mais profunda do bolchevismo é, a meu ver, um sintoma de que, se Benjamin lê corretamente a história como inércia, a lei geral dessa inércia, na sua leitura, é o *continuísmo*. Ora, se a inércia da história significa, no plano global, continuísmo, esse continuísmo se exprime paradoxalmente em descontinuidades radicais que, nos casos extremos, vão até imitar diabolicamente o progresso ético-político, sendo o caso mais espetacular desse fenômeno o despotismo bolchevista. Como se dizia antigamente, "não por acaso", Benjamin "perdeu o seu latim" diante deste.

pelo menos em tese, e fora os períodos de terror (que, entretanto, foram quase a regra...), garantir-se-ia a sobrevivência e a satisfação das necessidades elementares, em troca de uma alienação de todas as liberdades. Aliás, não é sem motivo que os Castro e companhia apelam tanto para o tema das crianças que têm fome. Há, de fato, milhões de crianças no mundo que têm fome, mas não é por amor às crianças que eles voltam tanto ao tema. É porque o seu ideal político – e isso no melhor dos casos – é o de instaurar um poder que estabeleça uma relação paternalista entre o tirano e os seus súditos. Estes últimos terão o suficiente em termos de comida, bebida e algumas outras necessidades básicas (isso, em princípio; na realidade, foi-se a época em que essas vantagens eram sagradas), mas, como as crianças, não terão direitos políticos. Crianças não votam nem fundam partidos. Assim, os totalitarismos exprimem uma historicidade pendular. Tudo se passa como se tivéssemos lá uma simples – por isso mesmo brutal – *inversão* do que se tem nos capitalismos. Por exemplo, o regime maoísta praticou sistematicamente a discriminação contra os de "má origem". Desde os primeiros anos de poder, distribuíram-se formulários a preencher obrigatoriamente, através dos quais cada um informa qual é o seu meio de origem, o que permite classificar os de boa cepa (filhos de camponeses pobres, por exemplo), os de média (intelectuais, por exemplo), e os de má (filhos de camponeses ricos, por exemplo; e por "rico" entendeu-se muita gente que de rico, propriamente, tinha muito pouco). Essas diferenças acompanharão cada um durante toda a sua vida e decidirão o seu destino. Por exemplo, se ele pode ou não pode ter acesso à universidade. Há aí uma espécie de inversão radical da antiga situação, inversão que é, ao mesmo tempo, algo como uma volta a um *ancien régime* pré-capitalista, em termos muito imprecisos a um "feudalismo" (o termo não é rigoroso, mas tem a sua verdade, e foi muito utilizado pelos opositores ao regime). Que esse tipo de política e de atitude tenha algo a ver com o projeto e os ideais do socialismo está longe de ser evidente. De resto, o jovem Marx já condenara o "comunismo grosseiro" que queria apenas generalizar a propriedade privada. Contra a história pendular, que é uma expressão possível de uma história cíclica, é preciso pensar uma história futura que *acumule* conquistas,

O CICLO DO TOTALITARISMO E OS IMPASSES DA ESQUERDA MUNDIAL   43

que empunhe a bandeira da igualdade, sem negar a liberdade. Porém, isso também não significa aceitar a ideia bernsteiniana de um simples contínuo entre as duas "revoluções". A liberdade tem de ser reconstruída e a passagem à igualdade é, de qualquer modo, uma ruptura. Mas a igualdade não liquida a liberdade, ela a clarifica e desenvolve.

Se, portanto, é preciso reconsiderar as ideias de história cíclica e de regressão histórica, é necessário, igualmente, entre outras coisas, repensar a questão das relações entre capitalismo e democracia, ou, mais precisamente, entre capitalismo, democracia e autoritarismo. Na teoria hegemônica da esquerda, o capitalismo "vai junto" com a democracia, com o que esta aparece como uma forma política que corresponde ao primeiro. Já insisti, em outros lugares, e por isso não me estenderei muito aqui, sobre a necessidade de considerar separadamente o capitalismo e a democracia, e também o "autoritarismo". Não se viu, ou não se viu suficientemente, a tensão virtual ou real, que existe entre o impulso igualitário da democracia e o impulso anti-igualitário do capitalismo. Pensou-se, apenas, como o primeiro pode mascarar o último e, assim, funcionar como instrumento dele. No entanto, não há só isso. Existe uma relação tensa entre capitalismo e democracia, e uma afinidade secreta entre capitalismo e autoritarismo[44]. Isso é verdade, ainda que a noção de "democracia" seja, por outro lado, instrumentalizada para servir ao capitalismo e ao imperialismo, e mesmo se a democracia no ocidente se veja laminada pelo peso do capital e tenda a transformar regimes democráticos (democrático-capitalistas) em regimes oligárquicos. A ideia de democracia – ideia teórica e prática – é essencial à crítica do totalitarismo. E, mais ainda, ela é fundamental à análise da crise dos sistemas totalitários e, com isso, da crise presente. Se não separarmos capitalismo e democracia, a história das lutas dos anos de 1990 na Rússia, por exemplo, é inteiramente incompreensível. Como afirmaram certos comentadores, elas não se travaram entre capitalistas e

---

44 A observar, entretanto. A oposição capitalismo e democracia e a afinidade capitalismo e autoritarismo são, digamos, *históricas* (no sentido da *longue durée*, que converge com o da essência). Capitalismo e democracia imperfeita podem coexistir por muito tempo e, *sob certas condições*, a introdução do capitalismo é um fator disruptivo para uma estrutura política totalitária ou burocrático-autoritária.

anticapitalistas, mas, muito mais precisamente, entre democratas e inimigos da democracia. Porém, que não se perca de vista: democratas são aqueles que se opõem não só ao totalitarismo, mas também ao autoritarismo, a saber, tanto ao "comunismo" como aos neoautoritarismos pós-comunistas. O que "o Ocidente" não viu, ou não quis ver, ao apoiar Yeltsin.

O terceiro aspecto é o da crítica da violência. É evidente que a chamada "violência revolucionária", que, na origem, deveria ser contraviolência e, por isso, violência afetada de "negação", se transformou, na época totalitária, em violência *tout court*. Não mais "negante", mas plenamente positiva e hiperpositiva. Mesmo se o tema já foi discutido mais de uma vez, é preciso insistir nas ilusões alimentadas em torno das grandes virtudes da violência revolucionária (ler as páginas idílicas de Engels, contra Dühring, tecendo loas ao pretenso compromisso não ambíguo da violência com as forças de emancipação). Para dar mais um exemplo. Como vimos, na primeira parte deste texto, antes até das grandes festas de horror, do tipo do "grande salto para frente", a história do comunismo na China é uma sucessão de atos violentos e arbitrários cometidos contra gente inocente. Uma sucessão de cenas de sangue que não se pode justificar em nome do socialismo. Na realidade, mesmo se tudo tivesse "dado certo" – e não foi bem o que aconteceu –, o que se passou na China teria de ser justificado de uma forma ou de outra. Assim, é necessário reconsiderar o problema da violência, em geral proscrevê-la, ainda que não saibamos se ela poderá vir a ser necessária enquanto *contraviolência* imposta por uma eventual violência dos adversários. Mas ela só poderá ser legítima se for uma contraviolência consciente do emprego abusivo que dela se fez até aqui, e do risco que, finalmente, lhe é inerente de se degradar em violência *tout court*.

b. O projeto de uma nova teoria da história e o "melhor" Marx – Se quisermos situar teoricamente esses desenvolvimentos críticos – penso, no que se refere à teoria da história, principalmente na sua situação relativa à leitura marxiana da história, pois, apesar das aparências, a crítica do marxiano não está esgotada –, seria possível fazer as seguintes considerações. Comecemos observando que alguma coisa resta, sem dúvida, do marxismo. O "capital" tende sim a dominar o mundo. Porém,

O CICLO DO TOTALITARISMO E OS IMPASSES DA ESQUERDA MUNDIAL   45

por trás do capital – ou por sobre ele –, há realidades não só muito complexas como muito diversificadas. Se a concentração da riqueza e o aumento da desigualdade sob a hegemonia do capitalismo financeiro superou todas as expectativas (ver a respeito o *best-seller* mundial de Thomas Pikkety), tudo isso ocorreu num quadro político que, a rigor, está em ruptura com a "teoria". Alguns elementos bastante importantes da herança marxista clássica ficam de pé, entretanto. Poder-se-ia mesmo dizer que também algo da construção "formal" da história, na versão que chamei de "melhor marxismo" – o discurso dos *Grundrisse*, principalmente –, é defensável. Assim, a perspectiva marxista é confirmada, no plano do conteúdo, em alguns dos seus aspectos, no sentido de que o capitalismo se expandiu e continua se expandindo muito, como uma força irresistível, e no fato de que, com a hegemonia do capital financeiro, ele produziu um formidável processo de ampliação das desigualdades. E o *corpus* marxista pode se sustentar também no plano da forma – refiro-me aqui, entretanto, a algo bastante específico, o esquema de história que propõem os *Grundrisse* –, já que, em princípio, esse esquema não seria incompatível, *mutatis mutandis*, com a experiência da sucessão de formas sociais que se teve na história contemporânea. Naquela teorização, que pode ser considerada a versão mais rica de uma teoria da história encontrável em Marx, há um discurso posto, que tem por objeto os modos de produção, e um discurso pressuposto (em sentido dialético, isto é, não fundante, precisamente, "esquematizante"), que visa ao conjunto da história. O que caracteriza o primeiro é a descontinuidade, como também a relação original que ele induz, entre determinismo e contingência. Cada modo tem uma história determinada – embora não *fatalmente* determinada –, porém a *determinação* está em sua *morte*[45], ou seja, em seu *pro-*

---

45 Aqui, colocar-se-ia o problema da latitude desse esquema, e também o do seu estatuto teórico. Assim, a respeito dessa passagem do meu texto, Cícero Araújo indaga, em forma crítica, se quero dizer com isto que as formações necessariamente morrem, e acrescenta: "seria o caso do capitalismo, por exemplo?". Parece-me que se trata do seguinte. A "esquematização" (em sentido quase kantiano) de Marx (refiro-me à esquematização posta; a pressuposta, logo veremos, é mais problemática) parece ter certa força heurística quando se trata de pensar formações como a que representou a sociedade e o Estado nazista, e a que representou a sociedade e o Estado ditos "comunistas". Estas nasceram por um processo que tem muito de contingente. Depois, sem que a ▶

cesso de decomposição, e não em seu nascimento. De fato, se há determinação no curso descendente, o movimento ascendente (a sua gênese) não é imediatamente determinado, mesmo se, progressivamente, o processo vai fugindo da indeterminação. O surgimento dos modos depende de um processo que é em grande parte contingente, embora ele se faça necessariamente sobre a base de *elementos pressupostos* (aqui, o termo "pressupostos" – sempre em modo dialético – é utilizado no interior do discurso da posição). É a partir desses pressupostos – e não mais do que "a partir", não se trata de causalidade – que se dá a gênese e, depois, o desenvolvimento do novo modo. Sobre essa configuração de dispersão se alinha o esquema totalizador pressuposto. Este remete, por um lado, a um discurso sobre outra gênese, *a gênese do homem, a história da geração do homem*, processo que, segundo Marx, conduziria este último da sua pré-história à sua história[46]. De um modo mais analí-

▷ contingência desaparecesse, nelas se autoinstaurou certo tipo de determinação, que, de forma inseparável do "mecanismo" de autoconservação, se configurava, na realidade, como determinação "para a morte". E o capitalismo? Aí, é complicado. Em primeiro lugar, como afirmo em seguida, creio que, pelo menos se se trata de visar a um tipo de formação e não a um sistema global, é preciso introduzir também uma determinação política, dizer, por exemplo, "capitalismo liberal-democrático", ou "capitalismo autoritário". Todas as formações morrerão um dia, inclusive as que, no nível socioeconômico são capitalistas? É provável que sim, mas é pensável – mesmo se a previsão é incerta e necessariamente um pouco imprudente – que esse processo de morte se revele diferenciado, conforme se considere o extrato socioeconômico ou o extrato político. Na realidade, os dois extratos são potencialmente "contraditórios" entre eles e talvez a existência desta "contradição" seja precisamente um anúncio claro da "morte" futura (em longo prazo) dessa formação. É também plausível (sempre num plano de hipóteses) que o extrato político, se democrático, tenha melhores condições de sobrevivência do que o socioeconômico (com o que não se quer afirmar que o fim do capitalismo seja o equivalente da morte de toda economia monetária, ou do fim da chamada "circulação simples"). Mas, com isso, já vamos longe.

46 Para evitar confusão, e como falo do conjunto desses "esquematismos" como do "melhor marxismo", insisto desde já que o seu ponto fraco, pelo menos em sua forma literal, está precisamente nessa variante do discurso pressuposto: a ideia de gênese do homem. O lugar original desse elemento não são os *Grundrisse*, mas os *Manuscritos*, de 1844, obra de juventude. E ele está presente também na introdução de *Para a Crítica da Economia Política*, por isso mesmo me permiti incorporá-lo como um elemento, uma das variantes, na realidade, do discurso pressuposto sobre a história. Precisemos, entretanto, que, como veremos no capítulo seguinte, no plano da forma, isto é, enquanto – independentemente do seu conteúdo semântico – ele efetua uma separação entre o futuro histórico (ou certo futuro histórico, eventual) e o conjunto da história passada, essa versão do esquema geral é, pelo contrário, valiosa.

tico, e mais aceitável, diríamos que se trata da passagem de um "homem" – aproximadamente "suporte" de relações (há, porém, particularizações nessa determinação) – a um homem na condição de sujeito. Ou então, segunda possibilidade de totalização (pressuposta), há que descrever (segundo Marx) um movimento *ternário* em que aparece, primeiro, um homem sujeito mas limitado (e, portanto, só em certo sentido, sujeito), situação que corresponde ao mundo antigo; depois, um homem negado em "suporte" (um "suporte" de processos sem limite, "infinitos"), o da época capitalista; e, finalmente, um homem plenamente sujeito de um processo sem limite. Isto é, ter-se-ia, no final, a volta ao sujeito, um sujeito que é agora ilimitado ou infinito e habita um universo social de liberdade e plena expansão: o comunismo. Essa é propriamente a totalização que oferecem os *Grundrisse*. Porém, as duas esquematizações pressupostas, mesmo se de estilos teóricos diferentes, podem coexistir.

No conjunto desta *mise-en-forme* da história, de que, aliás, se tem um eco modificado em Adorno, *mise-en-forme* que põe em evidência diferentes modos de produção, o que há de mais fecundo é, sem dúvida, a ideia da descontinuidade das formas e da emergência quase contingente na base dos pressupostos, combinada com a da determinação do processo de degenerescência. Dentro de certos limites, o quadro poderia ser preenchido por formas sociais muito diferentes daquelas que Marx conheceu. Sem dúvida, seria preciso mudar algumas coisas, a começar pela significação mais geral das "formas". De fato, é insustentável supor como categoria mais abrangente (mesmo se também ela não seja a rigor, fundante, em Marx – não há dedução a partir dela, como ocorre nos marxismos estruturalistas –, embora ela seja primeira) a noção de modo de produção. O que se tem, na realidade – analisando o objeto com lentes pós-marxistas –, é, mais precisamente, algo assim como "modos de produção e de poder", expressão (e objeto) em que aparece uma determinação socioeconômica e uma determinação política (duas determinações, que, de direito, não são necessariamente harmônicas). Mas a teorização das formas com seu processo contingente de nascimento, e com seu processo *determinado* de "corrupção", tem certa pertinência e fecundidade. Envelheceu mais o registro pressuposto, principalmente um deles, como já vimos. É difícil

48 O CICLO DO TOTALITARISMO

falar, hoje, em "nascimento (ou gênese) do homem". Tentando resumir, deve-se dizer que ele se funda numa noção de homem que é muito otimista, mesmo, mais ou menos idílica, em todo caso, "pré-freudiana". Quanto à tripartição (pré-capitalismo, capitalismo, comunismo), ela tem certa validade para os seus dois primeiros momentos. Sobre o terceiro, não se sabe nada, ou antes, tal como Marx a formulou, não é certamente o caso.

A experiência do ciclo do totalitarismo igualitarista, também a do nazismo, mais a emergência da história "antropológico-ecológica" abrem um campo para outros esquemas quase totalizantes. Poder-se-ia pensar, por exemplo, em um movimento global em direção não do nascimento do homem, mas da sua destruição (ver Adorno a este respeito). Também seria possível supor um quadro puramente descontínuo em que não houvesse eixo de continuidade, o pressuposto como que coincidindo com o posto – ou, preferindo, um quadro sem pressuposto. No limite, é a isso a que conduziria a ideia pura e simples de uma "história cíclica". A história seria a sucessão dos modos, sem nenhuma linha, ascendente ou descendente, de caráter englobante.

É a esta última direção que aponta *em primeira instância* a reflexão sobre o ciclo do totalitarismo. Mas há a alternativa, menos pessimista (ainda que menos otimista do que a marxiana) de introduzir um esquematismo totalizante diferente, e mais complexo do que o de Marx. Nele, combinar-se-iam linhas de progresso com linhas de regressão (ou de destruição). As primeiras seriam as sequências parcialmente vitoriosas de progresso, que a "história" surpreendentemente oferece (o feminismo, os avanços na liberação sexual...). As regressões são as marcas da "ordem de inércia", frutos da reprodução "infinita" dos modos, cada qual com seu potencial específico de exploração e de dominação. Estas são apenas algumas indicações sobre como as reflexões a que nos convida a experiência contemporânea se revelam, até certo ponto, compatíveis com certos quadros formais não exatamente do "marxismo", mas de Marx, e, mais precisamente, do que se deveria chamar de *o melhor Marx*[47].

---

47 Advirto o leitor de que esse exercício não teve, nem tem nenhuma motivação religiosa (já que o marxismo, em certos círculos, se transformou em uma espécie de religião). Que a razão esteja ou não esteja com Marx, isto, *em si mesmo*, não tem importância, a não ser para os devotos. Cientificamente importante ▶

O CICLO DO TOTALITARISMO E OS IMPASSES DA ESQUERDA MUNDIAL   49

7. Retomando o "Ponto de Chegada": China e Rússia. Perspectivas Mundiais.

Voltando ao nosso problema e, com ele, a certa empiria. O ponto de chegada da nossa análise – ver o final da primeira parte deste texto – fora, tanto no caso chinês como no caso russo, o fenômeno da passagem de uma sociedade burocrático-totalitária para uma sociedade capitalista-autoritária (ou capitalista burocrático-autoritária ou, mais simplesmente, "pós-totalitária"). Retomo àquele ponto, porque, além da necessidade de aprofundar um pouco a análise do significado daquele *terminus* relativo, é preciso discutir quais seriam as perspectivas futuras daquelas duas formações, incluindo, é claro, a questão fundamental das relações que poderiam se estabelecer entre elas e o capitalismo ocidental.

Um ponto essencial é o de saber se haveria uma evolução dessas sociedades em direção da democracia. Para o caso da China, a discussão continua aberta, mas se crê cada vez menos que a China irá se tornar democrática em curto ou, mesmo, em médio prazo. É verdade que a sua história recente poderia sugerir um movimento dessa ordem. A passagem que se operou do totalitarismo a um pós-totalitarismo burocrático capitalista representaria, como creem alguns, o primeiro movimento de um processo que, se completando, levaria desse "pós-totalitarismo" à democracia. Claro que não se pode excluir que isso aconteça por um impulso "de baixo", ou sem ele. Mas a caracterização que vai se impondo – tanto no real como na cabeça dos que tentam decifrá-lo – é a de um movimento *assintótico*. A China se aproxima da democracia, no sentido de que o autoritarismo burocrático (ou "pós-totalitarismo") está certamente mais próximo da democracia do que o totalitarismo, mas isso não significa que ela "completará" o movimento. A China parece, pelo contrário, se cristalizar em sociedade capitalista antidemocrática (ou antiliberal). Na Rússia, há – ou houve, há até bem pouco tempo – uma espécie de democracia "formal": existem partidos e alguma possibilidade de expressão. Mas esse

---

▷ e necessário é, sem dúvida, pôr ordem nas ideias, o que passa pelo trabalho de saber qual delas é aparentada com qual e, eventualmente também pelo de precisar qual delas se aproxima do que disse, em algum lugar, esta ou aquela grande figura da história do pensamento. Que essa figura histórica seja Marx ou qualquer outro é, entretanto, em si mesmo, irrelevante.

espaço de liberdade é cada vez mais restrito, de forma que o regime, também de capitalismo burocrático-autoritário, embora de uma modalidade um pouco diferente da variante chinesa, como que se afasta, progressivamente, da democracia, ou do que resta dela[48]. Como se relacionam com o capitalismo "ocidental" – e este com elas – duas sociedades que remetem, *grosso modo*, a uma mesma forma social? É curioso observar que, pelo menos para o caso russo, mas um pouco também para o caso chinês, o capitalismo ocidental supôs ter encontrado um aliado. E há, de fato, uma inter-relação *econômica* estreita entre eles (digo, entre os ocidentais e cada um deles). Porém, politicamente, é a figura de uma relação tensa que vai se impondo. Foi, em parte, com vistas a uma aliança que o FMI e o governo americano jogaram com tanta força a carta da chamada "terapia de choque" (liberalização dos preços, privatizações...). O outro elemento dessa política era, sem dúvida, a fidelidade ideológica, mais ou menos cega, a certo modelo econômico. Mas o FMI e, principalmente, o governo americano se empenharam, acima de tudo, em que a economia russa operasse uma ruptura bem nítida com o "comunismo". E, para efetuar essa ruptura, o que seria mais apropriado do que pôr em prática uma reforma de tipo claramente neoliberal? Havia aí o projeto da construção de uma economia capitalista fundada no grande capital (falou--se, por exemplo, na necessidade de ter uma estrutura sólida de acionistas, isto é, de afastar todo programa de capitalismo com alguns rasgos de democracia econômica). Pois o resultado, que foi muito ruim para a democracia (em primeiro lugar, em sentido econômico: as classes médias começaram perdendo os seus meios de vida), acabou sendo ruim também para o poder americano. A nova classe capitalista dos oligarcas, e também

---

48 Falei em "revanchismo" a respeito do pré-nazismo e do nazismo, e de "ressen-timento", a propósito da China (ver a primeira parte deste texto). O sentimento dominante na ideologia de Putin e cia. parece ser, mais propriamente, a "nos-talgia" de uma glória passada. Claro que nos três casos há um pouco de tudo isso, mas aparentemente existe sempre um impulso ou sentimento dominante. Putin joga com as "humilhações" por que passou a Rússia, mas elas não se comparam com as que a China sofreu. Para ele, houve principalmente o que considera uma "catástrofe histórica", a dissolução da União dita Soviética. E esta suposta catástrofe alimenta uma nostalgia do passado, o que não quer dizer que ele se limite a cultivar passivamente esse sentimento, como os acon-tecimentos na Ucrânia vêm mostrando.

de Putin, que os "exprime" de algum modo – apesar de que, como sempre, ele joga o próprio jogo e, de vez em quando, entra em choque com algum oligarca –, está longe de ser aliada dos americanos, menos ainda dos europeus, apesar dos laços econômicos que estabeleceram com cada um dos dois. Deve-se relevar também, nesse contexto, um fenômeno bastante sinistro, o encontro da extrema-esquerda pós-totalitária, se ainda podemos dizer assim, com a extrema-direita pós-totalitária (nos dois casos o "pós" é relativo). Trata-se da chamada união vermelho-marrom, da qual Putin é um grande expoente.

Se os dois capitalismos, russo e chinês, remetem a um mesmo modelo, oposto ao norte-americano, poderíamos dizer que, hoje, tende a se cristalizar um novo bloco "do leste" politicamente oposto a americanos e europeus? Se, de fato, for este o caso, à frente desse bloco, pelo menos em médio prazo, estaria a China, a grande potência capitalista-autoritária (ou capitalista-totalitária) emergente.

Há sim indícios de uma espécie de reconstituição do antigo bloco totalitário, o que significaria uma ressurreição (relativa, pelo menos) da Guerra Fria (ver a crise ucraniana). Teríamos assim, de um lado, Estados Unidos e Europa, mundo democrático em geral, mas de democracia poluída pelo capitalismo que tende a se transformar em oligarquia. De outro, um novo bloco antiocidental. Se isso acontecer, uma esquerda reconstruída teria de enfrentar um problema parecido com o do período anterior. O de se situar com lucidez diante de dois blocos agressivos. Como nos tempos da Guerra Fria, porém de uma forma modificada, as forças pró-emancipação – penso nas da Europa, mas também, e principalmente, nas do Terceiro Mundo, hoje, em parte, "mundo emergente" – têm de continuar a crítica do hegemonismo americano (porque este não desapareceu, embora tenha se enfraquecido), de novo sem supor com isto que "o outro lado" representa o grande vetor da emancipação. Pelo contrário, se o peso do hegemonismo americano é o que se continua sentindo mais de perto, o seu antagonista revela traços cada vez mais sinistros. Se à luz de tudo o que foi a sua política no passado é preciso muita cautela ao lidar com o lado ocidental – pense-se no papel terrível da CIA, que não ficava aquém do seu homólogo do lado de lá –, apesar do que se continua assistindo (ver o apoio que oferecem os EUA a um país como a Arábia Saudita), creio que, globalmente, subsiste uma diferença entre um poder que reivindica os direitos do homem, embora os transgrida, e outro que simplesmente não os reconhece – assim como subsiste uma diferença entre uma democracia muito afetada pelo capitalismo, e que tende a se diluir em oligarquia (nas condições do predomínio do capital financeiro), e um governo burocrático-autoritário (capitalista e burocrático-autoritário). Especialmente se considerarmos que o lado ocidental, ou liberal, não é apenas o dos EUA mas também o da Europa. Se a Europa está ameaçada pela nova direita, ela (ainda?) não naufragou e, em momentos decisivos, quando os EUA – sob o peso de presidentes republicanos arquirreacionários – tomaram o rumo de extrema-direita com delírios fascistizantes, parte da Europa pelo menos resistiu (cf. a Guerra do Iraque). (Sobre a Europa, os últimos acontecimentos lançam uma sombra duplamente sinistra. O peso do capital e do neoliberalismo é cada vez maior no quadro da União Europeia. Ver o triste desfecho da crise grega.) Por outro lado, um neofascismo vai marcando pontos, não só na Europa do Leste. É preciso não perder de vista essa diferença, o que significa, de novo, recusar o princípio do terceiro excluído: o inimigo do inimigo não só não é nosso amigo como pode ser pior, e de fato é pior, do que o nosso inimigo. Um corolário do argumento, em termos práticos, é que devemos apoiar sem hesitação toda iniciativa dissidente, com exclusão das da extrema-direita, no interior do campo autoritário, em qualquer continente (por exemplo, apoiar os dissidentes cubanos, mesmo quando não são propriamente homens ou mulheres "de esquerda" – em geral, eles são de centro ou de centro esquerda –, excluindo, é claro, todo apoio a oposições de extrema-direita).

Em um livro interessante, e à sua maneira importante, Stefan Halper desenvolve a tese do choque entre os dois modelos: o do capitalismo liberal e o do capitalismo "antiliberal"[49]. Halper, que

---

49 S. Halper, *The Beijing Consensus: Legitimizing Authoritarianism in OurTime* [2010], New York: Basic Books, 2012. "Se o capitalismo permanece hoje como elemento vital do comércio global, há mais de uma forma de capitalismo. Wall Street, que é visto comumente, hoje, como o lugar do medo e da cupidez, é desafiado por um novo modelo autoritário de mercado (*market-authoritarian model*), propugnado pelos seus promotores através do mundo, em lugares não ▶

O CICLO DO TOTALITARISMO E OS IMPASSES DA ESQUERDA MUNDIAL   53

é um autor próximo dos republicanos (de Kissinger, principalmente), mas também aberto ao pensamento dos keynesianos (Stiglitz e Cia.), insiste na ideia de uma competição em que os americanos são, de certo modo, *a parte mais fraca*. Mais fraca não só por causa dos muitos erros de natureza política ou econômica que eles cometeram (o projeto do FMI para a Rússia, as invasões em nome da democracia etc.), erros que Halper reconhece, mas também por outras circunstâncias, algumas das quais, se forem verdadeiras, mesmo se julgadas de um ponto de vista diferente do de Halper, aparecem como positivas (ainda que limitadas e contraditórias com outras práticas): por exemplo, o fato de que os EUA (como também, e talvez, principalmente os europeus) impõem restrições aos empréstimos por razões de respeito aos direitos do homem e de honestidade administrativa, fatores que são indiferentes aos olhos dos chineses. Estes financiam déspotas corruptos, investem em países em que se violam abertamente os direitos do homem e assim por diante. Halper não crê que haja ameaça militar por parte dos chineses (os americanos continuam muito à frente em matéria de aparelhamento militar), nem mesmo no plano estritamente econômico (a penetração econômica da China tem sempre mais de um lado); o perigo estaria, digamos, no plano da hegemonia. Os chineses vão encarnando, como modelo de sociedade, o ideal do capitalismo autoritário, que se apresenta cada vez mais como um modelo alternativo ao do capitalismo liberal-democrático e se opõe a ele em forma progressivamente aberta, num espaço de jogo que vai sendo o do planeta. Creio que a tese de Halper tem um lado verdadeiro, mas ela deve ser reconsiderada, porque há ali um extrato ideológico duvidoso, a discutir[50].

> ▷ liberais, como Beijing, Moscou, Singapura e Caracas. Antes da queda do muro de Berlim, afirma Lester Thurow, o mundo capitalista se mantinha unido pelo medo do comunismo. No período subsequente, o capitalismo aprendeu a ficar só; em consequência, em alguns lugares da economia global, a democracia veio a parecer mais com o seu adversário [Isto é, surgiram no interior do campo, agora unificado, do capitalismo, certos adversários da democracia.] Os nossos ex-inimigos ideológicos do século passado aderiram à moderna sociedade de mercado, mas não com os resultados que esperávamos. Em vez disso, eles o fizeram por modos que se revelam novos, diferentes e, em alguns casos, modos mais bem-sucedidos de *jogar o nosso jogo*" (p. 47-48).
> 50 S. Halper, op. cit., escreve: "esses acontecimentos [o desenvolvimento do capitalismo russo e, principalmente, chinês] assinalam assim o fim das ▶

TERCEIRA PARTE:
OS IMPASSES DA ESQUERDA MUNDIAL

8. Conclusões. a. O Ciclo e os Ciclos. b. Pequeno Balanço das Lutas. c. A Percepção (ou Não Percepção) do Fenômeno Totalitário e da Sua Crise na Europa e no Brasil

a. O ciclo e os ciclos – Como escrevi no início deste texto, o ciclo do totalitarismo, se processa no instante mesmo em que emerge o que chamei de "história antropológica", uma história que envolve as relação dos homens com a natureza, e dos homens com o Homem (essa relação agora é *posta* e não apenas pressuposta, como era no passado). Digamos que os dois lados, o totalitário (depois pós-totalitário) e o capitalista liberal-democrático jogaram profundamente a carta *aufklärer* (iluminista) – ou, mais precisamente, *prometeana* – da dominação da natureza e do crescimento ilimitado, com os resultados

▷ expectativas otimistas com relação ao poder de transformação dos mercados, no sentido de globalizar os princípios do Iluminismo europeu. O casamento da política livre com a economia livre está sendo substituído por governos que se dispõem a reafirmar o controle sobre suas economias, aumentando tanto a sua base autocrática como a sua influência global. No final do século XVIII, lamenta Jeffrey Garten, professor de Yale, o capitalismo substituiu o feudalismo, e, no final do século XX, os mercados mais livres ganharam a parada. Mas, agora, o mundo flerta com outra virada maior na filosofia e nas regras do comércio global. Diferentemente das mudanças no passado, *essa nova trajetória não representa um progresso*" (p. 121-122, grifo nosso).

Aparentemente, nada a objetar. No entanto, uma leitura mais atenta de todo o contexto mostra uma série de inexatidões e de dificuldades no texto de Halper (pelo menos, de um ponto de vista crítico). Porque, por um lado, o que na realidade representa um *retrocesso* no curso chinês não é a intervenção na economia, é o caráter repressivo e fortemente autoritário do modo de governar. Não é porque o poder chinês intervém na economia que ele aparece fazendo tábula rasa dos princípios do Iluminismo. Se se tratasse disto, até pelo contrário. Inversamente, ao analisar o que ocorre no "outro lado", o do capitalismo ocidental, Halper se refere aos princípios liberais na economia e, nesse mesmo contexto, fala do "estilo ocidental de privatização e de liberalização desencadeado por Margaret Thatcher e Ronald Reagan, nos anos de 1980" (ibidem, p. 121). Ora, se o atual governo dos EUA e os governos europeus podem, até certo ponto, reivindicar uma fidelidade maior aos princípios do Iluminismo, não é por causa de Thatcher e Reagan, mas apesar deles... Não há congruência entre a política de "liberalização" *à outrance* e a democracia. A experiência russa e o capitalismo chinês mostram, pelo contrário, que grande capital e autocracia podem se dar muito bem juntos. Por outras palavras, Halper não pensa – nem pode pensar, apesar do seu livro, curiosamente, ter às vezes uma relação ambígua, surpreendente, com um ponto de ▶

O CICLO DO TOTALITARISMO E OS IMPASSES DA ESQUERDA MUNDIAL 55

desastrosos que conhecemos. Ao final do ciclo que começa com a Primeira Guerra Mundial, a primeira guerra com real significação "antropológica", o horror ecológico está às portas. De um lado, as ameaças ao clima, que já são mais do que ameaças, ocasionadas pelo acúmulo de CO_2 na atmosfera; de outro, o perigo agudo que representam as centrais nucleares. Uma nova catástrofe é previsível para os próximos vinte anos. Seria bom não esquecer, o Brasil não está fora da lista dos países de risco. O ciclo do totalitarismo, episódio da história *tout court* se articula assim com essa sequência da história antropológica. Uma se reflete na outra, e nas duas direções; uma alimenta e impulsiona a outra, para o pior. Se quisermos alinhar os vários ciclos, teríamos: ao ciclo do totalitarismo (tratava-se, como expliquei, do totalitarismo "igualitarista") se acrescenta um ciclo do totalitarismo de direita e da extrema-direita em geral. Há também um ciclo da social-democracia. Como, à sua maneira, o totalitarismo "igualitarista", o totalitarismo de

▷ vista crítico – que no capitalismo ocidental existe uma contradição, pelo menos tendencial, entre o capitalismo e a democracia. Se preferimos Obama mais os europeus, de um lado, a Putin (e, eventualmente, os chineses), do outro, não é porque no ocidente o Estado intervém menos na economia. É porque eles reivindicam os princípios da democracia – embora os transgridam em mais de uma ocasião! –, coisa que Putin ou o PC Chinês não faz. Já disse, o respeito pelos direitos do homem, mesmo se, em parte, formal é apesar de tudo, diferente da negação brutal desses direitos. Ou, me exprimindo de outro modo, não podemos supor que uma economia "livre" é a que tem mais afinidade com uma política "livre": a expressão "livre" não funciona do mesmo jeito num caso e no outro, e a convergência verbal é ilusória. Halper desconfia da intervenção do Estado e, ao dar exemplos de companhias que correspondem ao modelo não ocidental, vêm, entre outras, a China National Petroleum Corporation, a Gazprom e a Rosneft russas, e... a Petrobrás (ibidem, p. 122). Nada de grave, se se tratasse simplesmente de dar exemplos de companhias estatais. Porém, no texto de Halper, trata-se de mais do que isto. A referência a essas companhias se faz no contexto da explicitação do que é o novo capitalismo "iliberal". Isso mostra, finalmente, que existem – ou que necessitamos de – três modelos, e não dois. O modelo ocidental, em que o grande capital neutraliza mais ou menos a democracia, sem liquidá-la; o novo modelo, claramente antidemocrático, em que se celebram as bodas do grande capital e do autoritarismo pós-totalitário; e outro modelo de economia, e de sociedade – modelo a construir, sem dúvida –, em que, embora exista o mercado, haverá real controle do capital (cuja propriedade, no limite, pode passar a cooperativas) e um amplo setor estatal (no interior do qual deverão ficar os serviços públicos fundamentais, mais a indústria farmacêutica e, se houver, toda a produção bélica), e onde reinará um máximo de liberdade social e política (assembleias representativas, eventualmente combinadas com formas de intervenção popular mais diretas).

direita reaparece sob formas atenuadas em relação ao que foi a extrema-direita do século xx, mas ainda assim muito radicais e ameaçadoras. Ele ressurge no autoritarismo de extrema-direita, que vai fazendo pontos na Europa. Quanto à social-democracia, que passara por um ciclo, sob alguns aspectos, brilhante e cujo ponto alto fora o socialismo nórdico (como já indiquei, na primeira parte, há também momentos muito negativos na história da social-democracia), agora ela como que se esgota. A história do primeiro governo socialista francês do século XXI, que ainda está em curso quando escrevo (e quando reescrevo) essas linhas, parece indicar um processo de perda de identidade, que conduz a uma convergência, sem fricções com o capitalismo. É este o quadro geral do momento, um quadro não muito estimulante nem animador: sérias ameaças no registro ecológico – talvez a coisa mais importante e assustadora em tudo isso –; uma social-democracia que se esgota; a extrema-direita que levanta de novo a cabeça, não só na Rússia – ver o caso da Hungria – nem apenas nos países que fizeram parte do "ex" bloco "soviético" –, que se tenha presente o que acontece na França e até nos países nórdicos. Uma imbricação de ciclos, em geral nefasta, dentro da história *tout court*, e para além dela.

b. Pequeno balanço das lutas[51] – Olhando um momento para o passado. Em todo esse processo, o que houve, no mundo, em termos de "resistência"? Como, nesse período, o capitalismo continuou se desenvolvendo, qual o balanço das lutas anticapitalistas? E como elas se relacionaram (se é que se relacionaram) com o combate antitotalitário e antiburocrático?

Digamos que as referências privilegiadas no interior do mundo "comunista", em pontos temporalmente extremos do processo, são a revolta de Cronstadt (1921), contra o poder bolchevista, e a grande mobilização da praça de Tianan'men (1989), contra o poder burocrático-totalitário chinês. Dois movimentos que foram afogados em sangue. Eles são símbolos fortes das lutas populares – no primeiro caso, de marinheiros, de origem diversa; no segundo, principalmente de estudantes, mas com outras categorias participantes – contra um poder burocrático

---

51 A rigor, caberia aqui só o balanço das lutas antitotalitárias. Mas, no interesse da comparação e de uma visão global, preferi ampliar o tema.

O CICLO DO TOTALITARISMO E OS IMPASSES DA ESQUERDA MUNDIAL   57

e totalitário. Dois movimentos, aliás, caluniados e falsificados à outrance pelos ideólogos oficiais e seus seguidores. A eles pode-se acrescentar as "revoluções de veludo" que levaram os países do leste a se livrar do hegemonismo russo. Precedem esses movimentos a Revolução Húngara (1956) e a Primavera de Praga (1968), que foram esmagadas. A elas seria possível, talvez, acrescentar as chamadas "primaveras árabes", movimentos que combateram *ditaduras laicas* (ou tendendo à laicidade) e que, em geral, pelo menos imediatamente, foram neutralizadas pelo rolo compressor islamista ou militar (menos no caso da Tunísia). Todos esses movimentos se caracterizam por serem *lutas pela liberdade*. Movimentos *em prol da democracia*. Poder-se-ia observar, entretanto, que de alguns deles, pelo menos, participaram provavelmente também forças reacionárias, ou elementos de direita, nacionalistas em geral (o caso da intervenção da *mouvance* fundamentalista religiosa, nas revoluções árabes, é evidentemente especial). Essa espécie de contaminação dos movimentos pela liberdade faz *pendant* à ambiguidade simétrica bem conhecida, a dos movimentos sociais (por definição, pró-igualdade), aos quais se incorporaram, em mais de uma ocasião, forças inimigas da liberdade. Se há às vezes inimigos da igualdade que lutam pela liberdade – pelo menos por certo tempo –, houve e há inimigos da liberdade, já sabemos disso, entre os que se batem, ou parecem se bater, pela igualdade. Essa ambiguidade reflete os caminhos complicados que trilhou e trilha a esquerda, em sua história internacional: caminhos difíceis que estão no centro dos problemas que quis discutir aqui. Ontem e hoje, a esquerda enfrenta a questão da congruência entre as lutas pela liberdade e as lutas pela igualdade. Um bom exemplo dessa dificuldade está na perplexidade de participantes da Primavera de Praga que partiram para a França diante do espetáculo de mobilização estudantil, depois operária, de 1968, não entendendo o porquê do movimento nem, em geral, a razão do descontentamento que estava em sua base.

O movimento de 1968 – passando à análise das mobilizações e revoluções no ocidente e no "terceiro mundo" – tentou, até certo ponto, fazer uma síntese das duas vertentes (liberdade e igualdade), incorporando ainda outros tipos de objetivos e de reivindicações. Mas a síntese era imperfeita, os estudantes mobilizados se exprimiram, em parte, na linguagem de ideologias inimigas da liberdade, o maoísmo, em primeiro lugar. Porém, é claro que, nem por isso, ele deixou de ter importância. E o pós-1968 foi muito rico. Ainda que quase ausentes do próprio movimento, o ano de 1968 estimulou o feminismo e a ecologia. Do feminismo, diz-se às vezes, e com razão, que é quase só nesse registro que houve real progresso, entenda-se, progresso ético e político. Quanto aos movimentos ecológicos, eles se desenvolveram muito, mas talvez não tanto quanto deveriam ter se desenvolvido, levando-se em conta a situação de urgência em que estamos vivendo. Mesmo se ela se imbricasse com outras questões, e com as lutas anticapitalistas em primeiro lugar, a questão ecológica deveria ser posta em evidência, como o que há de mais urgente e de mais grave. Em termos meio simplistas, dir-se-ia que se não se salvaguardar a humanidade, não poderá haver nem liberdade, nem igualdade. Se quisermos liberdade e igualdade para os humanos, é preciso primeiro que haja humanos. Mas há, na realidade, pelo menos de direito, uma imbricação entre esses vários registros. E é da capacidade de articulá-los que dependerá o sucesso das lutas atuais, pós-totalitárias, pela emancipação.

No que se refere ao ocidente e ao "terceiro mundo", há ainda muita coisa a acrescentar. O século XX foi o da independência política dos países coloniais, principalmente da África e da Ásia. Que os movimentos de independência tenham desembocado em situações políticas muito diferentes daquelas com que sonhavam os partidários da independência (participantes ou não da luta), não elimina o fato de que a independência política foi, em si mesma, um progresso. Entretanto, é difícil não ser pessimista diante do espetáculo dos regimes autoritários, populistas, corruptos, se não totalitário-religiosos que se impuseram em muitas ex-colônias, embora não em todas (há alguns exemplos positivos ou semipositivos). Só o futuro dirá quando e por quais caminho os povos submetidos a esses regimes encontrarão uma saída. No plano das questões "de sociedade", além dos movimentos feminista e ecológico mencionados, é preciso acrescentar as mobilizações antirracistas que, apesar de tudo, obtiveram grandes vitórias na América e na África. Quanto às lutas sociais de tipo mais tradicional, elas continuaram o seu curso na primeira metade do século XX, levando ao poder governos de esquerda, frequentemente em frente única; porém, depois do interregno sinistro do nazifascismo, foram esmorecendo progressivamente, em função da atomização do proletariado e de sua redução relativa, além de outros fatores de ordem política. A crise do "comunismo", que é, a meu ver, um fato positivo em longo prazo, (porque liberta o movimento emancipador de uma ideologia mistificadora e de um aparelho de poder, nacional e internacional, autoritário e regressivo), teve em curto prazo, e um pouco paradoxalmente, um impacto negativo. O sindicalismo, já em dificuldade, por razões estruturais, recebeu com isso, por razões, entretanto, explicáveis, um novo golpe. A reestruturação das bases da esquerda europeia nas condições do capitalismo contemporâneo está ainda para ser feita. Dada a mudança das condições, o modelo tem de ser bem diferente da forma clássica.

c. A percepção (e a não percepção) do processo, na Europa e no Brasil. Supondo que a descrição tenha sido objetiva e a direção crítica proposta justificável, pergunto, para terminar: como a esquerda atual reagiu e reage diante do ciclo do totalitarismo? Em que medida ela foi, ou é, consciente do que aconteceu e agiu, e age, em consequência disso? São perguntas que devem ser feitas tanto para a esquerda europeia como para a esquerda de um país emergente como o Brasil.

i. Na Europa, avançou-se muito, certamente, na compreensão do significado do totalitarismo e do pós-totalitarismo. A esquerda europeia tem poucas ilusões, seja com o passado stalinista ou maoísta, seja com os remanescentes do "campo socialista", do tipo da Cuba dos irmãos Castro. Por exemplo, ela não hesita em saudar e apoiar os dissidentes não extremistas. Mas subsistem problemas, principalmente nos dois extremos: no campo propriamente teórico e no campo da prática política. A esquerda europeia, como a esquerda mundial, enfrenta uma formidável ofensiva da direita e da extrema-direita, que consegue mobilizar milhares de pessoas em defesa de causas retrógradas, do tipo da interdição do aborto ou da recusa, mais ou menos confessa, de uma educação laica. Diante dessa ofensiva, a esquerda europeia está em dificuldade, no plano prático-político, pela ausência de forças capazes de dar uma saída à crise atual. A social-democracia francesa, já disse, se revela, mais do que nunca, solúvel no capitalismo. O governo socialista francês não só abandonou praticamente todos os seus projetos e promessas no plano da ecologia como não faz outra coisa senão negociar vantagens oferecidas aos empresários em troca da promessa de mais empregos. Se não é um partido dos patrões, é um partido com-vistas-aos-patrões. Não muito mais do que isso. Não se pode contar também com os verdes, que vão a reboque dos socialistas. Quanto à extrema-esquerda, ou se dissolveu, ou continua encantada com algum adversário dos americanos, ontem Chávez, hoje o sucessor de Chávez, ontem e hoje os chineses e os irmãos Castro, e parece que até Putin... Nessas condições, não há nenhuma possibilidade de enfrentar com êxito o rolo compressor da extrema-direita[52]. No plano da literatura teórica – da qual não me ocupo propriamente aqui –, a mesma confusão. Na falta de algo melhor (?), os jornais de esquerda independente não hesitam em acolher com maior ou menor entusiasmo os teóricos nostálgicos do maoísmo, ou outros ideólogos radicais neototalitários. Por falar na imprensa, é de se salientar a formidável ofensiva do capital sobre a mídia (mais algum tempo e não haverá, talvez, na França, nenhum jornal ideologicamente independente, que não dois hebdomadários satíricos). Mas o grande problema da esquerda, que não

52 Este texto já tinha sido redigido quando veio a vitória eleitoral do Syriza, na Grécia. Junto com outro movimento, o Podemos espanhol, ele vai modificando o clima político da Europa. Pela primeira vez, um partido de esquerda no poder contesta a legitimidade da política econômica dos atuais dirigentes da União Europeia. É difícil subestimar a importância do combate do Syriza, diabolizado pela opinião oficial, mobilizada. Porém, quaisquer que sejam os méritos desse partido grego de extrema-esquerda, ele tem, aparentemente, algumas debilidades, principalmente uma atitude acrítica em relação a Putin. Se isso é verdade, sem perder de vista tudo o que representa o Syriza, é preciso apontar, sem medo, tais insuficiências, e não cair na atitude tradicional e funesta de quem assina cheques em branco. [Nota de setembro de 2017: os acontecimentos recentes não desmentem o que diz a nota, sobre a Grécia, mas mostram que a grande ameaça vinha das instituições e governos ocidentais. A política econômica neokeynesiana posta em prática pelo governo de Alexis Tsipras, embora legitimada por um *referendum*, foi anulada por uma intervenção brutal dos ocidentais, que impuseram um modelo violento de austeridade econômica. Os sofrimentos impostos ao povo grego parecem só ter agravado a situação.] Na França, começam a surgir movimentos independentes de esquerda/extrema-esquerda. Mas trata-se ainda de movimentos em processo de desenvolvimento. É preciso esperar algum tempo para fazer um juízo seguro sobre eles.

O CICLO DO TOTALITARISMO E OS IMPASSES DA ESQUERDA MUNDIAL   61

é apenas francês (e sobre o qual passo também rapidamente), é a União Europeia. Para dizer em duas palavras, há aí uma espécie de antinomia. O projeto europeu deveria ser bem acolhido pela esquerda. Ele pacifica as relações entre os países e pode constituir um terceiro poder, sem dúvida, por ora capitalista, mas que poderia ser capitalista de um modo diferente não só do modelo chinês como do modelo americano. Porém, embutido na Europa, vem uma filosofia econômica neoliberal e, mais do que uma filosofia, um poder que impõem as suas regras por sobre as exigências de um Estado, onde ainda existem garantias sociais. A Europa, promessa de uma economia de mercado capitalista, embora não à americana nem à chinesa, transformou em cavalo de Troia a governança neoliberal *bruxelloise*. Mas é preciso distinguir a Europa do atual "governo" europeu (assim como, *mutatis mutandis*, se distingue um país das forças que o governam atualmente).

II. Mais complicado e, por isso mesmo, mais importante, é o diagnóstico da situação do que poderíamos chamar de esquerdas nos países emergentes. Claro que vou me referir particularmente ao caso do Brasil[53]. Embora possamos dizer que, na Europa, a esquerda tomou consciência, em ampla medida, do significado do totalitarismo e do pós-totalitarismo, não seria possível afirmar que isso acontece no mundo dos emergentes, em particular no nosso. As esquerdas continuam "evoluindo" – isto é, planando –, no interior de um universo de confusão política que se poderia chamar de arcaico. Se aceitarmos os elementos que indiquei como exigências de uma política de esquerda consciente e eficaz – repensar a democracia e sua

---

53 Eu já havia redigido parcialmente este texto quando começaram os grandes escândalos em torno da corrupção, principalmente o caso da Petrobrás. Esses fatos corroboram a necessidade – em se tratando de críticas, de esquerda, à esquerda brasileira – de visar tanto ao PT como à extrema-esquerda. Por causa do tema geral, o texto quase só se ocupa da última. Um balanço mais completo exigiria que se pusessem os dois na balança. O que nele está dito parece, entretanto, atual, agora que se fala em reorganização da esquerda brasileira passando por cima das divisões partidárias. As iniciativas nesse sentido são positivas. Entretanto, será preciso proceder a um verdadeiro trabalho crítico, que não pode excluir um esforço num plano mais teórico. Estou convencido de que a crítica do leninismo, longe de ser exercício intelectual, é, no limite, um elemento essencial para que essa refundação seja mais do que um eterno retorno ao mesmo ponto de partida.

relação com o capitalismo, reconsiderar o problema da violência, aceitar uma teoria da história não comprometida com as ilusões do progressismo político, o que significa fazer a crítica do leninismo, do trotskismo e, em grande parte, também do marxismo –, se aceitarmos isso tudo como condição, a esquerda brasileira está muito longe de ter alcançado uma atitude lúcida[54].

Se examinarmos os partidos de esquerda dominantes no cenário brasileiro de hoje, creio que lá encontraremos, entre militantes e simpatizantes, três tipos de individualidades: socialistas democratas, que querem uma evolução no sentido de uma radicalização *não* autoritária; ativistas, que, pelo contrário, continuam acreditando mais ou menos firmemente se não no totalitarismo pelo menos no pós-totalitarismo autoritário (em particular, que comungam com um poder do tipo do dos irmãos Castro); e, finalmente, oportunistas e carreiristas de toda sorte. É a segunda categoria a que mais nos interessa aqui, mas as observações podem servir de uma forma mais geral. A primeira coisa a ressaltar é a ignorância por parte dessa massa de membros ou simpatizantes de partidos da melhor literatura política, aquela que é indispensável para quem quiser entender a nossa época, incluindo os cem anos que nos precederam. É impressionante como grande parte da literatura crítica internacional de esquerda, como da literatura que não é propriamente de esquerda, mas que é indispensável para entender o nosso mundo, fica fora do alcance do público intelectual brasileiro de esquerda. Em parte, esses livros, jornais e revistas – para exemplificar, tome-se uma porção qualquer da bibliografia que fui indicando no decorrer das duas partes deste texto – não chegam ao Brasil. Quando chegam, mais precisamente quando estão traduzidos para o português, têm duas características: quem os publica não são geralmente as

---

54 O desenvolvimento que se segue, e que serve de conclusão a esse capítulo, à maneira de um excurso, de novo ultrapassa o nosso tema. Ele não trata apenas da atitude de certa esquerda brasileira em relação ao totalitarismo, mas se ocupa também da legitimidade ou ilegitimidade de certas mobilizações gauchistas violentas, e também de algumas dificuldades mais gerais de "percepção política" que afetam a intelectualidade de esquerda, no Brasil. Parte desses temas tem uma relação, direta ou indireta, com o totalitarismo. Outros vão, certamente, além do problema. Mas não tive coragem de eliminar tudo o que vai além dos limites do tema principal, dada a importância e a urgência das questões em tela.

O CICLO DO TOTALITARISMO E OS IMPASSES DA ESQUERDA MUNDIAL   63

editoras que editam os livros considerados de esquerda (às vezes, até frequentemente, é a própria direita que se encarrega da publicação deles) e, ainda, *o público de esquerda não os lê*. Provavelmente, são os próprios editores simpáticos à esquerda que, conhecendo os preconceitos dominantes na esquerda, evitam publicá-los. E assim se constitui um círculo vicioso, círculo vicioso paradigmático, que não vale só para a questão das publicações. O resultado – ou isso é a causa? – é uma esquerda que não deu quase nenhum passo no sentido de repensar a fundo a questão da democracia, que continua mistificando o papel da violência, que não abandona suas ilusões com os governos "socialistas" ou "anti-imperialistas". Um bom exemplo é a maneira pela qual são acolhidos, no Brasil, os dissidentes cubanos (dissidentes estranhos à extrema-direita). Grupos de neoleninistas ou neostalinistas violentos simplesmente os impedem de se pronunciar, como aconteceu recentemente com uma jornalista cubana. O argumento é que os dissidentes estariam a serviço "da direita" e a prova estaria no fato de que eles foram vistos em companhia de tais ou tais deputados ultrarreacionários e se deixaram fotografar com eles. Ora, temos aqui, de novo, uma variante do círculo vicioso. Sem dúvida, a direita acolhe e mesmo promove a visita de dissidentes. Isso não teria nenhum efeito negativo se a esquerda os reconhecesse como dissidentes, como faz a esquerda europeia. Na Europa, a direita também tenta recuperá-los ou instrumentalizá-los, mas, na medida em que a esquerda não cai na armadilha, isto é, não os estigmatiza como direitistas, antissocialistas, o que for, qualquer tentativa da recuperação da direita não tem maior eficácia[55]. No

---

55   No caso da dissidente cubana a que me refiro, houve coisas tristemente curiosas. Acusaram-na de ter-se deixado fotografar com deputados da direita. Acontece que – se de fato ela deveria ter evitado tirar as fotos com deputados arquireaconários – ela não poderia ter tirado fotos com gente de esquerda, simplesmente porque os deputados de esquerda boicotaram a reunião em que a dissidente foi recebida pela Câmara... Claro que se poderia discutir se ela deveria ou não aceitar o convite de viagem feito por associações de imprensa conservadoras. Mas isso sempre aconteceu com os dissidentes dos países totalitários ou pós-totalitários; e é muito difícil exigir deles que recusem esses convites. O importante é o que eles declaram e, desse ponto de vista, no que pude ouvir, não havia nada de errado ou de inadmissível. A política do "deixa recuperar" de certos dissidentes tem, claro, os seus riscos, mas é quase inevitável na situação atual. Esses riscos diminuiriam muito, ou desapareceriam, se a esquerda os acolhesse e apoiasse.

que se refere à violência, há o mesmo tipo de incompreensão. A mitologia da violência continua vigendo. Depois das grandes manifestações de junho de 2013, um militante de um dos movimentos que esteve na ponta desses protestos deu algumas entrevistas nas quais ficou claro: 1. que ele não é violento nem propõe a violência como método; mas 2. que ele admira a violência praticada por manifestantes de outras tendências (ou de outra tendência). Mais ainda: que ele quase se extasia diante dela, chegando até a defender a teoria, muito provavelmente errada, de que uma grande parte da população a aceita. Há assim uma espécie de masoquismo ideológico por parte dos não violentos diante dos violentos. Ora, como a experiência parece ter mostrado – de minha parte, redigi dois textos a respeito, antes que os fatos começassem a confirmar, acho eu, a perspectiva crítica –, a prática de atos violentos nas manifestações foi um verdadeiro desastre. Eles foram mal recebidos pela população, facilitaram a infiltração da polícia e levaram a uma quase desmoralização e enfraquecimento do movimento. Claro que *em certas circunstâncias* – por exemplo, na Ucrânia, país que era dirigido por um semiditador arquicorrupto – elas podem ser legítimas e levar a resultados. Mas não parece ser esse o caso no Brasil de hoje. Seria preciso trabalhar o tema da violência, desconstruindo uma mitologia, que não é apenas marxista, mas também anarquista (mais precisamente, própria a uma das variantes do anarquismo, pois há várias). A propósito, o anarquismo aparece em certos meios como o substituto pseudoideal de um marxismo que não corresponderia mais às necessidades do presente. Ilusão. Mas se o marxismo envelheceu bastante e o anarquismo acertou em alguns pontos (ver a primeira parte deste texto), em outros, em primeiro lugar no que se refere à violência, ele é bem mais desastroso do que o marxismo. Nesse ponto, poder-se-ia acrescentar, aliás, também o que sucedeu e sucede em certas mobilizações dentro dos *campi* universitários. Neoanarquistas depredam instalações da administração, cortam fios e fazem outras violências do mesmo tipo. Só um ingênuo pode acreditar que esse tipo de coisa poderia levar a algum tipo de progresso no plano das lutas universitárias e sociais, em geral. O resultado que se obtém em todos esses casos é: 1. o reforço da direita e da extrema-direita, que usa e abusa desses erros para justificar as próprias violências; 2. a ameaça para as instituições universitárias, as quais, se um dia caírem na mão dos radicais (temos alguns exemplos setoriais e no exterior) correm o risco de ser destruídas, o que seria terrível, tanto para o país como para a esquerda.

O problema político no Brasil se apresenta muito da seguinte maneira (trata-se, de novo, de uma antinomia ou de um impasse): sentimos a necessidade – principalmente depois de junho de 2013 – de uma radicalização, mas o problema é que, nas condições atuais, corre-se o risco de que esta se faça em proveito dos *grupos radicais*, dentro ou fora dos partidos de esquerda dominante. Empreguei duas vezes o termo "radical", e não foi por acaso: há uma boa radicalização (rever o injusto sistema do imposto de renda brasileiro, tomar medidas para aperfeiçoar o sistema democrático, redistribuir as verbas em proveito da educação e da saúde etc.) e uma má radicalização (violência, intolerância, pressão e "entrismo" dos grupos neo-leninistas etc. etc.). É preciso lutar para que uma coisa não implique a outra. O que nem sempre é fácil. A boa solução não será a de abandonar todo projeto de esquerda, considerado utópico, em proveito da construção de partidos abertos a forças conservadoras. De lá não poderá vir uma real transformação.

Falei mais dos militantes do que dos intelectuais de esquerda, mas esse último tema, sobre o qual já dei algumas indicações, mereceria um desenvolvimento maior, que não cabe nessas conclusões. Vou retomar, apenas por um momento – e quase concluindo –, o fio das considerações sobre o desconhecimento por parte da intelectualidade brasileira de quase toda literatura crítica (ou histórico-crítica) sobre a política dos últimos cem anos. Tudo se passa como se os universitários (os professores universitários) pusessem toda a sua energia, e, o que é o mais importante, as suas exigências de rigor, na composição de suas teses e livros de tipo universitário. Quando se passa para a política, a regra é a "doxa selvagem". Fala-se como se, ao passar ao discurso político, tudo se alterasse. Ora, se há certamente diferenças – o coeficiente de subjetividade aumenta, de fato –, as exigências são, no fundo, as mesmas: é preciso conhecer, em primeiro lugar, os fatos. Depois, discutir séria e longamente os argumentos. Entretanto, pessoas que revelam um rigor extraordinário em seus trabalhos universitários dizem mais ou menos qualquer coisa quando se trata de falar de política (não estou perdendo de vista o coeficiente de subjetividade nem as diferenças de posição; falo da *fundamentação* das posições políticas, qualquer que seja o seu conteúdo). A acrescentar o peso negativo do tipo de sociabilidade que vai dominando certos meios da intelectualidade, a que pratica o culto dos "gurus" e o discurso para devotos (aqui, não se trata apenas de marxismo, a coisa é mais geral), sociabilidade que é incompatível com o desenvolvimento de uma consciência e de um trabalho realmente críticos. O resultado é estranho: um misto de provincianismo, de dogmatismo e de má informação. Ouvi ou li muitas coisas estranhas no Brasil, vindo de gente, no mais, respeitável: o entusiasmo pela China, que iria, segundo alguns, em direção da democracia; sobre a China ainda, a tese de que não se trata de um poder expansionista; deixo de lado o elogio da Coreia do Norte (!) a que já me referi algumas vezes, pois se trata de um caso extremo; uma visão da Europa marcada pela vulgata leninista da Terceira Internacional, e que parece tratar da Europa do início dos anos de 1920, não da Europa de hoje; a ignorância a respeito da literatura sobre o leste[56], a confusão entre as formas de dominação e exploração totalitárias, e as demais formas de dominação e exploração[57]. Não trato aqui da confusão reinante no plano propriamente teórico. Quanto às perspectivas práticas, é preciso insistir em que, ao contrário do que poderiam sugerir as aparências, não há nada mais esterilizante e mais conservador do que certo radicalismo abstrato como aquele que professam alguns bons espíritos; radicalismo às vezes "temperado" por um pessimismo profundo.

---

56 Assim, alguém – e não pequeno – dizia, há algum tempo (não cito literalmente, mas o sentido era este), que "agora se começa a estudar esses países". Agora? Com isso, não quero dizer que na imprensa e na literatura política europeia também não se registrem enormidades. A diferença é que, ao contrário do que ocorre no Brasil, quando é o caso, logo aparece gente lúcida e competente que põe os pingos nos is.

57 Assim, fala-se de "capitalismo" a propósito de tudo. Às vezes até a propósito dos antigos regimes do leste. Claro que se poderia apelar para a noção de "capitalismo de Estado". Mas ela teria de ser explicada e, de qualquer forma, o "capitalismo de Estado" sempre foi considerado, mesmo por parte dos que adotavam o conceito, uma forma muito especial e muito diferente do capitalismo *tout court*.

O CICLO DO TOTALITARISMO E OS IMPASSES DA ESQUERDA MUNDIAL   67

Mais do que nunca, é preciso defender o projeto de uma esquerda crítica e independente[58]. Só ela será capaz de enfrentar, no plano teórico, e também no plano prático, a ofensiva da direita e da extrema-direita. Sem dúvida, as coisas estão longe de ser simples. A esquerda oficial trata de desmoralizar o quanto pode todo discurso crítico de esquerda, e aqueles que praticam esse discurso. Esse foi sempre o destino de toda esquerda dissidente, desde o tempo em que os stalinistas denunciavam os trotskistas como "agentes do imperialismo... alemão"[59]. É preciso enfrentar as ortodoxias dominantes. Afinal, no Brasil, elas são mais fracas do que as ortodoxias no poder, como a de Cuba, cuja capacidade de *nuisance*, diga-se de passagem, é às vezes curiosamente subestimada para desqualificar os dissidentes. E isso por parte de gente, precisamente, incapaz de enfrentar as ortodoxias "sem poder", e por isso mesmo muito mais fracas, como as que temos, por ora ao menos, no Brasil. Mesmo que a palavra de uma esquerda crítica e dissidente não possa ter, por enquanto, uma base maior do que a de pequenos grupos, ela é, em longo prazo, muito importante e, desde já, essencial. Não nos iludamos. Se as ortodoxias marxistas oficiais – e me refiro aqui não às direções dos partidos de esquerda e extrema-esquerda brasileiros, mas aos setores mais dogmáticos de certa intelectualidade "marxista", estejam eles dentro ou fora dos partidos – chegassem ao poder (o que, por enquanto ao menos, é, sem dúvida, muito improvável), não teríamos socialismo algum, mas governos burocráticos autoritários com toda a sua carga de opressão, violência e primarismo.

Objetar-se-á dizendo que, com essas críticas, corre-se o risco de levar água para o moinho da direita e dos opressores

---

58 Uma esquerda crítica e independente é, para mim, resumindo, uma esquerda que não seja *nem leninista, nem social-democrata*. Aos que pensam que essa exigência é utópica ou irrealista, deve-se dizer que, mesmo se não hegemônica, tal esquerda tem uma longa história, e uma longa tradição, que é preciso retomar e atualizar.

59 Já expliquei a ambiguidade da dissidência trotskista. A expressão é quase um oximoro, se pensarmos na reponsabilidade também de Trótski, como bolchevista, na emergência do stalinismo. Trótski quer sovietes livres: ah!, pois foi ele mesmo quem acabou com a liberdade dos sovietes. Que ele pensasse nisso no primeiro semestre de 1918. Porém, apesar de tudo, não é menos verdade que, em certo momento, e com as suas limitações e contradições, o trotskismo representou uma bandeira crítica e dissidente. Não representa mais.

e exploradores em geral. Pelo contrário. E por três razões, pelo menos. Primeiro. Diante do que constitui uma verdadeira ofensiva da direita e da extrema-direita, a esquerda tem de ter ideias muito claras sobre o significado da história dos últimos cem anos, sem o que ela não poderá ter hegemonia intelectual. O "grande público", intelectual principalmente, não vai aceitar mais o blá-blá-blá tradicional, falso em termos fáticos, opressivo em termos políticos, em torno de "revolução chinesa", ou da Cuba dos Castro. Em segundo lugar, não se pode perder de vista que o projeto político atual de certa extrema-esquerda – como já acontecia, mas de outro modo, no passado – *não vai* em direção de algum tipo de emancipação. O que ela tem como perspectiva, não nos iludamos, é um governo de tipo populista-autoritário – um puro totalitarismo é hoje problemático, mas não é preciso chegar aí para instaurar um pequeno inferno político –, um governo que não representaria progresso, mas regressão. Imaginemos – simples hipótese muito improvável, mas vale o exercício – um governo composto por algumas das figuras conhecidas, mais fanáticas, de certa extrema-esquerda universitária, por exemplo. Sem dúvida, é provável que eles viessem a dar alguns passos em favor de parte do proletariado e dos camponeses (parte que eles incorporariam direta ou indiretamente à burocracia de Estado), mas as vantagens concedidas – a experiência histórica o mostra – não seriam duradouras. Elas se perderiam em alguns anos. Em compensação, eles acabariam com as liberdades no país, instaurariam um clima irrespirável, imporiam uma ideologia retrógrada e mentirosa, deformariam a educação universitária etc. etc. E se a sorte daqueles que teriam sido eventualmente beneficiados logo mostraria a sua verdadeira figura, o destino do resto da população, classes médias principalmente, seria desde logo o pior. A acrescentar que não se deve descartar a possibilidade de que parte dos ideólogos de certa extrema-esquerda venha a abraçar a ideologia do "socialismo (*sic*) chinês". Este é o rumo que está tomando a política dos seus amigos cubanos, sem que se possa dizer, por ora, até onde ela terá sucesso. Em termos, em certo sentido, históricos, é essa a possibilidade concreta que se lhes oferece. O neomaoísmo e o neoleninismo, em forma mais ou menos pura, têm muito poucas possibilidades de sucesso.

Como já disse, claro que se trata de hipóteses. Mas a experiência mostrou que para uma parte da extrema-esquerda (e não só a que controla um Estado), o inimigo é muito mais a democracia do que o capitalismo. Do leninismo e do stalinismo eles herdam, assim, não tanto a crítica ao capitalismo como o horror à democracia, e o autoritarismo. (Quanto aos chineses, eles acabaram celebrando as bodas festivas de reconciliação com o ex-inimigo, o capitalismo. "Ser rico é glorioso", dizem, desde há já bastante tempo, os "comunistas" chineses.)

A última razão pela qual, ao fazer essas considerações críticas, não levo água para nenhum moinho da direita, é que há um movimento – uma "transferência de populações" – já antigo que leva uma parte da extrema-esquerda até a extrema-direita. Sabe-se, de fato, que uma porção considerável dos adeptos do neoconservadorismo vem da extrema-esquerda. Os elementos mais violentos e niilistas da extrema-esquerda evoluem (ou involuem), com certa frequência, para a extrema-direita. Há exemplos disso também no Brasil. Criticar certos dogmatismos e certas práticas de violência pseudoprogressista é, assim, interromper o processo de germinação dos futuros neoconservadores de daqui a uma ou duas décadas. No centro da minha argumentação está uma tese que vai a contrapelo do marxismo. A tradição marxista nos ensina que o essencial é o que se passa na base social. O que ocorre nas direções importa – às vezes se diz mesmo que importa muito –, mas permanece sendo, de certo modo, adjetivo. Porém, a experiência do século XX, que tentei analisar, nos mostra que há alguma coisa que não funciona nessa perspectiva. *O marxismo é eminentemente sociologista.* Ele superestima o social, em detrimento do político. Entenda-se. Por "político" penso aqui não só, e não em primeiro lugar, o poder de Estado, mas o poder das direções em geral, em particular o dos partidos. A experiência histórica do totalitarismo no século XX mostra que as direções marcam, *muito mais do que supunha a tradição*, o destino dos movimentos. Elas lhes imprimem o sentido e, mais do que isso, dão como que a essência, embora as manobras das direções não sejam, claro, incondicionadas. Mas a consideração desses fatos basta para impor uma mudança essencial na maneira de ver a história, a história do presente, no caso. Frequentemente, ouve-se o argumento que o que decide é "o processo". Assim, num manifesto a propósito da crise na mais importante universidade do país, manifesto particularmente infeliz, diga-se de passagem – assinado por muito poucos e, pena, incluindo gente que por sua experiência e qualificação não devia entrar numa galera dessas –, lê-se algo como (não cito literalmente): "os defeitos (ou 'as insuficiências'?) serão corrigidos no curso do próprio processo". Vai aí um típico pronunciamento "sociologista". Mais precisamente: um pronunciamento "progressista", no sentido pejorativo do termo (progressista = o que tem "fé" ingênua no progresso). Os signatários do manifesto acham que as violências, o radicalismo vazio, o dogmatismo, o neoanarquismo descabelado, as atitudes de tipo policialesco – não esqueçamos que houve e há um policialismo de esquerda que, aliás, não reprime só a direita, mas principalmente a (outra) esquerda –, tudo isso seria "fenomenal", "secundário" e viria a ser neutralizado ou liquidado pelo grande movimento subterrâneo. Por outras palavras, as "escórias" seriam devoradas pelo "processo". Só que o que vimos no século xx foi o contrário: o processo não devorou as escórias, *as escórias é que devoraram o processo. A superestrutura micropolítica engoliu a infraestrutura social.* Não foram os camponeses chineses que decidiram onde desembocaria a revolução chinesa, foram os seus chefes, que não eram camponeses. Os camponeses entraram no que veio a ser o destino da revolução, mas principalmente como bucha de canhão. A coisa pode ser dita também de outro jeito, retomando o que escrevi anteriormente. A ilusão está na própria ideia de que o "processo" é, em si mesmo, de "progresso". Na ideia ilusória – bem marxista, apesar da complexidade da teoria marxiana – de que vamos em direção do socialismo. É *a ilusão do progresso*, a qual atinge muito mais gente do que se supõe (atinge, inclusive, como vimos, muitos críticos, marxistas ou não, do "progresso"). Ela está por trás de muitas manifestações ingênuas (?) de quem não deveria ser ingênuo[60]. *O processo não vai em direção do socialismo nem de um poder progressista.* Sem uma intervenção lúcida e descompromissada por parte das

---

60 Mais precisamente. Como sempre, aparecem aí dois tipos de personagens: de um lado, os que se iludem; de outro, os que sabem bem o que querem, aquilo mesmo, um populismo autoritário.

O CICLO DO TOTALITARISMO E OS IMPASSES DA ESQUERDA MUNDIAL   71

forças de emancipação, e que provoque uma ruptura muito mais profunda do que supõe a tradição, o "processo" vai, antes, em direção de *novas formas* de exploração e opressão. Assim, há, de certo modo, duas leituras possíveis da situação presente, nenhuma das quais, a rigor, marxista: ou devemos pensar que estaríamos diante de um movimento subterrâneo de progresso sim, mas que se revela impotente, dado o peso negativo *essencial* que têm as direções; ou devemos pensar que vivemos um processo que, em si mesmo, não é progressista – as direções não fazem mais do que sobredeterminar essa força de inércia. Na realidade, a situação é complexa, porque a determinação negativa pode estar nas próprias bases (nas forças sociais não orientadas), constituindo, elas mesmas, um elemento das "forças de inércia". Dir-se-á que os marxistas, os melhores, em todo caso, sabem de tudo isso. Engano. De fato, eles sabem alguma coisa disso, *mas em outra escala*; eles dão aos elementos em jogo outro peso relativo, ou os articulam de outro modo e, por isso mesmo, o que eles "sabem" é outra coisa. Sem prolongar essa discussão, importa salientar – concluindo – que nada do que foi dito até aqui implica uma perspectiva pessimista e, menos ainda, niilista em relação à luta emancipatória. Significa sim que ela é difícil, complexa, "complicada". Ela pode, porém, ser vitoriosa. Mas a condição necessária dessa vitória é que tal complicação seja assumida e não escamoteada.

II. Sobre as Origens do Totalitarismo

INTRODUÇÃO

Este capítulo* visa analisar alguns aspectos do que poderíamos chamar de antecedentes lógico-históricos do totalitarismo igualitarista. Cada uma das duas partes de que ele se compõe tem uma estratégia distinta, mas as duas, de algum modo, podem ser postas sob essa rubrica. Na primeira, trata-se de mostrar como, na teoria que se tornou hegemônica no movimento socialista (o marxismo), em particular na maneira pela qual ela pensava o "outro" do movimento socialista – a saber, o adversário contra o qual lutava –, havia um lugar cego que podia alimentar a emergência de uma forma social totalitária. De fato, como tentarei mostrar, havia, na teoria hegemônica, um vazio – como veremos, um duplo vazio – que facilitava a possibilidade catastrófica de um "descarrilamento" da história, isto é, de que o projeto socialista conduzisse não a uma sociedade de liberdade, mas ao totalitarismo. A segunda tem um objeto mais diversificado e o enfoque é, em parte, diferente

---

* Agradeço aos colegas Cícero Araújo, e Newton Bignotto, que leram o texto e fizeram observações críticas muito agudas e pertinentes, a maioria das quais incorporei.

74 O CICLO DO TOTALITARISMO

e mais propriamente genético. Assim, não tratarei lá apenas da teoria hegemônica, mas também, e aquém desta, da filosofia do século XVIII e da Revolução Francesa, as quais serão o ponto de partida de uma gênese lógico-histórica que, passando pelo marxismo, nos conduzirá até o bolchevismo e o stalinismo. Entretanto, essa gênese continuará privilegiando o lado "lógico", porque pretendo mais estudar como certas formas de pensamento e de ação poderiam ter servido como elementos para a constituição da ideologia e da prática totalitárias do que propriamente reconstituir linhas de causalidade histórica efetiva.

"Totalitarismo igualitarista"[1]. Não posso entrar aqui numa longa discussão sobre o conceito de totalitarismo, que foi, e ainda é, objeto de um grande debate histórico e teórico. Diria brevemente que, pelo menos se se considerar certos momentos históricos, é um pouco difícil recusar o conceito, mesmo se o totalitarismo de fato, nunca pode realizar plenamente o que seria a sua "essência". Como se sabe, o conceito de totalitarismo foi utilizado tanto para designar formas totalitárias ditas "de direita" como para nomear as chamadas formas totalitárias "de esquerda". A construção do que seria um gênero para essas duas formas representou, e representa, um problema. Primeiro, porque, se as duas formas convergem em muitos pontos, elas revelam, entretanto, diferenças importantes que poderiam pôr em xeque o conceito geral. A meu ver, para eliminar os inconvenientes bastaria fazer das duas espécies as verdadeiras formas concretas. O gênero se sustenta como conceito, porque as duas têm muita coisa em comum, desde que o peso ontológico recaia sobre cada uma delas.

Por outro lado – e esse ponto interessa muito –, a gênese de cada uma é diferente. Uma análise como a de Hannah Arendt, no clássico *As Origens do Totalitarismo,* nos fornece a gênese do totalitarismo "de direita" e, a rigor, não nos dá a do totalitarismo "de esquerda". Nesse capítulo, me ocupo somente deste último, que chamo, como já fiz em textos anteriores, de "totalitarismo igualitarista", em oposição ao "totalitarismo anti-igualitário". Devo precisar que abordo

---

1 Ver, a respeito, o primeio capítulo deste livro e a Introdução. E, antes, o meu livro: *A Esquerda Difícil,* p. 79, n. 31, e p. 11, n. 1.

o totalitarismo igualitarista e a sua gênese, principalmente no plano da sua realidade ideológica, embora trate também, em alguma medida, das suas práticas e formas de organização. Apesar de tudo, o texto que se segue tem alguma coisa de uma *mise en contexte* do bolchevismo e do totalitarismo, no interior de uma reconstituição de algumas linhas-chave da história do pensamento ocidental.

1. CAPITALISMO, DEMOCRACIA, "PRÉ-HISTÓRIA"

Capitalismo e Democracia

O movimento socialista sofreu o impacto do marxismo, que se tornou a doutrina hegemônica, por volta da virada do século xx. Sob a influência do marxismo, o projeto socialista se definiu como a luta contra o capitalismo. "Capitalismo", na tradição marxista, era o equivalente do que era, para Marx, o "modo de produção capitalista". O capitalismo seria, assim, um "modo de produção", o modo dominante nas sociedades ocidentais contemporâneas, como houve outros modos em épocas anteriores. Ora, "modo de produção", em Marx, não se referia apenas à economia, nem mesmo apenas ao "econômico-social", mas envolvia igualmente a estrutura política. Assim, a luta socialista contra o capitalismo era a luta contra o conjunto de um sistema – mundialmente, e nas suas encarnações nacionais –, sistema econômico e social, mas também político. Politicamente, a grande maioria dos Estados da época não tinha caráter democrático, embora, entre os que o tivessem, estivesse parte importante dos Estados mais desenvolvidos. Houvesse ou não democracia, em princípio a luta era contra o conjunto do "modo de produção", ou de cada uma das formações em que ele se encarnava. Bem entendido, na época, não faltaram socialistas com convicções democráticas. Jaurès, Kautsky, Rosa Luxemburgo, para dar três exemplos. E o próprio discurso do velho Engels foi tomando um caráter cada vez mais democratizante. Não me refiro, entretanto, à orientação que tinha tal ou qual líder nem mesmo à que foi tomando o segundo "inventor" do assim chamado "socialismo científico"[2]; também não me refiro especificamente à orientação dos principais partidos socialistas. Viso ao sentido geral (e, apesar de tudo, essencial) que tinha a luta socialista no interior da teoria que se tornara hegemônica. Ela era a luta contra o conjunto do sistema em prol da substituição dele – num prazo maior ou menor – por um novo tipo de sociedade, considerada no plano econômico, social e político (mesmo se o "político" visado fosse, em longo prazo, antes o antipolítico, o fim do Estado). Nesse sentido, na medida em que ele sofrera o impacto hegemônico do marxismo, o movimento socialista era, de algum modo, não só anticapitalista como também antidemocrático. Não que, para Marx, a democracia fosse simples ilusão a serviço do sistema. A ideologia nunca foi, para ele, mera "emissão de voz". Nem que seja imaginável um Marx stalinista ou maoísta. Tudo o que quero dizer, o que, de resto, não tem nada de novo, é que Marx não fez da democracia nem um ponto de chegada, nem um verdadeiro ponto de partida para a transformação socialista, isto é, comunista, das sociedades modernas. Quando a forma política é a democracia, o capitalismo como "modo de produção" a contém em si mesmo, e é da morte de um e de outra que nascerá o socialismo.

---

2   O velho Engels chegou a escrever o seguinte: "Se há uma coisa é que o nosso partido e a classe operária só podem chegar ao poder sob a forma da república democrática. *Esta [última] é mesmo a forma específica da ditadura do proletariado, como já o mostrou a grande revolução francesa*" (Marx-Engels, *Werke*, Berlin: Dietz, v. 22, 1972, p. 235; Engels, *Zur Kritik des sozialdemokratischen Programmentwurfs 1891 1891*, grifos nossos). Lênin "treslê" essa passagem, em *O Estado e a Revolução*. Ele salta o que há de escandaloso nela. Isto é, ele lê o texto como se a segunda fórmula (por onde começa o escândalo) fosse simples paráfrase da primeira, o que não é absolutamente o caso. Ver Lénine, *Oeuvres*, v. 25, p. 481. Entretanto, ele próprio empregara a mesma expressão, num texto de 1915 (Ibidem, v. 21, p. 355, "A propos du mot d'ordre des États-Unis d'Europe"): "A forma política da sociedade em que o proletariado triunfará derrubando a burguesia será uma república democrática." Afirmação "inocente"? "Corrigida" pelo que se segue: "centralizando cada mais as forças do proletariado" (?). De qualquer modo, o que ele diz, em 1915, não é o que ele poderá e quererá dizer, em 1917. (Ver, a respeito, H. Draper, *Karl Marx's Theory of Revolution*, 4 v., New York/London: Monthly Review Press, 1977-1990]; v. III, *The Dictatorship of the Proletariat*, p. 318-323; idem, *The "Dictatorship of the Proletariat" from Marx to Lenin*, New York: Monthly Review Press, 1987, p. 37-38 e 93-94. Draper interpreta a expressão "a grande revolução francesa", que se encontra no primeiro texto, como se ela se referisse não a 1789 ou 1793, mas à Comuna de Paris.

SOBRE AS ORIGENS DO TOTALITARISMO

A experiência do totalitarismo, e também as exigências de ordem teórica, aliás estimuladas por aquela experiência, obrigam a repensar a ideia de que o termo "capitalismo" – em geral, a simples subsunção sob a noção de "modo de produção" – possa caracterizar suficientemente as sociedades (industriais ou semi-industriais) contemporâneas. Porém (quando o regime é democrático), a noção de "democracia", por si só, também não permite uma caracterização satisfatória. A meu ver, num duplo movimento de crítica do marxismo e do liberalismo, seria necessário caracterizá-las como democracias capitalistas, ainda que essa denominação não satisfaça a nenhuma das duas tendências. Uns contestarão a legitimidade da noção de capitalismo. Seria melhor dizer algo como "sociedade de mercado", o que, de resto, para eles – embora a identifiquem com o capitalismo –, estaria incluído na ideia de democracia. Os outros ou insistirão na tese de que democracia (como qualquer outra forma política) seria simples "momento" do modo de produção capitalista, ou dirão que, entendida como "verdadeira democracia", ela está ausente do capitalismo e, mais do que isto, o contradiz. Há bastante verdade na última afirmação, a de que, sob certo aspecto (a saber, tendencialmente), capitalismo e democracia se contradizem. Mas essa razão não invalida a denominação, se o objeto que ela designa é ele mesmo contraditório. Bem entendido, trata-se de uma tendência, porque, de fato, e dentro de certos limites, os dois coexistem. A restrição indica que essa coexistência tem um preço. Enquanto houver capitalismo, a democracia é, necessariamente, imperfeita. O que não impede que, a despeito de sua imperfeição – e, em determinado sentido, por isso mesmo, já que a reivindicação da democracia é inseparável da exigência de aperfeiçoá-la –, ela seja um bom ponto de partida, talvez mesmo o ponto de apoio fundamental para qualquer projeto socialista.

Revolução Contra o Capitalismo ou Revolução Contra a "Pré-História"?

A análise anterior se refere, em grandes linhas, à maneira pela qual se pensava a *estrutura* daquele sistema que o movimento

78 O CICLO DO TOTALITARISMO

socialista enfrentava, o chamado modo de produção capitalista. Um segundo aspecto, que introduzo agora, sempre tendo como referência a teoria hegemônica, e ainda visando em particular a sua relação com o seu outro, é ainda estrutural, porém, mais precisamente estrutural-histórico. Refiro-me à questão de saber se a revolução se faria simplesmente contra o capitalismo ou se ela pretende liquidar todas as formas sociais de exploração e opressão, sendo o capitalismo apenas uma delas.

Em outras palavras, para Marx, o "outro" seria simplesmente o modo de produção capitalista ou esse modo seria, de alguma maneira, também o representante, de outras formações? Pelo menos, alguns textos permitiriam legitimar essa última tese. Aquém de um problema de política, há aí uma questão de teoria ou de filosofia da história. Marx apresenta a história como uma sucessão de modos de produção, porém ao mesmo tempo a escande em unidades maiores. Para além do esquema dos modos de produção (ou aquém dele), e envolvendo-o, há outro discurso sobre a história, que se apresenta sob mais de uma forma. Aqui nos basta citar apenas uma delas. O seu lugar é principalmente nos *Manuscritos Econômico-Filosóficos*, de 1844, mas ela se encontra também, ao menos, em um texto da maturidade[3] – é a que introduz a bem conhecida distinção entre "pré-história" e "história", a primeira englobando a história até aqui, a segunda designando a história futura, a do comunismo, tal como Marx o pensava. Essa conceituação nos interessa, porque a partir dela poder-se-ia pensar a "revolução"[4] não simplesmente como luta contra o modo de produção capitalista, mas como negação prática de toda essa pré-história (ou, pelo menos – se o igualitarismo de algumas sociedades primitivas não é um mito –, de toda *história da exploração*). De algum

3 "Com esta formação social termina assim a pré-história da sociedade humana" (Marx-Engels, Vorwort: Zur Kritik der politischen Ökonomie, *Werke*, v. 13, 1990, p. 9). No capítulo anterior, critiquei esse tipo de formulação, no sentido de que ele supõe um nascimento do homem (sujeito), o que é discutível pelas razões que apresentei. A crítica vale, mas o esquema, de qualquer modo, tem interesse, porque com ele Marx totaliza o conjunto do passado histórico, o que pode ser importante como veremos. O esquema é problemático no seu conteúdo (nascimento do homem), mas fecundo na forma (história da exploração e da opressão *versus* história futura eventual de uma humanidade emancipada).

4 Ponho aspas em "revolução" porque, no desenvolvimento deste texto, tento dar ao termo um sentido mais amplo do que o que ele tinha em Marx.

SOBRE AS ORIGENS DO TOTALITARISMO

modo, Marx teve consciência desse problema. Mas ele não é plenamente formulado. Os *Grundrisse*, que pouco tratam de política, tendem a dar, implicitamente, a resposta que mobiliza a (pré-)história global. No outro extremo, está o *Manifesto Comunista*. O *Manifesto* – preocupado, sem dúvida, em dar o sentido que se supunha ser o menos utópico para as lutas do presente, evitando todo voo de tipo histórico-filosófico[5] – afirma de forma taxativa que a revolução se volta contra "a propriedade burguesa" (fórmula que designa aqui a propriedade capitalista). Se, nessa versão, a revolução vai contra outras formas de exploração e dominação que não o capitalismo, isto é, contra o conjunto da exploração e da dominação "pré-históricas", isso ocorreria um pouco, apesar dela mesma. É que a forma capitalista é a última. Sem dúvida, Marx acrescenta – mas isso não nos leva muito mais longe – é a forma "mais completa":

O que caracteriza o comunismo não é a abolição da propriedade em geral, mas a abolição da propriedade burguesa. No entanto, a propriedade burguesa moderna é a última e a mais completa expressão da produção e da apropriação dos produtos, que se baseia nas oposições de classe e na exploração de uma classe por outra [Engels modificou o texto na edição de 1888: "na exploração da maioria pela minoria"][6]. Nesse sentido, os comunistas podem resumir a sua teoria na expressão: "supressão da propriedade privada".[7]

Há aí um elemento de universalização, mas fraco: como que a universalização de um "resumo" (e não de uma essência). Resumo cuja legitimidade vem, por um lado, do vazio que se instaura (tratando-se da última expressão das oposições de classe, não haverá nada mais a eliminar, para além dela, ela "cobre" todo o futuro); e que vem, ao mesmo tempo, do fato de que se trata da forma mais completa (por isso, ela "cobre" também todo o passado). Como já disse, o problema pode parecer puramente teórico, se não um pouco bizantino. Mas ele já era bem mais do que isso na época de Marx, e se tornou um problema "de vida ou de morte" quando apareceu uma forma moderna de exploração e dominação, *que não é capitalista*. De

5   Essa é a tendência dominante no Marx dos anos entre 1845 e 1850, quando o seu pensamento se aproxima ao máximo de um historicismo.
6   Comentarei mais adiante o sentido dessa alteração.
7   Cf. Marx-Engels, *Werke*, v. 4, 1990; *Manifest der Kommunistischen Partei*, p. 475.

fato, *com a experiência trágica do século xx, as duas possibilidades se separaram objetivamente.* Combater o capitalismo, a forma socioeconômica dominante, e combater a "sociedade de exploração e opressão", que caracteriza o conjunto da pré-história, tornaram-se coisas efetivamente diferentes e, algumas vezes, opostas. É possível – e isso ocorreu e ocorre muitas vezes – *que alguém combata o capitalismo, mas, ao mesmo tempo, lute objetivamente e às vezes também subjetivamente em favor de uma sociedade de opressão e exploração.*

O que sugiro é tentar ler esse anticapitalismo regressivo e antiemancipatório sobre o fundo daquela dualidade na maneira de pensar o sentido da revolução, tal como ela pode ser encontrada em Marx. Ou, mais precisamente, ler *criticamente* esse anticapitalismo antiemancipatório sobre o fundo de um dos ramos daquela alternativa. Como indiquei, se há uma versão mais universalista (a revolução contra (toda) a pré-história), há também outra, mais particularista, e quase historicista, que é a do *Manifesto Comunista.* É esta última que, ao definir a revolução pelo anticapitalismo, deixa uma porta aberta para os anticapitalismos não emancipatórios.

No pensamento de tradição dialética do século xx vamos encontrar os elementos para o desenvolvimento desse problema. Em Adorno, mas o Adorno dos últimos textos, quando ele toma distância em relação à ideia marxista clássica de revolução. Só que o texto de Adorno que tenho em mente corresponde apenas em parte, e indiretamente, ao nosso problema. Nele, aparecem outros elementos que têm uma relação só indireta com o nosso tema; e, por outro lado, não há, no texto, referência expressa à "história até aqui" ("pré-história"). Entretanto, a referência não me parece arbitrária. Adorno encara uma situação que ele considera, digamos, *globalmente regressiva.* Eu diria que essa maneira de pensar a situação põe a nu os fundamentos pré-históricos, isto é, negativamente universalizantes, do capitalismo. Adorno introduz um ponto importante para a presente discussão, mas que até aqui deixei entre parênteses: a dos métodos utilizados na prática "revolucionária"; ou seja, a questão da violência. O texto de Adorno faz a crítica da violência como elemento decisivo, no deslizamento do projeto socialista em direção da sociedade totalitária. A violência é inerente ao mundo "pré-histórico", e

SOBRE AS ORIGENS DO TOTALITARISMO

de certo modo o define. E, nesse sentido, ela aparece como um pseudoinstrumento de luta, que não faz mais do que confirmar a barbárie já existente:

A queda regressiva [*Rückfall*] se produziu [...] A única praxis adequada seria o esforço para se extrair [*Herausarbeiten*] da barbárie. Com a aceleração da história [...] esta foi tão longe que ela infecta tudo o que se lhe opõe. Para muitos, soa como plausível o pretexto de que contra a totalidade bárbara só métodos bárbaros ainda são eficazes. Entretanto [...] chegou-se a um limiar. O que há cinquenta anos ainda podia parecer justificado por um curto período, em proveito de uma esperança excessivamente abstrata e ilusória; a violência, após a experiência do horror nacional-socialista e stalinista, e diante da longevidade da repressão total, está inextrincavelmente imbricado naquilo que deveria ser transformado. Se o contexto de culpa [*Schuldzusammenhang*] da sociedade, e, com ele, a perspectiva da catástrofe, se tornou realmente total – e nada nos permite duvidar disso –, não se deve opor a isso senão o que denuncia esse contexto de obscurecimento [*Verblendungszusammenhang*], em vez de participar dele nas próprias formas. Ou a humanidade renuncia ao olho por olho [*Gleich um Gleich*] da violência, ou a política suposta radical renova o antigo horror.[8]

O que interessa ressaltar nesse texto – plenamente atual – é, em primeiro lugar, a presença de termos universais: barbárie, violência, humanidade, horror. Mas não se trata de um discurso antropológico. Adorno não é humanista (o que não significa em absoluto que ele seja *anti-humanista*). Entretanto, "humanidade" vem aqui no lugar de "proletariado" e "barbárie" substitui "capitalismo". A consequência é a proscrição da violência. O que mais nos interessa, entretanto, é a substituição da duração curta pela *longue durée*. A "revolução" é lida, em profundidade, como revolução contra a essência do mundo "pré-histórico" que se cristalizou em barbárie, como antídoto também contra a revolução, em sentido tradicional, que se interverte no seu contrário. Adorno lê a revolução como revolução *"contra pré-história"*. Ele opta visivelmente pela leitura universalista e essencialista, contra a leitura nominalista e historicista.

---

8   T. Adorno, Eingriffe-Stichwort, Stichworte: Marginalien zu Theorie und Praxis, *Gesammelte Schriften*, Frankfurt: Suhrkamp, 1977, t. 2, v. 10; Idem, *Kulturkritik und Gesellschaft* II, *Eingriffe-Stichwort Stichworte: Marginalien zu Theorie und Praxis*, p. 769-770; Edição de bolso: Idem, *Stichworte, kritische Modelle 2*, Frankfurt: Suhrkamp, n. 347 (*Marginalien zu Theorie und Praxis*), 1970, p. 179.

2. DAS ORIGENS INTELECTUAIS DO TOTALITARISMO IGUALITARISTA

Nessa segunda parte, o objeto será mais vasto, tanto no seu conteúdo temático como na sua amplitude histórica. Proponho-me, como já disse, fazer uma espécie de gênese lógico-histórica do totalitarismo igualitarista (sobretudo no plano intelectual) e, no interior dela, tomar o bolchevismo como a forma que precede imediatamente a sociedade totalitária. Não que eu suponha uma simples continuidade entre bolchevismo e stalinismo. Mas afirmo sim que o totalitarismo stalinista é impensável sem o bolchevismo, e que há linhas reais de continuidade entre os dois. A tentativa de traçar uma gênese intelectual do totalitarismo passa, assim, pelo bolchevismo, o que exige, evidentemente, em seguida, uma explicitação da passagem do bolchevismo ao totalitarismo.

Minha hipótese de trabalho é a de que o bolchevismo, por sua vez, é pensável a partir não só do marxismo como, ao mesmo tempo, do jacobinismo, do populismo e também da racionalidade capitalista. Deixarei de lado o populismo e falarei só incidentalmente do impacto da racionalidade capitalista. Meu objeto será propriamente o de situar o bolchevismo e o totalitarismo stalinista no contexto de uma parte da história do pensamento ocidental, o que exige uma referência inicial ao século XVIII. A tese que tento defender aqui é a de que o bolchevismo, em parte, retoma o século XVIII, o que ele faz, até certo ponto, "por cima do marxismo" – ele retoma elementos do século XVIII que o marxismo desprezou, ou pelo menos atenuou. Sob outros aspectos, a herança do Século das Luzes se manifesta, pelo contrário, não apesar do marxismo, mas, em sentido forte, através dele. É no cruzamento das duas gêneses (frequentemente difíceis de separar, é verdade) que tentarei inserir o pré-totalitarismo bolchevista e o totalitarismo stalinista.

Anteriormente, insisti em que, se o grande clássico *As Origens do Totalitarismo,* de Hannah Arendt, reconstitui a gênese do totalitarismo anti-igualitário, ele trata pouco da gênese do totalitarismo igualitarista. As tentativas de traçar a gênese deste último podem ser encontradas em outros livros. O mais importante deles é, provavelmente, *As Origens do Totalitarismo*, de J.B.

SOBRE AS ORIGENS DO TOTALITARISMO

Talmon[9]. O livro de Talmon é fecundo e de grande interesse e deu origem a uma discussão bastante rica[10]. A meu ver, a dificuldade maior do livro não está no fato – que deve ser escandaloso, para alguns – de ter rastreado elementos totalitários no pensamento ocidental desde o século XVIII. Não se poderia dizer, aliás, que ele deixa de mostrar elementos não totalitários nessa trajetória. Na realidade, Talmon trabalha com duas linhas de pensamento, além da "democracia totalitária": a democracia liberal e o pensamento de direita tradicional. A dificuldade maior talvez esteja no fato de que falta aí alguma coisa: a análise da evolução de um pensamento não totalitário de esquerda (e, porque de esquerda, também não liberal). A esquematização de Talmon parece liquidar toda possibilidade de que esta "linhagem" apareça[11]. Outra tentativa, de tipo muito diferente, é o livro de Alain Besançon[12]. Obra brilhante, bastante centrada na história russa, faz uma crítica demolidora e muito marcada politicamente das irrupções sucessivas de uma "gnose" fanática na história, de que a revolução comunista seria a apoteóse. A dificuldade que ela oferece talvez esteja não na reconstituição crítica do fanatismo revolucionário, ou dos fanatismos revolucionários, mas no fato de que esses movimentos aparecem sobre o fundo de uma história cujos horrores e injustiças, salvo erro, não são postos em relevo. Se, no livro, o autor fala também dos movimentos socialistas não totalitários, ele não se refere, praticamente, às taras da "história normal", que tornam possível os movimentos de contestação,

9   Jacob Leib Talmon, *The Origins of Totalitarian Democracy*, London: Secker and Warburg, 1952. O livro tem uma continuação em *Political Messianism,* London: Secker and Warbur, 1960. E há um terceiro volume, *Myth of the Nation and Vision of Revolution, Ideological Polarization in the Twentieth Century*, New Bruswick/London: Transaction publ., 1991.

10 Ver em particular o volume *Totalitarian Democracy and After, International Colloquium in memory of Jacob L. Talmon*, Jerusalem: The Israel Academy of Science and Humanities/The Magnes Presss/The Hebrew University, 1984, que contém artigos de J. Dunn, K.D. Bracher, B. Knei-Paz, Shlomo Avineri, M. Walzer e outros.

11 Para dar um exemplo, ingênuo talvez, mas útil, a teoria da mais-valia em Marx (não estou falando de coisas como a "ditadura do proletariado") é uma teoria (pré-)totalitária? Talvez seja possível "desenvolvê-la" num sentido totalitário, mas isso não tem nada de necessário. E é evidente que não se trata também de uma teoria liberal. Acho que esse tipo de dificuldade deve vir não só das perspectivas políticas de Talmon, mas também de certa insuficiência analítica do seu método, apesar da indiscutível riqueza do livro.

12 A. Besançon, *Les Origines intellectuelles du bolchévisme.*

84   O CICLO DO TOTALITARISMO

racionais ou irracionais. Por isso, a análise muito brilhante é, apesar de tudo, unilateral[13].

A Revolução Francesa e o Jacobinismo

O bolchevismo sofreu um impacto importante – e consciente – da Revolução Francesa, em particular do jacobinismo. E, na medida em que o bolchevismo tem alguma coisa a ver com o totalitarismo stalinista, essa referência à Revolução Francesa e ao jacobinismo também nos ajuda, embora indiretamente, a

---

13   O livro de M. Malia, *History's Locomotives: Revolutions and theMaking of the Modern World* (ed. com prefácio de Terence Emmons, New Haven: Yale University, 2006), é muito interessante e mereceria uma análise especial. Malia supõe um desenvolvimento cumulativo e de radicalização progressiva das revoluções, que culmina com a revolução russa. E, na esteira desse argumento, defende a tese da inevitabilidade de um final totalitário nesta que teria sido a revolução última da história (eu diria, ao contrário, que o totalitarismo era inevitável uma vez vitorioso o bolchevismo, mas não antes). O essencial é que, no livro de Malia, não há lugar (hoje) para uma radicalização que não seja de natureza totalitária, de tal forma que ficamos com a dualidade: ou prática política no interior do *statu quo*, ou totalitarismo. Ora, a história nos mostra um processo (quase) constante de lutas (reformistas, radicais-revolucionárias, libertárias etc.), que contribuíram, em escala muito variável, para a transformação dos regimes dominantes (em termos aristotélicos, essa "transformação" vai da simples "alteração" à "geração e à corrupção", mas acho que inclui também – ou, pelo menos, pode incluir – "mutações" que ficam entre uma coisa e outra). Por outro lado, não sabemos para o futuro qual o limite dessas lutas e – o que é igualmente importante – qual será o seu destino (isto é, qual o teor, melhor ou pior, do seu resultado). Por paradoxal que isto possa parecer – esta é a minha impressão –, o livro de Martin Malia, que tem como objeto seis revoluções, trai uma filosofia da história no interior da qual, embora as lutas estejam presentes (e não poderia deixar de ser assim), estas, enquanto tais, não aparecem como um componente essencial do tecido da história. As revoluções são situadas no contexto de um tecido histórico cujo regime parece ser antes o da "inércia" mais do que o das lutas. Uma inércia inelutável iluminaria a história das revoluções. E é nessa linha de ideias que ele procede a uma liquidação um pouco rápida das possibilidades e do alcance das lutas futuras, embora, num passo, reconheça que resta um estímulo negativo importante, a desigualdade. Assim, ele decreta uma espécie de fim da história com o capitalismo, ainda que o capitalismo pensado no contexto de um Estado-providência. Já que Malia aprecia tanto Tocqueville, eu diria que, a partir deste, poder-se-iam tirar duas conclusões que eu subscreveria inteiramente (também para o mundo de hoje) e das quais, uma pelo menos, a segunda, Malia não deve aceitar: 1. de que há uma tendência histórica em direção da igualdade, tendência que se exprime, pelo menos em parte, sob a forma de lutas; 2. de que é impossível decretar qualquer limite preciso, político ou econômico, como destino final desse processo.

entender o totalitarismo stalinista. No primeiro item (a), tentarei pensar o destino das noções fundantes da primeira revolução, as de igualdade e de liberdade. No segundo (b), me ocupo mais particularmente do jacobinismo. (Lá onde o desenvolvimento do tema nos remeterá a uma filosofia, a referência mais importante será certamente Rousseau; o rousseaunismo da Revolução é, como se sabe, um rousseaunismo muito "modificado", – *dénaturé*, diz um historiador francês.) No terceiro item (c), depois de indicar brevemente o que separa o marxismo do jacobinismo, tentarei mostrar de que modo a gênese do totalitarismo passa também pelo marxismo (um marxismo "interpretado", para o melhor como para o pior), e isto pondo em evidência os motivos e temas da tradição filosófica sobre os quais o marxismo (ou esse marxismo) vai operar.

a. Liberdade e Igualdade – Das duas principais ideias-força da "filosofia da revolução francesa", é certamente a igualdade a que terá a maior importância para rastrear a gênese do bolchevismo e do totalitarismo stalinista. Não porque nas sociedades totalitárias reine a igualdade, mas porque a igualdade é a ideia básica da ideologia do chamado "totalitarismo de esquerda". A igualdade *funciona no interior da ideologia totalitária "de esquerda", como a* liberdade *na ideologia do capitalismo* (mais especificamente do capitalismo democrático, porém, em alguma medida, no capitalismo em geral). *A igualdade é a aparência da sociedade totalitária e ela se resolve em desigualdade, assim como a liberdade, aparência da sociedade capitalista, se interverte em não liberdade* (a igualdade também faz parte da aparência das sociedades capitalistas, mas é a "liberdade" o seu conceito característico).

Isso significaria que na gênese do totalitarismo stalinista e, antes dele, do bolchevismo, teríamos uma espécie de oposição entre os dois conceitos-força, de tal modo que a igualdade (mesmo se aparência) obliteraria e reprimiria a liberdade? Essencialmente, sim; mas o totalitarismo inventa a própria ideia do que seja a liberdade. Em muitos casos, as formas totalitárias ou pré-totalitárias não opuseram a igualdade à liberdade, mas refizeram à sua maneira a ideia de liberdade – é verdade, de um modo não só ideológico, mas, no limite, simplesmente

86 O CICLO DO TOTALITARISMO

fictício – para torná-la compatível com o projeto totalitário. Porém, a igualdade será a grande ideia-força do totalitarismo "de esquerda", ideia-força também ideológica, mas que tem uma verdade, ao mesmo tempo, limitada e caricatural. (Isso vale como tese geral. Contudo na história do pré-totalitarismo e do totalitarismo, o igualitarismo nem sempre foi uma bandeira ideológica importante, ou mesmo assumida[14].)

Talmon defende a tese de que o totalitarismo leva a igualdade até as suas últimas consequências e que não é por um recuo diante da igualdade, mas por uma exacerbação dela, que se chega ao totalitarismo. Há aí alguma verdade, mas só em parte. Na realidade, a sociedade totalitária, mesmo a igualitarista, não é igualitária. Entretanto, é verdade que um igualitarismo levado às últimas consequências – isto é, uma igualdade mais ou menos absoluta – é, em si mesma, coercitiva e abre passagem para o despotismo. Aliás, nos *Manuscritos Econômico-filosóficos de 1844*, Marx critica a igualdade no que ele chama de "comunismo grosseiro" (aproximadamente o modelo babouvista), o qual quer igualizar de forma abstrata, fazendo abstração de tudo, inclusive do talento[15]. Por outro lado, é verdade que o totalitarismo e o despotismo, em geral, tendem a "igualizar" o conjunto da sociedade – no limite, na medida em que o déspota tem poder de vida ou de morte sobre todos os súditos. De um modo geral, se os privilégios vindos do poder e da riqueza de alguns indivíduos podem ser úteis ao despotismo, porque poderão servir como correias de transmissão do poder do déspota, os átomos de poder e riqueza assim constituídos podem se tornar uma ameaça. A nivelação em termos de riqueza, ou pelo menos de poder, é às vezes um caminho mais seguro. Nesse sentido, sem caluniar a grande ideia de igualdade, pode-se dizer – e isso não

14 Na passagem do bolchevismo ao stalinismo, abandona-se a certa altura o igualitarismo, condenado como "nivelamento por baixo". De fato, o igualitarismo veio a ser incompatível com o desenvolvimento da burocracia e com as necessidades ideológicas que tinha o déspota, nas suas relações com a burocracia. Ver, a respeito, Moshe Lewin, *The Soviet Century*, London/New York: Verso, p. 84. O abandono do internacionalismo em proveito do nacionalismo (em um dos seus surtos, sob a forma da luta contra o "cosmopolitismo") é outro avatar da ideologia stalinista.

15 Cf. Marx-Engels, *Ökonomisch-philosophische Manuskripte*, *Werke*, v. 40, 1844, p. 534. Marx se refere a ele como: "esse comunismo ainda totalmente grosseiro e sem pensamento (*gedankenlos*)".

SOBRE AS ORIGENS DO TOTALITARISMO

é novo – que, sob certo aspecto, há uma espécie de cumplici-
dade entre a igualdade e o despotismo[16]. Este é o segredo do
igualitarismo dos tiranos e déspotas, de Stálin e Mao a Castro. E é essa igualdade para o déspota que descreve Rousseau,
quando se refere ao fechamento do círculo e à volta ao "ponto
de que partimos" (a igualdade): "É aqui que todos os particulares tornam-se de novo iguais, porque eles não são nada [...] os
súditos [não têm] mais outra lei senão a vontade do Senhor."[17]

b. Jacobinismo. Voluntarismo e Violência – O ideal jacobino
de igualdade nunca passou de certos limites[18]: crítica da desigualdade, garantias para os mais pobres, defesa da propriedade.
Robespierre condenava mesmo a "lei agrária". Quanto à liberdade,
poder-se-ia dizer, de um modo geral, resumindo, que o modelo
jacobino será o da liberdade dos antigos, no sentido de Benjamin Constant, isto é, "a virtude cívica" em oposição à "liberdade
individual, e o gozo dos bens"[19]. Constant explicava aliás que o
erro dos jacobinos foi o de confundir as duas liberdades[20]. Esse
modelo antigo era o espartano ou romano, e não o ateniense[21].

16 "[os franceses] não amam a liberdade; só a igualdade é seu ídolo. Ora, a
    igualdade e o despotismo têm ligações secretas" (François-René de Cha-
    teaubriand, *Mémoires d'Outre-Tombe*, Paris: Librairie Générale Française,
    Classiques Modernes: La Pochothèque, 1973, 3. partie, livre 24, p. 921), apud
    F. Furet, Bonaparte, em François Furet; Mona Ozouf, *Dictionnaire critique
    de la Révolution Française*, Paris: Flammarion, 2007, 5 v., v. 2: *Acteurs*, p. 73.
17 J.-J. Rousseau, Discours sur l'Origine et les Fondements de l'Inégalité, *Oeuvres
    Complètes, III, Du Contrat Social, Écrits Politiques*, Paris: Gallimard (Biblio-
    tèque de la Pléiade), 1964, p. 191,
18 "Robespierre [...] considerava a igualdade dos bens uma 'quimera'", Mona
    Ozouf, Montagnards, apud F. Furet; M. Ozouf, op. cit., v. 2, p. 417.
19 Philippe Raynaud, La Révolution Américaine, em F. Fuset; M. Ozouf, op. cit.,
    v. 4: *Idées*, p. 442.
20 "Para Constant, a chave do terror está na confusão entre a liberdade dos antigos
    (o exercício coletivo da vontade soberana) e a liberdade dos modernos (a segu-
    rança e a felicidade individual privada)"; Keith Michael Baker, Souveraineté,
    em F. Fuset; M. Ozouf, op. cit., v. 4, p. 503). Esta ideia já estava em Madame de
    Staël, ver M. Ozouf, Liberté, Idées, em F. Fuset; M. Ozouf, op. cit., v. 4, p. 270.
21 "Estatisticamente, a Revolução foi [...] mais romana do que grega". "Assim
    como [a Revolução] foi mais romana do que grega, ela foi mais espartana
    do que ateniense" (Pierre-Vidal Nacquet, Tradition de la démocratie grec-
    que, apud Moses I. Finley, *Démocratie antique et démocratie moderne,* trad.
    francesa de Monique Alexandre, Paris: Petite Bibliothèque Payot, 1976, res-
    pectivamente, p. 21 e 28). O elogio de Atenas é excepcional. Nacquet cita um
    texto de Camille Desmoulins, do *Vieux Cordelier* (jornal escrito por Camille
    Desmoulins, entre dezembro de 1793 a 25 de janeiro de 1794), que vai nesse ▶

O CICLO DO TOTALITARISMO

Mas a Revolução Francesa, o jacobinismo em particular, se propôs criar algo de radicalmente novo, instaurar um corte na história, dar à luz o "homem novo"[22]. Projeto que será contestado pelo pensamento contrarrevolucionário, o qual acentua a ideia de continuidade e de "organicidade" das instituições e da história. O fundamento prático desse projeto revolucionário – em especial no jacobinismo – é a virtude cívica, que vem de uma longa tradição, mas que no jacobinismo vai tomar um caráter eminentemente ético. Passa-se, de algum modo, da política à ética:

o culto da virtude cívica retoma um tema de Montesquieu, que remonta, aliás, a Maquiavel e que tem também uma grande importância na revolução americana (principalmente em Jefferson). Em Robespierre, entretanto, ele toma um novo alcance, pela sua inflexão sentimental e moralizante [...] Na perspectiva dos sucessores de Maquiavel, o ideal do civismo republicano [...] a "virtude" é uma disposição *política* muito mais do que *moral*. Na visão jacobina [...] princípios que devem guiar a República [...] não são nem jurídicos, nem políticos: eles exprimem simplesmente a coincidência, na pessoa do Incorruptível, do povo e da moral[23].

Por outro lado, o tempo da ação (revolucionária) é um tempo comprimido: "não se trata de dizer que o homem racional e o homem real coincidirão *um dia,* mas que eles coincidem já ou, antes, que a transparência seria perfeita se o homem não estivesse separado de si mesmo". [Não se trata] "de libertar o homem da natureza através de uma história concebida sob a forma de um progresso, mas de reencontrar aqui e agora a natureza contra a história"[24]. Porém, há mais do que voluntarismo.

▷ sentido, e que valeria a pena transcrever, porque ele toca na questão, já referida, da afinidade entre igualdade e despotismo: "belo legislador esse Licurgo, cuja ciência consistia em impor privações aos seus concidadãos; ele os tornou iguais como a tempestade torna iguais todos os que naufragam, como Omar tornava iguais todos os muçulmanos", p. 30.

22 Ver, a esse respeito, dois textos de Mona Ozouf. O verbete Régénération, em F. Fuset; M. Ozouf, op. cit., v. 4, p. 373s.; e La Révolution Française et l'idée de l'homme nouveau, em Colin Lucas (ed.), *The Political Culture of The French Revolution: The French Revolution and the Creation of Modern Political Culture*, Oxford: Pergamon, v. 2, 1988. p. 213s.

23 Philippe Raynaud, Démocratie, em F. Fuset; M. Ozouf, op. cit., v. 4, p. 111. Cf. Ibidem, Liberté, p. 268.

24 Patrice Gueniffey, *La Politique de la Terreur, Essai sur la Violence Revolutionnaire, 1789-1794*, Paris: Fayard, 2000, p. 52. Em "La Révolution Française et l'idée de l'homme nouveau", op. cit., Mona Ozouf distingue dois modelos de ▶

SOBRE AS ORIGENS DO TOTALITARISMO

Há uma cultura e uma prática da violência. Se o voluntarismo não é necessariamente terrorista, no caso do jacobinismo ele desemboca no terror. O que significa a violência no contexto do terror?[25] Ela está fundada na virtude, pensada com forte inflexão ética, já vimos, mas esse culto moralizante da virtude "leva por assim dizer a devorar a própria ideia democrática"[26]. Trata-se de uma ética que funda a violência e justifica o terrorismo (no limite, conforme a definição que se dê de "ética", ela vai contra o próprio conceito de ética). A dificuldade é que a ideia de "direitos do homem", central à Revolução, incluindo o jacobinismo, institui certo número de exigências políticas e, de certa forma, também éticas, que vão em direção contrária: o da proteção dos indivíduos diante de violências do poder. As duas tendências podem se conciliar através de uma alternativa que divide um todo: os direitos do homem para os bons cidadãos, a virtude-violência para todos os refratários, inimigos da república. Porém, essa solução não é evidentemente satisfatória (particulariza-se o que é universal "em si e para si") e, praticamente, com a multiplicação do número de inimigos, é

▷ regeneração, sem imputá-los, rigorosamente, a tal ou qual grupo político: o modelo espontâneo, que se faz em curto prazo (agir já, e sem maior planejamento) e o modelo dirigido, em mais longo prazo (a mudança cabe a certos responsáveis ou a certas instituições, que as põem em prática no decorrer de certo tempo). Mas, nos dois casos, não há "relação dialética entre o antigo e o novo. [...] O mundo antigo não dá à luz o mundo novo. [...] a Revolução [...] recorre à dramaticidade do puro surgimento. [...] uma dramaticidade da instantaneidade" (M. Ozouf, op. cit., p. 229). A instantaneidade da *passagem* seria assim o traço constante, mesmo se situada no futuro, se ela inaugurar um processo que se estende por certo período. De forma mais geral, haverá sempre, uma "compressão" do tempo.

25 A propósito da cultura revolucionária da violência, Patrice Gueniffey insiste, no plano da história da Revolução, sobre o papel de Marat, que desde o primeiro número do *L'Ami du Peuple* (set. 1789), propõe uma "purificação" radical. Ver Patrice Gueniffey, *La Politique de la Terreur...*, p. 69-70. Um aspecto importante a considerar, ao qual voltarei, é o das relações entre o terrorismo "de cima" e o terrorismo "de baixo" (parafraseando expressões utilizadas por Nicolas Werth). A leitura dos historiadores nos mostra o quanto as massas, elas mesmas, exacerbam a violência e transgridem os seus limites, tanto no sentido de que, por impulso delas, a violência toma formas inutilmente brutais, como no de que, em parte pelo mesmo movimento, a violência acaba ameaçando as instituições representativas e a democracia. Assunto que merece reflexão. Ver, a esse respeito, principalmente Journées Révolutionnaires de Denis Richet Évènements, em F. Fuset; M. Ozouf, op. cit., v. 1: *Évènements*, p. 205s.

26 Philippe Reynaud, Démocratie, em F. Fuset; M. Ozouf, op. cit., v. 4, p. 111.

inevitável que se passe da alternativa à contradição[27]. Esta será a clássica contradição revolucionária: suspende-se a liberdade em nome da liberdade, institui-se o paradialético, "despotismo da liberdade"[28]. "Em tais tempos [extraordinários], quem poderia duvidar de que a nação não possa suspender por um tempo a liberdade natural dos cidadãos de sair do reino?", pergunta-se o membro da Convenção, Barère[29]. "A pátria desperta, a salvação do povo se torna a lei suprema. Diante dela, os direitos dos homens [s'abaissent] se submetem respeitosamente."[30]

c. Marxismo vs. Jacobinismo. Como veremos, a herança da "filosofia da revolução francesa" recolhida pela política pré-totalitária e totalitária tem algum coisa a ver com a "liberdade dos antigos" (no sentido de Benjamin Constant), que serviu de modelo ao jacobinismo e a boa parte da Revolução. De forma mais nítida, ela herdará dos jacobinos o voluntarismo e a ditadura terrorista[31].

27 Poder-se-ia pensar que a própria ideia dos direitos do homem serviria ao discurso terrorista. Isso ocorre, em alguma medida, no emprego que se faz da ideia de "Humanidade". Ver o uso do termo nos discursos de Robespierre de 1793-1794. (Cf. a série final dos discursos de Robespierre, em *Ouvres*, tomo x, editado por Marc Bouloiseau e Albert Soboul, Paris: Phénix, 2000). Mas, em geral, os direitos do homem aparecem numa relação tensa para com a violência. Os atores têm consciência da contradição e tentam resolvê-la por meio de fórmulas do tipo das que indico em seguida. Sobre a "suspensão" dos direitos do homem pelo terror, ver principalmente F. Furet, Gouvernement Révolutionnaire, em F. Fuset; M. Ozouf, op. cit., v. 3: *Institutions e Créations*, p. 239s.

28 Conhecem-se as palavras de Marat: "É pela violência que deve se estabelecer a liberdade, e chegou o momento de organizar momentaneamente o despotismo da liberdade para esmagar o despotismo dos reis", apud Denis Richet, Comité de Salut Publique, em F. Fuset; M. Ozouf, op. cit., v. 3, p. 156.

29 M. Ozouf, Liberté, em F. Fuset; M. Ozouf, op. cit., v. 4, p. 262-263.

30 Ibidem, p. 263.

31 Seria importante insistir que a *folie meurtrière* não é o único aspecto do jacobinismo (mesmo se, como fiz aqui – já que se trata de analisar a pós-história bolchevique do jacobinismo –, privilegiarmos o período 1793/1794). O jacobinismo tem também outros traços que merecem ser lembrados – o que, evidentemente, não escusa o terror –, traços sepultados, observa um historiador, pela crítica conjunta dos marxistas e da direita: uma posição pró-sufrágio universal masculino, a exigência do imposto de renda progressivo, algo como um programa de "seguridade social" etc. Dir-se-ia, paradoxalmente, que alguma coisa do programa político e econômico do jacobinismo seria realizada no século xx pela social-democracia. A esse respeito, ver o livro de Jean-Pierre Gross, indulgente demais para com o jacobinismo, provavelmente, mas interessante pelos dados que apresenta: *Egalitarisme Jacobin et Droits de l'Homme, 1793-1794* (*La Grande famille et la terreur*), Paris: Arcantères, 2000 (original, em inglês: *Fair Shares for All: Jacobin Égalitarism in Practice*, Cambridge: Cambridge University Press, 1997).

SOBRE AS ORIGENS DO TOTALITARISMO

Como já observei, este legado se transmite ao bolchevismo e depois ao totalitarismo stalinista, de certo modo apesar do marxismo, mais do que através dele. Sem dúvida, Marx apreciava muito Blanqui, herdeiro da tradição babouvista. E Marx e Engels se abstiveram de fazer uma crítica verdadeiramente profunda do terror[32]. Além do fato de que a violência, sob a forma da revolução e da ditadura do proletariado, está presente no ideário dos dois fundadores do chamado "socialismo científico". Porém, se Marx e Engels são pouco conscientes da significação histórico-universal negativa do terror, eles não o julgam de forma positiva[33]. E entre o terror robespierrista e a ditadura do proletariado vai uma grande distância. Além do que, o modelo da cidade antiga é demasiado arcaico para os dois fundadores, e lhes é estranho. A acrescentar que o estilo "massista" do *Manifesto Comunista* tem pouco a ver com o jacobinismo[34].

O Marxismo Como Mediador. O Progresso, a Questão dos Fundamentos da Crítica, o Determinismo

Passo a considerar, agora, os impactos e influências que se fizeram sentir, essencialmente ou em grande parte, através do marxismo (não sem comportar modificações e distorções), e isto já antes do nascimento do totalitarismo. Neste sentido,

32 Sobre esse ponto, remeto ao que escrevi em *A Esquerda Difícil*, p. 232s.; e a Hal Draper, *Karl Marx's Theory of Revolution*, principalmente no terceiro volume. Ver indicações mais precisas no meu ensaio Sobre a Política de Marx, em *A Esquerda Difícil*, p. 43-44, n. 20.
33 Ver, a respeito, os textos de Engels citados no meu livro *A Esquerda Difícil*, p. 235-236.
34 Com essas considerações, não quero dizer que o marxismo não sustentou a ideia de violência e de ditadura. Mas, como veremos, uma violência neojacobina vai como que se investir na ideia marxista de "ditadura do proletariado", ou sobre ela. Isto é, uma violência pré-marxista vai se inscrever na violência marxista, se podemos dizer assim. De fato, pré-totalitários e totalitários encontraram no jacobinismo um modelo que lhes convinha mais do que aquilo que, sob esse aspecto, poderiam tirar do marxismo. Sobre o tema das relações marxismo/totalitarismo, que exploro aqui só em parte, ver a introdução geral do meu livro: *Marx: Lógica e Política, Investigações Para uma Reconstituição do Sentido da Dialética*, São Paulo: Editora 34, 2002. Só o primeiro volume foi reeditado em português, em versão revista e aumentada pela editora Vozes, em 2015, sob o título *Sentido da Dialética*, v. 1. Ver também o ensaio final de *A Esquerda Difícil*.

92 O CICLO DO TOTALITARISMO

vou assinalar três pontos ou temas que terão importância para a narrativa da gênese do totalitarismo: o progresso, a questão dos fundamentos da crítica e a questão do determinismo. Se, nas análises anteriores, aparece a influência do (ou *de um*) rousseaunismo, agora será preciso incorporar além dele outras filosofias e correntes do XVIII e do XIX que interessam também tanto para a história do marxismo como, principalmente, para a maneira pela qual a herança marxista será recebida pelo pré-totalitarismo e pelo totalitarismo. Essas filosofias e correntes são a filosofia do progresso, o que poderíamos chamar de "filosofia da economia política" (particularmente, o chamado "utilitarismo") e o idealismo alemão.

1. Progresso – Apesar de todas as diferenças, Marx é um *aufklärer*, no sentido de que ele acredita no progresso, e a ideia de progresso tem um papel fundamental no seu pensamento (falo do Marx da maturidade; o Marx dos *Manuscritos de 44* também acredita no progresso, só que esse texto, aproximadamente schilleriano, é estranho à ideia prometeana de dominação da natureza). Como veremos, esse aspecto é essencial para pensar o que vem depois. Se a convergência geral em relação às filosofias clássicas do progresso é indiscutível, há, claro, diferenças importantes. Esquematizando essas diferenças, diria o seguinte. Se, nos teóricos do progresso, toda negatividade é como que imediatamente absorvida pela positividade (ver Turgot, por exemplo, sobre os impérios em ruínas que, como as árvores mortas, fecundariam o solo de maneira a produzir gerações mais vigorosas)[35], em Marx, em parte em decorrência do peso do idealismo alemão[36], a ideia de progresso se apresenta, pelo contrário, "afetada" de negação. Ante o comunismo, os *indivíduos* não progridem, progride sim o "homem geral"[37]. O percurso é, assim, global-

---

35 Cf. Anne Robert Jacques Turgot, *Plan du premier discours sur la formation des gouvernements et le mélange des nations*, em *Oeuvres de Turgot, Tome 4*, Osnabrück: Otto Zeller, 1966 [1844], p. 633. (Collection des Principaux Économistes.)

36 Esse lado negativo da ideia marxiana do progresso poderia ser pensado também a partir da leitura que ele faz da economia clássica. Desde os *Manuscritos*, de 1844, ele tira da economia clássica uma ideia negativa do progresso.

37 "De fato, é só através do maior desperdício do desenvolvimento individual que o desenvolvimento do homem geral pode ser assegurado, nessas épocas da história que precedem a constituição da humanidade" (Marx-Engels, *Werke*, ▶

SOBRE AS ORIGENS DO TOTALITARISMO

mente de progresso. Vê-se, aqui, como Marx se aproxima e ao mesmo tempo se separa de Rousseau: como Rousseau, ele toma distância em relação à ideia *aufklärer* de progresso (há regressão no progresso, ainda que o lugar da regressão não seja o mesmo em Marx e em Rousseau); porém, contra Rousseau, é a linha do progresso que sai, afinal, vitoriosa. De qualquer modo, se o progresso (no plano ético-político, *a fortiori* técnico-científico) é pensado, em geral, como aberto, ele tem um ponto de chegada que é também um ponto de partida, o comunismo. Impacto da tradição utópica, apesar do antiutopismo de Marx que se manifesta na sua (relativa) recusa em "pôr" (em tematizar) logicamente o objetivo final? Peso da escatologia judeu-cristã, como se disse muitas vezes? Influência ainda uma vez do idealismo alemão, na figura do hegelianismo: o fim da história hegeliano, que se daria no presente, se transformando em fim da "pré-história", a ocorrer no futuro? De qualquer forma, se o curso do progresso é em si mesmo aberto, ele tem um estágio quase final na figura de uma sociedade transparente.

2. A questão dos fundamentos da crítica – O tema é muito vasto e essencial, sou obrigado a tratá-lo com brevidade. Na realidade, seria preciso desenvolver – o que não se fez até aqui, ou não se fez bem até aqui – a relação entre Marx (e depois, o marxismo) e as duas grandes linhas em que se apresenta o liberalismo clássico: a linha da teoria dos direitos do homem (na qual se deve incluir o rousseaunismo) e a do utilitarismo e, em geral, da economia política[38]. A crítica marxiana opor-se-á às duas linhas, mas,

---

▷ v. 43, 1990, *Okonomisches Manuskript 1861-1863*, p. 351). O texto se refere ao capitalismo, mas, *mutatis mutandis*, tem uma validade mais geral. A passagem citada foi originalmente redigida em inglês, os editores dão uma tradução alemã, em nota, onde *general man* é traduzido por *Menschheit* (humanidade). No original inglês, a palavra aparece só no final da frase. Leia-se mais essa passagem de um artigo a propósito da dominação inglesa na Índia (há outros textos, da mesma ordem): "Só quando uma grande revolução dominar os resultados da época burguesa, o mercado mundial e as forças produtivas modernas e as submeter ao controle comum dos povos mais desenvolvidos, só então o progresso humano não se assemelhará àquele horrível ídolo pagão, que só queria beber o néctar, nos crâneos das vítimas" (Die künftige Ergebnisse der britischen Herrschaft in Indien, Marx-Engels, op. cit., v. 9, p. 226).

38 Como se sabe, o tema dos dois liberalismos foi desenvolvido por Michel Foucault. Ver especialmente, M. Foucault, *Naissance de la biopolitique*, Paris: Gallimard/Seuil, p. 40s. (Coll. Hautes-Études). Mas ele estava presente, em ▶

94 O CICLO DO TOTALITARISMO

evidentemente, os caminhos dessa crítica não são os mesmos, conforme se considere uma ou outra. Em geral, poder-se-ia dizer que Marx reduz, de forma não muito convincente, o discurso sobre os direitos do homem ao que seria a sua base econômica. Isto é, o que se tem – operação, certamente, muito sumária – é uma espécie de desmascaramento dos "direitos do homem" (isso já é visível, em forma particularmente grosseira, acho eu, no seu artigo "A Propósito da Questão Judaica" (1844), escrito para os *Anais Franco-Alemães,* revista que ele edita com o publicista Arnold Ruge). De certo modo, o que ele faz aí é remeter uma vertente do liberalismo à outra. Os "direitos do homem" são remetidos ao "egoísmo" dos utilitários. Ora, no fundo, Marx tem uma relação muito mais complexa com os direitos do homem do que tais textos podem sugerir; se não por outro motivo, pelo simples fato de que o homem aparece no horizonte do seu projeto[39]. Seria possível mostrar que também na sua relação com a violência, alguma coisa da instância transcendental que instaura a ideia dos direitos do homem está presente. Assim, a crítica a uma das vertentes do liberalismo – a dos "direitos do homem" – desemboca num quase historicismo muito pobre. Restaria a outra crítica. A incorporação, embora crítica, da economia política clássica pelo marxismo se tornou uma verdade de senso comum, mas sobre a qual talvez se possa afirmar que se refletiu pouco. De fato, se é verdade que no pensamento do século XVIII houve pensadores críticos que estiveram, ao mesmo tempo, direta ou indiretamente ligados à nascente ciência econômica, os pensadores e homens políticos mais radicais, em geral a viam com desconfiança. A crítica da economia política marxiana significa uma incorporação, um pouco surpreendente, por parte de um pensador muito radical, de alguma coisa do universo da Filosofia

▷ forma bem mais do que virtual, no livro de Éli Halévy, *La Formation du Radicalisme Philosophique,* 3 v., nova edição, dirigida por Monique Canto-S-perber, Paris: Presses Universitaires de France, 1995. A primeira edição é de 1901. O livro foi lido principalmente no mundo anglo-saxão, através de uma tradução em inglês, publicada em 1928. Sobre o tema em questão, ver, entre outras passagens, v. I, p. 173-175 e v. II, p. 35.

39 Sobre esse tema, permito-me remeter ao meu artigo, Dialética Marxista, Humanismo, Anti-Humanismo, escrito nos anos de 1970, e publicado em *Sentido da Dialética: Marx, Lógica e Política,* tomo 1, Petrópolis: Vozes, 2015, nova edição, revista e aumentada de *Marx: Lógica e Política, Investigações Para uma Reconstituição do Sentido da Dialética,* v. I, São Paulo: Brasiliense, 1983.

do Interesse e do Egoísmo. Ora, uma das coisas que caracterizou essa filosofia – que foi chamada, num uso que é discutido pelos especialistas, de "utilitarismo" – foi precisamente a sua recusa dos direitos do homem. Ao recusar os direitos do homem, a economia política introduziu, de algum modo, um pensamento da imanência, estranho a uma fundamentação transcendental[40]. Uma espécie de antitranscedentalismo. Entretanto, ela também contém uma dimensão "vertical", isto é, um núcleo conceitual em que se opera uma fundamentação: essa fundamentação está, por um lado, sem dúvida, na ideia dos efeitos supostos benéficos do jogo dos egoismos individuais, mas, em última análise, no plano mais estritamente econômico, no valor-trabalho e na troca de equivalentes. Em última instância, a teoria do valor--trabalho introduz uma espécie de dever-ser que, de alguma forma, substitui a doutrina dos direitos do homem. Haveria um sistema de leis "naturais" regendo o mundo econômico, que é o da sociedade civil, sistema fundado nos egoísmos individuais – e no plano estrutural-econômico, na troca de equivalentes – dos quais, paradoxalmente, resultaria um sistema harmônico no seu conjunto. Se Marx aceita, em alguma medida, o universo utilitarista como descrição do que se passa no interior da sociedade civil-burguesa, ele critica a teoria que serve de justificação e de legitimação deste mundo. Na realidade, ele procede a uma espécie de fundamentação negativa do capitalismo (uma "ilegitimição" dele). Em geral, se insiste no aspecto imediatamente econômico da sua crítica, mas não se revela suficientemente o sentido mais profundo da operação. Imediatamente, Marx mostra, ou tenta mostrar, que a compra de uma mercadoria particular, que é a força de trabalho, acaba produzindo uma desigualdade fundamental

---

40 Aqui é necessário um esclarecimento. O que tenho em vista com essa expressão é que havia algo assim como uma instância eminentemente normativa no liberalismo revolucionário, enquanto o liberalismo utilitarista parecia abraçar uma certa "positividade". Essa oposição se aproximava também da que separa uma abordagem mais propriamente logicista, diante de uma outra, de caráter mais "historicista". Representei essas diferenças pela imagem do privilégio de um tratamento "vertical" (lógico ou transcendental) ou "horizontal" (histórico e imanentista). Na realidade, a análise mais minuciosa dos dois modelos mostra como as diferenças são muito mais complexas do que esse esquema pode sugerir. Mas creio que ele tem uma certa verdade, definindo pelo menos um "esilo", que vale para a filosofia teórica como para a filosofia prática de cada um dos ramos do liberalismo.

entre os contratantes (porque essa mercadoria teria a propriedade extraordinária de produzir valor e mais valor). Porém, a
crítica marxiana é mais complexa do que isto. Ela primeiro põe
em evidência a *igualdade* dos contratantes, como exigência fundamental, tanto da sociedade burguesa como do discurso dos
economistas que a exprimem, igualdade que – eu diria – não é
simplesmente uma determinação econômica, mas, no fundo,
ético-econômica. De qualquer forma, ela funciona como uma
formidável justificação do sistema. E o que faz Marx? Trata de
mostrar que essa igualdade, sem ser uma quimera – ele está "lá",
de fato – sob certas condições, que são as da economia capitalista (isto é, quando se compra e vende a mercadoria "força de
trabalho"), se *inverte* ou *interverte* no seu contrário. A igualdade
vira desigualdade, pelo próprio fato de funcionar como igualdade (e para Marx é, na realidade, a reprodução que transforma
efetivamente a primeira na última). O que significa, em última
análise: o modo de produção capitalista vai *contra o seu próprio
sistema de valores* (mesmo se a crítica marxiana nunca fale em
"valores")[41]. Esse é o sentido do tema, fundamental, em *O Capital*

41   Esse modelo crítico tem uma relação complexa com a crítica da economia
     política anterior a Marx – porque houve uma e até mais de uma –, a dos cha-
     mados ricardianos ou antes smithianos ingleses, como Thomas Hodgskin
     (Proudhon também vai, em geral, na mesma direção). A semelhança está
     em que também eles opõem, no sistema, um momento de igualdade a um
     momento de desigualdade. Só que eles não *põem* os dois momentos ao mesmo
     tempo. Eles condenam um dos momentos, a desigualdade das relações capita-
     listas. E criticam essa desigualdade em nome da igualdade que se encontra na
     circulação simples. Marx, pelo contrário, põe um e outro, e pensa a passagem
     como passagem necessária – nas condições atuais – de um no outro, embora
     (ou porque) se trate de um movimento que, ele reconhece, vai de oposto a
     oposto. A crítica marxiana é certamente mais rica (e mais dialética) do que
     a de Hodgskin e cia., e abre muitas perspectivas. Porém, hoje poderíamos
     perguntar qual das duas críticas é, de fato, a mais efetiva, tanto em termos
     teóricos como em termos políticos. A suposição de Marx é assim a de que,
     nas condições modernas, há uma passagem necessária da circulação simples
     (ou de toda circulação monetária) à produção capitalista. Supor o contrário
     seria mergulhar numa utopia pequeno-burguesa. Entretanto, mesmo se o
     "bloqueio" na "pequena circulação" fosse sempre problemático, tendemos
     hoje a ver nesse bloqueio (ou em qualquer coisa próxima dele: uma neutra-
     lização do capital, por exemplo) a única esperança realista para a construção
     de uma sociedade emancipada. E enxergamos, pelo contrário, como utópico
     (ou até pior do que isso) o caminho e o resultado propugnados por Marx: o
     da passagem necessária, nas condições modernas, de toda circulação simples
     ao capital e ao grande capital, com o prognóstico de que, em médio prazo, o
     sistema haveria de entrar em crise, dando à luz, afinal, ao comunismo.

SOBRE AS ORIGENS DO TOTALITARISMO

e nos *Grundrisse* da "interversão das relações de apropriação"[42]. Porém, esse aspecto, que é mais do que um aspecto – ele é o que há de mais profundo na crítica – ficou mais ou menos na sombra. Em parte, talvez por culpa do próprio Marx. Embora lhe dando um lugar muito importante, Marx talvez não tenha sublinhado suficientemente o seu sentido mais profundo, privilegiando a dimensão mais propriamente econômica desse tema (mesmo se crítico-econômica). Porém, a maior culpada foi, certamente, a tradição marxista. Se Marx poderia, talvez, ter insistido, mais do que o fez, na significação mais profunda do argumento (penso no fato de que, nas discussões que já no tempo de Marx foram surgindo a propósito da crítica, não se registra um esforço maior por parte de Marx, visando pôr em evidência todo os seu significado), a tradição marxista o obliterou totalmente. Sem dúvida, a tradição não entendeu aquilo de que se tratava: ver por exemplo, os comentários ineptos de Kautski a respeito dos textos em que se fala de interversão: ele supunha que se tratasse da (chamada) acumulação primitiva! Mas poder-se-ia dizer também que a tradição não entendeu por que não quis entender. E, assim – e é isso o que eu quero ressaltar aqui –, da crítica da economia política ficou apenas um aspecto, a saber, o de uma crítica que, sem dúvida reconstrói o discurso dos economistas; mas que descamba, em última análise, numa visada redutora da história (um antitranscendentalismo – radical), pois se trata de uma visada em que os valores estão ausentes, tanto pelo lado do sujeito como também no plano do objeto. É como se a omissão objetiva fundasse a subjetiva. Foi assim que de uma crítica de uma extraordinária riqueza, que tinha, entre outros méritos, o de não ser nem moralista, nem amoralista, resultou uma concepção que se poderia chamar de imanentista da história (em certo sentido, "historicista", mas o termo é ambíguo), em todo caso radicalmente antitranscendentalista. Assim, o destino (digo, filosófico) da crítica dessa outra vertente do liberalismo não foi muito mais brilhante. Isto, principalmente, na tradição marxista e pensando no lado propriamente filosófico da coisa: a crítica

---

42 Permito-me indicar, a esse respeito, meus livros sobre Marx, por exemplo, *Marx: Lógica e Política, Investigações Para uma Reconstituição do Sentido da Dialética*, v. I (reeditado sob o título: *Sentido da Dialética*, tomo 1, em particular o ensaio 4).

98   O CICLO DO TOTALITARISMO

marxiana da economia política é, de qualquer forma, um grande momento e, à sua maneira – mesmo se, de fato, ela precisaria ser reescrita –, uma imensa construção teórica.

3. Determinismo – O terceiro aspecto a considerar é o do determinismo, ou dos determinismos, no quadro da história global. Aqui, como no caso anterior, é preciso distinguir bem, de um lado, Marx, e de outro, os seus herdeiros, pois alguns destes introduziram considerável rigidez nos "esquemas" originais. E isso, em parte, pela mediação do idealismo alemão[43], Marx introduz, sem dúvida, certas determinações gerais da história. Mas *cum grano salis*. Discutamos a questão a partir do problema da relação Hegel/Marx. Talvez a maneira menos superficial de pensar a articulação entre Hegel a Marx a esse respeito seria partir da ideia hegeliana da história como "desenvolvimento do conceito de liberdade"[44]. A expressão tem a vantagem de não excluir, *a priori,* as descontinuidades[45]. A história como apresentação da liberdade vai dar lugar a uma história como sucessão de modos de produção. Trata-se, para Marx, de uma lei da história? Sim e não. Seguindo a lição daqueles textos que poderíamos considerar os melhores de Marx (os dos *Grundrisse,* principalmente), se existem leis, elas são interiores a cada modo de produção. Sem dúvida, como vimos, esses modos, numa sucessão que é descontínua (no máximo, com transições, mas onde impera um regime de não necessidade), são ordenados por outra camada lógica, mas esta não é logicamente mais forte do que um *esquema* geral da história. (Sobre o tema famoso da história [até aqui] como história da luta de classes, deve-se observar o seguinte. Por um lado, a noção de "luta de classes" nos conduz a uma descontinuidade da história, homóloga à que instituem os "modos de produção". Ela aponta para uma como que dispersão das lutas na história,

43   Outro elemento talvez determinante é o Saint-Simonismo. Num livro importante, *Condorcet, raison et politique* (trad. do inglês de Michel Nobile, apresentação de F. Furet, Paris: Hermann, 1988), K.M. Baker tenta mostrar que há uma descontinuidade entre Condorcet (e também Turgot) e o saint-simonismo. Só no último teríamos, propriamente, leis da história, já que em Condorcet a história seria, antes, uma espécie de meio em que operam a razão e a "arte social".

44   G.W.F. Hegel, *Samtliche Werke,* v. 11, *Vorlesungen über die Philosophie der Geschichte,* Stuttgart: Bad Cannstatt, 1971, p. 568.

45   A referência ao capital como "universal concreto" análogo ao espírito é sólida e fecunda, mas não se refere ao conceito geral de história.

SOBRE AS ORIGENS DO TOTALITARISMO

porque envolvendo oponentes sempre diversos. Quanto à possibilidade de fazer da noção um conceito totalizador, devem-se fazer duas observações. Por um lado, como para os modos, e talvez mais radicalmente ainda, a totalização (ou uma totalização fundante) é ilusória, porque, a rigor, e como se pode tirar de certos textos[46], as lutas de classes só têm lugar em certa época histórica. Isto é, para salvar a fórmula do *Manifesto* seria preciso usar de um termo muito mais geral, para designar os grupos em luta[47]. Mas então a fórmula corre o risco de se banalizar ou de se "desdialetizar"[48]. Por outro lado, há outra dificuldade que se revela, digamos, quando sondamos "verticalmente" cada formação: a luta é apenas uma das dimensões do comportamento (em sentido bem geral) dos agentes. Eles não lutam apenas. Como já nos mostra a noção de modo de produção, que remete a uma estrutura, eles são também suportes ou "agentes-passivos" do modo, e não sujeitos em luta. A fórmula "a história é a história da luta de classes" é duplamente inexata[49].)

46 "em cada sociedade que aparece na história, a divisão dos produtos, e com ela a articulação social em *classes* ou [em] *estamentos* (*Klassen oder Stände*), depende do que e de como se produz, e de como o produto é trocado" (Marx-Engels, *Werke*, v. 20, p. 248, Engels, *Anti-Duhring*, grifo nosso).

47 A modificação que Engels opera na edição de 1888 do *Manuscrito...*, modificação à qual aludi antes (na frase, "a propriedade burguesa moderna é a última e a mais completa expressão da produção e da apropriação dos produtos, que se baseia nas oposições de classe e na exploração de uma classe por outra", Engels substituiu "na exploração de uma classe por outra" por "na exploração da maioria pela minoria" [ver, nesse mesmo capítulo, I, 2, p. 119]), vai no mesmo sentido. Engels quer evitar, com isso, uma generalização do conceito de classe.

48 Digamos que a fórmula original do *Manifesto* ("a história [...] é a história da luta de classes") vale, se supusermos que o conceito de classe inclui, nesse uso, uma "negação" possível (e, fora o caso, do capitalismo, necessária) da noção de classe. Mas, aqui, essa "dialetização", que se poderia considerar logicamente mais rica, é entretanto problemática, nesse caso, produz ambiguidade.

49 A propósito da gênese do tema das lutas de classes, Marx reconhece uma dívida para com os historiadores (Augustin Thierry, Guizot...) e também para com os economistas (quanto à "anatomia" das classes). Cf. Marx-Engels, *Werke*, op. cit., v. 28, 1978, Carta de Marx a Joseph Weydemeyer, de 5 de março de 1852, p. 507-508. Na continuação, ele diz que a sua contribuição foi a de mostrar: que as classes estão ligadas a fases determinadas do desenvolvimento histórico da produção (o que é verdade), que a luta de classes conduz necessariamente à ditadura do proletariado (o que é mais do que duvidoso) e que esta conduz a uma sociedade sem classes (resultado final possível, se não o interpretarmos como significando a emergência de uma sociedade "transparente", mas que não pode ocorrer, hoje sabemos bem o porquê, a partir de alguma coisa como uma "ditadura do proletariado").

100 O CICLO DO TOTALITARISMO

Em outros textos – o citado prefácio a *Para a Crítica da Economia Política*, por exemplo, mas há pior – o esquema envereda sim para uma espécie de determinismo global.

Assim, se a rigor, para Marx, o determinismo propriamente dito se situa não na história global mas em cada modo, e em forma muito mais perfeita, no interior do modo de produção capitalista – acrescentando ainda que se trata sempre de um determinismo negativo, o que conduz à morte do modo –, não foi esse "legalismo" moderado que a posteridade marxista herdou. Na esteira daquele viés fortemente antitranscendental a que me referi na alínea anterior, ficou principalmente o esquema (e mais do que o "esquema") histórico de progresso lido como uma sucessão contínua de modos de produção (o jogo de bonecas russas encaixadas umas nas outras); modos homogeneizados (apesar das suas diferenças) pela luta de "classes", o capitalismo, ocupando, como vimos, o lugar do "último modo de exploração".

A "Montagem" do Bolchevismo

O bolchevismo tem certamente uma gênese complexa, que só irei explorar parcialmente, pois não tratarei do populismo russo[50]. Este pesou na gênese do bolchevismo, tanto no plano da organização como num plano mais geral (conhece-se a influência que teve sobre Lênin o romance de Tchernichevski, *Que Fazer?*, título que, como se sabe, Lênin iria reutilizar). Um problema prévio é o de saber se o bolchevismo é um

---

50 Sob certos aspectos, a influência populista e a influência jacobina se sobredeterminam no bolchevismo. Para o populismo, ver a tradução francesa do livro de Franco Venturi, *Les Intellectuels, le Peuple et la Révolution: Histoire du populisme russe au XIXᵉ siècle*, Paris: Gallimard, 1972, 2 v. Em várias passagens, ele aponta algumas influências jacobinas sobre movimentos e figuras do populismo russo, mas contrabalançando-as com outras, que o autor considera, em geral, propriamente russas. Ver também o livro já citado de Alain Besançon que privilegia o peso de uma leitura romântica do idealismo alemão na formação do populismo russo. Sobre a marca do populismo no leninismo, escreve Robert Service: "Lênin pretendia estar simplesmente aplicando princípios marxistas às circunstâncias em desenvolvimento na Rússia; mas os seus críticos repetiam que a sua propensão para a ditadura e o terror trazia a marca do terrorismo agrário russo" (Robert Service, Lenin, em Edward Acton; Vladimir Cherniaev; Willaim G. Rosemberg, *Critical Companion to the Russian Revolution 1914–1921*, London: Arnold, 1997, p. 152s.).

totalitarismo. Acho que o melhor é considerá-lo um "pré-totalitarismo", entendido em sentido forte, em que o "pré" indica mais do que um simples antecedente[51].

O bolchevismo reivindica desde cedo a herança jacobina. Na realidade, a primeira discussão em torno do bolchevismo tem como uma das referências principais a questão da significação do jacobinismo. Já no *Que Fazer?* (1902), Lênin se refere brevemente, numa citação, à oposição entre a Montanha e à Gironda. (Numa nota à edição de 1907 do opúsculo, ele diz, aliás, que a primeira referência à atualidade dessa oposição está num editorial da *Iskra*, de 1901, que foi escrito por Plekhanov...) Porém, é em *Um Passo Adiante, Dois Atrás* (1904) que se tem a reivindicação plena (de certa vertente) do jacobinismo:

O jacobino ligado indissoluvelmente à organização do proletariado, consciente dos seus interesses de classe, é exatamente o social-democrata revolucionário. O girondino [...] que teme a ditadura do proletariado, que sonha com o valor absoluto das reivindicações democráticas é exatamente o oportunista.[52]

Rosa Luxemburgo critica esse texto no seu artigo "Questões de Organização da Social-Democracia Russa"[53]. Mas foi o jovem Trótski quem fez a crítica mais desenvolvida do

---

51 Como já foi dito, é essencial distinguir bolchevismo de stalinismo, apesar do que há de contínuo entre um e outro. Eis alguns dados sobre o fechamento gradual do regime que mostram a continuidade, mas também certa descontinuidade, entre o interregno bolchevista e o stalinismo. Os sovietes funcionam com restos de liberdade até junho de 1918. Os jornais socialistas de oposição não duram muito mais do que isso. Os campos existem desde 1918-1919. Em 1918, e depois em 1920-1921, há greves importantes, reprimidas violentamente pelo regime. Vem em seguida a NEP, que não seria incompatível com um totalitarismo de direita, mas que representa uma limitação de poder para um totalitarismo de esquerda. Se é válido, creio eu, caracterizar o bolchevismo (apenas) como pré-totalitário, pelo menos no sentido de que ele prepara o "verdadeiro" totalitarismo dos grandes campos de trabalho e do genocídio, não se deve esquecer que ele foi terrorista, e numa escala que, de um ponto de vista abstratamente quantitativo, não fica longe do "grande terror" stalinista dos anos 1937-1938. Sobre repressão e terror sob o bolchevismo e o stalinismo, ver Nicolas Werth, Un État contre son Peuple, em Stéphane Courtois et al., *Le Livre noir du Communisme: Crimes, terreur et répression*.

52 Lénine, *Oeuvres*, Paris/Moscou: Éditions Sociales/Éditions du Progrès, v. 7, 1966, *Un Pas en Avant Deux Pas en Arrière*, p. 401.

53 Cf. Rosa Luxemburg, Organisationsfragen der russischen Sozialdemokratie, *Gesammelte Werke*, v. 1-2, Berlin: Dietz, 1983, p. 427.

102 O CICLO DO TOTALITARISMO

jacobinismo leninista, no muito importante e pouco conhecido *Nossas Tarefas Políticas* (1904). Para Trótski, a analogia é falsa:

a social-democracia está tão afastada do jacobinismo como está do reformismo, Robespierre está tão afastado de Bebel quanto o está Jaurès. [...] O jacobinismo é o apogeu na tensão da energia revolucionária [...] o máximo de radicalismo que podia produzir a sociedade burguesa, não pelo desenvolvimento das suas contradições internas, mas recalcando-as e asfixiando-as; em teoria, apelo ao direito do homem abstrato e do cidadão abstrato, na prática, a guilhotina [...] O método deles era guilhotinar os menores desvios, o nosso ultrapassar teórica e politicamente as divergências. Eles cortavam cabeças, nós insuflamos a consciência de classe[54].

O que Lênin e, depois, o leninismo extraem do jacobinismo? Três ou quatro coisas. Em primeiro lugar, desde cedo, a ausência de escrúpulos na concepção da violência, o que daria mais tarde, no uso e na justificação do terror. Em segundo lugar, certo modelo centralizado de organização, quaisquer que sejam as diferenças, muito grandes aliás, entre o clube dos jacobinos e o partido leninista. Michelet falou em "máquina política" e "unidade mecânica", a propósito da organização e da atividade jacobina: "Na falta de uma associação natural que desse à Revolução a unidade viva, era necessária uma associação artificial, uma liga, uma conjuração que lhe desse pelo menos uma espécie de unidade mecânica. Uma máquina política era necessária, com uma grande força de ação, uma poderosa alavanca de energia."[55] Ora, como se sabe, Lênin pensa a organização partidária a partir da máquina (o que significa, pensa-a a partir da racionalidade capitalista)[56]. E, em *Um Passo Adiante, Dois Atrás*, diz que os operários se ajustam bem à disciplina em que implica a ideia bolchevista de organização, porque estão

---

54 L. Trotsky, *Nos Tâches Politiques*, trad. francesa revista e corrigida por Boris Fraenkel, Paris: Pierre Belfort, 1970, p. 184-187.

55 Jules Michelet, *Histoire de la Revolution Française*, édition établie et annotée par Gérard Walter, Paris: Gallimard, 2 v., v. II, 1976, p. 35. F. Furet, Jacobinism, em F. Furet; M. Ozouf, op. cit., v. 4, p. 248.

56 Ver Lénine, *Oeuvres*, v. 5, *Que Faire*, p. 520. Cf. Trotski, *Nos Tâches Politiques*, p. 138. Voltarei a isso, no capítulo V deste livro.

SOBRE AS ORIGENS DO TOTALITARISMO

acostumados com a disciplina da fábrica[57]. O que provocou uma crítica acerba de Rosa Luxemburgo:

se [Lênin] glorifica a ação educadora da fábrica, que habitua o proletariado à "disciplina e à organização", tudo isso trai uma vez mais a sua concepção mecânica demais da organização socialista. A "disciplina" que Lênin tem em vista é inculcada no proletariado não só pela fábrica, mas também pela caserna e pela burocracia moderna, em resumo, pelo mecanismo global do Estado burguês centralizado. É abusar das palavras e de si mesmo designar pelo mesmo termo, "disciplina", duas noções tão diferentes [...] ausência de pensamento [...] executando movimentos mecânicos e [...] coordenação voluntária de atos conscientes[58].

Um terceiro aspecto é o ideal da "liberdade dos antigos". Sem dúvida, ao contrário dos jacobinos, os bolcheviques, aqui como bons marxistas, não praticaram o culto da cidade antiga. Nem o poder bolchevique foi comparável ao da cidade antiga. Mas existe alguma coisa pelo menos aparentada com o ideal antigo de "liberdade" que subsiste no bolchevismo. O bolchevismo desenvolve a ideia de que a verdadeira liberdade está não no gozo individual dos bens nem no exercício privado da atividade intelectual, mas na participação no trabalho político coletivo[59], ideal que, evidentemente, deve ser entendido no contexto de um regime que, desde o início, se revelou autoritário.

57 "Esta fábrica, que para alguns parece um espantalho, não é outra coisa senão precisamente a forma superior da cooperação capitalista, que reuniu, disciplinou o proletariado, ensinou-lhe a organização [...] o marxismo, ideologia do proletariado educado pelo capitalismo [...] ensinou [...] aos intelectuais inconstantes a diferença entre o lado explorador da fábrica (disciplina baseada no medo de morrer de fome) e o seu lado organizador (disciplina baseada no trabalho em comum resultante de uma técnica altamente desenvolvida). A disciplina e a organização que o intelectual burguês tem tanta dificuldade em adquirir são assimiladas muito facilmente pelo proletariado, graças precisamente a essa 'escola' da fábrica" (Lénine, *Un pas en avant, deux pas en arrière, Oeuvres, v. 7,* p. 409-410).

58 Rosa Luxemburg, *Gesammelte Werke,* v. 1-2, p. 430-431. Para a crítica de Lênin por Trótski, sobre essa questão ver *Nos Tâches Politiques,* p. 157-159. Rosa Luxemburgo volta à crítica do bolchevismo (crítica que não exclui uma atitude de certo respeito, em 1917-1918) no seu artigo Sobre a Revolução Russa, do segundo semestre de 1918. Ver *Zur russischen Revolution,* v. 4, principalmente p. 362s.

59 Para evitar mal-entendidos, observo, desde já, que não se trata, de minha parte, de afirmar que nada poderia restar do ideal da "liberdade dos antigos" (pelo menos se considerado a partir de Atenas [e não de Esparta], como na conceituação de Constant). O que é criticável é a transposição unilateral

104 O CICLO DO TOTALITARISMO

Há duas coisas a assinalar, nesse ponto. Em primeiro lugar, a sobrevivência de alguma democracia interna (sem dúvida, cada vez mais restrita às instâncias dirigentes) no interior do partido até a sua "stalinização". A liberdade consistia na possibilidade de participar das decisões do partido (o que, de fato, só era possível para alguns, cada vez menos numerosos). Outro aspecto, mais ideológico, aparece no tipo de justificação do poder "soviético" que Lênin dá (ver *A Revolução Proletária e o Renegado Kautsky*). O bolchevismo reivindica ainda uma legitimidade democrática: os trabalhadores seriam mais livres na Rússia soviética do que no ocidente, porque teriam maiores possibilidades do que no ocidente de influenciar as decisões do Estado (mesmo em 1918, isso já era bastante duvidoso)[60]. Na realidade, além de sofrer o impacto do jacobinismo, o bolchevismo tinha como quadro político a "ditadura do proletariado", construção de origem marxista. Mas, sendo assim, fez parte dos ideais do bolchevismo nos primeiros tempos – por muito que esse ideal tenha sido contrariado por uma prática arquirrepressiva contra toda oposição, inclusive a que nascia no interior do próprio proletariado – o de promover, de algum modo, certo tipo de democracia, nos limites e em benefício daquela classe[61]. Em si mesma, a aposta na ditadura do proletariado não conduzia, a rigor, nem à liberdade dos antigos, nem, menos ainda, à dos modernos; entretanto, ela veio a convergir, em alguma medida – dada aquela dupla linhagem do bolchevismo – com o ideal antigo da liberdade cívica, transfigurada em "civismo proletário". Temos, assim, no bolchevismo, uma retomada parcial do ideário jacobino: alguma coisa da liberdade dos antigos, violência, terror, organização "mecânica" e também voluntarismo, traços que são

desse ideal e o sacrifício da "liberdade dos modernos". Volto a esse ponto mais adiante.

60 Sobre esse argumento, e em geral o debate Kautsky/Lênin, ver o meu texto Kautsky e a Crítica do Bolchevismo: Bolchevismo e Poder Burocrático, em *A Esquerda Difícil*, p. 97s.

61 Esse ideal não se efetiva, dado o caráter geral da prática bolchevique, mas ele não era inteiramente fictício, como viria a ser na época stalinista. Ele aparece, de certo modo, em 1923, algum tempo antes da ruptura (muito tardia) de Lênin com Stálin, quando o primeiro se empenha, sem resultado aliás, em ampliar a participação de operários (não oposicionistas, é claro) nas instâncias dirigentes do partido. – Sobre o caráter geral da prática leninista, ver, além dos textos de Nicolas Werth, o grande livro de Orlando Figes, *A People's Tragedy*.

mais ou menos estranhos ao marxismo e que vão se fundir com os temas, ideias e modelos de ação que o marxismo vai transmitir. Essa fusão poderia ser resumida, ou simbolizada, pelo encontro da violência e do voluntarismo jacobinos – com o que é, mais ou menos, o seu oposto, o progresso. *Progresso dos modernos, mais jacobinismo, define um pouco, a matriz original do bolchevismo*. Longe de se anular, essa mistura de neojacobinismo com a filosofia do progresso – hesito em citar nomes do lado dos filósofos do progresso, porque, como personalidades teóricas e políticas, eles estão tão longe do bolchevismo que a comparação seria chocante – é literalmente explosiva. Porém, a fusão não fica apenas nisso. O legado do jacobinismo vai encontrar uma filosofia da história que acolhe os determinismos; e agora as linhas de determinismo e os esquemas da história se cristalizam propriamente em "leis". O voluntarismo jacobino se transfigura quando entra em contato com a versão leninista da ideia marxista de história. Não que ele desapareça. O paradoxo é que ele se radicaliza ao coexistir com uma história determinada por leis que se supõem análogas às que regem o mundo natural. Progresso, determinismo, voluntarismo. O bolchevismo será por um lado *aufklärer*, por outro efetuará uma estranha (mas não inédita) combinação de necessidade histórica e voluntarismo. Para ver o quanto o bolchevismo era *aufklärer*, cito alguém que aderiu tarde a ele, mas que veio a ser um dos seus mais brilhantes representantes, Trótski. Há um texto célebre de *Literatura e Revolução* que nos dá uma ideia da verdadeira embriaguez de progresso que afetava, para o melhor como para o pior, a consciência e o projeto deste grande revolucionário. As fórmulas, em seu excesso, têm alguma coisa de grotesco e foram objetos de críticas irônicas. Acho que se justifica uma longa citação:

O homem realizará o seu propósito de controlar os próprios sentimentos, de elevar seus instintos à altura da sua consciência... de elevar a si próprio a um novo nível, de criar um tipo social-biológico mais alto, se se quiser um super-homem. [...] A construção social e a autoeducação psicofísica se tornarão dois aspectos de um mesmo e único processo. Todas as artes [...] darão uma forma bela a este processo [...] a concha em que estarão envoltas a construção cultural e a autoeducação do homem comunista desenvolverá, até o ponto mais alto, todos os

106 O CICLO DO TOTALITARISMO

elementos vitais da arte contemporânea. O homem se tornará desmesuradamente mais forte, mais sábio, mais sutil... As formas da vida se tornarão dinamicamente dramáticas. O tipo humano médio se elevará às alturas de um Aristóteles, de um Goethe ou de um Marx. E por sobre essa aresta novos picos se elevarão.[62]

Pergunto-me se os discursos mais otimistas dos filósofos do progresso chegaram até tal idealização extrema do homem do futuro, a qual faz deste, literalmente, um "super-homem".

A combinação marxismo/jacobinismo, por outro lado, sobredetermina a recusa de uma instância ético-política de ordem transcendental: o jacobinismo tem como referência os direitos do homem, mas estes são suspensos pelo caráter extraordinário das circunstâncias; esse "antitranscendentalismo" das circunstâncias vem sobredeterminado, no bolchevismo, pelo imanentismo histórico que a filosofia antitranscendental dos economistas instilara no marxismo. O outro da ética de tolerância que a filosofia dos direitos do homem inspirava era a virtude – ética da antiética – que desembocava no terror. A virtude jacobina se transforma, no bolchevismo, em crença nas leis da história, e na inevitabilidade do comunismo; esta crença não exclui o voluntarismo, mas o alimenta. A fórmula engelsiana-leninista da liberdade como consciência da necessidade efetuaria a conciliação. Só que essa tensão de opostos que a fórmula pretende unificar "dialeticamente" – na

62 Léon Trotsky, *Literature et Révolution*, trad. francesa de Pierre Frank, Claude Ligny e Jean-Jacques Marie (publicado juntamente com Trotsky, *Les Questions du mode de vie*), Paris: Les Éditions de la Passion, 2000, p. 146. Citado por Baruch Knei-Paz, em *The Social and Political Thought of Leon Trotsky*, Oxford: Clarendon, p. 574 (traduzi a partir da versão inglesa transcrita por Knei-Paz). – Nos anos do bolchevismo, o comunismo está tematizado também num texto célebre, escrito antes da tomada do poder, e que, não por acaso, provavelmente, permaneceu inacabado, *O Estado e a Revolução*, de Lenin. Nele se encontra, entre outras coisas, uma descrição da "comunidade" futura, fundada numa espécie de hábito da liberdade e da responsabilidade (mas repressão, por parte de "todo o povo", contra os "parasitas" – raríssimos, é verdade,nos assegura o autor –, que insistirem em recusar a disciplina social). Na literatura pós-stalinista, e com o regime já no caminho da agonia, o comunismo terá um lugar explícito, sob a forma de uma espécie de "milenarismo" para o dia seguinte (ou já para o dia de hoje): "O comunismo, futuro radioso da humanidade. O comunismo traz ao homem a paz, o trabalho, a liberdade, a igualdade, a fraternidade e a felicidade. [...] o trabalho, sob o comunismo, se torna verdadeiramente livre, criador, a primeira função natural do homem, a base do seu desenvolvimento harmonioso" [etc. etc]. V. Afanassiev; M. Makarova; L. Minaïev, *Principes du Socialisme Scientifique*, Moscou, Éditions du Progrès, 1970, pp.426-427).

realidade, o mote, que não é, aliás, hegeliano, liquida a liberdade – nos remete a modelos de pensamento e ação estranhos ao racionalismo filosófico, e mais próprios à história do teológico-político. Volto a citar Trótski. E acho que de novo se justifica uma longa citação. Trótski estava consciente da polaridade que havia lá, mas a assumia plenamente. E as analogias teológico-políticas como que reforçavam para ele a legitimidade da articulação dos dois extremos:

O calvinismo, com a sua doutrina moldada no aço da predestinação, era uma forma mística de abordagem da natureza causal do processo histórico. A burguesia ascendente sentia que as leis da história estavam do seu lado, e essa consciência tomou a forma da doutrina da predestinação. A rejeição calvinista da liberdade da vontade não paralisava de forma alguma a energia revolucionária dos Independentes; pelo contrário, ela constituía o seu poderoso suporte. Os independentes se sentiam como tendo sido eles próprios chamados a realizar uma grande tarefa histórica. Temos todo o direito de estabelecer uma analogia entre a doutrina da predestinação na revolução puritana e o papel do marxismo na revolução proletária. Nos dois casos, os grandes esforços investidos não se baseiam no capricho subjetivo, mas na lei de aço, causal, misticamente deformada, num caso, cientificamente fundada, no outro.[63]

Assim, a "ciência" marxista encontra a predestinação calvinista (mesmo se na figura dos revolucionários ingleses). O fanatismo laico se ajusta bem ao fanatismo religioso. Na realidade, além de uma ruptura do imanentismo, que bloqueia toda reflexão no plano dos valores, uma visão realmente laica da história exigiria não uma consciência da necessidade, mas uma análise das possibilidades de intervenção, que se abrem, em cada conjuntura, no interior de um contexto histórico, no qual há determinações, mas também contingência.

Ao analisar algumas das tendências teóricas que iriam ser decisivas para a constituição do marxismo, o qual por sua vez seria um "elemento" utilizado pelo totalitarismo, mencionei o idealismo alemão, mas não fiz referência à dialética. Claro que a dialética tem um lugar, e grande, nessa constituição, mas me

---

63 L. Trotsky, *Où va l'Angleterre ?*, trad. franc. de Victor Serge, apud Baruch Knei-Paz, op. cit., p. 577. (Preferi traduzir a versão inglesa.) Knei-Paz observa que "o racionalismo que [Trótski] herdara, e que ele partilhava com uma longa linhagem de revolucionários, tinha um elemento de fanatismo" (Ibidem, p. 576).

108   O CICLO DO TOTALITARISMO

pareceu pensável omiti-la, mesmo porque seria longo demais, e também difícil, explicá-la aqui[64]. Porém, a partir do bolchevismo, isso se impõe. Não porque a dialética veio a ter, nele, um grande papel. Pelo contrário, porque uma *pseudodialética* veio como que ajustar as peças dessa máquina teórica compósita, que é o bolchevismo. Citarei um terceiro texto de Trótski, em que uma passagem de oposto a oposto tenta justificar o injustificável. O exemplo é talvez muito pequeno e particular, mas a sua violência e fragilidade – visível *a fortiori*, depois de tudo o que aconteceu – dizem muito sobre o destino da dialética, no interior do discurso bolchevique. Trata-se de uma passagem de *Terrorismo e Comunismo*, livro ao qual voltarei, em que Trótski tenta justificar um governo revolucionário de tipo hiperautoritário que poria em prática o terror e a militarização do trabalho:

A verdade é que, em regime socialista, não haverá aparelho de coerção, não haverá Estado. O Estado se dissolverá na comuna de produção e de consumo. Entretanto, o caminho do socialismo passa pela tensão mais alta da estatização[65]. E é exatamente este período que atravessamos. Assim como um lampião, antes de se apagar, brilha com uma flama mais viva, o Estado, antes de desaparecer, reveste a forma da ditadura do proletariado, a forma mais impiedosa de governo que existe, um governo que envolve, de maneira autoritária, a vida de todos os cidadãos. É essa bagatela, esse pequeno grau na história[66] que [...] o menchevismo não viu, e foi isso o que lhe fez tropeçar.[67]

Vê-se, por esse texto, como um arremedo de dialética serve para ajustar as peças desse grande *puzzle* ideológico que é o bolchevismo. Aqui, o Estado militar-bolchevique ganha seus títulos de legitimação a partir da ideia "dialética" de que se vai de extremo a extremo... Que a realidade seja muitas vezes "tautológica" e

64 O leitor interessado pelo tema pode consultar os três volumes do meu *Marx: Lógica e Política, Investigações Para uma Reconstituição do Sentido da Dialética*, v. i, Brasiliense, 1983; v. ii, Brasiliense, 1987; v. iii: Editora 34, 2002. O primeiro volume foi reeditado sob o título *Sentido da Dialética: Marx: Lógica e Política*, v. i.

65 A tradução inglesa diz: "passa por um período de intensificação mais alta possível do princípio do Estado".

66 *Bagatelle... petit degree dans l'Histoire; insignificant little fact* (referência às palavras na versão francesa e na versão inglesa).

67 L. Trotsky, *Terrorisme et Communisme*, apresentação de Alfred Rosmer, Paris: Union Générale d'Éditions, 1963, p. 254; *Terrorism and Communism*, prefácio de Max Schachtman, Michigan/Toronto: University of Michigan Press/ Ambassador Books, 1961, p. 169-170.

SOBRE AS ORIGENS DO TOTALITARISMO   109

"antidialética" (o estado militar = o estado militar; a democracia = a democracia etc.) isso não passa pela cabeça de Trótski. Para voltar à imagem, e se o lampião, em vez de se apagar, não só continuasse aceso como pusesse fogo no mundo?[68]

Do Pré-Totalitarismo Bolchevista ao Totalitarismo Stalinista[69]

Do bolchevismo ao stalinismo, intensifica-se a "cristalização" do marxismo[70]. Em primeiro lugar, reafirma-se a ideia de uma história determinada por leis[71]. Ao mesmo tempo, o outro polo, o voluntarismo, tomará uma latitude quase infinita. A tensão necessidade/liberdade, já presente no bolchevismo, chega ao seu máximo. A atividade militante pode aparecer assim como uma ação compulsiva que realiza a necessidade ou, antes, que é o seu sintoma, como na ética puritana, na qual Weber enxergou uma das matrizes da prática capitalista.

68 A imagem do incêndio é da jornalista Simone Mateos, presente a uma exposição sobre as revoluções russas, que fiz na Universidade de São Paulo, em 2007.

69 Vou considerar o stalinismo privilegiando o momento do final dos anos de 1930, no fecho dos processos, mas não me limito a isso nem as referências serão apenas russas. Sobre o tema, remeto também aos meus textos Totalitarismo e O Comunismo Difícil, em A Esquerda Difícil.

70 Dois exemplos, um tirado de um manual oficial de um regime satélite, outro da obra teórica do grande chefe: "O marxismo-leninismo é a teoria revolucionária da classe operária, fundada por Marx e Engels e desenvolvida por Lênin. [...] O mais importante nessa teoria é a fundamentação científica da missão histórico-mundial da classe operária [...] A teoria marxista-leninista é em si completa [Geschlossen] e harmônica, ela dá aos homens uma visão do mundo [Weltanschauung] que torna incompatível toda superstição, toda reação, toda defesa da escravidão capitalista [...] A visão do mundo da classe operária se tornou, em medida crescente, nos países socialistas, a base espiritual determinante da ação de todos os trabalhadores" (Dialektischer und Historischer Materialismus, Lehrbuch für das Marxistisch-Leninistische Grundlagenstudium, Berlin: Dietz, 1974, p. 9, tradução nossa). "O materialismo dialético é a teoria geral do partido marxista-leninista. O materialismo dialético se chama assim porque a sua maneira de considerar os fenômenos da natureza, o seu método de investigação e de conhecimento é dialético, e sua interpretação, sua concepção dos fenômenos da natureza, sua teoria é materialista" (J. Staline, Le Matérialisme Dialectique et le Matérialisme Historique, Paris: Éditions Sociales, 1945, p. 7).

71 "A realização prática das tarefas [...] exige compreensão das determinações regidas por leis (Gesetzmässigkeiten), que são o objeto da teoria marxista-leninista. Objeto do marxismo-leninismo são tanto as leis gerais do movimento e do desenvolvimento da natureza, da sociedade e do pensamento como também as leis específicas que agem sobre as relações concreto-históricas, econômicas e políticas" (Dialektischer und Historischer Materialismus..., p. 19).

O CICLO DO TOTALITARISMO

A ação se inscreve no conhecimento das "leis" da história, que o "socialismo científico" enunciou. O stalinismo, como já o bolchevismo, é profundamente cientificista[72]. De uma forma mais geral, o stalinismo será marcadamente "iluminista". Adorno e Horkheimer desenvolveram, num livro famoso, o tema da "dialética do *Aufklärung*", o da interversão do Iluminismo em mito (mas, por ora, o que interessa é a *hybris* do Iluminismo). Ora, o totalitarismo stalinista representa o melhor exemplo de fanatismo *aufklärer* no mundo contemporâneo, com o seu cortejo de consequências catastróficas. Lá se pode ver a dialética do *Aufklärung* em ato. Prometeu desencadeado? Mais do que isso, *Aufklärung* desembestado. A figura de Prometeu é bem ilustrativa. Fábricas instaladas em plenos centros populosos, destruição da paisagem sem nenhuma preocupação pelos seus efeitos ecológicos etc. A propósito do bolchevismo, falei das consequências funestas da aliança entre algo como uma "liberdade antiga" e o progresso. No stalinismo, haverá uma nova aliança, ainda mais explosiva. Fora da ideologia, desaparecem completamente os traços da liberdade "à antiga" e da liberdade em geral. Não me cabe aqui fazer a história dessa passagem. Os principais momentos práticos desse processo, em parte interior à história do bolchevismo, são: a dispersão da Constituinte, o fim da democracia dos sovietes, a liquidação da liberdade interna no partido, a sagração do secretário-geral em "guia". Talvez ainda haja muito trabalho histórico a fazer em torno dessa progressiva transformação do que era uma espécie de neorobespierrismo em despotismo "oriental" (para ilustrar o neodespotismo stalinista, o último Trótski evoca, entre outras figuras, Gengis-Khan). O déspota é, aliás, a resolução caricatural da antinomia do voluntarismo e do determinismo: há uma instância privilegiada que encarna as leis da história, não apenas a vontade do partido, mas a vontade do chefe. Agir de acordo com as leis da história é, ao mesmo tempo, obedecer ao partido e ao chefe.

Assim, se no bolchevismo, tínhamos, em certo sentido, "liberdade espartana" mais progresso, no stalinismo tem-se despotismo e progresso, o "tsar com telégrafo" segundo uma expressão antiga e premonitória. A violência do despotismo está a serviço do progresso econômico e se faz, de novo, agora

---

72 Ver, a esse respeito, o livro já referido de Alain Besançon, *Le Origines Intelectuelles du Léninisme*.

SOBRE AS ORIGENS DO TOTALITARISMO   111

de forma potenciada, em nome das leis inexoráveis da história. Violência supostamente em favor do progresso econômico, como do progresso social. Algo como uma dupla barbárie *aufklärer*. É desse modo que é preciso interpretar – insistindo ainda no processo objetivo – as sucessivas experiências trágicas do comunismo russo e do comunismo chinês. Se neojacobinismo mais progresso dá em violência multiplicada, despotismo mais progresso tem como resultado o genocídio. As primeiras vítimas são os camponeses, classe que, melhor do que qualquer outra, encarnaria o atraso social. Os camponeses que já haviam sofrido muito sob Lênin – o encanto com o bolchevismo durou bem menos do que um ano –, serão massacrados por Stálin, no genocídio que atinge a Ucrânia e parte do sul da URSS, no início dos anos de 1930. (O "grande terror" tem menos o caráter de "massacre iluminista" do que de acerto de contas entre o déspota e a burocracia que o ameaça. Em condições e formas diferentes, a chamada revolução cultural chinesa segue nesse mesmo sentido.) Do massacre dos camponeses por Stálin nos anos de 1930, uns cinco ou sete milhões de mortos, devemos passar ao chamado "grande salto para frente" do poder maoísta, do final dos anos de 1950 e começo dos de 1960, com vinte ou trinta milhões de mortos. Não parece haver na história outra operação de liquidação de vidas humanas dessa amplitude, feita em nome do progresso (se totalmente "dolosa" ou se, em parte, "apenas culposa", isso não importa muito, dada a enormidade do número de vítimas, e o fato de que a distinção, no caso, é muito problemática). De vinte a trinta milhões de pessoas sacrificadas em nome de um duplo "salto": salto na história econômica, que deveria elevar a China, abruptamente, até o nível de algumas economias ocidentais, e salto na história social, o grande pulo que liquidaria os restos do capitalismo-feudalismo e levaria a China ao limiar da sociedade comunista. O bolchevismo, com a sua violência neojacobina a serviço do progresso, prepara o terreno para as práticas genocidas do despotismo stalinista e maoísta.

Mas há um elemento essencial a acrescentar na passagem ao stalinismo, elemento que representa, em boa medida, uma ruptura com toda a tradição anterior. Além do marxismo dogmatizado, a ideologia stalinista (refletindo/mistificando a sua prática, ou vice-versa), pelo menos na sua grande época, contém mais dois extratos que importa analisar: o discurso terrorista e o discurso democrático. No jacobinismo, tinham-se as duas coisas. No bolchevismo, também se tem os dois, mas vejamos as diferenças entre os três casos. Para o primeiro caso, limito-me a observar que, se os dois extratos apareciam muitas vezes no mesmo contexto, os jacobinos, como já disse, não faziam segredo da contradição, e tratavam de justificá-la através da ideia de que se atravessava um período extraordinário em que se impunha, provisoriamente, o "despotismo da liberdade". No bolchevismo, a linguagem democrática, já vimos, é uma legitimação (ilusória, em grande parte desde o início) da democracia para o proletariado, com um verniz do ideal da "liberdade cívica" à antiga (ver principalmente o *anti-Kautsky* de Lênin). Há também um discurso bolchevique de tipo terrorista. No plano teórico – no plano prático, ver os bilhetes de Lênin publicados pelo historiador de direita, Richard Pipes –, a referência é *Terrorismo e Comunismo*, de Trótski, que já mencionei, a propósito de um texto paradialético. Observe-se que o discurso terrorista do livro de Trótski exclui expressamente a democracia; portanto, como no caso dos jacobinos, ele não oculta a contradição. Por outro lado, deve-se dizer que, por odioso, sem dúvida que seja esse livro (entre outras coisas, ele é injustamente brutal para com os mencheviques), ele não inventa propriamente uma narrativa mítica em torno de supostos complôs dos "moderados". No stalinismo, temos outra coisa. Primeiro, o discurso terrorista é mais do que isto: é um discurso *delirante*. Em segundo lugar, desaparece o reconhecimento da contradição entre os dois extratos, o terrorista e o democrático, ao contrário do que acontecia nos dois casos anteriores. Impõe-se à força a ideia de uma plena coerência entre terrorismo e democracia. Em terceiro lugar, a democracia que se pretende encarnar é uma espécie de democracia plena, sem verniz antigo, e principalmente sem as limitações da "democracia para o proletariado" do discurso do primeiro bolchevismo. (Essa mudança seria explicada pela alteração das circunstâncias, mas uma explicação como esta ajuda pouco à compreensão da gênese desse delírio compósito.) Assim, plena liberdade (suposta) e terrorismo delirante seguem juntos e sem problemas de coerência. Acho que os melhores exemplos disso tudo estão na famosa *História do Partido Comunista* (bolchevique), publicada em 1938,

SOBRE AS ORIGENS DO TOTALITARISMO

no fecho dos grandes processos. Vai aí uma passagem preciosa, que, creio, merece ser citada amplamente:

O ano de 1937 trouxe novas revelações sobre os monstros do bando bukharinista e trotskista [...] Os processos revelaram que os monstros trotskistas e bukharinistas, por ordem de seus patrões dos serviços de espionagem burgueses, se propuseram como fim destruir o Partido e o Estado soviético, minar a defesa do país, facilitar a intervenção militar do exterior, preparar a derrota do Exército Vermelho, desmembrar a URSS, entregar aos japoneses a província marítima soviética do extremo-oriente, entregar aos poloneses a Bielo-Rússia soviética, entregar aos alemães da Ucrânia soviética, liquidar as conquistas dos operários e *kolkhozianos*, restaurar a escravidão capitalista na URSS [...] Esses vermes [*vermine*] de guardas brancos esqueceram que o dono do país dos sovietes é o povo soviético [...] O tribunal soviético condenou os monstros bukharinistas e trotskistas a serem fuzilados. O Comissariado do Povo do Interior executou o veredito. O povo soviético aprovou o esmagamento do bando bukharinista e trotskista e passou para as questões correntes. E as questões correntes consistiam em preparar as eleições do Soviete Supremo da URSS, e a proceder a isso sob formas devidamente organizadas. [...] A nova Constituição da URSS assinalava uma mudança, [...] [que] consistia em democratizar plenamente o sistema eleitoral, passando do sufrágio restrito ao sufrágio universal, do sufrágio incompletamente igual ao sufrágio igual, das eleições em vários graus ao sufrágio direto, do escrutínio público ao escrutínio secreto.[73]

Assim, passa-se diretamente do discurso terrorista-delirante à linguagem democrática. Linguagem esta, também delirante, à sua maneira. Sabemos o que significava na prática a Constituição "mais democrática do mundo": entre outras coisas, eleições com maiorias de 99%, às quais, aliás, o texto faz referência entusiástica, pouco mais adiante. Como escreve Alain Besançon, trata-se "de intimidar pela falsificação, por uma falsificação tão enorme, tão esmagadora, que ela tira a sua força siderante da audácia inverossímil com que é imposta, porque ela denota aquilo de que o poder [totalitário] é capaz"[74].

Como resumir em linhas gerais a ideologia e a prática do totalitarismo igualitarista? Para dar uma caracterização mais geral desse totalitarismo (de uma forma sumária, ele poderia

73 *Histoire du parti communiste (bolchévik) de l 'URSS*, Moscou: Éditions en Langues Étrangères, 1949, p. 384-385.
74 Alain Besançon, idem, p. 356.

ser caracterizado por meio da dominação, tendencialmente, completa, das práticas genocidas e de certo tipo de populismo "da igualdade"), temos de voltar ao problema das "leis da história". No desenvolvimento deste texto, insisti sobre a ideia de que havia no marxismo uma tendência que ele herdara em parte do utilitarismo – tendência contraditada por certos freios teóricos que a versão vulgar oblitera –, no sentido da liquidação de toda instância transcendental de natureza jurídica (direito natural ou direito do homem) ou moral (imperativos éticos); o que eu caracterizei, nessa linha de raciocínio, como um viés "imanentista". A única instância é a história, e tudo se dá no nível desta, o que significa – de um modo à primeira vista paradoxal para uma teoria, que se prolonga tão claramente numa política – que tudo se dá no nível do ser e não do dever-ser. O bolchevismo e, depois, o stalinismo reforçam e intensificam esse imanentismo, sobredeterminado aliás pelo modelo prático (não o teórico) do jacobinismo. Eles não conhecem, em absoluto, qualquer outra instância que não seja a História. ("A história não nos perdoará", dizia Lênin, por ocasião das peripécias em torno da oportunidade do golpe de outubro.) Ora, na teorização clássica de Hannah Arendt, o totalitarismo, nas suas duas variantes, se caracteriza pela presença do que ela chama de uma "lei de movimento". Esta seria uma instância que teria, legitimamente, um poder absoluto sobre a ação dos homens, que se lhes imporia como uma espécie de lei trans-histórica. Assim, na caraterização de Arendt, teríamos antes o peso de uma transcendência do que a ideia de uma imanência de todas as determinações[75]. Digamos

75 "o governo totalitário [...] fez explodir a própria alternativa em que se basearam todas as definições da essência dos governos na filosofia política, a alternativa entre governo com leis e governo sem leis, entre poder arbitrário e poder legítimo [...] É a pretensão monstruosa [...] do regime totalitário, o fato de que, longe de ser "sem lei", ele vai até as fontes da autoridade das quais as leis positivas receberam sua derradeira legitimação [...] longe de ser arbitrário, o regime totalitário obedece mais a essas forças sobre-humanas do qualquer regime anterior [...] Seu desafio às leis positivas, ele assegura, é uma forma mais alta de legitimidade, a qual, como ela se inspira nas próprias fontes, pode se desfazer da pequena legalidade. A legalidade totalitária pretende ter encontrado um meio de estabelecer o reino da justiça na Terra – algo que a legalidade da lei positiva, como ela própria admite, nunca poderia alcançar. [...] A legitimidade totalitária, desafiando a legalidade e pretendendo estabelecer o reino direto da justiça sobre a Terra, executa a lei da História ou da Natureza sem traduzi-la nos modelos do bem ▸

SOBRE AS ORIGENS DO TOTALITARISMO

que as duas representações não se excluem e, apesar da aparência em contrário, na realidade, se complementam. A lei suprema do totalitarismo igualitarista é imanente, no sentido de que ela liquida toda instância ética ou jurídica transcendente. Ela tem entretanto algo como uma origem transcendente, enquanto é uma lei absoluta que se impõe à história, e que passa por cima das leis positivas. No texto, Arendt sugere que quando se reconhecem instâncias transcendentais estas não podem invadir o terreno da legislação positiva. Ora, o que caracteriza a "lei de movimento" totalitária é não só que ela é uma lei de luta ou de guerra (lei que visa, em primeiro lugar, à destruição do inimigo e não à estabilização de relações sociais, mesmo se no quadro de relações de dominação e exploração), mas que ela se impõe de forma imediata, liquidando toda mediação das leis positivas. Não visamos fazer justiça (entendamos: aplicar leis positivas fundadas em princípios), diziam Djerzinski e os demais chefes tchekistas, nos seus memoráveis discursos de justificação das práticas da *Tcheka*, visamos combater os inimigos da revolução e impor os nossos objetivos[76]. Sob esse aspecto, a lei geral do totalitarismo igualitarista, a luta de classes e a marcha do progresso social em direção ao comunismo aparecem menos como imanentes, simplesmente, do que como *imanentizadas*, como a imanentização brutal e absoluta do que é, na origem, uma instância mais transcendente, aliás, do que transcendental.

O totalitarismo igualitarista é um fenômeno moderno, não só porque surge no século XX, mas porque vem na crista de um movimento muito enraizado na modernidade, o movimento socialista. Porém, ele é ao mesmo tempo um mergulho no

▷ ou do mal para o comportamento dos homens. Ela aplica a lei diretamente à humanidade, sem se preocupar com o comportamento dos homens" (Hannah Arendt, *The Origins of Totalitarianism*, p. 461-462).

76 Assim, o tchekista Latzis escrevia, em novembro de 1918, na revista *Terror Vermelho* (!): "Nós não guerreamos contra pessoas em particular. Nós exterminamos a burguesia como classe. Não busquem, na investigação, documentos e provas sobre o que fez o acusado, em atos ou em palavras, contra a autoridade soviética. A primeira pergunta que vocês devem lhe fazer é a que classe ele pertence, quais são sua origem, educação instrução, profissão" (apud S.P. Melgounov, *La Terreur Rouge en Russie, 1918-1924*, incluído parcialmente em Jacques Baynac, *La Terreur sous Lénine*, p. 76-77). Melgounov observa que Latzis não fazia mais do que ecoar um discurso de Robespierre na Convenção a propósito da lei de *prairial* sobre o terror em massa: "Para punir os inimigos da pátria, basta estabelecer sua personalidade. Não se trata de puni-los, mas de destruí-los" (Ibidem, p. 77).

passado. Pela mediação da ideia *aufklärer* de história e de progresso (que tem ela mesma origens cristãs), ele parasita os seus antecedentes socialistas. Por outro lado, representa também, em alguma medida, a reaparição de formas políticas muito antigas. Este é um dos segredos do totalitarismo igualitarista: um formidável encontro de uma ideologia hiper-*aufklärer* com formas políticas e sociais muito arcaicas. (Já vimos que o bolchevismo era esse encontro da modernidade com o arcaísmo, mas em forma menos radical: jacobinismo e progresso.) O nazismo também tem esse caráter de modernidade arcaica. Uma diferença é que a ideologia nazista se constrói em oposição expressa aos ideais de 1789. Falta-lhe o momento "democrático" do discurso stalinista, embora não esteja ausente o momento populista – e o nazismo visa, expressamente, liquidar a revolução igualitária de 1789. O totalitarismo stalinista, pelo contrário, invoca os ideais de 1789 e 1793 e se constrói, pelo menos em termos histórico-gerais, sobre a ideologia da igualdade, enquanto o totalitarismo da direita está montado sobre uma ideologia que invoca tanto a hierarquia como a comunidade. Na gênese do totalitarismo igualitarista, tem-se uma dialética do *Aufklärung*; na gênese do seu outro há em parte um anti-*Aufklärung*, em parte também – poder-se-ia dizer – uma dialética do *Aufklärung*, mas a partir de uma variante radicalmente antidemocrática.

Mais precisamente, e considerando em particular o discurso terrorista-delirante, o totalitarismo igualitarista, cujas origens ideológicas estão, remotamente, no racionalismo clássico, representa um mergulho "de inversão" no irracionalismo. E o arbítrio do neodéspota – que nos remete aos despotismos "orientais" e ultrapassa, evidentemente, o tipo de arbitrariedade que se encontra nas monarquias de *ancien régime* – é, por sua vez, a negação radical dos ideais constitucionalistas da Revolução Francesa, presentes também na pré-história desse totalitarismo. Sob esse duplo aspecto, a emergência do totalitarismo igualitarista se manifesta como uma verdadeira interversão: passagem da razão à desrazão, inversão da democracia em despotismo (pré-*ancien régime*!). Assim, há simultaneamente *hybris* do progresso, volta a formas arcaicas e inversão de sentido. Resta rediscutir outro aspecto. A ideia de que o totalitarismo "de esquerda" realizaria um projeto mais ou menos monstruoso, que já fora tentado antes, com

SOBRE AS ORIGENS DO TOTALITARISMO

menos sucesso, na história moderna. É a tese de Besançon e, sob uma forma um pouco diferente, a de Malia. Qual a verdade dela? Tentei mostrar, anteriormente, o que, a meu ver, poderia ser objetado aos dois autores. De qualquer forma, acho que é verdade – e o presente capítulo vai nesse sentido – que o totalitarismo do século XX é, sob certo aspecto, a realização plena de projetos arqueototalitários que, até aqui, não haviam obtido mais do que vitórias parciais. Para empregar a expressão de Furet (que se refere às Luzes), a história das revoluções revela "virtualidades despóticas" que vieram a ser plenamente atualizadas pelo totalitarismo igualitarista do século XX. Onde estavam tais virtualidades? No jacobinismo, sem dúvida, mas creio que também – e a análise da relação entre as duas coisas parece exigir ainda muita pesquisa – na violência popular. Não que esta tenha tido só esse lado negativo: na realidade, ela representava a resistência dos dominados e explorados. Mas, ao mesmo tempo, ela revelou, muitas vezes, traços inquietantes. A violência "de baixo" – com seus excessos – veio a ser canalizada e assumida pelo jacobinismo. Na Rússia, a violência popular, que aliás não foi apenas camponesa, foi tolerada e até incentivada pelo Estado, até o momento em que o Estado a incorporou, utilizando-a primeiro contra aqueles contra os quais ela se exercia e, depois, contra aqueles mesmos que a praticavam[77]. A violência de baixo, com seus excessos, era inevitável? O problema não é este, mas o de saber que atitude deve-se ter, hoje, diante dela (pois ela subsiste, pelo menos no Terceiro Mundo). Assim, as virtualidades despóticas, que o totalitarismo igualitarista retoma e potencia, são mais complexas do que parecem e não se reduzem ao problema das direções vanguardistas totalitárias (ou quase totalitárias), ainda que esse último aspecto seja, de qualquer modo, essencial. Por outro lado – além do fato assinalado anteriormente de que essas derivas não partiram do nada, mas nasceram no caldo de cultura dos movimentos de resistência a sociedades de exploração e dominação, e no quadro de uma história de violências e de horrores –, é preciso lembrar

---

77 Sobre a "violência de baixo" na revolução russa, ver o texto de Nicolas Werth na revista *Lua Nova*, São Paulo, n. 75, 2008, o qual retoma conferência pronunciada no Seminário Internacional, Revolução Russa, 90 anos, São Paulo, nov. 2007. Ver também O. Figes, *A People's Tragedy*; e o prefácio de Marc Ferro à tradução francesa da obra *La Révolution Russe, 1891-1924: La Tragédie d'un peuple*, trad. de Pierre-Emmanuel Dauzat, Paris: Denoël, 2007.

o que se sabe, mas às vezes se considera *não* justificadamente num movimento único: a efetivação de virtualidades despóticas presentes na história da esquerda teve como *pendant*, no século xx, a efetivação de virtualidades despóticas, e também genocidas, que haviam permeado, por sua vez, a história da direita. O totalitarismo igualitarista tem como *Doppelgänger* (sósia) o totalitarismo anti-igualitário. A gênese deste último passa por outra violências: os seus momentos principais (sobretudo no plano prático) são o antissemitismo e a violência colonial, verdadeira tara das democracias europeias, que anunciavam o que viria depois. A meu ver, tanto do ponto de vista teórico como do ponto de vista prático-político, importa insistir sobre o fato de que temos aí duas histórias. Havia um demônio adormecido em cada uma dessas histórias: na das classes dominantes e na da luta dos dominados. Quem despertou os dois demônios? Sem dúvida, a Primeira Guerra Mundial. Discutir a gênese desta nos levaria muito longe.

3. CONCLUSÃO

Se tentei mostrar como o totalitarismo igualitarista poderia ser pensado a partir de uma articulação de elementos, cujas raízes primeiras estão pelo menos no século xviii, não pretendi neste trabalho responsabilizar ou culpabilizar o racionalismo do Século das Luzes, ou o pensamento e a prática daquele século em geral, pela emergência do totalitarismo de esquerda no século xx. Não se trata de dizer que "das luzes ao Gulag a consequência é boa"[78], entre outras razões porque se trata de uma história muito complexa, na qual os elementos iniciais são profundamente transformados[79]. Sem dúvida, esse argumento não

---

78 A expressão (mas não a tese) é de François Furet no prefácio à segunda edição do *Dictionnaire critique de la Révolution française,* por exemplo, no volume 2, *Acteurs,* p. 19.

79 Sobre essa questão, ver as observações judiciosas de Alain Besançon, no início do seu livro *As Origens Intelectuais do Leninismo*: "Há mutação. [A ideologia] utiliza, para se constituir, *certos elementos* arrancados aos movimentos históricos de pensamento, submetendo-os a um novo uso. Não há pois filiação legítima nem mesmo filiação adulterina que conservaria, na mudança, a substância filosófica", p. 13-14 (grifo nosso). Ao mesmo tempo, pelo menos ao falar de Marx, ele se recusa "a exonerar o filósofo de toda responsabilidade [o que, sem dúvida, ▶

implica uma absolvição completa. Num caso – o do jacobinismo – não há como negar, com as precauções exigíveis, que enquanto prática terrorista, ele teve um impacto negativo[80].

Numa primeira parte, empenhei-me em mostrar como há pelo menos dois pontos cegos no marxismo que, de certo modo, puderam servir de "encaixe" para o totalitarismo, pois também o marxismo não é inocente. Por um lado, ele recusou a democracia como ponto de apoio possível para um progresso social radical. Por outro, deixou um espaço aberto para formas sociais que são anticapitalistas, mas que encarnam, ao mesmo tempo, novas estratégias de dominação e exploração. Desse duplo ponto de vista, a teoria hegemônica se não facilitou a emergência do totalitarismo igualitarista pelo menos dificultou a reorganização teórica que a resistência a este exige. Na segunda parte, tentei algo que é propriamente uma gênese do totalitarismo igualitarista – mais lógica do que histórica, pelas razões indicadas –, gênese que Arendt, a rigor, não fornece nas *Origens do Totalitarismo* e que, apesar dos livros de Talmon e de outros, em parte ainda está por ser feita. O presente capítulo pretendeu ser uma contribuição para esse trabalho – no plano das ideias, essencialmente, e circunscrito ao pensamento "ocidental". A lição prática a tirar desse duplo desenvolvimento é a exigência de uma alteração dos elementos que encontramos na elucidação de sentido a que procedi na primeira parte e na gênese que procurei traçar na segunda – de certo modo, fiz uma pequena e uma grande gênese –, alteração que nem sempre significa a exigência de tomar o caminho exatamente oposto, o de uma "inversão" de sinais, embora em alguns dos casos se trate disso. As lições seriam: poupar a democracia e, mais que isso, tomá-la como ponto de apoio; pensar a revolução como voltada contra a "pré-história" e não apenas contra o capitalismo – e sem dúvida, se trataria de "revolução", em sentido

> é legítimo]. Não há Imaculada Concepção na história da Filosofia" (Ibidem, p. 13). Observo que não só não se deve culpabilizar esse ou aquele filósofo como também não se trata de supor que havia um erro intrínseco, em cada uma das "figuras" filosóficas (mais complicado é o caso das figuras políticas) que tomei como ponto de partida: progresso, determinismo etc. Erro houve no modo ou na intensidade com que cada uma delas foi investida.

80 Um ponto, mais geral, sobre o qual valeria a pena insistir: se o movimento de outubro evocou a Revolução Francesa, isto não significa que o balanço das duas revoluções seja comparável. A francesa deixou, apesar de tudo, um legado positivo considerável; o mesmo não se pode dizer da chamada revolução russa.

bastante *sui generis* –; não se deixar levar pelas ilusões de uma retomada unilateral da liberdade antiga[81]; rejeitar o voluntarismo e a violência; assumir o progresso mas não o progressismo (a ecologia, que se situa, em parte, na esteira do romantismo, é, nas suas formas não fundamentalistas, o antídoto "de progresso" ao progressismo); aceitar linhas de determinismo na história mas não leis da história; finalmente – é a minha posição – dar, de algum modo, um lugar a uma instância transcendental[82]. Terminando, caberia observar: como já disse anteriormente (ver a primeira parte, item 1, do subtítulo anterior), se o totalitarismo igualitarista representou certamente uma tragédia histórica e uma regressão para o movimento de esquerda em todo o mundo, ele não foi o único desastre que atingiu as esquerdas na primeira metade do século xx. O *pendant*, na esquerda, da vitória do leninismo e depois do totalitarismo igualitarista stalinista, foi o debacle da social-democracia, ou de parte importante dela, no momento em que se desencadeou a Primeira Guerra Mundial, quando os partidos socialistas se comprometeram com a "união sagrada" em face da guerra. Mas se o desenvolvimento posterior da social-democracia não foi brilhante, mas nem tudo nele foi negativo. Hoje, o futuro da esquerda depende, por um lado, do fechamento final do ciclo totalitário, por outro, de uma reformulação rigorosa do socialismo democrático, também em crise, que o torne capaz de enfrentar os problemas novos que levantam a mundialização e o envelhecimento não do Estado-providência, mas de alguma – ou de muita – coisa do seu modelo clássico.

---

81 O liberalismo fez da liberdade dos modernos, em oposição à liberdade dos antigos, a sua bandeira. O totalitarismo e o pré-totalitarismo fizeram apelo, em algumas ocasiões, a um *ethos* que poderia se cobrir com o manto da liberdade antiga. Uma exigência maior de participação na vida cívica, associada a uma reivindicação da liberdade individual mais ampla, e sobretudo diferente, sem dúvida, da que os antigos conheceram, resume o que poderia ser a perspectiva de um socialismo democrático. Isto significa, entre outras coisas, dar um lugar à chamada democracia participativa, mas como complemento, não como alternativa à democracia representativa. Sobre as duas liberdades, ver o artigo de Newton Bignotto, República dos Antigos, República dos Modernos, em *Revista USP*, n. 59, 2003, p. 36-45.

82 A acrescentar que o conjunto da tradição "revolucionária" preocupou-se de umas maneira por demais restrita com a exploração de classe. Através de seus avanços e retrocessos, o pensamento e a prática revolucionária do século xx (e agora do xxi) ampliaram o escopo da luta pela emancipação. Nesse sentido, o grande movimento desses séculos é o feminismo.

III. Comunismo e Nazismo

INTRODUÇÃO

O tema da relação entre os dois totalitarismos – já que o nazismo aparece ou como a encarnação do totalitarismo de direita, ou, pelo menos, como a sua figura mais característica – tem sido objeto de um número apreciável de trabalhos, nos quais se pode encontrar um importante repositório comparativo, tanto no plano empírico como no plano dos conceitos.

A dívida para com o trabalho dos historiadores é imensa, o que é evidente, mas merece ser ressaltada. Difícil é ir além do que dizem os historiadores sem fazer má filosofia da história. De resto, se o que se trata de fazer é ou não da ordem de uma filosofia da história, importa pouco. O essencial é que os historiadores nos dão um material empírico e teórico que, mesmo se já elaborado, ainda convida à reflexão. Tem-se vontade de introduzir aqui, desde já, a cláusula tradicional: devo muito a tais e tais autores, mas eles não são responsáveis pelos meus eventuais descaminhos.

1. OS DOIS TOTALITARISMOS

Convergência e Diferenças

A primeira impressão que se tem depois de algum tempo de estudo e reflexão sobre os dois totalitarismos é a da semelhança entre eles, e de suas diferenças. Esse paradoxo da experiência imediata serve de ponto de partida.

Em que eles são parecidos?

Em princípio, como já disse, no resultado. Nos dois casos, chegamos a uma forma social que, não por acaso, foi subsumida por um nome comum, mesmo se continua se discutindo da legitimidade da denominação: totalitarismo. A forma social totalitária– e aqui há que escolher entre os vários traços indicados pelos especialistas – é aquela que se caracteriza: 1. por uma *tendência* a intervir de forma absoluta – tendência, evidentemente, que atenua e problematiza esse "absoluta" – na vida dos indivíduos. Um chefe nazista dizia que sob o nazismo só ao dormir o indivíduo é livre. Mas provavelmente nem então, se se admitir que o condicionamento do conteúdo dos sonhos seja um limite à liberdade; 2. por um *movimento* em direção de um fim, um *telos* próprio que não conhece barreiras no exercício da violência, e que, funciona como um absoluto.

Já aqui, entretanto, aparecem as diferenças. O fim não é o mesmo. O nazismo visa estabelecer uma forma que não é muito fácil nomear, a sociedade nazista *accomplie*. A saber, aquele império universal – ou quase, porque em algumas versões deixa-se subsistir pelo menos o império britânico, bela realização da raça branca – que teria Germania como capital (a cidade imponente planejada por Speer, com suas construções clássicas), centro de um poder que a raça ariana exerceria sobre as raças inferiores, reduzidas, caso se permita que sobrevivam, ao exercício de funções servis. O *telos* do comunismo é a sociedade comunista, sociedade mais ou menos transparente, em todo caso sem Estado e, a rigor, também sem direito. O fim (*telos*) do comunismo (que, no marxismo "sério" não está posto, mas é um *pressuposto*, em sentido dialético, um princípio negado) e, sem dúvida, a ideia, em geral, da finalidade são, entretanto, mais marcadas no comunismo do que o *telos* do nazismo. Neste, os fins são, de certo modo, absorvidos pelo aqui e agora, e a leitura arendtiana dos totalitarismos, pondo no centro a ideia de movimento (ou de movimento pelo movimento) é, nesse caso, mais convincente. Há nisso uma espécie de paradoxo. Digamos, para começar, que se compararmos o marxismo (não o comunismo) com o nazismo, teríamos dois dispositivos diferentes, no que se refere a meios e fins. No marxismo, supõe-se que os meios (necessariamente violentos) contradizem os fins (necessariamente de não violência). No nazismo, dir-se-ia que se passa da violência dos meios à violência dos fins (ter-se sempre uma sociedade de dominação). Mas o que se tem de comparar é *comunismo* e nazismo. Do marxismo ao comunismo (penso mais particularmente no stalinismo), há uma tendência a mascarar a diferença entre meios e fins, pelo menos no sentido de que se idealiza a situação das pretensas sociedades de transição (o "paraíso soviético"). E isso se faz através de uma espécie de presença pelo menos virtual dos fins. É nesse sentido que estes têm certo primado, primado ideológico e ilusório, bem entendido. No caso do nazismo, não há deslizamento de uma teoria modelo para uma forma falsificada. Lida-se com uma só figura ideológica, se podemos dizer assim. E, nesta, não há contradição entre meios e fins. Apesar das diferenças entre o quadro do presente e o que se projeta para o futuro, na sua essência (para os nazistas), o nazismo é aquilo que está lá, hoje e nos pretensos mil anos da sua existência futura. Assim, apesar de que, no marxismo originário, há *pressuposição* (negação) dos fins, estes estão mais presentes (ou são mais marcados) no comunismo do que no nazismo.

A diferença dos objetivos aponta para a diferença na determinação dos amigos e dos inimigos e também do *campo comum* em que se situam amigos e inimigos. Num caso, esse campo são as raças; a espécie positiva é a suposta raça ariana (num sentido mais amplo, toda a raça branca, entendida à maneira deles), as espécies negativas são os judeus, os eslavos, os ciganos. No outro caso, o campo comum é o das classes. Há classes inimigas que se trata de derrotar ou até de destruir: os burgueses e, conforme a ocasião, os camponeses (mesmo se, conforme a ideologia, os camponeses pobres sejam excluídos). A classe eleita é o proletariado. Houve também diferenças no grau de controle, pelo menos nos determinantes das variações do controle. Assim, o

124 O CICLO DO TOTALITARISMO

regime stalinista se liberaliza, em alguma medida, durante a guerra. O contrário ocorre com o regime nazista.

As Duas Pré-Histórias

Na base dessas diferenças, porém, há uma diferença essencial, que está no teor da história de cada uma dessas formas. Ou, mais precisamente, na *pré-história* de cada uma dessas formas. Pré-história que, por sua vez, se reflete na história estrutural-mente específica de cada uma delas.

Qualquer que seja a riqueza, empírica e conceitual, do que se escreveu até aqui sobre comunismo e nazismo – em geral, se diz que a historiografia do nazismo é mais rica, mas a literatura sobre o comunismo fez grandes progressos, nos últimos vinte anos –, talvez não seja pretensioso demais dizer que, embora se tenha refletido sobre o conjunto da história e da pré-história de cada uma dessas duas formas, há ainda aí um vasto campo de reflexão a explorar. No seu clássico *As Origens do Totalitarismo*, Hannah Arendt estuda a pré-história do totalitarismo de direita e, muito pouco, a pré-história do totalitarismo de esquerda, como indiquei no capítulo anterior. Uma tentativa de pensar esta última é o que representa as *Origens da Democracia Totalitária*, de Jacob Leib Talmon, livro que tem os seus méritos, mas ao qual se fizeram também muitas críticas. Mas ter-se-ia pensado suficientemente sobre as diferenças, que eu diria estruturais, entre as duas *histó-rias* (digo histórias no sentido específico, em oposição às suas "pré-histórias")? A insuficiência, pelo menos em termos quanti-tativos, dos estudos sobre uma das pré-histórias teve certamente um efeito negativo sobre a análise comparativa das duas histórias. Em todo caso, parece que, também nesse último plano, há um campo de investigação comparativa a ser explorado.

Como já vimos, nazismo e comunismo têm, cada um deles, uma pré-história, eles são fruto de *duas* pré-histórias[1]. Eles reme-tem a dois fios históricos distintos, que em alguns momentos se

---

1 "Esses 'gêmeos heterozigotos' (Pierre Chaunu), embora inimigos e originários de uma história dissemelhante, têm vários traços comuns" (Alain Besançon, *Le Malheur du siècle: Communisme – nazisme – Shoah*, Paris: Perrin, 2005, p. 9).

entrelaçam, sem que desapareça, entretanto a diferença. Aqui, é preciso fazer alguma coisa próxima de uma filosofia da história (ou de uma teoria da história, se se preferir). Tocqueville nos é tão importante, ou mais importante, do que Marx. A rigor, seria preciso guardar um e outro: cruzar Tocqueville com Marx ou vice-versa. *A história* – pondo entre parênteses o processo no plano propriamente estrutural – *foi até aqui a história da luta pela igualdade*. Quaisquer que sejam os entrelaçamentos que ocorrem entre os dois campos (eles se encontram, porque lutam entre si, mas ao mesmo tempo não deixam de constituir campos distintos), e também a ambiguidade eventual do projeto dos que se alinham em um e outro, há, pelo menos na história moderna e, sem dúvida, para aquém dela, uma história da luta pela igualdade que é, do outro lado, uma história da luta pela conservação do *status quo*, quando não é mais do que isto (luta pela regressão social). Seja qual for o caráter do seu resultado final, a pré-história do comunismo está na história das lutas pela igualdade na época moderna. Quaisquer que sejam as suas peculiaridades, a pré-história do nazismo encontra–se na história das forças que, sob diferentes bandeiras, se opuseram à *poussée* da igualdade, na época moderna. Houve assim duas pré-histórias que condicionaram histórias essencialmente diferentes, mas que convergiram no resultado – se se comparar o nazismo com a sociedade stalinista em sentido específico. Essa impregnação das histórias pelas respectivas pré-histórias, pode-se dizer, atinge tanto as estruturas como as práticas dos dois tipos de formação.

Consequências

Mas há assim uma diferença importante entre os dois casos. Um deles, no seu resultado final (o stalinismo), está em contradição flagrante com a sua pré-história. O outro, mesmo se ele represente também, no plano histórico global, uma grande ruptura, tem uma relação menos tensa com a sua pré-história. Aqui, a forma totalitária radicaliza até a caricatura, sem dúvida, e mesmo a transfigura, mas não interverte o sentido geral da sua pré-história. Por outro lado, mas na mesma linha de razões, pode-se dizer que os diferentes extratos da sociedade nazista são homogêneos – se

126 O CICLO DO TOTALITARISMO

há heterogeneidade, esta não tem a profundidade das fissuras no interior da estrutura do totalitarismo de esquerda –, eles se correspondem bem entre si. O contrário ocorre com o comunismo. Sua ideologia não se acomoda facilmente com a estrutura social que ele exibe e com a prática dos poderes que a encarnam. Finalmente, também na mesma ordem de razões, há uma diferença essencial entre as duas histórias (sempre em sentido específico): uma delas, a do nazismo é (de novo) homogênea. Dos inícios nos anos de 1920 até a queda final, em 1945, o nazismo muda, sem dúvida, passa por fases diferentes, mas, na realidade, muda muito pouco. O nazismo do último ano da guerra não é essencialmente diferente do de *Mein Kampf*. Tudo, ou quase tudo, já estava lá. A história do comunismo é, pelo contrário, marcada por fases profundamente diferentes. A tese que defendo aqui, e que evidentemente não é só minha, se separa do esquema tradicional leninista-trotskista, que vê uma ruptura quase absoluta entre leninismo e stalinismo. Mas também se separa da tese liberal que, no extremo oposto, supõe continuidade. Os fios de continuidade entre leninismo e stalinismo são evidentes: terrorismo, presença da polícia política, supressão de frações no partido, instalação de campos de concentração, autocratismo político etc. Mas as diferenças existem. Já dei esse exemplo: no final da sua vida, no momento em que vai romper com Stálin, Lênin propõe, de um modo sem dúvida utópico – e que mostra, como já assinalava Pipes, como eles eram ingênuos em relação às inércias do poder –, a entrada de algumas dezenas de operários no Comitê Central, para fazer barreira diante do poder burocrático crescente. Qualquer que seja o alcance dessa proposta, e qualquer que fosse a sua possibilidade de realização, ela seria certamente impensável vinda de Stálin. Há nessa proposta um relicário de utopia completamente estranho ao pragmatismo stalinista (há também um pragmatismo leninista, mas os dois não se confundem).

2. FASES DA HISTÓRIA DO COMUNISMO

As diferenças na história do comunismo têm, assim, outro alcance. Se quisermos distinguir essas fases, teríamos: 1. a fase leninista; 2. a fase burocrática pré-despótica; 3. a fase despótica;

COMUNISMO E NAZISMO 127

e 4. a fase burocrática pós-despótica. A primeira vai de outubro/ novembro de 1917 à doença e morte de Lênin, em 1923/1924; a segunda começa aí e vai até uma data incerta, conforme a referência que se privilegiar (poderia ser o assassinato de Kirov, em dezembro de 1934, assassinato de origem ainda obscura que dá o sinal para os processos e talvez seja a melhor baliza); a terceira vai dessa data até a morte de Stálin, em 1953; e a última, de 1953 até a queda do muro de Berlim, em 1989. Essa história, que tem cortes profundos, é estruturalmente diferente da história sem cortes, ou só com descontinuidades relativamente superficiais, que revela o nazismo. O comunismo passa por uma série de "avatares" que o nazismo desconhece. Uma prova disso já está no fato de que não sabemos bem nem a que nome recorrer: stalinismo, comunismo, leninismo? Em relação ao nazismo – mesmo se a diversificação semântica nazismo/fascismo oferece matéria à discussão –, a dificuldade não é a mesma. Assim, poderíamos dizer, ainda que a afirmação seja muito genérica e abstrata, que a continuidade e a homogeneidade dominam a história e a estrutura do nazismo, a descontinuidade e a heterogeneidade, a história e a estrutura do comunismo. Isso quanto às características gerais das duas histórias e das duas pré-histórias, e das relações respectivas de umas com outras.

3. A EMERGÊNCIA DOS DOIS TOTALITARISMOS

Razões da Emergência dos Totalitarismos

Quanto às razões do nascimento dos totalitarismos, de novo será preciso escolher no interior da múltipla oferta que fazem os historiadores. E o problema terá de novo dois aspectos. Mostrar por que surgiram os totalitarismos, em geral, e por que, em certos casos, constitui-se um totalitarismo de direita e, em outros, um totalitarismo de esquerda. Parte do problema já foi discutida anteriormente.

Poderíamos começar por uma "causa" que é ao mesmo tempo comum e mais ou menos imediata, isto é, recente. Esta se desdobra em dois aspectos. Em primeiro lugar, como já disse em capítulos anteriores, esta causa é certamente a Primeira Guerra

Mundial. Difícil, por várias razões, imaginar nazismo e comunismo sem que tivesse havido antes a Primeira Guerra Mundial. Entretanto, a guerra não foi condição suficiente: vários países participaram da guerra e não chegaram a um regime totalitário.

Ao fato da guerra deve-se acrescentar, ainda nas condições comuns, a derrota ou quase derrota na guerra. De fato, Alemanha e Rússia foram nações que, ou como que, perderam a guerra. E se quisermos incluir o fascismo italiano entre os totalitarismos de direita, temos um terceiro caso de nação (quase) derrotada que deu à luz um totalitarismo. Já há aí uma precisão. Mas essa condição também não é suficiente: houve pelo menos uma nação derrotada que não produziu um fascismo. O que acrescentar da grande massa de razões aduzidas pelos historiadores? Acho que se poderia dizer (sempre no plano das razões comuns aos dois totalitarismos) que os dois países em que se constituíram os dois principais regimes totalitários – e a Itália também poderia entrar no caso – tiveram um desenvolvimento de alguma forma "especial". No caso da Rússia, isso é evidente. Lá, houve servidão até 1860, e o desenvolvimento econômico foi tardio e limitado. O caso alemão é muito mais complicado. A literatura sobre o *Sonderweg*[2] se acumula, e há mesmo quem diga que não houve *Sonderweg* algum. Acho, entretanto, que sobra alguma coisa. O que se tentou mostrar (na argumentação crítica) é que instituições consideradas arcaicas, na realidade, poderiam servir bem ao capitalismo alemão nascente, e até servir melhor do que as instituições consideradas "à altura do tempo histórico". Restam, porém, talvez duas coisas: uma industrialização que começa mais tarde (e que tem efeitos: por exemplo, a corrida perigosa em direção à hegemonia) e a presença de instituições de tipo aristocrático-militar. (Provavelmente, mais úteis do que se pensava aos interesses burgueses, mas mantendo um *ethos* ao mesmo tempo mais independente em relação à burguesia e mais guerreiro do que os seus símiles inglês ou francês.) O regime na Alemanha era, de qualquer modo, muito menos democrático do que o da Grã Bretanha ou o da França.

---

2   Ver, a respeito, o balanço de George Steinmetz, German Exceptionalism and the Origins of Nazism: The Career of a Concept, em Ian Kershaw; Moshe Lewin, *Stalinism and Nazism: Dictatorships in Comparison*, Cambridge: Cambridge Univeristy Press, 2000, p. 251s.

COMUNISMO E NAZISMO 129

Razões Diferenciais: Pré-História do Totalitarismo de Direita

Até aqui, falei principalmente de circunstâncias comuns. Para as circunstâncias diferenciais, acho que se poderia privilegiar – o que não é muito original, mas verdadeiro – a presença esmagadora do campesinato na Rússia, em oposição a um país em que, apesar do peso que tinha a agricultura, não havia, nem de longe, a mesma massa de camponeses, e de camponeses pobres. Em contrapartida, creio que a presença de uma classe média *numerosa* na Alemanha (e sua ausência na Rússia), muitas vezes assinalada pelos historiadores, merece ser destacada. Em suma, faço intervir aqui um esquema clássico que aponta para a diversidade das estruturas sociais dos respectivos países. Mas, pelo menos, o peso da massa camponesa – que, claro, poderia tender à direita, mas era mais verossímil que fosse enquadrada pela esquerda – salta aos olhos. Sem massa camponesa, nem soldados-camponeses em ruptura com a guerra, nem ocupação maciça de terras, seria difícil pensar as revoluções russas.

Essas indicações sobre o que poderia ter determinado a diversidade de caminhos de um processo que, assim, termina não em um, mas em dois totalitarismos especificamente diferentes deveriam ser situadas numa explicitação mais geral do sentido da pré-história de cada um deles. Volto a iluminar na *longue durée* a pré-história de cada uma das duas formas, principalmente no plano ideológico, para ligar as duas pontas (o passado remoto, em especial no plano ideológico, e a pré-história tardia, isto é, a passagem à história, ao nascimento da forma totalitária). Para o totalitarismo de esquerda, outro tema de que já tratei, importa destacar o seu enraizamento primeiro no *Aufklärung* (Iluminismo). Mesmo se as luzes são maltratadas, na prática, pelos poderes totalitários de esquerda, esse elemento é essencial à compreensão da história da esquerda e da pré-história desse totalitarismo. Quanto à direita, muita coisa a respeito pode ser encontrada em Arendt. As raízes ideológicas do nazismo não são de tipo *aufklärer*. Mas não é também seu oposto exato. Há um momento, mas não mais do que um momento *aufklärer* – de doutrina ilusoriamente de progresso – no nazismo. Os "defensores da desigualdade" jogaram primeiro suas cartas nos ideais de *ancien régime*, teorizados pelas grandes

130   O CICLO DO TOTALITARISMO

figuras do pensamento reacionário do início do século xix. Depois, foram aceitando se mover no quadro de regimes burocrático-constitucionais e adotando uma ideologia que não era mais literalmente reacionária. Essa nova ideologia é o caldo do interior do qual emerge o nazismo. Ela guarda restos dos ideais do *ancien régime* (ver os elementos agraristas no interior da ideologia nacional-socialista) e se abre para o que representam as novas luzes, luzes sem democracia. Nesse sentido, Nietzsche (sobretudo o de *Aurora*, provavelmente) poderia ser uma referência: *Aufklärung* sem igualdade. Já vimos que Arendt propõe uma genealogia do totalitarismo, que é, principalmente, a do totalitarismo de direita. No interior dessa genealogia, estão dois elementos muito importantes que nos permitem, de certo modo, fechar o quadro dessas análises genealógicas. Esses elementos têm uma caraterística: eles não ocorrem apenas no contexto da história dos países em que se desenvolveu o totalitarismo; encontram-se também no contexto da história de países que nunca chegaram a ele. Assim, eles não podem funcionar como causas em sentido estrito do totalitarismo, mas são, sem dúvida, fatores constituintes no plano de uma causalidade em sentido não estrito, e também no plano das significações. Esses elementos – já mencionados, mas tentarei dar a eles algum desenvolvimento – são o antissemitismo e o colonialismo.

O fenômeno do antissemitismo remete a um processo de sobredeterminação. Num primeiro momento – tenho a impressão –, o judaísmo é malvisto porque não é apenas *uma* outra religião, mas *a* outra religião. A religião dos que *deveriam* ter aderido, mas não aderiram. Deixo de lado o problema de saber por que o cristianismo venceu. Em todo caso, essa situação determina hostilidade contra os judeus, e exclusão. A partir daí, os judeus serão destinados a assumir profissões marginais no interior das formações medievais. Entre outras coisas, sendo excluídos da agricultura, serão comerciantes de dinheiro, usurários. O que significava assumir uma função que era ao mesmo tempo: 1. útil, ou necessária, à sociedade da época; 2. marginal, porque não representava a atividade principal de sociedades com economias só parcialmente monetarizadas; 3. malvista, porque o usurário dispunha de um poder considerável que se manifestava através da ruína do devedor inadimplente etc.; e

COMUNISMO E NAZISMO   131

4. condenada pela ideologia tradicional, que era alérgica, em princípio, a qualquer autonomia da economia monetária (a usura era, sem dúvida, uma forma arcaica, mas que contraditoriamente anunciava – e negava, ao mesmo tempo – a forma econômica que iria se impor no mundo ocidental)[3]. Essa nova situação do judeu sobredeterminava a sua condição de adepto da outra religião, condição que determinara a sua situação. Finalmente, no mundo moderno, os judeus vão aparecer como um grupo que, sendo sempre marginal, sempre sem proteção, adquire, entretanto, um poder real ou virtual considerável. Como se disse, o judeu vai aparecer nos dois polos da sociedade capitalista mundial em desenvolvimento. De um lado, na forma dos grandes banqueiros, figuras que encarnam o sistema na sua modalidade menos legítima, a do capital financeiro e não industrial. Por outro lado, haverá uma sobrerepresentação dos judeus nos meios revolucionários ("se não poucos comunistas eram judeus, [...] poucos judeus eram comunistas")[4]. Esse último fato deve se explicar pela coincidência num grupo de: 1. uma grande tradição cultural, em parte crítica. 2. uma situação de marginalização e opressão social; 3. também uma concentração geográfica importante. – A dupla condição de representante do capital, aparentemente mais parasitário, e das forças mais radicais de contestação das sociedades capitalistas (burocráticas ou democráticas), e também de sociedades autocráticas de capitalismo em desenvolvimento, sobredetermina o ódio ancestral ao judeu, cujas raízes eram religiosas e econômicas. Do usurário ao banqueiro, figuras históricas e estruturalmente diferentes, a passagem foi fácil na consciência popular. Mas o judeu não era o único outro-sem-proteção. Além do judeu, havia o negro ou o árabe, o primitivo (ou suposto tal) habitante das terras conquistadas e colonizadas pelos poderes europeus. O africano (negro ou árabe) não percorrera a história que tivera o judeu (nem fora "a outra religião", [nem praticara a usura]), mas era o não europeu que não fora capaz de seguir

---

3   É interessante observar que o usurário – que, no caso, não era judeu – é também malvisto na sociedade chinesa (ver Étienne Balazs, *La Bureaucratie Céleste, recherches sur l'économie et la société de la Chine traditionnelle*, Paris: Gallimard, 1968, p. 216).

4   Richard Pipes, *Russia Under the Bolshevik Regime 1919-1924*, London: The Harvill, 1997.

132 O CICLO DO TOTALITARISMO

a rota do progresso e, por isso, tinha de ser dominado pelos povos "mais avançados". Se a sociedade europeia desenvolvia, pouco a pouco, formas jurídicas (civis e políticas) que davam garantias e direitos às suas populações (inclusive aos pobres, apesar das duríssimas condições de trabalho), ela tinha diante de si uma massa de indivíduos que, na Europa ou na África, era excluída desses direitos como que legitimamente, já que eram os habitantes de colônias. Eles eram "estranhos": eram os bárbaros das civilizações modernas. Como mostra Arendt, a violência contra os judeus – e a violência colonial – anuncia a liquidação dos judeus e dos eslavos (e ciganos), mas também a liquidação das liberdades para todos os indivíduos, no interior da metrópole.

Pré-História do Totalitarismo de Esquerda

Como me ocupei bastante da pré-história do totalitarismo de esquerda, no capítulo anterior, abrevio o que direi aqui a esse respeito. A história do bolchevismo constitui o dado principal da pré-história imediata do totalitarismo de esquerda. A pré-história mais remota está no jacobinismo e numa vertente do populismo russo[5]. O bolchevismo retoma o caminho de 1793, no que foi duramente criticado pelo jovem Trótski e por Luxemburgo. O totalitarismo de direita quer fazer tábula rasa de 1789. "Com [o advento do nazismo] o ano de 1789 será riscado da história."[6] E a derrota da França, em 1940, foi vista "como uma vitória sobre 'os ideais pervertidos' e a 'revolução dos

---

5   O populismo russo envolve figuras díspares, algumas das quais se situam no polo oposto da rota que levaria ao totalitarismo. Alexandre Herzen, "progenitor dos *narodniki* [populistas]", escrevia, em 1868 – texto citado no primeiro volume d'*A Revolução Bolchevique*, de Edward H. Carr: "Uma república que não conduza ao socialismo nos pareceria um absurdo, uma transição que se tomaria a si mesma como um fim; um socialismo que tente dispensar a liberdade política, a igualdade de direitos, *degeneraria rapidamente em comunismo autoritário*", em E.H. Carr, *The Bolshevik Revolution*, v. 1, n. 1, London/Basingstoke: Macmillan, 1978, p. 14. [Ed. bras. *A Revolução Russa de Lênin a Stálin (1917-1929)*, Rio de Janeiro: Zahar, 1981.] (grifos nossos).

6   A frase é de Goebbels, apud K.D. Bracher [1969], em *Hitler et la dictature allemande: Naissance, structures et conséquences du National-socialismo*, trad. franc. de F. Straschitz, Paris: Complexe, 1995, p. 31 (cf. o meu livro, *A Esquerda Difícil*, p. 24, n. 17).

COMUNISMO E NAZISMO

sub-homens' de 1789"[7]. Assim, a revolução francesa é uma referência para os dois totalitarismos. Mas o ano de base não é o mesmo e, bem entendido, os sinais são trocados.

4. DESPOTISMO E BUROCRACIA

Despotismo, Burocracia

As duas histórias, pode-se dizer de um modo geral, estão marcadas por um jogo de forças entre o *déspota* e a *burocracia*. Mas esse jogo tem um caráter específico em cada uma delas. Aliás, de um ponto de vista estrito, só existe um verdadeiro jogo de forças no caso do totalitarismo de esquerda.

Para pensar despotismo e burocracia no interior do totalitarismo de esquerda, os paradigmas clássicos de que dispomos são de uma utilidade limitada. Estes são principalmente a burocracia entendida a maneira weberiana, e o déspota oriental de Montesquieu. Raymond Aron já assinalava a dificuldade em pensar a burocracia dita soviética, a partir do modelo weberiano. Não que a burocracia em Weber se resolva num puro universo formal (está presente, por exemplo, a ideia de pressões exercidas pela burocracia), mas ela está marcada pelo modelo moderno, existente em Estados constitucionais. O desenvolvimento dado por Weber às administrações em regimes patrimoniais (um caso particular do poder tradicional e não burocrático) se adaptaria melhor ao nosso caso. Ou deveríamos recorrer às formas mistas. Na realidade, a primeira coisa a destacar é que se trata de burocracias no interior de regimes despóticos. Ou, preferindo, de burocracias-diante-do-déspota (mesmo se às vezes é a própria burocracia que detém o poder), o que altera inteiramente o caráter da instituição.

Ainda que isso possa parecer surpreendente, é às burocracias orientais que devemos recorrer. *Mutatis mutandis*, é claro. São de grande interesse, nesse contexto, os trabalhos, já antigos, de Étienne Balazs. Se não por outra razão, porque Balazs, que era

---

7   Também Goebbels, apud K.D. Bracher, op. cit., p. 80, n. 15 (Ver, também, *A Esquerda Difícil*, p. 24).

húngaro, estava preocupado precisamente com o nosso problema (ele estava consciente do paralelo possível entre a burocracia chinesa e as burocracias dos Estados totalitários modernos)[8]. Há aqui vários traços interessantes. Trata-se não só da presença de uma camada de funcionários, o que, em si mesmo, é banal. Como disse, tratava-se de uma burocracia diante de um déspota, mesmo se, em certas ocasiões, ela mesma parece exercer o poder. O déspota tem um poder de vida e de morte sobre os funcionários, individualmente, o que, contudo, não ameaça a burocracia. Acho que este ponto merece uma longa citação:

O que caracteriza em primeira abordagem esta camada social é o contraste impressionante entre a insegurança da vida, a precariedade da sorte dos seus membros tomados individualmente e a continuidade tranquila, a perenidade da sua existência enquanto classe social. À mercê da arbitrariedade dos poderes públicos, absolutos e despóticos, os mais altos funcionários podem desaparecer de um dia para o outro, ser hoje ministros e apodrecer amanhã no fundo de uma cela, enquanto a comunidade dos funcionários, a universalidade burocrática, não deixa de participar dos mesmos poderes. As 24 histórias oficiais, monumento maciço do reino da burocracia, contêm, com efeito, inúmeros exemplos de execução capital, de suicídio mais ou menos voluntário, "concedido" ou exigido, aos funcionários.[9]

É assim o poder absoluto do déspota diante de cada funcionário, individualmente, poder que, entretanto, não ameaça a burocracia enquanto classe [ou casta], que permite, em primeiro lugar, estabelecer um paralelo com o totalitarismo de esquerda (isso vale também até certo ponto, mas não na mesma medida, para o outro totalitarismo). Há, de resto, uma intervenção múltipla e minuciosa do poder não só sobre a atividade econômica como também sobre a vida privada dos súditos, o que leva Balasz a falar nas "tendências totalitárias do Estado confucionista"[10].

---

8   "Sem dúvida, ter-se-á observado que, falando embora dos problemas econômicos e sociais de um Estado confucionista de letrados funcionários que não existe mais, toquei, sem querer, em muitas questões [relativas] a uma sociedade totalitária e burocrática que ainda não existe, ou antes, que está se edificando, na China e alhures" (Étienne Balazs, *La Bureaucratie Céleste, recherches sur l'économie et la société de la Chine traditionnelle*, p. 23). O texto corresponde ao de uma exposição, feita em maio de 1952.

9   Ibidem, p. 18.

10 Ibidem, p. 22.

COMUNISMO E NAZISMO

Em segundo lugar, a burocracia chinesa se desenvolve num meio em que, pelo menos em determinados períodos, nem os sacerdotes, nem a nobreza têm um peso importante. No limite, tem-se uma camada de funcionários sem que haja nobreza nem clero, o que distingue o caso do das monarquias de *ancien régime*, que já se distinguem do totalitarismo moderno de esquerda, e dos totalitarismos modernos em geral, pelo fato de, a despeito de seu nome, serem muito menos "absolutas" do que estes últimos. Mas o que faz a originalidade das burocracias nos Estados comunistas modernos em relação a este símile chinês?[11]. As diferenças entre o modelo chinês e as burocracias comunistas são evidentes. Por um lado, havia na China um processo formal muito estrito para o ingresso no corpo de funcionários: o exame (que, entretanto, não instituía igualdade de condições; muito dificilmente um camponês poderia aceder à burocracia). Um formalismo estrito desse tipo é inexistente no caso do totalitarismo comunista moderno, embora nesse último pudesse haver também exigências de ordem formal para os postos banais. Mas há outras diferenças, é claro. De um modo geral, deve-se dizer que essas duas burocracias se dão em condições muito diferentes. Traço diferencial mais importante é que a burocracia chinesa antiga se desenvolve no interior de um meio conservador e antiprogressista, e a burocracia comunista se banha numa atmosfera "progressista" e prometeana.

O modelo do despotismo oriental (Montesquieu) para o despotismo comunista não vai muito longe, por sua vez, por razões simétricas às anteriores. O déspota comunista é déspota-diante-da-burocracia. O déspota oriental, na versão de Montesquieu, "entrega tudo" ao vizir, e se entrega a seus caprichos de senhor ocioso.

Observe-se que para o totalitarismo nazista os dois modelos funcionam, até certo ponto, melhor. Hitler deixa a burocracia mais ou menos intacta, lá onde ela não tem uma importância política maior, embora exija, dos funcionários, o juramento de fidelidade ao *Führer*. A burocracia alemã, mesmo sob o nazismo, está mais próxima, e não por acaso, do modelo weberiano do que a burocracia stalinista. O formalismo fora dos postos de

---

11 Etienne Balasz afirma que os dois modelos mais próximos do chinês são o Império Bizantino e o Egito antigo (ver Balasz, op. cit., p. 205).

importância estratégica deve ter sobrevivido bem mais. Mas a presença do *Führer* faz a diferença. Quanto ao déspota oriental do filósofo de Bordeaux, dir-se-ia que ele é preguiçoso como Hitler – se o déspota oriental entrega tudo ao vizir, Hitler não se levanta antes do meio-dia, e deixa o manejo administrativo nas mãos dos Lammers e dos Bormanns [12] –, mas não é caprichoso e sádico como Stálin (este brinca de gato e rato antes de liquidar o pobre Bukharin, um pouco como o sultão pode querer a morte lenta de um súdito). O *ethos* do nazismo não é "progressista" como o do comunismo, mas uma mistura moderna (em parte neoprometeana) de progressismo, e de mitologia de *ancien régime* modificada. Isso basta, entretanto, para distingui-los de qualquer despotismo da antiguidade oriental.

Despotismo e Burocracia no Totalitarismo de Esquerda

Tentemos agora uma análise mais detalhada do jogo entre o déspota e a burocracia na história do totalitarismo de esquerda. Uma parte importante da análise passa pela questão da personalidade do líder.

Stálin era um déspota ou um burocrata?[13] Na tradição trotskista, ele aparece como a encarnação da burocracia, tese que Castoriadis considerava uma inépcia[14]. Porém, o melhor seria partir da ideia de que ele foi as duas coisas, e essa dualidade, provavelmente, nos dá uma chave importante para entender o que é o próprio totalitarismo "igualitarista"[15].

12 Hitler é o mais antiburocrático de todos os ditadores. "[Hitler] era radicalmente antiburocrático", Ian Kershaw, Working Towards the Führer: Reflections on the Nature of the Hitler Dictatorship, em Ian Kershaw; Moshe Lewin, *Stalinism and Nazism*, p. 99. Cf. p. 90-92.

13 A propósito de Stálin, mas também do conjunto da história do poder "comunista" russo, deve-se assinalar o aparecimento de um livro muito importante: Stephen Kotkin, *Stalin: Paradoxes of Power, 1878-1928* (v. 1), Paris: Penguin, 2014; *Stálin: Paradoxos do Poder*, Rio de Janeiro: Objetiva, 2017.

14 Cf. C. Castoriadis, Les Destinées du totalitarisme, em *Les Carrefours du Labytinthe, 2, Domaines de l'homme* [1977], 1986, p. 262. Cf. Moses Lewin, Bureaucracy and the Stalinist State, em Kershaw e Lewin, *Stalinism and Nazism*, p. 55.

15 De minha parte, se uma vez insisti, contra a tradição, de que ele era mais um déspota do que um burocrata, referi-me também ao duplo aspecto da sua personalidade e ao significado mais geral disto (ver "Stálin": O Déspota e o Burocrata, no meu livro *A Esquerda Difícil*, p. 179s., em particular p. 181).

COMUNISMO E NAZISMO

Como se sabe, Stálin organizava "expropriações" em benefício da caixa do partido bolchevique (pelo que, aliás, era muito apreciado por Lênin). Na descrição de Sebag Montefiori[16], o jovem Stálin aparece em parte como "bandido", em parte – e melhor – como *chefe* de bandidos. A julgar pela descrição que nos dá o seu biógrafo, ele mais organiza expropriações do que participa delas. Pelo menos no que se refere à "grande expropriação", o assalto às carruagens-pagadoras do Banco de Tifllis (junho de 1907), episódio sangrento de que os jornais europeus deram destacada notícia, ele é o organizador mas não é participante. Talvez se pudesse dizer que, desde então, ele já aparece como uma figura ambígua: tem um pé no sangue, porque deve ter participado de outras ações e de qualquer modo organizou expropriações que foram algumas vezes sangrentas, e um pé na intendência. É assim que Stálin faz carreira no partido. É apreciado por Lênin, que valoriza a dureza e o pragmatismo. O "magnífico georgiano" é indicado para o Comité Central bolchevique, em 1912. Ele tem uma participação discreta, porém, parece que mais importante do que sugere a leitura crítica dos trotskistas, no momento do golpe bolchevique de outubro de 1917. No primeiro governo bolchevique, ocupa o comissariado das nacionalidades. Na guerra civil, seu gosto pela violência, apesar da violência ambiente reinante, parece pô-lo em evidência (mas Trótski não fica atrás[17], mesmo se, talvez, de outro modo). É nessa ocasião que começa a formar o seu grupo de fiéis. Mas é depois da guerra civil, durante a qual o seu grupo se opõe à política militar de Trótski, que a originalidade do seu percurso político começa efetivamente a aparecer. Em março de 1919, com a doença de Sverdlov – que era a mão administrativa de Lênin, e que morreria em 1919, aos 33 anos –, decide-se a criação de um Birô Político (Politburo) e de um Birô de Organização (Orgburo). Este último organismo se encarregava de tarefas administrativas, principalmente a de selecionar ou transferir membros do partido para diferentes postos na capital ou fora dela. O secretariado também encaminhava a documentação necessária para as discussões no Politburo (o secretariado também fora criado em março de

---

16 Cf. Simon Sebag Montefiore, *Young Stalin*, London: Weidenfeld Nicolson, 2007.
17 Cf. Robert Service, *Trotsky: a Biography*, London: Belknap Press, 2009.

138 O CICLO DO TOTALITARISMO

1919), além de se ocupar (*sic*) do problema da unidade do partido[18]. Outras instâncias de controle do partido ou do Estado surgiriam depois: o Rabkrin (Inspeção Operária e Camponesa), criado em fevereiro de 1920, cuja função era a luta contra a burocracia, e a Comissão Central de Controle, criada em setembro de 1920, que se ocupava, em princípio, das infrações à moral do partido[19]. Em princípio, o secretariado deveria se submeter ao Orgburo, e este ao Politburo[20], mas esses órgãos foram se autonomizando e, primeiro de fato e depois de direito, as decisões do secretariado eram efetivadas se não houvesse contestação posterior do Orgburo, o mesmo ocorrendo no que se referiu às decisões deste último em relação ao Politburo. Muito cedo, a autonomia do Orgburo criou muita antipatia no interior do partido[21]. No início, o Orgburo era dirigido por elementos relativamente moderados (e aparentemente não muito expressivos): quando da sua criação, o secretariado teve como titular Krestinsky; no ano seguinte, ele foi assumido pelo trio Krestinsky, Preobrajensky e Serebriakiov[22]. Ao que parece, os dirigentes mais importantes e de melhor formação não tinham grande interesse por esses postos administrativos[23]. Stálin é nomeado para o secretariado, junto com Krestinsky,

18 Cf. Richard Pipes, *Russia under the Bolshevik Regime*, London: The Harvill Press, 1997, p. 461.
19 Ver sobre todos esses organismos, R. Pipes, op. cit.; Leonard Shapiro, *Les Origines de l'absolutirme communiste: Les Bolchéviks et l'Opposition 1917-1922*, trad. franc. Serge Legran, Paris: Les Îles d'Or; 1957; O. Figes, *A People's Tragedy*; além do artigo de Ronald G. Sunny, Stalin and His Stalinism: Power and Authority in the Soviet Union, 1930-1953, em Kershaw e Lewin, *Stalinism and Nazism*.
20 Cf. R.G. Sunny, *Stalin and his Stalinism...*, p. 31.
21 Cf. L. Shapiro, *Les Origines...*, p. 221.
22 Ibidem, p. 354 e 220. Houve muita rotatividade na composição do Orgburo. Kamenev, mas também Trótski, passaram por lá.
23 Ver a citação do *Stalin* de Isaac Deutscher, feita por Pipes, em *Russia under the Bolshevik Regime*, p. 461: "Lênin, Kamenev, Zinoviev e, em menor medida, Trótski caucionaram todos os postos que ele [Stálin] ocupou. Esses postos eram do tipo daqueles que dificilmente atrairiam os brilhantes intelectuais do Politburo. Todo o seu brilho em matéria de doutrina e todo o seu poder de análise política teriam encontrado pouca aplicação na Inspeção Operária e Camponesa ou no Secretariado-Geral. O que se necessitava lá era uma enorme capacidade para um trabalho (*toil*) não inspirador e paciente, e um interesse constante por cada detalhe da organização. Nenhum dos seus colegas atribuía de má vontade (*grudge*) a Stálin os seus encargos." (I. Deutscher, *Stalin*, London/New York/Toronto: Oxford University Press, 1967, p. 234. Cf O. Figes, op. cit., p. 794: "Durante a guerra civil [Stálin] assumiu um número imenso de postos prosaicos que ninguém queria assumir.")

COMUNISMO E NAZISMO   139

Serebriakov, Beloborodov e Stassova, em 1919, quando da criação
do cargo (observar a pletora de cargos administrativos ocupados
por Stálin, já antes do seu fastígio), e será nomeado Secretário-Geral, em 1922 (num secretariado de que faziam parte, igualmente,
Molotov e Kuibishev). Ele dirigia também a Inspeção Operária e
Camponesa. Embora os órgãos de controle ou administrativos,
ou pelo menos vários deles, não tenham tido de imediato um
caráter burocrático, e possam ter mesmo funcionado em sentido
inverso – um deles fora até criado para combater a burocracia –,
é um fato que a burocratização e a burocracia já existiam antes
de Stálin[24]. Mas este sobe na canoa e lhe dá um novo impulso. Na
primeira metade dos anos de 1920, Stálin não tem como efetivar
sua face de déspota (ou ainda não a tinha desenvolvido); *nesse
momento, ele é na realidade um burocrata*. Ao se fazer nomear
para os cargos burocráticos, faz evidentemente o jogo dele próprio
e, ao mesmo tempo e em alguma medida, encarna a burocracia.
Digamos que o Stálin-burocrata (aqui vale – em parte, portanto –
a leitura neoleninista tradicional) é o *operador* da transformação
da ditatura leninista (neojacobina) em monocracia, mais tarde em
despotismo. E se é através da ação do burocrata Stálin que essa
passagem se efetua, lido o processo num plano mais coletivo, é
através da burocracia que ela se dará. Nos últimos anos de sua
vida, Lênin se dá conta de que ele e seus amigos não comandam
a nave do Estado, mas são comandados. O carro não obedece aos
comandos. Ele vê nisso o perigo de uma volta ao capitalismo. De
fato, no interior dos quadros clássicos de pensamento (marxista),
a burocracia só poderia ser vetor de retorno ao capitalismo, já que
aqueles quadros não conhecem um *tertius*, e era difícil considerá-
-la alavanca do socialismo. Mas *através* da burocracia uma forma
social nova se constituirá (ou uma forma antiga se reconstituirá, à

24 Na realidade, há um debate no partido, se não em torno da burocratização
    pelo menos em torno do problema do centralismo (mas este é mais ou menos
    inseparável da questão da burocracia), já antes da famosa discussão sobre
    os sindicatos, no x Congresso do Partido Comunista, em 1921. A discussão
    é pública e envolve as grandes figuras. Ver, a respeito, Leonard Shapiro, *Les
    Origines...*,p. 212s. O problema em discussão é o peso que tomam organismos
    centralizadores como o Tsektran, que concentra as decisões sobre os trans-
    portes, e do seu diretório, o Glavpolitput. Ele é permeado pela questão da
    militarização do trabalho, de que Trótsky é o campeão, e pela luta de Trótski
    contra Zinoviev (cujo baluarte é Petrogrado), o qual se apresenta então como
    campeão da democracia.

sua maneira, isto é, *mutatis mutandis*, um *mutandis* que não será pequeno). Assim, houve alguma coisa como um "golpe" burocrático no interior do poder leninista, ainda que esse golpe tenha sido gradual. Vê-se que nem tudo era falso na leitura neoleninista-trotskista tradicional. Mas ela estava longe de fornecer toda a verdade.

Diante das dificuldades em comparar Stálin com Hitler (dado o a-burocratismo fundamental deste último), e pensando no fato de que Stálin, de algum modo, nasce a partir da máquina, Ian Kershaw escreve: "nesse sentido, é-se tentado a ver uma analogia [de Stálin] no contexto alemão, antes na posição de Bormann do que na de Hitler"[25]. Sem dúvida, no momento da sua ascensão, Stálin é uma espécie de Bormann. O Bormann de Lênin era Sverdlov, o burocrata do bolchevismo, o homem que sabia tudo em termos de pessoal administrativo, e que morre jovem, no início de 1919. Stálin é um Borman, só que um Borman que se torna Hitler, *mas que se torna Hitler sem deixar de ser Bormann* .

Stálin é um "arrivista" no interior do partido, assim como Hitler foi um "arrivista" na sociedade, isto é, no macrossocial. Os dois são personagens modestos; um, intelectual provinciano no seio de uma direção que contava com pelo menos dois grandes intelectuais. O outro, também um pequeno intelectual (mais exatamente, no caso, um semi-intelectual frustrado), por outro lado, um homem de classe média, estrangeiro, que só recentemente obtivera a nacionalidade alemã, e que, se ganhara medalhas muito honoríficas durante a guerra, não obtivera na hierarquia um posto superior ao de cabo. Este pintor-arquiteto frustrado, nascido na Áustria, cabo do exército alemão, acabará sendo cortejado pelas antigas classes dominantes, e será nomeado chanceler pelo marechal Hindenburg. Hitler também sobe no seu partido, mas o episódio foi muito rápido e precoce, e ele não teve de enfrentar gente especialmente brilhante. Stálin e Hitler aparecem, já pela própria qualidade de arrivistas, como "mediadores". Eles irão unir a base à cúpula. A massa dos militantes, principalmente dos novos membros do partido, e do conjunto da burocracia às altas esferas do partido e do Estado (Stálin). O povo alemão (empregados, pequeno-burgueses, camponeses,

---

25 Ian Kershaw, Working towards the Führer, em Kershaw e Lewin, *Stalinism and Nazism*, p. 90.

COMUNISMO E NAZISMO

operários) e a elite governante (Hitler). Seria possível distinguir o estilo de cada um a partir das suas preferências artísticas? Hitler, o ditador preguiçoso é um artista plástico, em princípio, contemplativo. Stálin é poeta e cantor[26], pratica artes do tempo não do espaço, e da ação mais do que da contemplação. Esse é um paralelo no interior das preferências e qualidades estéticas. Alain Besançon, no seu *Le Malheur du Siècle...*, insistirá numa diferença mais radical entre os dois regimes: um, o nazismo, é de tipo estético (tema que foi desenvolvido por W. Benjamin). O nazismo se apresenta como promotor do "belo"; o comunismo é de tipo "ético", visa ao que seria o "bem" (ou a corporificação do bem), mas o próprio Besançon insiste em outra dimensão, essencial, do comunismo: ele se apresenta como o portador do saber. De fato, ele é o portador não só da "verdade" – isso valeria também para o nazismo, embora de forma menos nítida –, mas se assume como vetor da "ciência", do saber científico. Porém, na versão de Besançon, o comunismo é, mais precisamente, uma gnose (isto é, tem afinidades muito precisas com o movimento gnóstico de que o maniqueísmo é uma derivação)[27].

Ao contrário do nazismo, o comunismo se apresenta assim como um foguete com dois módulos, ou dois estágios (na realidade, há mais de dois, como já observei, mas, nesse ponto, importa ressaltar essa dualidade). O nazismo tem um só módulo. No contexto dessas análises comparativas, poderíamos introduzir também o fascismo italiano? E que lugar teria ele? No interior do ciclo italiano, tem-se, mais do que no nazismo, certa diferenciação de fases. Há um primeiro momento, que é mais autocrático do que totalitário, que vai até a morte de Matteotti (1924), e um segundo momento em que se passa a uma forma totalitária (mesmo se se trata de um totalitarismo muito

---

26 Sobre as qualidades artístico-literárias de Stálin, ver Simon Sebag Montefiore, *Young Stalin*. Montefiore afirma que Stálin chega a ser, como poeta, um clássico georgiano menor (poemas seus aparecem em antologias georgianas da época), como cantor, é um amador de talento, apreciado por isso no seminário, e que, inclusive, ganha algum dinheiro, na sua cidade, cantando em cerimônias privadas. Os poemas de Stálin que Montefiore reproduz em tradução parecem confirmar, na medida em que o julgamento é possível, o seu diagnóstico. Montefiore escreve, aliás, provocativamente, que Stálin era melhor poeta do que Trótski...

27 Sobre os gnósticos e o maniqueísmo, ver Serge Huttin, *Les Gnostiques*, Paris: PUF, 1978 [1958].

142   O CICLO DO TOTALITARISMO

menos radical do que o nazista). Por outro lado, há alguma coisa que aproxima o itinerário do fascismo italiano da história do comunismo. Mussolini foi um homem de esquerda, coisa que Hitler nunca foi. O primeiro era um líder importante do Partido Socialista Italiano, inclusive admirado por Lênin, a julgar pelo que afirma Pipes. Ao contrário do que ocorreu na Alemanha, houve na Itália essa inversão da esquerda em direita (no nazismo, houve, claro, "traços" de esquerda – não é à toa que o movimento se chamava nacional-socialista –, mas o guia não foi, no passado, um militante e, menos ainda, dirigente de esquerda). Isso tudo indica diferenças importantes entre o fascismo italiano e o nazismo. Não esqueçamos, entretanto, de que o primeiro foi durante bastante tempo o único "fascismo"[28], e que Hitler durante muito tempo se referia a Mussolini com uma espécie de modelo.

5. DO LENINISMO AO STALINISMO

Passagens do Socialismo ao Stalinismo.

Proponho-me agora a um exame da evolução do regime comunista. Como se passa do regime autocrático (ou pré-totalitário) leninista ao regime totalitário stalinista? O assunto já foi tratado nos capítulos anteriores. Mas aqui tentarei seguir um caminho um pouco diferente: mostrar *analiticamente,* e tomando diferentes tópicos, o sentido dessa passagem.

Distinguirei momentos diversos, mas que não serão idênticos aos que enumerei no início deste capítulo. Aqui, não nos interessará a URSS depois da morte de Stálin. Por outro lado, achei interessante remontar um pouco o processo histórico, e introduzir no início o socialismo pré-leninista. Além de outras diferenças, principalmente, distingo o projeto leninista daquilo que veio a ser a realidade russa, na época leninista. Os momentos serão: a. o socialismo pré-leninista; b. o projeto bolchevique; c. a realidade da Rússia sob o bolchevismo; e d. o totalitarismo stalinista (salto a fase intermediária do burocratismo stalinista

---

28   Antes da ascensão de Hitler, Kautsky disse em algum lugar que o fascismo era um fenômeno essencialmente italiano.

COMUNISMO E NAZISMO 143

pré-déspotico, embora autocrático e quase totalitário). Os tópicos que irei considerar serão os seguintes: 1. a natureza do poder; 2. o estatuto da burocracia, ou antes, a presença ou não de uma burocracia; 3. a atitude do poder para com a violência (ou mais exatamente: de que tipo de violência ele faz uso?); e 4. a economia (ou mais precisamente, o estatuto do trabalho ou da "economia do trabalho").

Poder, Violência, Burocracia, Trabalho

a. Nos projetos socialistas pré-bolchevistas que considero aqui (penso principalmente no marxismo e na leitura que lhe dava, digamos, o centro da segunda Internacional), se o poder revolucionário não pode ser sempre caracterizado como "democrático", ele não é propriamente autocrático. A "ditatura do proletariado" tal como a pensava Marx – o velho Engels vai, talvez, mais longe no sentido da democracia – é, sem dúvida, autocrática, mas só para uma parte da população, e isso de forma transitória. Em relação ao proletariado, ela exclui qualquer forma de autocratismo. O *projeto bolchevique* representa uma mudança importante. O poder cabe a uma vanguarda, que representaria o proletariado, mas essa representação nunca foi pensada como devendo se legitimar de uma forma qualquer. Supõe-se algo como uma convergência de direito entre o partido e o proletariado. Na *realidade russa sob o bolchevismo*, já se tem outra mudança. Aqui, não só a vanguarda não tem de ser legitimada pelo apoio popular, mas ela age de maneira autônoma, e brutalmente autônoma, independentemente do que pensa o proletariado (sem falar nas outras classes), e mesmo contra ele. Assim, se nos deslocamos do socialismo pré-bolchevista ao projeto bolchevista, e deste à realidade da Rússia no período leninista, vamos de algo como uma espécie de democracia de classe (ou de ditadura para as antigas classes dominantes – mais ou menos rigorosamente transitória) a alguma coisa como um vanguardismo autoritário; e deste a um autoritarismo vanguardista. O passo final, que assinala a mudança em direção ao stalinismo é a emergência de um *despotismo*. O autoritarismo vanguardista, pré-totalitário, do período leninista vai dar origem (vários anos depois, se nos referimos à sua forma plena) a um governo despótico. Assim, em termo de governo, vamos de uma espécie de democratismo para a classe revolucionária (ou uma ditadura transitória e só para os antigos exploradores) a uma forma de neodespotismo. A mudança é enorme, e representa uma inversão.

b. Na doutrina socialista pré-bolchevique, a *burocracia* só pode aparecer como uma excrescência. O objetivo é reduzir os seus efeitos a um mínimo, sempre que não for possível eliminá-la, e neutralizar o seu impacto como força política. Se a sua realidade se tornasse incontornável, a burocracia não seria mais do que uma correia de transmissão. Ao contrário do que acontecia para a questão anterior (onde o *projeto bolchevique* assinalava uma ruptura), aqui o projeto bolchevista não constitui ruptura. Em teoria, o bolchevismo não tem nenhum tipo de simpatia pela burocracia ou pelo burocratismo[29]. Na teoria leninista do Estado, tal como ela se apresenta antes da revolução (ver *O Estado e a Revolução*), não há lugar para nenhuma autonomia da burocracia, se não para nenhuma burocracia. Outra coisa é a *realidade russa da época leninista*. Como vimos, a burocracia se desenvolve como uma espécie de câncer que o poder leninista não consegue dominar. A partir da morte de Lênin, já no primeiro período stalinista, a burocracia é uma força relativamente cristalizada. Mais tarde, mesmo se mais ou menos domada pelo chefe, ela permanecerá sendo sempre um elemento fundamental do regime. E, depois da morte do déspota, dominará plenamente. Assim, se no que se refere à natureza do poder vai-se de uma espécie de democracia (ou de ditadura, em parte em sentido romano) a um despotismo, aqui passamos da crítica da burocracia e da luta contra ela para uma forma de poder em que a burocracia tem um peso essencial. De novo, há aí uma verdadeira inversão, embora o momento da primeira ruptura não se situe no mesmo ponto nos dois casos.

---

29   Refiro-me à postura daquele projeto diante da burocracia de Estado. Mas, neste ponto, o projeto bolchevique tem de ser distinguido não só do que seria a realidade russa futura sob o bolchevismo, como também do que era de fato o bolchevismo como partido. Se na teoria leninista do Estado, tal como ela se apresenta antes da revolução, não há lugar para nenhuma autonomia da burocracia, se não para nenhuma burocracia, o partido bolchevique comportava sim um burocracia, contra a qual, aliás, já lutava o jovem Trótski.

COMUNISMO E NAZISMO 145

c. No que diz respeito à violência, as mudanças não são menores. Parte-se de um projeto no qual ou a violência é aceita mas é limitada (o conceito decisivo é a *luta*, não a *violência*), ou então se proscreve pura e simplesmente a violência (refiro-me, à direita da Segunda Internacional). Como no caso do poder, para o problema da violência a ruptura já se dá com o *projeto* bolchevique. Mais ainda, influenciado pelo jacobinismo, na sua forma robespierrista, o bolchevismo, como projeto, tem pelo menos uma atitude ambígua (no que se refere ao futuro) em relação a alguma coisa que ultrapassa a violência: o *terror*. Terror é violência mais ou menos indiscriminada contra adversários efetivos ou virtuais. Na *realidade russa sob o leninismo*, o terror é efetivado. Um novo corte vem com a passagem ao stalinismo: nele não se tem apenas terror, mas também genocídio. Assim, vai-se da recusa de toda violência ou da aceitação de formas muito controladas de violência até o genocídio, pela mediação do terror. Nesse caso, a primeira ruptura vem – ou pelo menos se esboça – como para os problemas indicados no item a. já com o projeto bolchevique; mas só se efetua com o bolchevismo no poder e em ato. Entretanto, se ouso dizer assim, o bolchevismo não vai além dos *massacres*. Caberá ao stalinismo a glória de ter introduzido a prática do *genocídio*.

d. Finalmente, as condições de trabalho. Nos projetos socialistas não bolcheviques – penso aqui principalmente no marxismo –, visa-se a um trabalho *não alienado*, mas se pensa também no *fim do trabalho* (ver, para as duas coisas, os *Manuscritos*, de 1844). Quando se supõe a subsistência do trabalho enquanto trabalho, há um esforço em definir as condições de um trabalho *livre*, ou o quanto possível livre. A redução da jornada tem aí um papel essencial (ver, a respeito, tanto *O Capital* como os *Grundrisse*). Quanto às condições de trabalho, estas devem ser, conforme a fórmula surpreendentemente "humanista" (mas não se trata propriamente de humanismo) do final do terceiro livro de *O Capital*, "as mais adequadas à natureza humana e mais dignas dela"[30].

O bolchevismo sempre foi profundamente produtivista. Já vimos o elogio da disciplina da fábrica nos opúsculos fundadores

---

30 Marx-Engels, *Werke*, v. 25, *Das Kapital*, v. 3, p. 828.

do bolchevismo. Voltaremos ao tema, mais adiante. Após a revolução, o trabalho é pensado, desde o início, como sendo efetuado sob disciplina estrita, trabalho para o Estado (revolucionário), mas não se trata de trabalho escravo nem mesmo, ainda, militarizado. Porém, na realidade russa sob o leninismo, teve-se uma mudança fundamental que foi a do esforço de "disciplinização" do trabalho e até de sua militarização. O "ultra" dessa última tendência foi, como se sabe, Trótski, mas o bolchevismo a aceitou em alguma medida. A situação do problema é aqui diferente do da burocracia, porque a burocracia era vista como um mal pelo bolchevismo no poder, o que não é o caso da militarização do trabalho, embora – contra Trótski – a maioria do partido bolchevique tenha recusado suas formas mais extremas. Finalmente, com o stalinismo, não teremos apenas a tendência à disciplinarização e mesmo à militarização do trabalho, mas trabalho escravo em ampla escala (para uma parte considerável da população). Assim, do ponto de partida ao ponto de chegada, por uma mudança que é gradual, depois da ruptura importante que já representa o momento do projeto bolchevique, vamos de um trabalho pensado como desalienado (e, no limite, do fim do trabalho) ao trabalho escravo. A inversão é evidente.

Se quisermos resumir esse quadro, seria preciso dizer o seguinte. Nesses quatro planos, a ruptura (a primeira ruptura) vem em geral com o *projeto bolchevique*, mas num caso pelo menos, o da burocracia, só com *a realidade russa sob o bolchevismo*. Em todos, com exceção talvez da burocracia, que antes se cristaliza muito mais, o stalinismo vai representar uma nova ruptura. O movimento global nos leva: 1. de certo tipo de democracia ao despotismo; 2. de um poder claramente antiburocrático a um poder burocrático (com a burocracia se submetendo ao déspota ou dividindo o poder com ele, ou ainda ganhando real poder autônomo); 3. da recusa da violência (ou de uma violência controlada) ao genocídio; e 4. do trabalho desalienado ao seu extremo oposto, o trabalho escravo. Os termos médios são o vanguardismo autoritário, o terror e a militarização do trabalho (a acrescentar a burocracia em formação, ou a burocratização). Vê-se em que sentido se pode falar aqui de um movimento oposto ao do progresso.

COMUNISMO E NAZISMO

Isto é, de uma *regressão histórica*. O ponto de chegada – além da burocracia, que, sob outra forma, existe no capitalismo, democrático ou não, e que existiu também nos despotismos antigos – é o tríptico *despotismo, genocídio e trabalho escravo*. Uma sociedade que pratica o genocídio é uma sociedade--de-morte, e a sua emergência assinala evidentemente uma regressão. O trabalho escravo sempre foi considerado, e com razão, regressivo em relação às outras formas de trabalho, inclusive o trabalho assalariado. A situação do escravo (a do *zek* é, na realidade, próxima à de um escravo) é a de coisa, objeto, de que se dispõe arbitrariamente, exatamente o oposto do estatuto do trabalhador plenamente livre. A volta ao trabalho escravo (ou quase escravo) constitui também, assim, uma regressão histórica. Finalmente, o despotismo, dominação de um só, é uma forma arcaica que repugna, digamos, à generalidade da consciência contemporânea (e, *a fortiori*, ao que constitui o núcleo autêntico do pensamento de esquerda). Assim, a volta ao despotismo também é, evidentemente, uma regressão. Desse modo, o comunismo é regressivo, mesmo se sob ele houve progresso técnico, e elevaram-se os índices de alfabetização. De fato, isso poderia ter sido feito a muito menor preço. O que é notável é que a regressão se faz a partir de um projeto que iria, por excelência, em direção do progresso social. Passa-se de um movimento que pelo menos visa a um máximo de progresso social para um processo brutalmente regressivo. Há aí, rigorosamente, uma *interversão* no processo histórico.

Se compararmos esse conjunto de elementos com o nazismo, vemos, primeiro, a convergência final. Lá também se chega a um despotismo, ao trabalho escravo e ao genocídio. E o nazismo representa, evidentemente, uma regressão histórica. Só que a regressão não ocorre, como no caso do comunismo, a partir de um projeto que era de progresso. De fato, se, apesar da descontinuidade que ele institui, quisermos inserir o nazismo, como fizemos para o comunismo, no contexto de uma história mais ampla, diríamos que ele nasce no bojo de forças se não sempre regressivas certamente conservadoras. Assim, se no caso do comunismo, vai-se do progresso social à regressão, aqui se vai, na melhor das hipóteses, *do conservadorismo à regressão*. O resultado é convergente, mas o movimento não é o mesmo, e se há também regressão e uma conversão ou inversão histórica, não há, no sentido mais forte, uma interversão. Finalmente, no plano da história geral (lida a partir de Tocqueville e de Marx), é a desigualdade que acaba ganhando. De fato, a igualdade perde nos dois casos, embora trilhando dois caminhos diferentes.

IV. Em Torno da Insurreição de Outubro de 1917 e dos Seis Primeiros Meses do Poder Bolchevista*

PRIMEIRA PARTE

Introdução

A história da insurreição de outubro de 1917, e dos primeiros tempos do poder bolchevista, foi, desde sempre, mais ou menos mitificada. A versão leninista, ela mesma já bastante enganosa, deu lugar, à medida que Stálin começava a sua carreira

---

* Com agradecimento a Cícero Araújo. Nos seminários que fizemos em conjunto, nos departamentos de Filosofia e Ciência Política da USP, de agosto a outubro de 2008 (A Revolução Russa), e de agosto a outubro de 2009 (Totalitarismos), Cícero Araújo e eu expusemos e discutimos longamente a história da revolução de fevereiro e da insurreição de outubro [de 1917]. Mesmo se é difícil precisar o que devo às discussões do seminário (o tema deste texto é um pouco defasado em relação ao que fizemos lá), a dívida é real: o texto não teria sido escrito se não tivesse havido os seminários. Cícero Araújo foi também um dos principais organizadores do importante Colóquio Internacional – 90 Anos de Revolução Russa, que foi um grande estímulo para todos nós (não confundir com outros colóquios, bem menos críticos, que acabaram também se rotulando "Internacionais"), realizado em São Paulo e em Guarulhos, sob o patrocínio do CEDEC (Centro de Estudos de Cultura Contemporânea), do Departamento de Ciência Política da USP, e da UNIFESP, em 2007, e que contou, entre outros, com a participação de grandes especialistas das revoluções russas, como Edward Acton, Nicolas Werth e Ronald Suny

150 O CICLO DO TOTALITARISMO

vitoriosa, a uma versão falsificada, e depois fantasiosa, no estilo das produções ideológicas do stalinismo. Com a contestação krushevista, depois gorbatcheviana, de Stálin, apesar dos limites e dos interregnos de recuo, liberou-se de certo modo a antiga versão leninista, menos fantasiosamente falsificadora, mas de qualquer modo pouco objetiva. A atividade crítica da historiografia antileninista (liberal e socialista não leninista) que data pelo menos dos anos de 1930, e já tem, portanto, uns oitenta anos de existência, foi muito salutar. Não, entretanto, sem ter dado respostas às vezes unilaterais, às vezes simplificadoras, no seu afã de descontruir a versão oficial. Não entrarei aqui no detalhe da historiografia sobre a insurreição de outubro. Ver, a esse respeito, neste volume, "Revoluções Russas: Questões Políticas de um Não Historiador em Torno da História e da Historiografia Dessas Revoluções".

O presente capítulo é uma versão muito reduzida de um trabalho de mais fôlego que acabei abandonando. Deixei de lado uma parte do material empírico que havia reunido, mas, de qualquer forma, espero ter fornecido o essencial das referências que fundamentam as teses aqui apresentadas[1]. A história dos anos 1917-1918, na Rússia, é, apesar das aparências, muito mal conhecida, e, obscurecida por mitos persistentes. A acrescentar que os detalhes e a micro-história têm, aqui pelo menos, uma importância muito maior do que a que se supõe. Pode-se dizer que, sem ela, é difícil entender o que foi a política do bolchevismo (a de Lênin e Trótski, em particular), nos anos 1917-1918.

a. Seria possível esquematizar os principais problemas que se colocam quando se pretende refletir sobre a insurreição de outubro de 1917 e sobre o que ocorre no primeiro semestre de 1918. As questões são essencialmente as seguintes. A insurreição de outubro de 1917 foi uma verdadeira revolução ou, como pretenderam alguns historiadores e homens políticos – de direita e de esquerda não leninista – foi mais um golpe de

---

1 Utilizei principalmente fontes secundárias, mas não só, já que há fontes primárias traduzidas. Estudei russo algum tempo – e retomei recentemente o estudo – mas não o suficiente para que possa, pelo menos por enquanto, trabalhar, efetivamente, com fontes em língua russa (exceto verificações pontuais). Com agradecimentos a Lilia Stupar.

EM TORNO DA INSURREIÇÃO DE OUTUBRO DE 1917... 151

Estado do que uma revolução? Pergunta já antiga, e que merece discussão. Segue outra. Por que razões o poder estabelecido em outubro-novembro de 1917 foi constituído só por membros do partido bolchevique? Ou seja, por que, ou em que condições, a insurreição de outubro levou ao poder um governo de um só partido? Tais perguntas remetem aos acontecimentos que antecedem o movimento de outubro, e ao processo do próprio movimento. As questões seguintes, de igual ou talvez de maior importância, remetem ao que ocorreu de outubro-novembro de 1917 a junho-julho de 1918. Elas são fundamentalmente duas.

Por que razão, ou razões, o poder bolchevista evoluiu, ou involuiu, em alguns meses, de um regime de estilo autocrático, no interior do qual subsistiam certos espaços de liberdade, para um regime autocrático fechado? Essa mudança decorreu da irrupção da guerra civil, como se pretende frequentemente? E vem a segunda dúvida. Que curso tomaram as relações entre as massas populares e o bolchevismo, no período que vai de outubro-novembro de 1917 a junho-julho de 1918? A base popular do bolchevismo aumentou, como se pretende usualmente, ela se manteve no nível alcançado em outubro, ou ela se deteriorou substancialmente? Eis aí o quadro das questões. Dados os limites deste texto, não poderia desenvolver muito a discussão, e, como observei, as referências às fontes têm de ser mais ou menos limitadas.

b. Para a interpretação bolchevista tradicional, nada poderia parecer mais abstruso do que pôr em dúvida o caráter de revolução do movimento de outubro. Entretanto, o problema é menos simples do que parece. Revolução se opõe, em geral, a golpe de Estado. Marc Ferro, o historiador da escola dos Annales que escreveu sobre as revoluções russas, fala, a propósito de outubro de 1917, tanto de revolução como de golpe[2]. Mas essa resposta é ela mesma ambígua. Que houve "golpe de Estado", no sentido de que houve uma preparação militar vinda de cima para se apossar do poder, não é negada nem mesmo por Trótski, na sua *História da Revolução Russa*. A questão é saber se esse golpe de Estado responde ou corresponde ao lado "revolução"

2 Ver o seu longo dossiê sobre o problema, no seu importante: *1917: Les Hommes de la révolution*, Paris: Omnibus, 2011, p. 500s.

152   O CICLO DO TOTALITARISMO

do processo (se supusermos que houve também esse lado), ou se pelo contrário ele, de algum modo, se lhe opõe.

Há razões para pôr em dúvida (ou para atenuar, de alguma forma) o caráter de "revolução" do processo de outubro. Em primeiro lugar, embora isso não seja o mais importante, a participação popular foi pequena. Trótski fala numa participação total ativa máxima de 25 mil a 30 mil[3], o que, observa o historiador Orlando Figes, representaria "mais ou menos 5% de todos os operários e soldados da cidade". Claro que se poderia discutir a importância do número de participantes. Mas, observe-se, na revolução de fevereiro havia algumas centenas de milhares de pessoas na rua[4]. Dir-se-á que isso é normal, na medida em que fevereiro foi uma revolução de muitas classes, enquanto outubro teria sido uma revolução operária. O problema é que, em fevereiro, já no dia 23, havia uns 100 mil operários na rua[5], "um terço da força de trabalho industrial da cidade". No dia 25, havia uns 200 mil[6]. A diferença em relação a outubro é muito grande. E observe-se que os 25 ou 30 mil participantes em outubro, de que fala Trótski, representam o conjunto dos participantes[7]. Na famosa tomada do Palácio de nverno, teria havido menos do que 15 mil, talvez bem menos[8]. Como se sabe, a vida da cidade funcionou

3   Referido por O. Figes, *A People's Tragedy*, p. 492-493. Cf. L. Trotsky, *Histoire de la Révolution Russe*, trad. franc. Maurice Parijanine, Paris: Seuil, 1950, p. 1022-1023 (nova edição revista e corrigida): "Nesse intervalo [das duas horas da manhã do 25 à duas horas da manhã de 26], o Comitê militar revolucionário empregou abertamente as armas para se apropriar da cidade e aprisionar o governo: participaram do conjunto das operações, tantas forças quantas eram necessárias para uma tarefa limitada, em todo caso não mais do que 25 a 30 mil homens." Cf. L. Trotskii, *Istoria russkoi revolutsii, tom vtoroi, octiabrskaia revolutsia*, Moscou: Terra, 1997, p. 263.

4   Cf. O. Figes, op. cit., p. 308-309.

5   Rex A. Wade, *The Russian Revolution, 1917*, New York: Cambridge University Press, 2008, p. 31.

6   Cf. O. Figes, op. cit., p. 309.

7   Figes observa que os números de Trótski batem com a soma provável das "unidades de guardas vermelhos, tripulações da frota e regimentos que haviam sido mobilizados". Mas "a maioria desses estava envolvida de um modo limitado, fazendo guarda em fábricas e em edifícios estratégicos, protegendo os piquetes e, em geral, aguardando" (op. cit., p. 493).

8   Figes diz que "nas imediações do Palácio de Inverno, haveria mais ou menos dez ou quinze mil pessoas, mas que nem todos participaram da célebre tomada" (Ibidem). Pipes protesta, quando o historiador revisionista, Suny (que, como diz Pipes, é na realidade um especialista na questão das nacionalidades), afirma que havia vinte mil no "assalto" ao Palácio de Inverno (ver R. Pipes, 1917 and ▶

EM TORNO DA INSURREIÇÃO DE OUTUBRO DE 1917...   153

mais ou menos normalmente durante o episódio insurrecional. Enfim, se revolução indica uma grande mobilização de massas, outubro talvez não tenha sido uma revolução. Entretanto, é verdade que os bolcheviques tinham apoio popular, de soldados, marinheiros e operários. Eles haviam conseguido maioria no soviete de Petrogrado, em setembro e também no de Moscou, e as eleições para as dumas mostram o seu progresso. Por outro lado, eles seriam majoritários no Segundo Congresso Pan-Russo dos Sovietes, que se abre no momento mesmo do movimento de outubro (inicialmente – antes da retirada de mencheviques e socialistas-revolucionários [SR] –, os bolcheviques tiveram maioria relativa; absoluta, só com seus aliados SR de esquerda). Mas, além do fato de que a maioria popular de que eles dispunham se manifestou muito pouco em outubro, aqui se abrem alguns problemas (em parte, já invadindo a segunda questão inicial). O primeiro é o de saber o que queriam os eleitores do partido bolchevique, assim como os delegados aos sovietes e ao Congresso dos Sovietes. Certamente, eles queriam o fim do governo provisório. Porém, a esquerda menchevique, dirigida por Martov, também o queria, e também a esquerda Socialista-Revolucionária (além de outros grupos da esquerda da esquerda). Mesmo o

▷ the Revisionists, *The National Interest*, n. 31, Spring 1993, p. 72). Entretanto, a posição de Marc Ferro, no seu *1917, Les Hommes de la révolution*, é diferente. Embora tenha uma atitude crítica em relação ao bolchevismo, ele é cético, nesse livro pelo menos, em relação à tese de que houve muito pouca gente na insurreição de outubro. Ferro insiste sobre a circunstância de que não foi preciso mobilizar mais gente (é o argumento de Trótski), e de que, de qualquer forma, muitos operários e militares – "os militares foram os mais ativos; não é à toa que Martov [...] [falou] de um golpe militar" – intervieram, seja na tomada do Palácio de Inverno, seja nas escaramuças que se seguiram à queda do governo provisório. Acha, assim, que "mais do que uma minoria, uma fração da população participou". Insiste, entretanto, inclusive introduzindo documentos originais, sobre a neutralização das instituições soviéticas, operada tanto por Lênin como por Trótski, embora com variantes que ele interpreta, aliás, de maneira relativamente original (ver M. Ferro, op. cit., p. 575-574, 578 e 531-532). De qualquer forma, ele escreve: "Entretanto, ninguém imaginava que, graças ao golpe de Estado que acompanhou a tomada do poder, o governo constituído só compreenderia bolcheviques. Para a república dos militantes revolucionários, nisso residia a impostura" (p. 578). Já, no filme *Lénine, une autre histoire de la Révolution Russe* (2017, a película, excelente, é de Cédric Tourbe, o *script* é de Tourbe, Michel Dobry e Ferro) não há traço de uma revisão da leitura crítica a propósito do número de participantes. De todo modo, a questão do número global de participantes não é a única, nem é decisiva. Nem elimina o quiproquo, como assinala o próprio Ferro.

154   O CICLO DO TOTALITARISMO

pré-parlamento[9] havia votado uma moção de desconfiança em relação ao governo provisório. Mas, essas maiorias, dentro e fora dos sovietes, queriam um governo bolchevique e, mais especificamente, só bolchevique? Tudo o que se sabe leva à ideia de que o que eles queriam era "um governo dos sovietes", sem dúvida um governo não conciliacionista dos sovietes, mas *um governo que não fosse só do partido bolchevique.* Inversamente, Trótski não quer saber de mobilização de massa e Lênin quer evitar, de todo jeito, a intervenção dos sovietes[10], o que, aliás, foi sempre a sua posição; salvo um curto episódio ao qual voltarei logo mais, ele não pretende, de modo algum, ser alçado ao poder através desses órgãos. Excetuando o referido interregno, ele conspira ativamente e trata de convencer o seu partido de que é preciso não só tomar o poder, mas de que é necessário tomá-lo antes do Congresso dos Sovietes. Poder-se-ia perguntar: se Lênin convocasse as "massas" para grandes manifestações, elas teriam saído à rua? Se ele as tivesse convocado, certamente teria havido mais gente na rua, mas é duvidoso que tivesse havido muita. Há certa convergência, na ideia de que havia um refluxo do movimento de massas. Ainda mais importante: por que Lênin quer tomar o poder antes do Segundo Congresso? A resposta que dá Figes parece convincente. Quaisquer que fossem os riscos, Lênin queria ter as mãos livres para governar e não depender dos sovietes. Um governo indicado pelos sovietes teria de ser, de algum modo, um governo de coalisão. Ora, se os bolcheviques tomassem o poder antes do Congresso, haveria possibilidades bem maiores de que esse fosse um governo só do partido bolchevique. Lênin nunca deixou dúvidas sobre o problema de saber como ele gostaria que os bolcheviques governassem. A posição de Trótski indicava uma diferença importante? Trótski estava um pouco mais interessado em legitimar o poder bolchevique pelos sovietes, mas aparentemente não tinha uma perspectiva muito diferente da de Lênin.

9   "Um corpo fantasma e finalmente impotente, nomeado pela Conferência Democrática na vã esperança de dar à República certa forma de legitimidade até a convocação da Assembleia Constituinte" (O. Figes, op. cit., p. 467).

10 A julgar pelo livro, citado, de Marc Ferro, havia um cruzamento desse tipo nas intenções dos dois líderes (op. cit., p. 531-532). Mas a diferença é relativa e os dois convergiam na busca de uma "ditadura do proletariado" que se faria pela dominação de um partido.

Entramos na segunda questão. Por que o governo entronizado em outubro é só bolchevique? A perspectiva de Lênin até as jornadas de julho é de tomada do poder pelos sovietes (ou, pelo menos, a palavra de ordem é "todo poder aos sovietes"). Ele a retira, em seguida, porque considera que os sovietes se passaram para os moderados, para recolocá-la em setembro, quando os bolcheviques se tornam majoritários. Em setembro, há um momento em que ele considera possível uma tomada do poder através dos sovietes, com a participação de outras tendências (SR de esquerda e mencheviques internacionalistas, essencialmente). Kamenev, o melhor representante dos bolcheviques moderados tenta um acordo, e Lênin o apoia, no começo de setembro. Em que tal tentativa poderia redundar não se sabe. Supondo que o acordo se fizesse – e em que bases ele se faria? –, é de se perguntar como se comportariam os bolcheviques nessa coalisão. No entanto, fracassada essa tentativa, seu projeto passa a ser o de um governo só bolchevique ou, em todo caso, um governo em que os bolcheviques teriam as mãos livres. Sabe-se o que aconteceu depois.

1. Lênin e a Tomada do Poder Por um Só Partido

Chegando à Rússia em abril, Lênin dá como perspectiva a luta contra o governo provisório e contra a direção moderada dos sovietes, e propõe uma nova revolução e um governo dos sovietes (e não uma república parlamentar)[11]. Perspectiva que não foi apoiada imediatamente por quase ninguém no partido. No final do mês, o projeto é um pouco atenuado, porque se reconhece a necessidade de um "longo período de agitação" para que as massas sigam o partido no seu caminho em direção à nova revolução[12]. Depois das jornadas de julho e da repressão contra a extrema-esquerda, Lênin retira a palavra de ordem de "todo o poder aos sovietes" para recolocá-la em setembro[13], quando os bolcheviques passam a ter maioria. Esse é o momento em que se abre a possibilidade de um acordo no interior da esquerda,

---

11   Cf. R.A. Wade, op. cit, p. 74,
12   Cf. O. Figes, op. cit., p 393.
13   Ibidem, p. 465-466.

e de uma tomada do poder pacífica pelos sovietes. Kamenev, o líder bolchevique que encarna melhor uma perspectiva democrática, se esforça por concluir uma aliança tripartidária e é mesmo apoiado por Lênin, na primeira quinzena de setembro. Mas a aliança fracassa, os resultados da Conferência Democrática (uma conferência organizada por iniciativa dos SR e mencheviques para discutir precisamente a questão da aliança com os liberais) são contraditórios e Lênin volta à perspectiva da revolução armada. Esse episódio foi muito utilizado para mostrar as intenções "democráticas" de Lênin, mas, por várias razões, não prova muito. Lênin nunca pensou num verdadeiro governo de coalisão. Que o seu projeto sempre foi o de governar em regime de partido único poderia ser confirmado ainda por uma carta que ele envia a Lunatcharsky, em 25 de março de 1917: "A independência e a particularidade do nosso partido, *nenhuma aproximação com outros partidos* – se revestem para mim de um caráter imperativo. Sem isto, não se poderia ajudar o proletariado a avançar, através do golpe de Estado *democrático* em direção à *comuna*, e eu não obedecerei a outros objetivos."[14] Como escreve Figes: "O abandono, entre julho e setembro da palavra de ordem 'todo poder aos sovietes' era revelador da atitude de Lênin em relação aos sovietes, em cujo nome o seu regime viria a ser fundado, [isto é,] que, sempre que os sovietes deixavam de servir os interesses do seu partido, ele estava pronto a abandoná-los."[15]

Formado o Comitê Militar Revolucionário dominado pelos bolcheviques, o qual vai assegurando poder sobre a tropa, Kerensky reage tentando fechar dois jornais bolcheviques. Começa uma mobilização de soldados e guardas vermelhos (os guardas vermelhos eram destacamentos de operários, constituídos no início, com certa independência, mas que logo cairiam sob o controle dos bolcheviques). Quando começa o Congresso dos Sovietes, a cidade praticamente já caiu nas mãos dos adversários do governo provisório que, entretanto, ainda subsistia no Palácio de Inverno, apoiado por tropas pouco numerosas. Na sessão do Congresso, Martov propõe um governo com representantes de diferentes tendências revolucionárias. A proposta

14 Carta de Lênin a A.V. Lunatcharsky, 25.3.1917, Lénine, *Œuvres*, v. 35, p. 307, grifos de Lênin.
15 Cf. O. Figes, op. cit., p. 465.

EM TORNO DA INSURREIÇÃO DE OUTUBRO DE 1917...   157

é recebida com apoio esmagador. Mas aí, protestando contra o movimento, socialistas-revolucionários de direita e mencheviques de direita se retiram. Martov fica e propõe, de novo, uma coalisão. Trótski faz então o seu famoso discurso jogando todos os adversários do bolchevismo "na lata de lixo da história". Martov e os mencheviques internacionalistas se retiram. Os SR de esquerda ficam, mas não aceitam participar do governo, porque querem um governo de coalisão ampla (eles entrariam no governo em dezembro, e ficariam até março). Aqui, evidentemente, entra a discussão sobre o papel da direita menchevique – que foi majoritária no partido até outubro –, e sobre os socialistas-revolucionários de direita. Se a formação de um governo exclusivamente bolchevique é lamentável e se ela se deve, certamente, ao "vanguardismo" de Lênin (e também de Trótski, mas não de todo o partido bolchevique), ela se deve também, é claro, à política ilusória, para não dizer mais, de mencheviques e socialistas-revolucionários (não internacionalistas), que insistiam na aliança com os liberais. O problema da aliança com os liberais é que ela impedia toda tentativa de responder de uma maneira mais satisfatória à ofensiva radical dos operários e camponeses. O insucesso das tentativas de fazer uma política mais radical por parte do líder SR Tchernov, no Ministério da Agricultura, e do menchevique Skobelev, no Ministério do Trabalho, o comprovam.

2. Sobre o Governo Provisório

O governo provisório, do qual participarão os socialistas a partir de maio, é tradicionalmente considerado um governo fraco, que foi incapaz de resolver os grandes problemas, guerra e terra principalmente, e que, por isso, caiu. Em grandes linhas, é verdade. Porém, são necessárias algumas precisões. Rex Wade escreve:

Quando se faz a lista das falhas do governo provisório e dos defensistas revolucionários [os mencheviques de direita e os socialistas-revolucionários de direita, que participam do governo a partir da primeira coalisão, em maio], não se deve perder de vista os seus sucessos e, na realidade, o radicalismo do governo provisório e o dos "moderados", em 1917. O governo provisório introduziu amplas (*sweeping*) reformas,

158 O CICLO DO TOTALITARISMO

especialmente, mas não só, no [campo dos] direitos civis e das liberdades. Estas reformas foram realmente notáveis, se comparadas com o que existia na Rússia havia apenas algumas semanas, e mesmo se comparadas com o mundo, na época. Eles tentaram criar uma sociedade democrática e mais igualitária, baseada na autoridade da lei e não na arbitrariedade, e um sistema político baseado em eleições e na vontade popular, e não na autocracia e no autoritarismo. [...] Dificilmente [se pode considerá-los] moderados [se julgados] por qualquer medida normal do socialismo europeu da época, e menos ainda em comparação com a sociedade russa de antes de 1917. Eles [...] [se situavam] na borda (*edge*) radical do pensamento europeu e mundial da época.[16]

Isso se refere tanto ao governo provisório como, em particular, aos socialistas que participaram dele. Deve ser essencialmente correto, no que se refere às medidas políticas. Para as medidas sociais, a coisa é mais complicada. Não há dúvida de que havia projetos bastante avançados, mas só uma parte pôde ser posta em prática.

Há três elementos principais num balanço dos avanços (incluindo os virtuais) atribuíveis ao governo provisório. Por um lado, o que se fez no início, antes mesmo da entrada dos socialistas. Havia uma atmosfera de pacificação e, por exemplo, numerosos patrões aceitaram a redução da jornada para oito horas, como resultado de conversações com o soviete[17]. No que vem depois, acho que se devem destacar os projetos de Skobelev, ministro do trabalho menchevique de maio a agosto de 1917, e os de Tchernov, grande figura do centro SR, ministro da Agricultura, também de maio a agosto.

Quando [...] Skobelev se torna ministro do Trabalho ele anuncia confiante uma longa lista de reformas do trabalho "que pretendia introduzir": pleno apoio legal para a jornada de oito horas, pleno direito de greve, estabelecimento de uma inspetoria do trabalho, um sistema amplo de proteção do trabalho, e uma vasta legislação social incluindo medidas imediatas de ajuda aos desempregados[18].

Tchernov tenta introduzir uma moratória das vendas e arrendamento da terra, assim como uma ampliação dos poderes dos

16 R.A. Wade, *The Russian Revolution, 1917*, p. 299.
17 O. Figes, op. cit., p. 367.
18 Edward Acton, *Rethinking the Russian Revolution*, London: Arnold Holder, 1990, p. 159.

EM TORNO DA INSURREIÇÃO DE OUTUBRO DE 1917...   159

comitês de camponeses[19]. Essas propostas recebem fogo cerrado
da direita e não são implementadas. De fato, se Tchernov e Skobelev são malvistos pela extrema-esquerda, eles são também as
bêtes noires da direita, inclusive da centro-direita[20]. É importante
salientar que se vivia numa situação de extremo radicalismo – no
campo e, depois, também, na cidade – e que havia o problema,
muito difícil, da guerra. A radicalização no campo (ocupação de
terras) exigia uma lei agrária avançada. Entretanto, mencheviques
e socialistas-revolucionários moderados – supondo que tivessem
vontade – não poderiam ir muito longe sem abandonar a aliança
com os liberais. Mas por que razões eles não se dispuseram, ou
se dispuseram tarde demais – grande parte dos mencheviques
acaba aderindo, tardiamente, às posições críticas de Martov – a
abandonar a ideia do caráter imprescindível da aliança com os
liberais? No que se refere aos mencheviques, mas não aos SR (se
muitos destes conciliavam, era sobre outras bases) pesava é claro,
a tese de que, dado o atraso da Rússia, a revolução só poderia
ser burguesa, o que implicava para eles – mas não para todas as
correntes que admitiam, *de algum modo*, o caráter "burguês" da
revolução – que não se poderia abandonar a prática da coalisão.
Mas havia também, aparentemente, um elemento (ilusoriamente)
pragmático. O historiador Edward Acton, acentua um aspecto
interessante. Os socialistas moderados temiam acima de tudo a
contrarrevolução, ameaça da qual exageravam, e julgavam que a
melhor maneira de se defender contra ela era se aliar aos liberais.
Eles temiam, entre outras coisas, que o patriotismo dos soldados
se voltasse contra os operários[21].

Mas há dois elementos que são essenciais para pensar o fracasso do governo provisório. Um deles foi um erro fundamental
que, se não desencadeou, acelerou muito a virada que o privaria
de base popular: a decisão de organizar uma ofensiva, em junho
de 1917. O outro é a questão da Assembleia Constituinte. O erro é
aqui inverso ao da ofensiva, é de omissão ou, antes, de lentidão na
tomada de uma iniciativa. Hoje, tem-se dificuldade em entender

19 Ver Howard White, The Provisional Governement, em Edward Acton; Vla-
    dimir Cherniaev; William G. Rosemberg, *Critical Companion to the Russian
    Revolution, 1914-1921*, p. 396; e E. Acton, *Rethinking the Russian Revolution*,
    p. 159-160.
20 H. White, idem, p. 396.
21 E. Acton, op. cit., p. 161.

por que os socialistas moderados se dispuseram a tomar uma decisão tão negativa para o seu futuro político, como a da ofensiva de verão, e cujas consequências se poderia aparentemente prever. Do ponto de vista deles, o raciocínio não era, entretanto, tão irracional. Acton ressalta que, no raciocínio dos líderes moderados, uma paz em separado com a Alemanha poderia levar os Impérios Centrais à vitória na guerra, o que seria uma catástrofe, pois, no entender deles, os Impérios Centrais vitoriosos acabariam ameaçando a revolução russa. Observe-se que, aos olhos dos socialistas, simpáticos à Entente, com a revolução de fevereiro caíra o único argumento – do qual, aliás, a social-democracia oficial alemã fez uso abundante – que poderia fundamentar um apoio aos Impérios Centrais: o de que a Alemanha e a Áustria--Hungria lutavam contra o regime mais reacionário da Europa, o Império Russo. A guerra teria se transformado numa luta das democracias (França, Inglaterra, Rússia, EUA) contra os governos capitalista-burocráticos da Europa Central. As tropas russas arvoravam estandartes vermelhos com slogans[22]. Mas a ofensiva fracassou, passado o *forcing* inicial. A partir daí, a despeito da repressão que se desencadeia depois das jornadas de julho, a extrema-esquerda cresceu incessantemente.

A Assembleia Constituinte ocupa uma curiosa e trágica posição em toda essa história. Velha aspiração dos liberais e socialistas, ela é uma espécie de fantasma, cuja encarnação futura ao mesmo tempo move e freia todo o processo. As questões mais importantes eram frequentemente abandonadas à futura Assembleia Constituinte. Era lá que o essencial seria decidido. Isso convidava ao adiamento das decisões. Sem dúvida, os problemas técnicos enfrentados pelas comissões encarregadas de organizar as primeiras eleições gerais livres na Rússia devem ter sido muito grandes. Mas, aparentemente, nem todos os partidos tinham pressa em organizar as eleições. Ao que parece, os Kadetes (democratas constitucionalistas), que temiam o resultado, preferiam esperar que a situação se estabilizasse. A Assembleia Constituinte foi convocada tarde demais. Quando ela é eleita, como se sabe, os bolcheviques já estão no poder.

22 Ver, a respeito, Allan Wildman, *The End of the Russian Imperial Army: The Road to Soviet Power and Peace*, Princeton: Princeton University Press, v. II, 1987, p. 89.

A política do governo provisório foi, assim, mais complicada do que se diz em geral, mas teve um momento que se revelou um desastre absoluto: precisamente, o da tentativa de iniciar uma ofensiva contra os alemães, em junho. Essa ofensiva, extremamente impopular entre soldados cansados da guerra, vai decretar o fim do governo provisório.

Retomando o tema principal, e resumindo. A dificuldade em considerar o movimento de outubro uma "revolução" vem, em primeiro lugar – mas isso não é o essencial –, da limitada participação das massas no movimento. Esta circunstância seria compensada pelo fato de que, efetivamente, os bolcheviques tinham apoio da maioria dos operários, apoio manifestado nas eleições para as dumas, para os sovietes e para o Congresso dos Sovietes. Mas esse elemento justificativo é, por sua vez, atenuado pelo fato de que as massas e também as delegações em sovietes e no Congresso dos Sovietes, eram muito mais antigoverno provisório (e pró-soviete) do que propriamente favoráveis ao bolchevismo (e a um governo só bolchevique). Lembremo-nos de que a palavra de ordem do bolchevismo era de novo "todo poder aos sovietes", não "todo poder ao partido bolchevique" (como seria o caso, *mutatis mutandis*, com o Partido Nazista). Há assim uma descontinuidade entre o movimento de massas e a insurreição de outubro, que torna difícil empregar sem mais o termo "revolução". Porém, a ideia de golpe de Estado sem maiores explicações é insuficiente, porque havia um amplo movimento, ou pelo menos uma ampla atitude de oposição ao governo provisório. Entretanto, como esse movimento era, como já disse, antes antigoverno provisório do que pró-bolchevique (ou pró-bolchevique, mas só na medida em que o bolchevismo era o movimento que queria "o poder dos sovietes"), pode-se falar no quiproquó de outubro, como escreve o historiador francês Nicolas Werth. E o que vem depois vai reforçar a tese do quiproquó. O pós-outubro revela como o apoio ao bolchevismo era frouxo e superficial, até onde ele existia. E como o bolchevismo poria a seu serviço, na forma mais brutal, o movimento de outubro. O que aconteceu depois – mesmo se devemos sempre nos precaver contra eventuais ilusões retrospectivas – ilumina sim, consideravelmente, o que se passou antes e durante outubro.

Por outro lado, a maneira pela qual é preparado e realizado o golpe-insurreição de outubro só confirma o que já se sabia

162   O CICLO DO TOTALITARISMO

anteriormente, pela leitura dos textos e a análise da política: que Lênin, e com ele o Trótski que aderiu ao bolchevismo, tinham em mente o projeto de um governo de partido único (na forma e no conteúdo, ou pelo menos no conteúdo).

c. As questões a propósito do pós-outubro são, de certo modo, mais importantes. Como evoluem as relações entre o poder bolchevique e as massas populares, depois de outubro? E como se explica o progressivo fechamento do regime? Ele derivaria, como se pretende frequentemente, da deflagração da guerra civil?

3. Tentativas de um Governo Plural

A resistência ao golpe-insurreição de outubro, de imediato, é, em geral, pequena. Kerensky consegue reunir algumas tropas perto de Petrogrado, sob o comando do general Krasnov, as quais enfrentam guardas vermelhos (ajudados por operários, homens e mulheres)[23] e são derrotadas; há um choque sangrento com cadetes (militars) em Petersburgo; e uma luta mais prolongada, que dura vários dias, em Moscou. A ideia de uma coalisão das esquerdas ainda não fora liquidada. O episódio mais importante nesse momento, é a intervenção do Vikzhel, o Comitê Executivo Pan-Russo da União dos Ferroviários, dirigida pelos SR de esquerda[24]. A União faz um apelo em favor de um governo que não fosse de um só partido e, pelo contrário, tivesse o apoio de "toda a democracia", e ameaça entrar em greve, se sua proposta não fosse aceita. Em princípio, a proposta é aceita por todos os partidos, inclusive os bolcheviques (não por acaso: Krasnov ainda não fora derrotado e a luta em Moscou duraria ainda algum tempo). O Comitê Central Menchevique agora sustenta os internacionalistas de Martov, que são favoráveis ao acordo. As direitas menchevique e SR, pouco realistas,

23   Cf. R.A. Wade, op. cit., p. 248.
24   Ibidem, p. 249; O. Figes, *A People's Tragedy*, p. 496; também Vladimir N. Brovkin, *The Mensheviks After October: Socialist Opposition and the Rise of Bolshevik Dictatorship*, p. 21s. e 70s.; Leonard Shapiro, *The Origins of the Communist Autocracy: Political Opposition in the Soviet State, First Phase, 1917-1922*, p. 70s. Shapiro informa que havia também um forte setor pró-bolchevique no interior do Vikhsel.

EM TORNO DA INSURREIÇÃO DE OUTUBRO DE 1917...

impõem como condição a não participação de Lênin e Trótski no novo governo de coalisão. Mas as conversações continuam, tendo como pivô, do lado bolchevique, a figura que encarnava os moderados no partido, Kamenev. Kamenev obtivera uma resolução favorável ao acordo numa reunião do Comitê Central Bolchevique (da qual estavam ausentes, entretanto, Lênin, Trótski e Zinoviev). A resolução aprovava o princípio de um amplo governo de todos os partidos socialistas. No jornal bolchevique *Izvestia*, de 1º de novembro de 1917, lia-se que os bolcheviques aceitavam a proposta dos ferroviários e que "espera-se que se forme um governo de coalisão socialista"[25]. Numa reunião subsequente, em 1º de novembro, Lênin se opõe violentamente à ideia de coalisão, ataca os negociadores Kamenev e Riazanov e pede a expulsão de Lunatcharsky. Noguin, Riazanov e Lunatcharsky falam dos perigos da recusa de um compromisso (fala-se em terror, em ditadura, em mentalidade de soldados etc.). Vota-se uma resolução impondo certo número de condições, como a presença de Lênin e Trótski no governo, e a exclusão de qualquer tipo de representação "não soviética" (dumas etc.) no Comitê Executivo (isso também estava em discussão). De qualquer modo, a votação dá maioria aos que querem continuar negociando. No Comitê Central Menchevique, acontece o mesmo. O princípio da coalisão sai vitorioso; mas por apenas um voto... A oposição se organiza, obtém nova votação, mas é derrotada pela mesma margem... Numa nova reunião do cc bolchevique, Lênin apresenta um verdadeiro *ultimatum* à oposição interna. "Cada membro do Comitê Central é levado à presença de Lênin, no seu birô particular, e instado a assinar o *ultimatum* sob o risco de expulsão."[26] Kamenev, Zinoviev, Rykov, Miliutin e Nogin apresentam a sua renúncia ao Comitê Central. Kamenev, propositadamente, toma a iniciativa de promover a leitura, no Comitê Executivo dos Sovietes (é Zinoviev quem lê), da resolução bolchevique de 2 de novembro. Protestos. Os sr de esquerda denunciam "a ditadura de um só partido político"[27]. Kamenev apresenta proposta expandindo o Comitê Executivo, para incluir representantes do Congresso

25 V.N. Brovkin, op. cit., p. 22.
26 O. Figes, op. cit., p. 499.
27 V.N. Brovkin, op. cit., p. 28, o autor cita a resolução sr de esquerda.

164 O CICLO DO TOTALITARISMO

Camponês, das dumas, dos sindicatos, do exército e da marinha; ao mesmo tempo, garante 50% de votos para os bolcheviques, além dos ministérios principais, no executivo, assim como a inclusão, no governo, de Lênin e Trótski. Dada essa situação, a proposta é aprovada por unanimidade. Mas Lênin, através do Comitê Militar Revolucionário, vai tomando todas as medidas necessárias para sabotar as negociações: fecham-se jornais socialistas e há novas prisões[28]. No dia 5, quatro membros do governo (Nogin, Rykov, Miliutin e Teodorovich) renunciam aos seus postos[29]. Eles dão a público uma carta, assinada também por Shliapnikov (que não renuncia)[30] e por seis outros bolcheviques, entre os quais Riazanov[31]. Essa carta, como a declaração anterior, dos cinco que renunciavam ao Comitê Central, é publicada pelo *Izvestia*[32]. Ela diz, entre outras coisas:

Somos favoráveis à criação de um governo socialista de todos os partidos socialistas [...] Entendemos que só existe uma [outra] alternativa que é a da manutenção de um governo puramente bolchevique por meio do terror político. Este [último] foi o caminho escolhido pelo Conselho dos Comissários do Povo. Não podemos nem queremos seguir esse caminho [...] ele levará a um regime irresponsável [...] à destruição da revolução e do país.[33]

Dos signatários dessa carta, pelo menos três foram executados nos grandes processos e dois morreram na prisão. As conversações propostas pelo Vikhsel finalmente se interrompem. Lênin, Trotsky, Sverdlov e seus partidários queriam apenas ganhar tempo. Os membros do Comitê Central, que haviam renunciado, voltam aos seus postos[34].

A marcha do governo bolchevique em direção a uma ditadura de partido único pode ser acompanhada em vários planos. O da autonomização progressiva do Sovnarkom (Conselho de Comissários do Povo) em relação aos sovietes e ao

28 Cf. V.N. Brovkin, op. cit., p. 32.
29 Ver R. Pipes, *The Russian Revolution*, New York: Vintage Books (Random House, Inc), 1991, p. 519.
30 Ibidem.
31 Cf. V.N. Brovkin, op. cit., p. 33.
32 Cf. O. Figes, op. cit., p. 499.
33 V.N. Brovkin, op. cit., p. 32-33.
34 Cf. O. Figes, op. cit., p. 511.

EM TORNO DA INSURREIÇÃO DE OUTUBRO DE 1917... 165

Comitê Executivo dos Sovietes; o do sufocamento progressivo da liberdade de imprensa; o da repressão contra a pessoa dos representantes da oposição; o da liquidação das instituições de representação popular; o do controle de instituições e progressiva neutralização, e depois expulsão, dos representantes da oposição; o da constituição de órgãos de repressão. Em todos esses planos, sendo impossível evitar aqui, um toque de ironia, dir-se-ia que a obra dos bolcheviques foi notável. Tudo isso deve ser pensado sobre o fundo das mudanças que se operam na atitude popular diante do novo poder. O fato essencial, é a progressiva *perda de prestigio do poder bolchevique* e o fortalecimento dos seus adversários, mencheviques e SR.

Os acontecimentos principais do período são as eleições para a Assembleia Constituinte, em novembro, primeira e única reunião da assembleia, e o seu fechamento, em janeiro; a instituição da Tcheka (a polícia política), em dezembro; depois, a paz de Brest-Litovsk; finalmente o início da "plena" guerra civil e a expulsão das oposições do Comitê Executivo dos Sovietes.

Começo descrevendo, à vol d'oiseau, as práticas autoritárias do novo regime, que vão num crescendo, embora com períodos de recuo, por razões diversas. A imprensa vai sendo progressivamente asfixiada. Primeiro, a imprensa liberal, depois, pouco a pouco, a imprensa socialista (SR e menchevique). Mas os jornais fechados abrem com outro nome[35]. Há mesmo jornais de direita que, de uma forma ou de outra, conseguem ir sobrevivendo[36]. Existe, assim, uma espécie de guerra de gato com o rato, que dura até o verão de 1918. Quanto às prisões (também intermitentes), começa-se com os liberais, mas, em dezembro, muitos socialistas (líderes, inclusive) são presos. No início de janeiro, dois ex-ministros liberais do governo provisório são assassinados por marinheiros bolcheviques, no hospital de uma prisão. A Assembleia Constituinte, cuja eleição já estava marcada (os bolcheviques decidem confirmar a data das eleições e realizá-las) será fechada em sua primeira e única sessão, de 5 a 6 de janeiro. Os bolcheviques não haviam obtido mais do que um quarto dos votos nessas eleições, embora tivessem ganhado nas grandes cidades. Os SR saem vitoriosos. Numa

35 Cf. V.N. Brovkin, op. cit., p. 106 e 132.
36 Cf. R. Pipes, *The Russian Revolution*, p. 324 e 560.

das proclamações, após a vitória de outubro, os bolcheviques haviam se referido à convocação da Assembleia Constituinte, e mesmo justificado a necessidade da derrubada do governo provisório pela necessidade de garantir as eleições para a Assembleia Constituinte. A justificativa do fechamento é em parte geral ("os sovietes são formas mais altas de representação", mas logo chegaria a vez dos sovietes...), em parte específica (nas chapas dos candidatos SR, só numa minoria de casos se havia separado os SR oficiais dos SR de esquerda). Esse último argumento era muito frágil. Como argumentaria Rosa Luxemburgo, crítica do fechamento da Assembleia Constituinte (e também o menchevique Tseretelli, em discurso na sessão única da assembleia), *bastaria dissolver, em vez de dispersar* a assembleia e *convocar novas eleições* (pelo menos onde não havia duas listas SR). As manifestações em defesa da Constituinte foram menos poderosas do que se esperava, mas não desprezíveis. Houve uma em novembro e outra no dia da sessão. A maioria dos participantes era de classe média, havendo também – discutem-se quantos – operários. Fato mais importante: a manifestação de janeiro é dissolvida à bala (entre dez e vinte mortos). Era a primeira vez em que o novo poder abria fogo contra manifestantes.

4. A Assembleia Constituinte e o Seu Destino

A convocação de uma Assembleia Constituinte era um velho sonho de democratas e socialistas. Depois das jornadas de julho, o governo provisório anuncia que vai acelerar o processo de convocação da Assembleia Constituinte e fixa datas para as eleições da assembleia e para a sua abertura, respectivamente 17 e 30 de setembro. Mas, no início de agosto, mudam-se os dias fixados: eles passam a ser os dias 12 e 28 de novembro. Antes disto, há o movimento de outubro. O novo poder, depois de alguma hesitação, confirma em 27 de outubro essas duas últimas datas[37]. As eleições deveriam durar três dias, começando no dia 12. Isso ocorreu em Petrogrado; no resto do país, porém, essencialmente

---

37 Cf. Nikolai Smirnov, The Constituent Assembly, em Edward Acton; Vladimir Iu. Cherniaev; William G. Rosenberg, *Critical Companion to the Russian Revolution, 1914-1921*, Bloomington: Indiana University Press, 1997, p. 327.

EM TORNO DA INSURREIÇÃO DE OUTUBRO DE 1917...   167

por razões técnicas, sem dúvida, o calendário foi alterado[38]. Oliver Radkey, o autor do livro clássico sobre as eleições para a Assembleia Constituinte[39], faz o balanço das irregularidades e dos incidentes, que não foram poucos, mas que não beneficiaram só os bolcheviques, e conclui que "os aspectos normais da eleição contrabalançaram de longe as irregularidades. [...] A ampla maioria do eleitorado exerceu livremente o direito de sufrágio e seus boletins foram contados corretamente"[40]. Os resultados deram a vitória aos SR, embora os bolcheviques tenham tido boa votação. Pelos dados de Smirnov (que se apoia num texto recente de um autor russo, L.G. Potrasov), votaram 47 milhões de votantes, sobre um total de 80 milhões de inscritos. Figes, que se apoia em Radkey – as diferenças entre os autores são, de qualquer modo, pequenas –, dá 16 milhões de votos para os SR (o que representaria, na sua contagem, 38%), 10 milhões para os bolcheviques (24%), 5% para os kadetes (democratas constitucionalistas), 3% para os mencheviques; os SR ucranianos, que tinham grandes divergências com os SR russos a respeito da questão nacional, obtêm 12%[41]. Os bolcheviques obtêm maioria nas grandes cidades, quase a metade dos votos em Moscou[42], maioria absoluta entre os operários de Moscou e de Petersburgo[43]. A assembleia deveria, em princípio, abrir no dia 28 (embora em alguns distritos as eleições ainda não houvessem sido realizadas)[44]. Desde o dia seguinte às eleições, os bolcheviques começam a tomar medidas contra a assembleia: eles decretam o direito de *recall* de delegados (inútil supor que houvesse "democratismo" nessa medida), a exigência da presença da metade dos deputados para que ela fosse aberta, e, mais, que

38   Ibidem; e R. Pipes, *The Russian Revolution*, p. 540.
39   Oliver Radkey, *Russia Goes to the Polls: The Election to the All-Russian Constituent Assembly, 1917*, Ithaca/London: Cornell University Press, 1987 [1950].
40   Ibidem, p. 47 e 52.
41   Cf. N. Smirnov, The Constituent Assembly, em E. Acton et al., op. cit., p. 327; e O. Figes, op. cit., p. 507-508.
42   Cf. O. Radkey, op. cit., p. 40 e 150 (tabelas); e N. Smirnov, em E. Acton et al., op. cit., p. 327.
43   Ver os dados fornecidos por Leopold Haimson, no que se refere aos bairros operários periféricos em Petersburgo, no seu artigo The Mensheviks after the October Revolution, Part 1, *The Russian Review*, Cambridge, v. 38, n. 4, out. 1979, p. 456s (especialmente p. 471).
44   Ver N. Smirnov, The Constituent Assembly, em E. Acton et al., op. cit.

ela só fosse aberta por uma pessoa a quem o Sovnarkom desse poder para tal[45]. Mesmo assim, há uma tentativa de abertura da assembleia que culmina com uma manifestação convocada pela União pela Defesa da Assembleia Constituinte, constituída por "representantes do soviete de Petrogrado, dos sindicatos, e de todos os partidos socialistas, menos os bolcheviques e os SR de esquerda". Os dados sobre o número de manifestantes são incertos, provavelmente dezenas de milhares[46]. É nesse contexto que são presos vários dirigentes do Partido Kadete, inclusive vários delegados à assembleia[47]. Há intervenção na comissão organizadora da Assembleia Constituinte, novas credenciais são exigidas[48] No dia 20 de dezembro, a abertura é fixada para o dia 5 de janeiro de 1918, se houvesse *quorum*. Já no dia 12, porém, Lênin publicara as suas "Teses Sobre a Assembleia Constituinte". Nelas, ele se vale do argumento de que os SR, em geral, haviam apresentado uma lista única quando na realidade o partido se havia cindido, além dos argumentos gerais. Só o soviete pode assegurar a passagem "menos dolorosa possível ao socialismo". Exige-se, assim, da assembleia, um reconhecimento sem reserva do poder dos sovietes, da revolução soviética e dos seus decretos. Qualquer tentativa de encarar o problema "de um ponto de vista jurídico, puramente formal [...], sem levar em conta a luta de classe e a guerra civil, é trair a causa do proletariado e se ligar ao ponto de vista da burguesia"[49]. A fração bolchevique na assembleia é considerada "capitulacionista" e é substituída. É antecipado para o dia 8 de janeiro, três dias depois da futura abertura da assembleia, o Terceiro Congresso dos Sovietes. Lênin redige uma chamada "Declaração dos Direitos do Povo Trabalhador", verdadeira declaração suicida da Assembleia Constituinte, que deveria ser lida e aprovada pela assembleia na sua seção de abertura (através dela, a assembleia se submeteria, tanto no

---

45 Idem, p. 328.
46 O texto citado é de Pipes, *The Russian Revolution*, p. 544. Ver também O. Figes, op. cit., p. 509. Figes calcula em mais ou menos 50 mil o número de manifestantes, o que representaria aproximadamente o dobro dos participantes ativos no movimento de outubro. Pipes diz que um jornal estimou em 200 mil o número de manifestantes, "mas o cálculo parece consideravelmente inchado. Fontes comunistas falam em 10 mil" (p. 544).
47 Cf. R. Pipes, op. cit., p. 545.
48 Ver N. Smirnov, The Constituent Assembly, em E. Acton et al., op. cit., p. 328-329.
49 Lénine, Thèses sur l'Assemblée Constituante, *Oeuvres*, op. cit., v. 26, p. 397s.

EM TORNO DA INSURREIÇÃO DE OUTUBRO DE 1917...   169

plano geral como em todos os detalhes, ao poder bolchevique)[50]. A "União Pela Defesa da Assembleia Constituinte" organiza uma manifestação. Os SR, do grupo terrorista, planejavam um levante, mas o projeto, vetado pelo Comitê Central SR, foi abandonado[51]. A cidade está sob a lei marcial: P.E. Dybenko, comissário da Marinha, recebeu ordens para reunir em Petrogrado entre 10 mil e 12 mil marinheiros armados[52].

Participava de uma manifestação pré-Assembeia Constituinte, cujo cortejo começa a se mover por volta do meio-dia, o mesmo tipo de público que descera à rua em 28 de novembro, mas havia menos gente do que se esperava (Pipes diz que a multidão era impressionante, e que alguns a calcularam em 50 mil; já Figes supõe que provavelmente não chegara a isso[53]). Os manifestantes se dirigiram ao Palácio de Táurida, onde se reuniria a assembleia. Nas proximidades da perspectiva Liteinyi, as tropas pró-bolchevique abrem fogo sobre a multidão. Outras colunas menores (uma, segundo Pipes, composta principalmente de operários) também são contidas à bala, em outros pontos da cidade[54]. Era a primeira vez que um governo pós-fevereiro atirava em manifestantes. Supõe-se que houve entre dez e vinte vítimas. Simbolicamente, elas são enterradas em 9 de janeiro, aniversário do Domingo Sangrento (1905), quando manifestantes foram massacrados por tropas do tsar. A sessão da assembleia se abre por volta das 16 horas. Não sem dificuldade, a presidência provisória cabe ao SR Mikhailov, o deputado mais velho. Tchernov, o mais importante dirigente SR (do centro), é eleito presidente (contra Spiridonova, SR de esquerda)[55]. Na tribuna, guardas vermelhos armados, alguns deles bêbados, gritam e vão provocar os oradores não bolcheviques (alguns apontam sua arma; mais adiante, eles descerão até o plenário). Segue-se um discurso de Tchernov, considerado em geral fraco, mas ele visava

50 Cf. Lénine, Déclaration des Droits du Peuple Travailleur et Exploité, *Oeuvres*, v. 26, p. 445; O. Figes, op. cit., p. 513; e N. Smirnov, The Constituent Assembly, em E. Actonet al., op. cit., p. 329.
51 Cf. R. Pipes, op. cit., p. 547-548.
52 Ibidem, p. 543-544; cf. O. Figes, op. cit., p. 513.
53 Ibidem, p. 551; e O. Figes, op. cit., p. 514.
54 Cf. O. Figes, op. cit.
55 Cf. Leopold Haimson, The Mensheviks after the October Revolution, Part III, *The Russian Review*, v. 39, n. 4, out. 1980, p. 466.

170   O CICLO DO TOTALITARISMO

principalmente (como diz Haimson) evitar um choque frontal com os bolcheviques e assegurar a continuidade da sessão. Tsereteli, o líder menchevique (um dos poucos mencheviques presentes), faz um discurso, em parte autocrítico, muito forte, defendendo a Assembleia Constituinte e propondo uma reconciliação no interior da "democracia revolucionária"[56]. O seu contraditor é o bolchevique Skvorstov (Skvortov-Stepanov), que tinha alguma coisa de um *scholar* (Haimson). A discussão é interessante, porque é teorizante e se faz, entre outras coisas, em torno da noção de "vontade geral do povo", que o bolchevique denuncia como ficção a serviço das classes dominantes (mas a continuação da história mostraria que o lado dele dificilmente poderia ser considerado o do proletariado)[57]. Raskolnikov, marinheiro de Kronstadt, propõe a chamada "Declaração dos Direitos do Povo Trabalhador" que fora lida por Sverdlov. Posta em votação, ela é rejeitada por 237 a 136; os SR de esquerda parecem ter se abstido. Os bolcheviques se retiram. Lênin não aparece em plenário, mas ocupa o camarote oficial. Ele fica por lá, assistindo tudo, até as 10 da noite. Os SR de esquerda só vão se retirar depois das 2 horas da manhã[58]. A assembleia aprova o armistício – o armistício, não o Tratado, que viria mais tarde – com a Alemanha; declara, confirmando a decisão do governo provisório, que a Rússia é uma República; e vota também uma lei agrária[59]. Às 4 da manhã, por ordem do comissário Dybenko, Zhelezniakov, chefe dos guardas vermelhos e, detalhe interessante, marinheiro anarquista, "convida" Tchhernov a encerrar a sessão, porque "a guarda estava cansada". Tchernov tenta ganhar algum tempo, mas finalmente encerra a sessão, às 4h40, marcando nova sessão (que nunca se realizou) para o dia seguinte[60]. Nesse mesmo dia 6, o Comitê Executivo dos Sovietes aprova um projeto de dissolução da assembleia, proposto pelo Conselho de Comissários do Povo[61]. Assim, terminou a história da primeira assembleia russa, eleita em condições amplamente democráticas.

56   Ibidem, p. 469-476.
57   Ibidem, p. 477-479.
58   R. Pipes, *The Russian Revolution*, p. 550s.; e O. Figes, op. cit., p. 516.
59   R.A. Wade, op. cit., p. 285; e R. Pipes, op. cit., p. 554.
60   O. Figes, op. cit., p. 516-517.
61   N. Smirnov, The Constituent Assembly, em E. Acton et al., op. cit., p. 332.

SEGUNDA PARTE

1. O Fechamento Progressivo do Regime

d. O poder do Conselho de Comissários do Povo vai se tornando cada vez maior, em relação ao Comitê Executivo Central dos Sovietes. A tarefa é facilitada pelo fato de que os mencheviques e os socialistas-revolucionários (SR) haviam-se retirado do comitê (os mencheviques voltarão em março, os SR voltam antes). Mesmo assim, há debates e eventuais desafios – em geral sem efeito ou de efeito muito limitado – ao poder bolchevista. Os protestos vêm dos SR de esquerda que, entretanto, entrarão no governo em dezembro, de SR e mencheviques inclusive, os que representavam outras organizações – sindicatos, por exemplo – ou de bolcheviques com posições divergentes. Os sucessivos congressos dos sovietes são controlados cada vez mais pelos bolcheviques, que excluem as oposições das comissões de credenciais.

Se a repressão se faz gradativamente, deixando durante alguns meses certos espaços de liberdade, isso se deve por um lado à prudência dos bolcheviques, que, nos primeiros dias, têm de enfrentar oposições sindicais (de esquerda) e armadas militares (de direita), e, mais adiante, justificar, em parte também dentro do seu partido, seja o fechamento da Assembleia Constituinte, seja, depois, o Tratado de Brest-Litovsk. Nesse contexto, insere-se o problema das relações com os SR de esquerda. Os bolcheviques tinham interesse em dar uma fachada democrática ao seu governo e, assim sendo, permitiram a entrada dos SR de esquerda, em dezembro de 1917, e atenuaram em alguma medida a repressão, tendo em vista garantir essa aliança de fachada (ao que parece, mesmo se os SR de esquerda fossem afinal favoráveis ao fechamento da Assembleia Constituinte, foi a necessidade de poupar os seus aliados que levou os bolcheviques a aceitar a realização de uma primeira e última sessão da assembleia). Por outro lado, os sentimentos democráticos eram relativamente fortes dentro de certos setores do partido bolchevique. Desde antes de outubro, toda uma série de dirigentes bolcheviques é muito reticente (para não dizer mais) em relação aos métodos do "socialismo de soldados" que os bolcheviques empregam. Em ocasiões e formas diferentes, Miliutin, Rykov, Noguin, Riazanov, Lunatcharsky e até Zinoviev

172 O CICLO DO TOTALITARISMO

manifestam-se em favor de um caminho mais democrático. Mas a figura que melhor encarna essa atitude é, certamente, Kamenev. Os radicais são Lênin, o "velho" líder e autor do *Que Fazer?*, e o recém-convertido Trotsky, neófito ultraentusiasmado com o modelo jacobino, que ele combatera brilhantemente na juventude.

Esse caminho repressivo é função da guerra civil? Nada leva a responder pela afirmativa. Porém essa resposta falsa se transformou num formidável mito a serviço do bolchevismo. Um problema prévio, para discutir a questão, é saber quando começa a guerra civil. Como observa Evans Mawdsley – grande especialista da guerra civil –, de certo modo ela, de fato, começa imediatamente. Mas, até o verão, essa guerra não ameaça o poder bolchevique e é, em grande parte, periférica. O que representa a guerra civil até junho de 1918? Depois dos combates do após outubro imediato (pequena batalha contra os cossacos perto de Petrogrado, luta em Moscou, resistência dos cadetes (militares) em Petrogrado), a guerra civil se trava principalmente contra os cossacos (primeiro nos Urais, depois no sul – no Don e no Kuban), mas eles são derrotados e, se não definitivamente, não representam perigo imediato. Também o exército de voluntários começa a se organizar no sul, com os generais Alexeev e Kornilov, mas tem de bater em retirada (a célebre "marcha do gelo") e perde no *front* o seu comandante militar (Kornilov). Há um pequeno desembarque inglês em Murmansk, logo depois da assinatura do Tratado de Brest-Litovsk, porém ele se faz inicialmente com a anuência dos bolcheviques, temerosos do avanço alemão e de ameaças a partir da Finlândia[62]. Finalmente, há a intervenção do poder bolchevique na Ucrânia, onde a Rada (Conselho) proclama a independência. A intervenção seria apenas um episódio da história complicada de intervenções e guerra civil na Ucrânia, mas, por ora, (e apesar das dificuldades iniciais), ela termina pela vitória vermelha no final de janeiro[63]. Pouco depois da morte de Kornilov, Lênin declara, no soviete de Moscou: "Pode-se dizer com certeza que, no essencial, a guerra civil está terminada."[64] Enfim, houve vários episódios

---

62 Ver, a respeito, Evan Mawdsley, *The Russian Civil War*, Edimburgh: Birlinn, 2005 [1987], p. 17s. e 50.

63 Ibidem, p. 25-26.

64 Ibidem, p. 22.

militares, mas nada disso representou um perigo real para o poder bolchevique e, principalmente, não há nada que indique que essa guerra civil incipiente explique a repressão. Muito mais sério era o avanço alemão, que vai levar ao Tratado de Brest--Litovsk, em março. Volto a ele mais adiante, mas também a guerra com a Alemanha não explica o autoritarismo crescente, em grandes linhas, do poder instaurado em outubro (há uma relação entre Brest-Litovsk e a questão da democracia e do pluripartidarismo, mas, como veremos, ela não é simples).

De onde vem o fechamento progressivo do regime? Por um lado, como já indiquei, ele está na base da política não de todo o partido bolchevique, mas certamente de Lênin e de Trótski. Lênin está dominado pela ideia de que as verdadeiras revoluções devem ser violentas e intolerantes (ver, por exemplo, as referências de Trótski a respeito), e ele aceita, se não deseja, a guerra civil. (A citação anterior poderia sugerir o contrário, mas o significado do texto é, mais ou menos, o de que, supondo um momento a contrarrevolução militarmente derrotada, os bolcheviques "aceitam" a paz civil.) Entretanto, pelo menos em determinadas ocasiões, os bolcheviques precisavam de uma fachada democrática. Mas a razão principal do fechamento do regime, podemos dizer, a verdadeira razão, está *na progressiva deterioração do prestígio bolchevique perante as grandes massas.* Isto é, o grande motivo está no fato de que os bolcheviques vão perdendo apoio. E mais: no fato de que esse enfraquecimento da base popular do bolchevismo corresponde a um fortalecimento das oposições mencheviques e SR, e também SR de esquerda, partido este que participa do poder até março. Esse processo, que contradiz o mito da repressão-por-causa-da-guerra civil, foi cuidadosamente ocultado pela historiografia e pela literatura oficial (stalinista, mas também leninista-trotskista).

Por ocasião do levante de outubro, os bolcheviques não gozam de apoio majoritário no país (as eleições para a Assembleia Constituinte, realizadas menos de um mês depois, não lhes dão – já vimos – mais do que um quarto dos votos), mas têm o apoio dos operários, principalmente o das grandes cidades, onde têm maioria absoluta do voto operário. (Quanto aos militares, os bolcheviques têm maioria – e maioria esmagadora – entre os soldados e marinheiros estacionados na proximidade

174 O CICLO DO TOTALITARISMO

dos grandes centros, de Petrogrado principalmente, mas perdem para os SR, nas guarnições instaladas longe dos grandes centros[65].) Esse apoio iria crescendo, numa marcha triunfal em direção a uma plena legitimação do regime? É o que a literatura tradicional pró-bolchevique (stalinista e trotskista) sugere, mas a tese é falsa. Ela põe no mesmo saco *reforço do poder e legitimidade*, duas coisas diferentes. Na realidade, a partir de dezembro, começam a aparecer sinais de descontentamento. As razões desse descontentamento são várias. O bolchevismo havia jogado a carta da mobilização e da intervenção das massas até o limite do caos e, agora, transmutado em poder de Estado, esse espontaneísmo criava problemas. Os operários pediam aumentos e indenizações de toda sorte, que o governo não estava em condições de conceder. Por outro lado, há uma progressiva liquidação das dumas, que asseguravam o funcionamento da administração. Não há poder administrativo suficientemente competente para preencher esse vazio. Tudo isso agravado pela violência dos comissários e pelas intervenções rudes das tchekas e dos guardas vermelhos. Finalmente, cresce a tensão com os camponeses. Estes não querem vender seus excedentes agrícolas pelo preço fixado pelo governo, considerado excessivamente baixo. E a troca por produtos industriais também se faz dificilmente. Para resolver o problema do abastecimento, os bolcheviques irão progressivamente intervir no campo, de forma violenta, o que provocará uma reação camponesa igualmente violenta.

No plano do cerceamento das liberdades, o fechamento da Assembleia Constituinte representou um passo essencial. Para, de certo modo, ratificar essa medida, um terceiro Congresso Pan-Russo dos Sovietes é marcado para dois dias depois da dispersão da Assembleia. Em torno de 94% dos lugares são dados aos bolcheviques e aos SR de esquerda. A oposição é excluída da Comissão de Credenciais. A questão da Assembleia Constituinte nem sequer é discutida[66].

---

65 Cf. O. Radkey, *Russia Goes to Polls*, p. 37s. Como observa Pipes, quando se trata de medir o apoio de que dispunham os bolcheviques em novembro (relativamente a outubro), é preciso considerar o fato de que a eleição se deu depois da promulgação do decreto sobre a paz, o que deve ter modificado o resultado em favor deles. Mas essa melhora não dura muito.

66 Sobre o Terceiro Congresso, ver V.N. Brovkin, op. cit., p. 62; e R. Pipes, *The Russian Revolution*, p. 555.

EM TORNO DA INSURREIÇÃO DE OUTUBRO DE 1917...

2. A Guerra e a Paz de Brest-Litovsk

Os bolcheviques haviam vencido, em grande parte, graças ao prestígio que ganharam junto aos soldados, com a bandeira da paz imediata. O decreto sobre a paz do Segundo Congresso propunha uma trégua de três meses aos beligerantes. Enviado aos aliados, ele é imediatamente rejeitado[67]. O poder bolchevique se dirige então às potências centrais. As conversações começam em 20 de novembro (6 de dezembro, pelo calendário gregoriano)[68]. O assunto só nos interessa aqui na medida em que se relaciona com o processo que leva à constituição de um governo autoritário de partido único. Como se sabe, depois de vários meses de conversações marcadas por rupturas, os bolcheviques acabam assinando um tratado, no dia 3 de março. Muito se falou e escreveu a respeito do tratado de Brest-Litovsk e das discussões que o precederam. Na realidade, o julgamento sobre uma coisa e outra é complexo. Lênin quer a paz quase a qualquer preço e fica em minoria, apoiado por Kamenev, Zinoviev e Stálin[69] (alinhamento que era, até então, excepcional). Bukharin quer a guerra revolucionária. Trótski tem uma posição intermediária, a famosa "nem paz, nem guerra" (os russos não assinam nada, mas declaram se retirar da guerra). Afinal, depois de uma série de peripécias que não cabe analisar aqui, e graças à adesão de Trótski, Lênin acaba obtendo maioria de um voto em favor da aceitação do *ultimatum* alemão[70]. As condições são muito duras (grandes concessões territoriais, pagamento das dívidas com juros, vantagens imensas para atividades comerciais e industriais de cidadãos dos Impérios Centrais atuando no interior da Rússia etc.). A oposição ao tratado é geral "por parte de todo o espectro político, da extrema-esquerda à extrema-direita"[71]. Lênin ganha "reputação de infalibilidade"[72] quando, com a derrota dos Impérios Centrais, o tratado vem a ser denunciado (18 de novembro de 1918). Mas, observa Pipes, vários fatos (pagamentos aos alemães efetuados ainda no final de setembro etc.) mostram que

---

67 Cf. R. Pipes, op. cit., p. 571-572.
68 Ibidem, p. 576.
69 Ibidem, p. 582.
70 Ibidem, p. 587.
71 Ibidem, p. 597.
72 Ibidem, p. 603

176 O CICLO DO TOTALITARISMO

Lênin não previa uma derrota alemã em curto prazo. Por que então Lênin optara de maneira tão nítida por esta posição? Essa seria a única alternativa? (Mas ai teríamos de perguntar: para salvar a revolução ou para salvar o bolchevismo?) Leonard Shapiro[73] sugere que Lênin queria evitar a todo custo uma guerra revolucionária, porque esta implicaria, provavelmente, uma abertura política (frente única de vários partidos revolucionários e mobilização popular, diante da ameaça de esmagamento da revolução)[74]. Por outro lado, quando a situação se agrava, entre a data da aceitação do *ultimatum* pelos russos (17 de fevereiro) e a ratificação do tratado (14 de março) – quando as tropas alemãs ocupavam sem resistência o território russo (sabe-se que um dos projetos do governo alemão era, simplesmente, a derrubada do governo bolchevique, governo de "judeus" e "maçons")[75] –, Lênin faz aprovar um projeto ("a pátria socialista em perigo") que contém, entre outras coisas, dois dispositivos: um que obriga os burgueses, sob ameaça de morte, a trabalhos forçados, como cavar trincheiras, e outro que legaliza a execução imediata de uma porção de categorias de pessoas, entre as quais os "agitadores contrarrevolucionários"[76]. Sob esse aspecto, a guerra acentuaria o caráter autocrático do poder bolchevique, e não o contrário. Por outro lado, que possibilidades havia na política dos "comunistas de esquerda" (os adeptos da guerra revolucionária)? Pipes insiste em que essa posição era menos utópica do que poderia parecer, porque os alemães tinham muito medo de um sobressalto popular contra uma guerra antirrevolucionária, e porque, por outro lado, a situação da Alemanha, e mais ainda da Áustria, já era difícil em termos econômicos e militares[77]. Um resultado político maior da assinatura do tratado foi a saída do governo dos socialistas-revolucionários de esquerda. Eles votam contra o acordo no Comitê Executivo Central e se retiram do governo (no próprio governo, segundo Steinberg, citado por Pipes[78], os

73 Ver Leonard Schapiro, *The Communist Party of the Soviet Union*, London: Eyre & Spottiswoode, 1960, p. 184; e o comentário de Brovkin, op. cit., p. 66.
74 R. Pipes, op. cit., p. 590. Shapiro observa que "as únicas unidades no exército, cujo moral era bom, eram antibolcheviques".
75 R. Pipes, op. cit., p. 586.
76 Ibidem, p. 587-588.
77 Ibidem, p. 572.
78 Ibidem, p. 583.

SR de esquerda defendiam uma posição "nem guerra, nem paz", que parece próxima à de Trótski).

O que se pode dizer de todo esse desenvolvimento nas suas implicações para com o nosso tema? Por que, afinal, Lênin tem uma posição tão intransigente em relação ao acordo com as potências centrais? Aparentemente, há aí três elementos. Por um lado, suas dúvidas quanto à disposição ao combate da parte dos soldados e, mais grave do que isto, seu medo de perder o apoio dos soldados, caso se decidisse a continuar a guerra. O bolchevismo tivera o apoio da maioria dos operários, pelo menos nas grandes cidades, mas também um enorme respaldo dos soldados, e isso na base de um motivo: sua tomada de posição em favor de uma solução para o problema da guerra. Lênin estava bem consciente de quanto dependia dos soldados. Como disse Martov, de certo modo o bolchevismo era um refém nas mãos deles. Em segundo lugar – isso explicitamente –, Lênin sabia que uma guerra com a Alemanha e com a Áustria implicaria alguma aliança militar com a *Entente*[79] (na realidade, ela implicou, em pequena medida, durante o período de incerteza: o desembarque inglês em Murmansk foi apoiado pelos bolcheviques), e isso ele não queria. Em terceiro lugar, ele devia temer sim algum tipo de incitação a uma frente única e, portanto, a uma abertura política por causa da guerra. Quem sabe por isso mesmo, quando a perspectiva da guerra parece se efetivar, foge para frente, propondo imediatamente medidas de tipo terrorista. E quais as razões da oposição? Haveria talvez certo purismo revolucionário (recusa em entregar territórios ao imperialismo alemão), mas, pelo que vimos, dada a situação alemã, o projeto de guerra revolucionária era menos utópico do que se poderia pensar. Por outro lado, e simetricamente em relação aos motivos de Lênin, havia – pelo menos por parte dos mencheviques (internacionalistas e, a *fortiori*, os outros) – o pressentimento de que essa paz representaria um novo fechamento do regime e de que uma "guerra defensiva", como eles diziam, teria efeitos contrários a essa tendência negativa[80]. Entre

---

79 Ver as *Teses...* de Lênin, de 7 de janeiro (20), citadas por R. Pipes, op. cit., p. 582: "[o governo russo] se tornaria um agente da França e da Inglaterra".

80 V.N. Brovkin, op. cit., p. 67: "Os líderes mencheviques acreditavam que a guerra defensiva oferecia uma oportunidade notável no sentido de sustar a escalada em direção do conflito civil na Rússia, e no sentido de mobilizar apoio para a unidade nacional e a Assembleia Constituinte."

178 O CICLO DO TOTALITARISMO

outros, vinha o argumento: esse governo é capaz de tanta repressão (capaz de guerra interna), mas quando se trata dos alemães ele é pacifista... E os mencheviques insistiam muito no fato de que os bolcheviques haviam desmoralizado o exército e de que todos pagavam por isso. Havia também os escrúpulos em aceitar uma paz "com indenizações e anexações" (embora sob forma passiva). Isso pesou muito sobre a oposição. O respeito aos "princípios revolucionários" era então alguma coisa de muito sólido. E os próprios bolcheviques hesitavam em passar por cima deles[81]. É difícil dizer que possibilidades teria a perspectiva de "guerra revolucionária", mas a paz leninista tinha certamente um duplo caráter. Por um lado, ela dava um respiro à Rússia e, com ela, de algum modo, à revolução; ao mesmo tempo, era um elemento – elemento novo naquele momento – de *Realpolitik*. Ela assinalava, de alguma forma, o início de uma *Realpolitik,* que o stalinismo iria utilizar sem escrúpulo. Em geral, se inscrevia numa política orientada "de cima", a partir da direção (a pretensa vanguarda). Mesmo se com alguma dose de utopismo, a oposição representava a abertura para um movimento impulsionado "de baixo", a partir das bases. Assim, de uma forma ou de outra, o tratado de Brest-Litovsk acabou representando mais uma pedra na construção do regime autoritário de partido único.

3. A Desintegração da Base Social do Bolchevismo e a Repressão aos Opositores

Porém, houve um elemento decisivo, que já mencionei, elemento ocultado pela historiografia oficial e até aqui relativamente pouco estudado: a progressiva desintegração da base popular do bolchevismo[82]. Sobre esse assunto pouco se falou e, como já observei,

81 Sobre a oposição dos SR de esquerda ao tratado, ver E. Acton et al., op. cit., p. 296; artigo de Michael Melancon, The Left Socialist Revolutionaires. Para uma análise detalhada da posição dos SR de esquerda – inclusive nas suas peripécias – em relação ao tratado, ver Lutz Haefner, *Die Partei der Linken Sozial-Revolutionâre in der Russischen Revolution von 1917/18*, Colônia/Weimar/Viena: Bôhlau, 1994, particularmente p. 331-394. Para o contexto internacional do Tratado, incluindo a análise da posição dos governos dos Impérios Centrais, ver R. Pipes, *The Russian Revolution*, op. cit., p. 567-605.

82 Sobre essa questão fundamental – ela será o centro da parte final deste texto e, até certo ponto, do conjunto dele –, há um livro pioneiro, que é de Leonard ▸

EM TORNO DA INSURREIÇÃO DE OUTUBRO DE 1917...   179

tendeu-se a transformar em legitimidade (isto é, em real apoio popular) uma dominação de fato, fundada essencialmente na força e na violência. A historiografia oficial, e mesmo em parte para além dela, deu legitimidade ao que foi um processo progressivo de asfixia, duplicando no plano do discurso histórico a mitificação operada no plano da realidade efetiva.

A situação começa a se alterar já em dezembro[83]. Há certo número de fatos que testemunham a desconfiança dos operários em relação ao governo bolchevique. Os soldados, na sua grande maioria, desejam a paz e não querem lutar por nenhum governo. O problema do abastecimento vai se agravando. Em abril de 1918, as grandes cidades russas estão à beira da fome[84]. Brovkin indica três causas, a seu ver, determinantes: 1. o fato de que os bolcheviques haviam fechado as agências de abastecimento das assembleias de voto universal (*dumas* e *zemstvos*); 2. o Tratado de Brest-Litovsk, que havia alienado da Rússia territórios extremamente ricos em termos agrícolas; e 3. o apoio dos bolcheviques à ocupação de terras tinha gerado uma situação de caos no campo, que não era favorável ao desenvolvimento da produção agrícola[85]. O apoio operário ao bolchevismo era muito frágil. Mesmo os autores que tentaram apresentar o movimento de outubro como sendo alguma coisa próxima de uma revolução operária deixaram claro o quanto o "bolchevismo" dos operários era algo bem diferente do apoio a um governo de partido único[86]. A ruptura vai aparecer claramente nas elei-

> ▷ Shapiro, *The Origin of the Communist Autocracy: Political Opposition in the Soviet State, First Phase, 1917-1922*, London: London School of Economics and Political Science, 1955. Dos livros recentes, destaco V.N. Brovkin, op. cit. e também (livro que só pude obter quando o presente capítulo já estava escrito), *Behind: The Front Lines of the Civil War: Political Parties and Social Movements in Russia, 1918-1922*, Princeton: Princeton University Press, 1994. Ver também V.N. Brovkin (ed.), *The Bolcheviks in Russian Society: The Revolution Rand The Civil Wars*, New Haven/London: Yale University Press, 1997. Para o nosso tema, interessam especialmente os artigos de O.V. Volobuev sobre o menchevismo, o de Michael Melancon sobre os SR de esquerda, o de Scott Smith sobre os SR e o de Sergei Pavliuchenkov sobre os operários sob o "comunismo de guerra". O texto de Brovkin sobre as mulheres é muito interessante.
> 83 Ver V.N. Brovkin, *The Mensheviks...*, p. 54s.
> 84 Ibidem, p. 95.
> 85 Ibidem, p. 95-97.
> 86 Ver, por exemplo, Diane Koenker, *Moscow Workers and the 1917 Revolution*, Princeton: Princeton University Press, p. 336-346. Koenker mostra que a maioria dos operários moscovitas era pela derrubada do governo provisório ▶

180 O CICLO DO TOTALITARISMO

ções para os sovietes das cidades, que ocorrem na primavera de 1918[87]. Brovkin fez um estudo detalhado dos resultados. Há uma série de eleições para diferentes sovietes de cidades em várias regiões da Rússia. O balanço é impressionante. "Em todas as capitais provinciais da Rússia europeia onde houve eleições, e em que os dados não desapareceram, os mencheviques e os SR obtiveram maioria, na primavera de 1918."[88] E eles ganham também nas grandes cidades industriais[89]. *A solução adotada pelos bolcheviques para enfrentar esse problema foi usar a violência.* Cidade após cidade, eles intervêm nos sovietes, dissolvendo-os com a ajuda de força armada (guarda vermelha e Tcheka), ou se recusam a abandonar as posições de direção[90]. Outro fenômeno muito importante vai revelar o descrédito progressivo (pelo menos relativo) dos bolcheviques junto aos operários. A formação das assembleias de representantes (*upolnomochennyi*), no dizer de Figes, "de longe, a ameaça mais poderosa que os bolcheviques encontraram por parte da classe operária"[91]. Há controvérsia sobre o momento exato em que nasce o movimento, mas nele tiveram um papel importante os mencheviques de direita, os quais, já não tendo mais ilusões nos sovietes, dado o fato de que estes estavam mais ou menos controlados pelo poder, se dispuseram a criar uma organização paralela. Porém, o movimento não foi apenas menchevique, pois dele participam SR (houve também SR de esquerda) e muitos sem partido. Há

▷ sem se dispor a uma participação ativa (ver, por exemplo, p. 342), ficando evidente, pela sua descrição, que os operários eram, na realidade, favoráveis ao "poder dos sovietes" (ver p. 340). Ver também David Mandel, *The Petrograd Workers and the Soviet Seizure of Power*, London: Macmillan, 1984, p. 300, onde o autor se refere à "batalha pelo poder do soviete" (V.N. Brovkin, op. cit., p. 55, alude a esses dois livros).

87 Pipes corrobora essa análise do desencanto dos operários com o poder bolchevista. Segundo ele, o melhor relato desse processo está num manuscrito inédito, em russo, de G. Aronson, *Na perelome* (Na Viragem) (ver R. Pipes, *The Russian Revolution*, p. 558-560 e 895, n. 140).

88 Cf. V.N. Brovkin, *The Mensheviks...*, p. 159.

89 Brovkin faz uma análise dos casos conhecidos, região por região, cidade por cidade.

90 Para a análise detalhada dessas intervenções, ver V.N. Brovkin, op. cit., p. 126-160. Exemplos: intervenção no soviete de Kaluga (em 8 de junho, ver p. 131), recusa em abandonar os postos no Comitê Executivo de Kostroma (ver p. 132), dispersão do soviete de Tula (ver p. 137), dispersão do soviete de Yaroslav (ver p. 141), dispersão do soviete de Orel (ver p. 142) etc.

91 Cf. O. Figes, op. cit., p. 624.

EM TORNO DA INSURREIÇÃO DE OUTUBRO DE 1917...   181

uma discussão para saber qual o peso respectivo dos motivos econômicos e dos motivos políticos no movimento. Parece que os motivos econômicos eram poderosos, já que a situação era muito difícil; mas não há dúvida de que o movimento tomou também um caráter político, não só como mobilização de protesto contra as violências bolcheviques como também como um movimento que levantou palavras de ordem política mais gerais, como a da reconvocação da Assembleia Constituinte. Aliás, nesse plano, havia divisões entre os participantes: alguns eram pró-Assembleia Constituinte, outros pró-liberdade dos sovietes sem assembleia etc.[92] O movimento vai crescendo durante a primavera de 1918. Projeta-se um congresso geral das assembleias de representantes (conhece-se o manifesto de convocação[93], redigido em termos dramáticos) e se marca uma greve geral de protesto contra a repressão, no dia 2 de julho. Costuma-se dizer que a greve fracassa. Ela fracassa, efetivamente, no sentido de que eles não obtém a satisfação das suas reivindicações. Entretanto, dadas as condições, o simples fato de

92 Sobre o movimento das assembleias de representantes, ver V.N. Brovkin, *The Mensheviks...*, sobretudo p. 162-196, 221-222, 247-248 e 251-254. Também Grégorii Aronson, Ouvriers russes contre le bolchevisme, em *Le Contrat Social*, Paris, v. x, n. 4, jul.-ago. 1966, p. 201s. Uma posição contrária à de Brovkin tentando reduzir a importância das assembleias de representantes (seus motivos seriam essencialmente econômicos etc.) pode ser encontrada no artigo de W.S. Rosenberg, Russian Labor and Bolshevik Power after October, *Slavic Review*, v. 44, n. 2, verão de 1985, p. 213s. O artigo vem seguido por duas intervenções, respectivamente, de Moshe Levin e de Vladimir N. Brovkin, e de uma tréplica final de Rosenberg. O texto traz dados importantes, mas os pressupostos de Rosenberg parecem frágeis e muito marcados pelas posições "oficiais" do bolchevismo. Pode parecer surpreendente que Figes (*A People's Tragedy*, p. 852, n. 62) prefira a interpretação de Rosenberg à de Brovkin, mas, na realidade, Figes é cético em relação à existência de uma politização "em termos de partido".

93 "A vida se tornou dura e difícil. Mais e mais fábricas estão sendo fechadas. O exército de desempregados é cada dia maior. A fome e o domínio arbitrário se tornam cada vez mais fortes e não há saída... Nessas horas terríveis e agitadas, não podemos esperar ajuda de parte alguma. Temos de ajudar a nós mesmos... Trabalhadores de toda a Rússia, nós os representantes (*upolnomochennyi*) das fábricas e usinas (*plants*) de Petrogrado os convocamos para o Congresso Pan-Russo. Representantes livremente eleitos da classe operária virão de todas as cidades e, juntos, procurarão e hão de encontrar o caminho da salvação para eles mesmos e para todo o país: suprimento alimentar, desemprego, ruína geral, ausência de direitos para o povo, renascimento das nossas organizações – tudo será discutido e decidido" (V.N. Brovkin, *The Mensheviks...*, p. 245).

182 O CICLO DO TOTALITARISMO

convocar uma greve geral foi por si mesmo um resultado e, de resto, não se sabe ao certo quantos trabalhadores aderiram a ela[94]. Nesse intervalo, há dois fatos essenciais que vão marcar o fim do período de relativa democracia. A eles se acrescenta o início do que será propriamente a guerra civil. O primeiro é a expulsão de mencheviques e socialistas-revolucionários (não os sr de esquerda) do Comitê Executivo dos Sovietes, que ocorre no dia 14 de junho. Os socialistas-revolucionários de esquerda votam contra, mas a maioria bolchevique assegura a aprovação do ato. Junto com a expulsão vem uma "recomendação" aos sovietes para que façam o mesmo.

O segundo são as eleições para o soviete de Petrogrado. Os bolcheviques tinham bloqueado durante meses as novas eleições que, estatutariamente, deveriam ocorrer. Finalmente, eles se decidem por realizá-las. As eleições ocorrem entre 18 e 24 de junho. Há uma área de obscuridade em torno do resultado das eleições, mas uma coisa é certa: *as eleições para o soviete de Petrogrado foram manipuladas pelos bolcheviques de forma a garantir-lhes uma maioria esmagadora.* A dúvida não concerne à manipulação, plenamente atestada, mas a um dado em particular.

Para discutir os resultados, utilizo os livros de Brovkin e de D. Mandel (também já citado), além de um artigo de L. Haimson, publicado em três números na *The Russian Review*[95.] Uma fonte importante é um artigo do jornal que os mencheviques editavam em Estocolmo, *Echos de Russie* (havia também uma edição em alemão), *Le Bluff bolcheviste des élections de Petrograd* (n. 18-19)[96]. O essencial é o seguinte[97]: ao contrário do que ocorrera nas eleições de setembro e outubro de 1917, em que se elegera grande parte do soviete anterior, deu-se (isto é, os

94   Cf. V.N. Brovkin, op. cit., p. 248.

95   Ver L. Haimson, The Mensheviks After the October Revolution, op. cit., part I, p. 470-471. As outras duas partes do artigo de Haimson, a última das quais tem importantes materiais sobre as discussões na única sessão da Assembleia Constituinte, foram publicadas na mesma revista (*The Russian Review*), respectivamente no v. 39, n. 2, abr. de 1980, e nov. 39, n. 4, outubro de 1980.

96   Consegui um número do jornal na Bibliothèque Nationale de France, de Paris, mas infelizmente não era o que contém o artigo (aparentemente, a British Library também não possui esse n. 18-19; ele deve existir nas coleções americanas).

97   O que segue, imediatamente, resume o texto de V.N. Brovkin, *The Mensheviks...*, p. 239s.

EM TORNO DA INSURREIÇÃO DE OUTUBRO DE 1917...

bolcheviques deram) um grande peso ao voto por organização (tratava-se evidentemente de organizações que eles controlavam). Nas eleições de setembro-outubro de 1917, foram eleitos 440 representantes de militares, num total de 791 delegados, portanto mais da metade. A segunda maior representação era a dos operários, com 259. Completavam o soviete delegados eleitos através de organizações, a saber: 60 representantes dos sindicatos, 17 das ferrovias, 12 dos partidos políticos e 3 dos sovietes distritais. *Assim, a representação de operários e "soldados" era esmagadora, embora houvesse também representação via organizações. Ocorreu o contrário nas eleições de junho: o voto por organização dominava amplamente*[98]. Num total de 677 delegados (o total diminuíra um pouco, mas há alguma dúvida sobre o número exato) havia 144 delegados dos sindicatos (em lugar de 60), 72 representantes das ferrovias (em lugar de 17), 46 representantes dos sovietes distritais (em lugar de 3). Mais 88 delegados de conferências operárias que os bolcheviques haviam organizado para limitar a ação dos conselhos de representantes (claro que estes conselhos não tiveram representação); 58 representantes do *Exército Vermelho*, substituindo a seção dos militares que não existia mais (segundo Brovkin, esses representantes do Exército Vermelho "eram antes indicados pelos bolcheviques do que eleitos de forma popular"[99]); e 10 representantes da Marinha. *Incluindo os militares, os delegados que representavam organizações somavam 418, para um total de 677 (em setembro-outubro, a relação era de 92 para um total de 791). Assim, passa-se de mais ou menos 11,5% para mais ou menos 61%.* Ora, esses delegados tinham sido diretamente indicados pelo poder bolchevique ou vinham de organizações que eles dominavam (seja porque não houvera novas eleições que renovassem os delegados eleitos em setembro-outubro de 1917, seja porque o poder bolchevique já tinha assegurado maiorias por meio de métodos, na generalidade dos casos, muito duvidosos). É graças a esse tipo de manipulação que eles vão assegurar 327 do total de votos *por organização*, que foi de 418 (ou 417,

---

98 Não digo voto "direto" e voto "indireto" porque Brovkin nos adverte, pelo menos a propósito da votação de 1918, que mesmo o voto "operário" era às vezes indireto (Cf. V.N. Brovkin, idem, p. 241).

99 V.N. Brovkin, *The Mensheviks...*, p. 239.

184 O CICLO DO TOTALITARISMO

segundo outra fonte), quase 80%[100]. De fato, o voto bolchevique por organização é mais do que o dobro do seu voto operário. Inversamente, a maioria dos votos mencheviques vem do voto operário. Resta o problema do voto operário (já que a representação de militares fora de organização havia desaparecido). Aqui os dados são incertos. Brovkin cita fontes mencheviques (incluindo *Echos de Russie*), oficiais e dados de autores russos dos anos de 1960 (incluindo Potekhin). Segundo Potekhin[101], no setor não mediado pelas organizações, os bolcheviques teriam obtido 150 lugares, contra 78 opositores (incluindo, além dos mencheviques e dos SR, os sem partido, em grande maioria, se não na totalidade, da oposição), enquanto os socialistas-revolucionários de esquerda (que, segundo Brovkin, seria melhor não contar nem num grupo, nem em outro, pois estavam em processo de ruptura) teriam obtido 32. Apesar de que a maioria dos votos bolcheviques vinha da votação por organização, os bolcheviques teriam conseguido assim, segundo aquele historiador, perto de 60% dos votos operários. Mas os dados da revista independente *Novaia Jizn*, também utilizados por Brovkin[102], invertem o quadro: segundo essa versão, os opositores (mencheviques, SR e sem filiação, excluindo os SR de esquerda) teriam tido quase 60% dos votos operários, e não 30% como Potekhin supôs, e, inversamente, os votos operários dados aos bolcheviques não representariam mais do que uns 35%. Como julgar? Introduzo aqui um *tertium*: o historiador (simpático ao bolchevismo) David Mandel. Mandel consultou a *Novaia Jizn*, mas também outro jornal, *Svernaia Kommuna* (A Comuna do Norte). Segundo a tabela que ele fornece – ele

100 Ibidem, p. 242, tabela 4. Brovkin compõe essa tabela utilizando os dados de um livro do historiador M.N. Potekhin (*Pervyi Soviet proletarskoi Diktatury*, Leningrad, Lenizdat, 1966 [O Primeiro Soviete da Ditadura Proletária]) para ▶ ▷ os votos de operários e para os totais; para os votos por organização ele se serve da *Novaia Jizn* (Nova Vida), jornal onde estavam Sukhanov (menchevique de extrema-esquerda e grande memorialista da "revolução") e Máksim Górki. O resultado global da eleição (votos por organização ou não), conforme a mesma tabela (portanto, segundo Potekhin) foi: 477 votos para os bolcheviques e simpatizantes, 116 para mencheviques, SR, sem filiação e outros; num total de 677. Globalmente (votos por organização ou não), os bolcheviques teriam tido, assim, aproximadamente 70% dos votos (sem contar os SR de esquerda).
101 Ibidem.
102 Ibidem, p. 243.

EM TORNO DA INSURREIÇÃO DE OUTUBRO DE 1917...

admite que o resultado efetivo talvez tenha sido menos favorável aos bolcheviques – os bolcheviques teriam tido 127 delegados operários, o que significa 48,5% dos candidatos eleitos, enquanto mencheviques, SR e não afiliados (eu fiz a soma) teriam tido 103 delegados, o que dá 39,4%[103]. Levando em conta as várias narrativas, parece razoável supor que os bolcheviques obtiveram algo como 50% dos votos "operários". Isso significa que eles ainda dispunham de um apoio considerável. Mas o declínio é evidente. E, nas províncias, já vimos, esse declínio foi muito mais acentuado. Não tendo aqui os dados numéricos diretos sobre a diferença entre os bolcheviques e os seus opositores no soviete de setembro e outubro, creio que poderíamos utilizar, para fins de comparação, os resultados das eleições para a Assembleia Constituinte, em novembro. No seu artigo já citado da *The Russian Review*, L. Haimson fornece os votos obtidos pelos diferentes partidos em bairros populares de Petrogrado[104]. Vê-se por aí que, em distritos populares periféricos, a porcentagem dos votos bolcheviques em relação aos SR (que se apresentaram com uma única chapa, englobando esquerda e direita), e excluindo os votos liberais (kadetes), varia mais ou menos entre 60% e 80% dos votos. Se a votação dos distritos operários permite medir a votação para o soviete (e, em grandes linhas, isso deve ser verdade), os votos operários pró-bolcheviques passaram assim de mais ou menos 70%, no outono-inverno de 1917, a algo como 50%, no verão de 1918. E isso em Petrogrado (fora de lá, já vimos, a situação do bolchevismo era muito mais difícil). De qualquer modo, a manipulação na relação voto operário/voto por organização assegurou aos bolcheviques um pseudorresultado que se aproximava, na aparência, da votação que eles tinham no final do ano anterior. O recuo ou a decomposição da maioria bolchevique é assim escamoteada, e eles aparecem "consolidando a sua vitória" com até mais de 70% (o que foi, aproximadamente, o resultado oficial, graças à manipulação

103 Cf. D. Mandel, op. cit., p. 406, tabela 8.3. Os SR de esquerda ficariam com 32 delegados, o que representaria 12,2 %. Mandel escreve que os bolcheviques, junto com os socialistas-revolucionários de esquerda, não poderiam ter tido menos do que 50% dos votos nas fábricas "ainda em funcionamento" (ibidem). Mas já vimos que, pelas circunstâncias, não se pode somar os votos bolcheviques com os dos socialistas-revolucionários de esquerda.
104 Cf. L. Haimson, op. cit., Part I, p. 470-471.

eleitoral). Enfim, mesmo se permanece uma dúvida sobre uma parte dos resultados, houve certamente um grande "acerto" que garantiu a vitória dos bolcheviques e *criou a impressão de que eles haviam consolidado legitimamente o seu poder.* Como foi observado por Orlando Figes[105], o episódio mostra que *a manipulação de eleições não é apanágio do stalinismo: ela começa na época do bolchevismo, foi inventada pelos leninistas.*

Depois dessa eleição, os acontecimentos se precipitam. Valendo-se da sua "vitória", o novo soviete põe na ilegalidade a assembleia de representantes (27 de junho)[106]. Uma conferência de quarenta representantes operários de diferentes cidades (Petrogrado, Moscou, Tula Sormovo etc.), reunida em Moscou em 23 de julho, é dispersa pela polícia e os seus participantes são presos[107].

A sequência da história, que não vou analisar em detalhe neste texto, é conhecida. Os socialistas-revolucionários de esquerda perdem as ilusões de que poderiam vencer no Quinto Congresso dos Sovietes, marcado para o início de julho, dada a manipulação de credenciais ou resultados. Durante o congresso, eles cedem à velha tentação terrorista. O embaixador alemão von Mirbach é assassinado e os SR de esquerda tentam uma espécie de insurreição.[108] Mas a guerra russo-alemã, que eles pretendiam provocar através do atentado, não vem. O governo bolchevique controla a situação internacional e, depois de um momento de susto, também a situação militar nacional. Como resultado do episódio, há prisões e execuções de socialistas-revolucionários de esquerda. Os SR de esquerda têm o mesmo destino dos mencheviques e SR: eles são expulsos do Comitê Executivo dos sovietes, em julho. No final de agosto, uma militante SR pratica um atentado contra Lênin (as circunstâncias desse atentado são, até hoje, obscuras). O terror vermelho é oficializado em 5 de setembro. A história da resistência de esquerda recomeçará no final da guerra civil, com as mobilizações operárias antibolcheviques de 1920, e com a insurreição de Kronstadt, em 1921.

---

105 Cf. O. Figes, *A People's Tragedie*, p. 685. Devo a localização da referência a Cícero Araújo.
106 Cf. V.N. Brovkin, *The Mensheviks...*, p. 243.
107 Ibidem, p. 254.
108 Há dúvidas sobre quais eram efetivamente os seus objetivos: não se tem certeza nem mesmo de que, os insurretos tenham, de fato, tentado, tomar o poder.

Conclusão

No início deste trabalho, havia levantado uma séria de perguntas sobre a Revolução Russa, de fevereiro de 17 até junho/julho de 1918. Em forma bem resumida, as perguntas eram: 1. (para o período anterior a outubro ou imediatamente posterior a ele) o movimento de outubro foi realmente uma revolução, e uma revolução proletária? Por que, ou em que condições os bolcheviques instituíram um poder de partido único?; 2. (para o período posterior a outubro): por que razões o poder bolchevique – que admitiu certos espaços de liberdade – evolui para um poder autocrático? Essa evolução foi provocada pelo desencadeamento da guerra civil? A base popular do bolchevismo aumenta ou diminui no curso dos primeiro semestre de 1918? Creio que a maioria dessas questões já foi respondida, mas tentemos resumir os resultados e tirar algumas conclusões finais. A primeira pergunta não pôde ser respondida nem na forma habitual, segundo a qual outubro foi realmente uma revolução, nem na forma liberal extrema, pela qual outubro foi *simplesmente* um golpe de Estado. Ele o foi, mas não simplesmente. Outubro foi um movimento "partidário" (e, nesse sentido, "de cúpula") apoiado só por uma minoria dos membros das classes exploradas do país, mas que contou com *certo tipo de apoio* (na realidade um apoio fundado, em boa medida, numa ilusão) da maioria do proletariado. Por que me refiro apenas a um "certo tipo de apoio"? Por um lado, pelo fato de que a participação efetiva das massas (inclusive o proletariado, que votava majoritariamente nos bolcheviques) no movimento foi pequena (ou muito pequena). Por outro lado, pelo fato de que aquilo que desejava a grande maioria dos operários, e grande parte dos camponeses, era *o fim do governo provisório* e, principalmente no que se refere aos operários, *um governo dos sovietes.* Essas circunstâncias, se não eliminam a realidade do "golpe de Estado", atenuam, em alguma medida, a brutalidade da operação. *Houve golpe sobre o fundo de um apoio ambíguo e não participante.* A caracterização do movimento como revolução *operária* é ainda mais problemática. Aqui, já podemos encadear a segunda pergunta. Por que os bolcheviques instituíram um governo de partido único? As "massas" – já indicamos – não se

O CICLO DO TOTALITARISMO

manifestaram a favor de um governo de partido único e, muito provavelmente, não queriam tal governo, desejavam sim um poder múltiplo "dos sovietes". O governo que nasce de outubro será, entretanto, composto apenas por representantes do partido bolchevique (a situação se altera de dezembro a março, quando os socialistas-revolucionários de esquerda participam do poder, mas o peso que eles tiveram foi pequeno). Por um lado, é evidente que Lênin e Trótski – insisto: Lênin e Trótski, de forma alguma todo o partido bolchevique – jogavam a carta da "vanguarda". Eles não excluíam coalizões, mas só as do tipo daquela que fariam em dezembro com os socialistas-revolucionários de esquerda; coalizões que não alteravam essencialmente o rolo compressor do partido bolchevique. Nesse sentido, se surgiu um governo de partido único, foi porque este era o projeto de Lênin e Trótski, e eles o realizaram com a ajuda de uma fatia do partido e com a habilidade que lhes é conhecida. Evidentemente, a oposição facilitou o seu trabalho. É impossível criticar a política do bolchevismo sem criticar conjuntamente a política da direita menchevique e da direita socialista-revolucionária. E isso antes e depois de outubro. A exigência supersticiosa de uma aliança com os liberais, no momento em que os liberais se recusavam a dar os passos que a situação exigia e – mais do que isso – no momento em que tendiam a buscar um acordo com as forças mais retrógadas (o radicalismo da extrema-esquerda não justifica essas tendências), foi um erro imenso, que abriu caminho para o poder bolchevista. Durante o movimento de outubro, e depois dele, menchevistas de direita e socialistas-revolucionários de direita jogaram frequentemente a carta perigosa do boicote (especialmente o Comitê Executivo Central dos Sovietes), com as consequências que se conhecem. A meu ver, isso tudo não elimina, entretanto, a responsabilidade do bolchevismo. Por que o governo bolchevique, depois de admitir um mínimo de jogo democrático, mergulha num autocratismo terrorista? É a guerra civil que explica essa "involução", conforme reza a tese tradicional? Se é difícil dizer em que momento exato começou a guerra civil[109], nem a primeira fase desta, que vai até o início

109 Ver, a respeito, o importante livro de Evan Mawdsley, op. cit., por exemplo, p. 54 e 75.

de junho de 1918, nem a segunda fase, que começa em julho de 1918, explicam o fechamento do regime, embora certamente o sobredeterminem. A primeira fase não explica porque não havia ameaça maior ao poder bolchevista. E se o fechamento, de certo modo, se completa com o levante dos tchecos[110], que assinala o início da segunda fase, a da "plena" guerra civil, o processo de fechamento tinha começado bem antes e, apesar de alguns momentos de trégua, foi progredindo de forma inexorável. Isso mostraria que a primeira fase já exigira e implicara, de fato, um processo de fechamento gradual? Não, primeiro, porque não há evidência de que as medidas autoritárias foram respostas graduais a um começo de guerra civil (elas não crescem no ritmo dessa guerra, salvo a partir do início de julho; além do que, como já vimos, a ideia de um poder autocrático estava dada, desde o início, como peça essencial do projeto leninista) e, mais do que isto, porque há outro fator que, esse sim, explica o fechamento progressivo. É ele, repito, *a deterioração progressiva da legitimidade do bolchevismo* perante a única força estável que os apoiava, o proletariado (os camponeses-soldados querem a paz, e logo são dispersos enquanto força política própria). Tentei fornecer os elementos empíricos essenciais que mostram como o bolchevismo se desgasta perante as massas operárias (também, um pouco depois, perante as massas camponesas), desgaste cujos efeitos já são decisivos uns quatro meses depois de outubro... E isso, em boa parte, como resultado do autoritarismo do poder bolchevique Este fato, bem atestado, foi sistematicamente mascarado na prática, isto é, tanto na mídia oficial da época, como também, mais tarde, na historiografia oficial. De tal forma que se poderia dizer que é *menos verdade afirmar que a guerra civil provocou*

---

110 A guerra civil "plena" ou propriamente dita começa com um fato curioso e, em certo sentido, acidental. Soldados tchecos, na maioria soldados do exército austro-húngaro, aprisionados pelos russos abandonavam o país, com o consentimento do governo soviético. Viajando pela Trans-Siberiana, eles deveriam, em princípio, deixar a Rússia por Vladivostock, com o projeto de se juntar, na Europa, às tropas que lutavam contra os Impérios Centrais. Um incidente de percurso e uma declaração brutal de Trótski levaram os tchecos a se revoltar. Eles darão apoio à oposição SR que se organizava no Volga, sob a bandeira da Assembleia Constituinte. Esse episódio, marca, propriamente, o início da guerra civil.

a autocracia de partido único do que dizer que o autocratismo de partido único provocou a guerra civil[111].

Dessas notas históricas e críticas podem-se retirar algumas conclusões. Primeiro, como foi dito, a de que a história da revolução russa não foi vítima apenas das falsificações stalinistas. Houve e há uma mitologia leninista-trotskista que oculta e deforma elementos fundamentais no plano dos fatos tanto como da sua significação. Deve-se reconhecer que, sob certos aspectos, há mais verdade nas teses dos historiadores liberais, mas elas deixam de ser aceitáveis quando perdem de vista o processo global. A consideração desse último, entretanto, se complica a significação do conjunto dos eventos do ano de 1917, não permite, de forma alguma, legitimar o golpe de Outubro).

A segunda conclusão, esta não no plano da historiografia, mas no da filosofia da história, é a de que é difícil não valorizar as tendências, que não eram numericamente desprezíveis, daqueles que se recusavam a subir tanto na canoa do bolchevismo como na canoa do menchevismo de direita e dos socialistas-revolucionários de direita. Esse centro, no interior da esquerda, foi certamente o que viu mais longe. Se ele acertou taticamente, isso é outro problema. Ele errava bastante, mas as condições lhe eram particularmente desfavoráveis. Quem constitui esse centro? Em boa medida, os socialistas-revolucionários de esquerda, embora eles tenham errado ao aceitar o fechamento da Assembleia Constituinte (e tenham errado de novo, depois, ao apelar para o terrorismo). Mas eles insistiram na exigência de um governo plural dos sovietes, e foi esta a razão pela qual se recusaram a participar do primeiro governo pós-outubro. Além deles, houve duas forças de oposição de esquerda: o menchevismo internacionalista, comandado por Martov, e o bolchevismo moderado, cuja principal figura foi certamente Kamenev[112] (houve ainda outras, a *mezhraionka* – os "interdepartamentais" –, o grupo social-democrata independente ao qual se liga Trótski antes de aderir ao bolchevismo; além dos anarquistas [mas esses, no início – parte deles, pelo menos –, apoia o bolchevismo mais radical]). Martov combate sem

---

111 Cf. E. Mawdsley, op. cit., p. 75.
112 Sobre o papel de Kamenev, ver Marc Ferro, *A Revolução Russa de 1917* [1967], trad. bras. Maria P.V. Resende, São Paulo: Perspectiva, 2004, p. 144-145.

concessões o menchevismo oficial e acaba obtendo, tarde demais, entretanto, a hegemonia dentro do partido. Aqui não é o lugar para comentar o difícil problema de saber até onde haveria um caminho tático mais feliz para os menchevistas internacionalistas (em 1918, Martov dirige com muita coragem e perspicácia o partido menchevique, o que ele faz até a sua morte, na imigração, em 1923, embora entre 1918 e 1919 tenha tido, certamente, um período de relativa desorientação, caracterizado por uma atitude excessivamente pró-bolchevique). Kamenev passou para a história oficial como aquele que não entendeu a necessidade da revolução, mas provavelmente representou o contrário. Ele e alguns outros (Riazanov, Rykov, Miliutin, também Zinoviev, mas este é uma figura muito discutível) viram bem o curso funesto que tomaria a revolução sob a batuta do leninismo-trotskismo. A capitulação posterior deles não elimina o seu mérito. Trótski foi muito mais forte na resistência ao stalinismo, mas é difícil esquecer o que parece evidente: a sua adesão tardia ao bolchevismo – como a de seu grupo, os interdepartamentais, que se pretendiam independentes das duas facções – foi um fato maior na catástrofe em que desembocou o processo revolucionário. Pensar o que significou esse "centro" revolucionário é, a meu ver, um ponto privilegiado para toda reflexão crítica sobre a revolução russa. Reflexão que, ao contrário das aparências, não é só uma exigência teórica ou histórica, mas uma exigência prática imediata, inclusive para o Brasil.

V. Revoluções Russas

questões "políticas"[*]
de um não historiador em torno da
história e da historiografia
das revoluções russas

1. REVOLUÇÃO E REVOLUÇÕES

Alguns preferem falar nas "revoluções", e não na revolução russa, porque o uso do singular designaria o movimento de outubro e seria mistificante. O singular sugeriria que houve uma única revolução "verdadeira", que seria a de outubro, sendo a outra – a revolução de fevereiro de 1917 – ou as outras – a de fevereiro e, antes dela, a de 1905 – como que ensaios para o *grande finale* de outubro. É verdade que só os dois últimos movimentos foram vitoriosos, e que o poder que se instalou em outubro, pelo menos formalmente, durou muito mais tempo do que o que se instalou em fevereiro. Entretanto, nada nos garante que, no seu teor mesmo, tal como ele se apresentou em 1917, o movimento de outubro tenha sido mais "revolução" do que o de fevereiro (para limitarmo-nos a essas duas, que foram as últimas, e estão separadas por um período de menos de um ano). Haveria sim razões para supor o contrário. E, por outro lado, não estamos seguros – tanto por causa desse seu ponto de partida como pela história posterior – de que o poder que se instalou a partir de outubro

---

[*] O adjetivo pode parecer tautológico. Ele pretende indicar uma perspectiva de leitura em que o peso das questões políticas *do presente* é relevante.

194 O CICLO DO TOTALITARISMO

de 1917 tenha realizado de maneira satisfatória o que se poderia considerar o projeto essencial para uma revolução proletária, no sentido da tradição ideológica do marxismo, que ela reivindicava. Orlando Figes escreveu um livro que abarca o conjunto do processo histórico russo de 1891 a 1924, e que traz no título *A Revolução Russa*[2]. Já *The Russian Revolutions*[3], de Leonard Schapiro, trata de fevereiro e de outubro.

2. LEITURAS DO MOVIMENTO DE OUTUBRO

Os especialistas na historiografia das revoluções russas, e na insurreição de outubro, em particular, distinguem várias leituras. A análise da historiografia parte, em geral, das leituras críticas de diferentes orientações e passa, em seguida, àquelas que reconhecem, de uma forma ou de outra, em outubro, uma verdadeira revolução proletária. Essa última tendência é, curiosamente, chamada "revisionista". Porém, para muita gente que refletiu o que foi a consciência comum e quase universal da esquerda, a ordem, pelo menos no plano do vivido, é inversa. A leitura ortodoxa seria aquela que reconhecia, sem mais, em Outubro, uma revolução, até mesmo a Revolução. Revisionistas (sem nenhum sentido pejorativo…) seriam as interpretações que vieram abalar essa antiga certeza. Mas a questão das leituras do movimento de outubro ultrapassa esse problema de terminologia. Ela é complexa. (No que se segue, obedeço à terminologia dos historiadores. "Revisionistas" são os que acreditam que Outubro foi uma revolução proletária ou, pelo menos, uma revolução.)

Tentando fazer uma espécie de balanço de não especialista, e começando pelo fim[4]. Houve assim uma corrente – ao que parece *auto*denominada revisionista – que se desenvolveu nos

2   O. Figes, *A People's Tragedy*, op. cit.

3   Leonard Schapiro, *The Russian Revolutions and the Origins of Present-Day Communism*, Hounslow/Middlesex: Maurice Temple Smith, 1984[1917]. A expressão reaparece no prefácio. Ver, também, Boris Fausto As Revoluções da Revolução Russa, artigo publicado no suplemento Mais! da *Folha de S.Paulo*, em 25 de janeiro de 2004. Nicolas Werth publicou no início desse ano, um volume que se intula *Les Révolutions Russes*, Paris: PUF, 2017.

4   Os problemas desenvolvidos neste item retomam num plano historiográfico um leque de questões que, em registro mais propriamente histórico, já estavam, em geral, presentes no capítulo anterior.

anos de 1970 e de 1980 num clima de fim da guerra fria e que pretendeu fazer uma história do movimento de outubro a partir de baixo. Uma espécie de história social da chamada revolução de outubro. Essa tendência converge, mas não inteiramente, com as teses oficiais soviéticas (além da sua superioridade, em relação à história oficial, do ponto de vista da qualidade do trabalho científico). Segundo ela, o movimento de outubro teria mesmo alguma coisa, pelo menos, de uma verdadeira revolução. Em geral, há divergência entre ela e a versão oficial – ao menos em relação às versões oficiais mais antigas –, no que se refere ao destino da revolução. Os revisionistas não estão todos convencidos de que aquela "revolução proletária" teria dado lugar, de fato, a uma ditadura do proletariado, ou, em todo caso, a um governo "protossocialista". Observe-se que essa perspectiva, a revisionista, *nesse dois aspectos*, converge com a leitura trotskista de outubro. Qual o mérito ou a verdade dessa tendência? Evidentemente, há variações de autor a autor, o rigor das análises é maior ou menor etc. Faço abstração dessas diferenças, por ora, pelo menos. Os revisionistas tiveram de enfrentar a posição, digamos, clássica – que era, em geral, liberal, mas não o é, necessariamente – segundo a qual outubro não foi uma verdadeira revolução. Suas críticas tiveram certa ressonância. Mas, principalmente depois da derrocada do comunismo, os autores da primeira geração, que, por outro lado, haviam aceitado o conceito de totalitarismo, acreditaram ter a sua revanche.

O debate pode ser acompanhado por meio de várias publicações. Devemos salientar aqui o livro de Edward Acton *Rethinking the Russian Revolution*[5], muito importante como análise da historiografia. Ele faz um balanço muito rico da leitura revisionista e apresenta, ao mesmo tempo, duas outras leituras que se lhe oporiam. A leitura liberal e a leitura "soviética" oficial. Mas, para Acton, haveria ainda uma quarta leitura, que seria a leitura "libertária". A posição de Acton é simpática ao revisionismo, mas ele parece apreciar também (ou ainda mais)

---

5   A acrescentar outro texto de Edward Acton: The Revolution and its Historians: The Critical Companion in Context, que abre o *Critical Companion to the Russian Revolution 1914-1921*, o próprio Acton, mais Vladimir Iu., p. 17. Ver a bibliografia sobre a historiografia das revoluções, indicando textos de R.G. Suny, Furet, Pipes e outros, que se encontra no final do artigo de Acton.

a leitura libertária (esta insiste no peso que tiveram movimentos de massa mais ou menos espontâneos; já os revisionistas, em geral, acabam dando, apesar de tudo, um papel maior aos bolcheviques, se não na formação pelo menos no desenvolvimento desses movimentos). Os autores "clássicos" (os liberais) recusam as novas leituras. Evidentemente, pesam nessa discussão as diferenças de posição política. Para ter uma ideia de como os clássicos se relacionam com o revisionismo, acho que a melhor referência seria um artigo de Richard Pipes, que foi conselheiro de Ronald Reagan, "1917 and the Revisionists" publicado pela revista *National Interest*, na primavera de 1993. Tem-se aí uma história do revisionismo contada pelo ponto de vista dos seus adversários. Na narrativa de Pipes, o que funciona, mais ou menos, como manifesto da corrente é o artigo de R.G. Suny "Toward a Social History of the October Revolution", publicada pela *American Historical Review*, número de fevereiro de 1983. As figuras de proa da corrente seriam Alexander Rabinowitch, David Mandel, também Sheila Kirkpatrick, além de outros. Pipes informa que Rabinowitch foi muito bem recebido pelos russos e que um dos seus livros foi traduzido para a língua russa; ele ataca duramente a leitura revisionista, dizendo, entre outras coisas, que uma leitura social cabe quando se trata de uma longa duração, mas que serve mal a um processo que se desenrola em menos de um ano. No seu artigo, Suny faz o balanço inverso[6]. Pipes acha, finalmente, que a contribuição dos revisionistas é trabalho malfeito. No livro de Acton, tem-se outra apreciação, mas Acton não hesita em criticar uns e outros. Sobre o livro de Acton, outro antirrevisionista, Walter Laqueur, no seu *A Dream That Failed: Reflections on the Soviet Union*, escreve que lá se encontra o balanço mais completo da

---

6 Ronald G. Suny faz uma crítica dos historiadores liberais, principalmente do livro de S.P. Melgunov (resumido em tradução, *The Bolshevik Seizure of Power*, Santa Bárbara e Oxford, Clio Press, 1972) e o de Roberto V. Daniels, *Red October: The Bolshevik Revolution of 1917*, New York: Macmillan Pub Co, 1967, que privilegiam o voluntarismo bolchevique. Mas ele critica também o *The Russian Revolution: A Study on Mass Mobilisation*, de John L.H. Keep, London: Weidenfeld and Nicolson, 1976, que, na opinião de Suny, é uma história de tendência liberal mas focalizando o movimento de base (na leitura do livro por Suny, tal movimento teria sido reconhecido como real, mas, como já teria acontecido um pouco, sempre segundo Suny, no livro de Daniels, o movimento teria sido, ao mesmo tempo, desqualificado como "anárquico").

escola revisionista[7]. Entre os liberais, Laqueur é provavelmente o menos ortodoxo e o mais lúcido, pelo menos no que se refere a questões mais gerais, como a do destino atual do socialismo. (Ver as críticas que ele faz a outro liberal, Martin Malia, que deixou um livro póstumo,[8] a respeito das revoluções.)

Seria possível tentar um balanço, tomando certo número de precauções. Deixo de lado o problema mais geral da validade da noção de totalitarismo. Retomando de outro modo o que já vimos no capítulo anterior, ficamos com a questão do caráter do movimento de outubro e com a do destino do leninismo pós-outubro. Sobre o primeiro ponto, o caráter de "golpe de Estado" do movimento de outubro, enquanto aspecto do evento me parece indiscutível. Mas, ao mesmo tempo, os historiadores mostram que havia oposição ao governo provisório. Creio que o problema se põe da maneira seguinte: Por um lado, o entusiasmo e a mobilização das massas, ao que parece, declinam no outono de 1917[9], embora as massas tenham (e mesmo de forma crescente) uma posição radical. Porém, como já vimos, o essencial é que, aparentemente, essa posição aponta muito mais no sentido da substituição do governo provisório por um governo pluripartidário (de esquerda) dos sovietes do que em favor de um governo exclusivamente bolchevique. Os bolcheviques aproveitaram esse movimento, real, mas que ia num sentido diferente do seu, para tomar o poder. E esse quiproquó – para usar a expressão do historiador Nicolas Werth, a cuja obra volto logo mais – tem a ver, é claro, com a questão do destino do movimento. Mesmo se houve outras causas e circunstâncias, o destino de outubro está marcado pelo seu caráter de golpe de uma minoria, que se apresentou como vanguarda. Se for essa a resposta, acho que nos afastamos da leitura clássica, mas também dos revisionistas (dos primeiros, porque eles tendem a não ver, ou a não levar a

---

7   W. Laqueur, *A Dream That Failed...*, New York: Oxford University Press, 1994, p. 46, e p. 200, nota 47.

8   Ibidem.

9   "Por volta do outono de 1917, o antigo interesse pelos panfletos e jornais políticos dera lugar à indiferença. Muitos livreiros e locais de distribuição estavam com excesso de estoque, e mesmo as publicações gratuitas não encontravam leitores. Isso era um reflexo do apoliticismo crescente, que foi um aspecto importante da situação às vésperas de outubro" (Boris I. Kolonitskii, The Press and the Revolution, em Acton; Cherniaev; Rosenberg, *Critical Companion to the Russian Revolution 1914 -1921*, p. 387).

198   O CICLO DO TOTALITARISMO

sério, a pressão popular que é o ponto de chegada das mobilizações anteriores, ainda que mesmo se nas vésperas de Outubro elas pareçam arrefecer; dos últimos, porque distinguimos o *telos* dessas mobilizações dos objetivos dos bolcheviques, o que os revisionistas não fazem). Essa leitura crítica, que recusa as duas posições, ou as sintetiza, é a de dois historiadores já por mim referidos, Nicolas Werth, que é precisamente quem fala em "quiproquó" (vou remeter, principalmente, ao seu texto incluído em *O Livro Negro do Comunismo*)[10], e Orlando Figes[11]. Nos dois, encontramos a ideia de que havia um movimento, mas que este não ia em direção de um governo exclusivamente bolchevique. Há aí alguns problemas, historiográficos. A propósito de Figes, é interessante citar uma espécie de discussão jornalística que ele tem com Pipes. Pipes escreve um artigo sobre a revolução para o *Times Literary Suplement*, de 6 de novembro de 1992, defendendo as suas teses conhecidas sobre Outubro. Figes escreve uma carta sobre esse artigo, publicada no número de 20 de novembro de 1992 da mesma revista, em que defende os revisionistas, os quais Pipes ter-se-ia empenhado em ignorar: "O objetivo da escola revisionista, tal como eu a entendo [escreve Figes], não era afirmar a perspectiva ortodoxa soviética de que Outubro foi de fato uma revolução de massas genuína impulsionada de baixo. Era antes uma tentativa de expor o contexto social de 1917 que tornou possível a tomada do poder pelos bolcheviques." Em seguida, ele expõe a sua posição, mas ele a apresenta de um modo que, sem dúvida, atenua a diferença existente entre ela e a dos revisionistas:

Porque, embora outubro tenha sido um *coup d'Etat*, como afirma o professor Pipes, ele só se tornou possível [porque havia], ao mesmo tempo, uma revolução social e o colapso de estruturas políticas. A massa dos

10   Nicolas Werth, Un État contre son Peuple, em Stéphane Courtois et al, *Le Livre noir du communisme*, p. 43s.

11   Edward Acton não está longe da ideia do "quiproquó" e portanto dessa posição de síntese. Mas ele fica na ideia mais geral de que havia uma distância entre as massas e o partido, e tem uma atitude, finalmente, bastante simpática em relação aos revisionistas. A propósito do livro de Acton, além de, como vimos, considerá-lo o melhor balanço dos revisionistas, escreve Walter Laqueur (historiador e crítico liberal, em *The Dream that Failed*, p. 200, n. 47): "esta obra trata [a escola revisionista] de um modo muito simpático, mesmo se o autor subscreve a visão de um pequeno subgrupo, a leitura libertária (isto é, anarquista)". E acrescenta: "Não há historiografia libertária significativa de 1917, e dos anos subsequentes, fora dos escritos contemporâneos de A. Berkman e Anna Goldman."

operários, tal como é afirmado pelos revisionistas, para Petrogrado e Moscou pelo menos, queria alguma forma de governo de todos os socialistas baseados nos próprios sovietes descentralizados. Os bolcheviques exploraram isso e levaram avante um *putsch* em seu nome e rapidamente estabeleceram uma ditadura de um só partido, à qual os operários se opuseram.

Figes conclui, contestando a leitura dos revisionistas por Pipes: "Muito pouco a ver (*hardly*) com o ponto de vista soviético ortodoxo!" Numa nota ao artigo referido de *The National Interest* ("1917 and the Revisionists"), depois de transcrever declarações de Rabinowitch publicadas pela revista russa *Voprosi istorii* (Questões de História), segundo as quais "outubro [...] foi um movimento profundamente popular" e "o partido bolchevique em conjunto exprimia o interesse fundamental das massas"[12], Pipes escreve:

Esse pronunciamento da fonte mais autorizada da escola a respeito desse assunto mostra o quanto se engana o professor Orlando Figes quando, procurando defender os revisionistas, nega que eles acreditem que "outubro foi uma revolução de massas genuína impulsionada de baixo"[13].

A quantas estamos? Minha impressão é a de que os revisionistas não são (todos, pelo menos) estranhos à ideia do "quiproquó", mas que eles não dão a ela uma importância muito grande, nem veem aí propriamente um logro. E isso, principalmente, porque eles – ou pelo menos alguns deles – vão explicar a ditadura (não proletária), sobretudo, ainda que não só, como resultado das circunstâncias: guerra civil, isolamento da URSS etc.

De fato, o tema do quiproquó pode ser encontrado no artigo de Suny. Ele cita Alexander Rabinovitch (*The Bolcheviks Come to Power, the Revolution of 1917 in Petrograd*)[14]: "as massas de Petrogrado, na medida em que elas apoiaram os bolcheviques na derrubada do governo provisório, fizeram isso não por causa de alguma simpatia por um governo estritamente bolchevique, mas porque elas acreditaram que a revolução e o congresso

12 *Voprosi istorii* (Questões de História), n. 2, 1985, p. 164.
13 R. Pipes, 1917 and the Revisionists, op. cit., p. 73, n. 9.
14 A. Rabinovitch, *The Bolcheviks Come to Power...*, New York: W.W. Norton, 1976, p. 314.

200   O CICLO DO TOTALITARISMO

[dos sovietes] estavam diante de um perigo iminente"[15]. Mais adiante, escreve ainda Suny:

[esta] solução [a de] um regime de todos os socialistas [...] provavelmente a preferida pelas classes populares na Rússia urbana [...] era um governo representando operários, soldados e camponeses, mas excluindo o *tsenzovoe obschchestvo* (as classes proprietárias). Uma variante mais ampla dessa solução [a que proporia um regime de todos os democratas] seria incluir elementos democráticos não soviéticos [...] trabalhadores do município e do governo, gente das cooperativas e pequenos comerciantes[16].

Logo em seguida, no que se refere à votação no Congresso dos Sovietes, Suny afirma: "Os historiadores parecem estar de acordo de que, quando os operários e os soldados votaram pelo poder soviético [referência à votação no Congresso dos Sovietes, no momento da insurreição de outubro], eles estavam de fato optando por um governo multipartidário dos partidos de esquerda." O reconhecimento desse fato por um dos revisionistas mais importantes é de grande interesse. Resta o problema de saber por que não se chegou a esse governo de coalisão, e por que o poder bolchevique vai se transformar bem cedo em poder pré-totalitário, e depois totalitário[17]. Ora, a esse respeito, Suny tende, em boa medida, a eximir Lênin e os bolcheviques, pelo menos do grosso, da responsabilidade:

15   Idem, apud R.G. Suny, Toward a Social History..., op. cit., p. 43.
16   R.G. Suny, op. cit., p. 50.
17   Nota de setembro de 2017: a propósito dos chamados "revisionistas", é preciso ressaltar a obra, sob muitos aspectos notável, de Alexandre Rabinowitch, em particular os seus três volumes: *The Bolsheviks Come to Power: The Revolution of 1917 em Petrograd*, New York: W.W. Norton, 1976; *Prelude to Revolution: The Petrograd Bolsheviks and July, 1917*, Blooming: Indiana University Press, 1991; e *The Bolcheviks in Power: The First Years of Soviets Rule in Petrograd*, Blooming: Indiana University Press, 2007. Rabinowitch, enquanto "revisionista" (isto é, praticante de uma espécie de história social, na realidade sociopolítica de 1917) é, às vezes, considerado como historiador que tem uma perspectiva pouco crítica em relação a outubro de 1917; ele é mesmo utilizado como "escudo" historiográfico pelos neoleninistas. Nada mais ilusório. Embora fale em "revolução de outubro" e, embora, nas conclusões das trilogias ele pareça, às vezes, pôr um pouco de água no seu vinho, a tríade historiográfica que produziu, centrada na oposição entre a linha de Lênin e Trótski e a opinião majoritariamente pró-soviete do partido bolchevique, aparece como um formidável requisitório contra o leninismo. A destacar, entre muitas outras, a análise minuciosa das sucessivas fraudes eleitorais a que procede o partido bolchevique de Leningrado, para se manter no poder, em 1917-1918.

Esta solução [a do governo pluripartidário dos partidos soviéticos] nunca foi realmente implementada por causa das sérias divisões entre os socialistas moderados e os bolcheviques, e há uma dúvida legítima de que os antigos defensores da coalisão e os advogados do governo da classe operária pudessem ter ficado muito tempo numa coalisão de todos os socialistas (ibidem).

E mais:

Entretanto, em lugar do poder soviético ou da democracia socialista, o povo russo teve, afinal, a ditadura do partido bolchevique. [...] Por que isso sucedeu em detrimento da [...] solução mais democrática é uma questão que vai além dos limites deste ensaio, porque a resposta, nesse caso, está não tanto nos acontecimentos de 1917 como nos longos anos de guerra civil. Porém, de novo, a resposta não pode ser obtida utilizando influências pessoais e ideológicas, ou estendendo a análise baseada apenas na política, mas ela se situa sim no exame da intensa luta de classes que foi praticada para além dos limites da cidade de Petrogrado, no campo e em todas as províncias da Rússia.[18]

Assim, Suny reconhece, até certo ponto, que havia uma distância entre os que visavam às massas e ao partido bolchevique; a vontade popular seguia, provavelmente, em sentido de um governo pluripartidário de esquerda. Mas, e o partido bolchevique? É aí que aparece o problema. Suny diria que ele queria chegar ao poder, mas se recusa a afirmar que o partido bolchevique (ou, antes, Lênin e Trótski) queria, na realidade, um governo de partido único. Segundo Suny, se esse foi o desfecho final – primeira observação – ele teria a ver com os "acontecimentos de 1917" e com "os longos anos de guerra civil"; e – segunda observação – tratar-se-ia de uma "questão que vai além dos limites" do seu texto... Ora, com essas fórmulas, afirma-se muito mais do que se parece afirmar. Na realidade, elas implicam a ideia de que o partido bolchevique estava, em princípio, aberto a mais de uma solução, e que a via final que ele seguiu foi resultado das circunstâncias principalmente da guerra civil. Ora, mesmo se há alguns fatos que poderiam levar a uma conclusão diferente (na realidade, há dois elementos dessa ordem, mas nenhum é suficientemente probante), a tese de que havia determinação por parte dos bolcheviques (entendamos, dos bolcheviques radicais:

18 R.G. Suny, op. cit., p. 51.

202 O CICLO DO TOTALITARISMO

Lênin e Trótski) no sentido de optar pelo caminho da ditadura de partido único pode ser bem fundamentada.

Nicolas Werth é quem enfatiza a ideia dos mal-entendidos de outubro. Houve, certamente, uma radicalização das massas urbanas e rurais. Mas "a radicalização incontestável das massas urbanas e rurais significava a sua bolchevização? Nada mais incerto. Por trás dos slogans comuns – 'controle operário', 'todo poder aos sovietes' –, militantes operários e dirigentes bolcheviques não davam aos termos a mesma significação"[19]. Werth distingue três quiproquós. O primeiro é o programa agrário: os bolcheviques, que propunham a coletivização da terra, "roubam" o programa socialista-revolucionário e aprovam a distribuição das terras aos camponeses. Porém os bolcheviques logo teriam problemas com os camponeses e eles iriam retomar o seu programa uma dezena de anos mais tarde. O segundo mal-entendido está na relação dos bolcheviques com

as instituições – comitês de fábrica, sindicatos, partidos socialistas, comitês de bairro, guardas vermelhos e, principalmente, sovietes [...] Em algumas semanas, estas instituições foram despojadas do seu poder, subordinadas ao partido bolchevique ou eliminadas. O "poder aos sovietes", palavra de ordem mais popular, sem dúvida, na Rússia de outubro de 1917, se tornou, numa virada de mão, o poder do partido bolchevique sobre os sovietes[20].

O terceiro mal-entendido é o das nacionalidades. Eles começam declarando o princípio de autodeterminação e o direito de separação, mas logo subordinam o primeiro "à necessidade de conservar o trigo ucraniano, o petróleo e os minerais do Cáucaso". No "plano territorial, pelo menos, o novo Estado se afirmou rapidamente como o herdeiro do ex-império, bem mais do que como herdeiro do governo provisório"[21]. Até aqui, sobre

19 Nicolas Werth, Un État contre son peuple, em Stéphane Courtois et al., op. cit., p. 57.
20 Ibidem, p. 62.
21 Lênin respeita o governo menchevique georgiano, que perdura por dois anos e meio (os mencheviques tinham grande apoio popular na Geórgia, os bolcheviques eram lá "um bandinho de conspiradores [...] sem suporte de massa"; L. Schapiro, The Communist Party of the Soviet Union, p. 224). Mas se as suas razões eram de princípio ou de oportunidade é incerto (ibidem, p. 225). Observe-se que aqui o problema nacional se junta com o do respeito pelas outras tendências ▶

REVOLUÇÕES RUSSAS: QUESTÕES "POLÍTICAS" DE UM NÃO HISTORIADOR... 203

os quiproquós. Porém, mais importante ainda é a questão do que visavam, de fato, os bolcheviques. Werth fornece alguns textos importantes, mostrando o quanto o bolchevismo radical jogava a carta da guerra civil e do golpe de Estado. Numa carta a Alexandre Chliapnikov, de 17 de outubro de 1914, Lênin dizia:

O *menor* mal no imediato seria a *derrota* do tsarismo na guerra atual [...] Toda a essência do nosso trabalho (persistente, sistemático, talvez de longa duração) é visar à transformação da guerra em uma guerra civil. Quando isso se produzirá é outra questão, isso ainda não está claro. Devemos deixar o momento amadurecer e "forçá-lo a amadurecer" sistematicamente... Não podemos nem "prometer" a guerra civil, nem "decretá-la", mas temos o dever de trabalhar – o tempo necessário – *nessa direção.*[22]

Em setembro de 1916, Lênin escreve ainda (cito sempre utilizando o texto de Werth): "Quem quer que reconheça a guerra de classes deve reconhecer a guerra civil, que em toda sociedade de classes representa a continuação, o desenvolvimento e a acentuação naturais da guerra de classes."[23] Por outro lado, a maneira pela qual o bolchevismo radical prepara a tomada do poder mostra bem que ele não tinha intenção de dividir o poder com quem quer que fosse. Lênin quer que o golpe se faça antes do Congresso dos Sovietes. Trótski prefere esperar o Congresso dos Sovietes (na realidade, o golpe começará um pouco antes da abertura do congresso), mas o organiza por intermédio do Comitê Militar Revolucionário do Soviete, controlado pelos bolcheviques. A tomada do poder se deu "da maneira oposta [*aux antipodes*] à de uma sublevação popular espontânea e anárquica, [que seria] capaz de submergir o partido bolchevique"[24].

> ▷ socialistas. Logo começa uma agitação comunista no interior. A invasão da Georgia, em 1921, preconizada principalmente por dois georgianos, Stálin e Ordhzonikidze, é condenada por Lênin, mas "finalmente [ele] aceitou *o fait accompli* instaurado pelo Exército Vermelho invasor" (Ronald G. Suny, The Revolution in Transcaucasia, em *Companion...*, p. 726).

22 S. Courtois et al., *Le Livre noir...*, p. 58. Cito a carta na tradução de Werth. Ela se encontra nas *Oeuvres*, v. 35, 1964, p. 159. Os grifos são de Lênin. Inclusive o de "menor", que Werth omitiu.

23 Ibidem, p. 58-59. O texto se encontra no artigo O Programa Militar da Revolução Proletária, *Oeuvres*, v. 25, p. 86.

24 Ibidem, p. 61.

204 O CICLO DO TOTALITARISMO

Figes vai no mesmo sentido:

A fortuna crescente dos bolcheviques durante o verão e o outono devia essencialmente ao fato de que eles eram o único partido político maior que defendia, sem compromisso, o poder do soviete. É preciso enfatizar esse ponto, porque um dos mal-entendidos básicos da revolução russa é o de que os bolcheviques foram levados ao poder por uma maré de apoio de massa ao próprio partido. *A insurreição de outubro foi um golpe de Estado, apoiado ativamente por uma pequena minoria da população (e, na realidade, recusada por vários dos líderes bolcheviques, eles próprios). Mas ela ocorreu em meio a uma revolução social, que estava centrada na realização popular do poder do Soviete como negação do Estado e autogoverno direto do povo, muito no antigo ideal camponês da* volia [*liberdade*]. O vácuo político introduzido por essa revolução social permitiu aos bolcheviques tomar o poder nas cidades e consolidar a sua ditadura durante o outono e o inverno. O *slogan* "todo poder aos sovietes" foi um instrumento útil, uma bandeira de legitimação popular cobrindo a nudez da ambição de Lênin (que se exprimia melhor em "todo poder ao partido").

E Figes acrescenta: "Mais tarde, quando a natureza da ditadura bolchevique se tornou aparente, o partido se viu diante de uma oposição crescente, precisamente daqueles grupos da sociedade que, em 1917, tinham apoiado o *slogan* do soviete."[25] Até aí, alguns dos revisionistas, pelo menos, não estariam em desacordo. Porém, Figes vai mais longe. Ele não duvida de que, desde o início, Lênin trabalhava para obter o poder para o seu partido, e – apesar de duas circunstâncias que *pareciam* sugerir o contrário – só para o seu partido.

É bem errôneo afirmar, como fez uma vez Isaac Deutscher, que Lênin estava planejando fazer do Congresso dos Soviets a fonte constitucional do poder soberano, como a Câmara dos Comuns, na Inglaterra, com os bolcheviques governando através desse congresso à maneira de um partido parlamentar ocidental. *Lênin não era um constitucionalista do soviete – e todas as suas ações depois de outubro o comprovam. No seu esquema, os soviets estavam sempre subordinados ao partido.* Mesmo no *Estado e a Revolução* – supostamente a sua obra mais "libertária" de teoria política, a qual ele completou nesse momento [na realidade, ele não a terminou] –, Lênin insiste num Estado com um partido forte e repressivo, a ditadura do proletariado, para o período de transição

25 O. Figes, *A Peoples Tragedy*, p. 460-461 (grifo nosso).

à utopia comunista, quando o "estado burguês" tem de ser esmagado. Ele apenas menciona, se é que menciona, os sovietes.[26]

"Essa atitude fica evidente quando se considera a estratégia de Lênin para a tomada do poder. Já em meados de setembro, Lênin condena "a 'tática parlamentar' dos líderes bolcheviques; e saúda a perspectiva de uma guerra civil ('a forma mais aguda da luta de classes') que eles estavam tentando evitar."[27] Mas é precisamente a insistência por parte de Lênin de que a insurreição deveria ocorrer antes da reunião do Segundo Congresso dos Sovietes (marcado inicialmente para 20 de outubro) que trai as suas verdadeiras intenções. E não se trata de dizer apenas que, antecipando o golpe, ele "forçava a mão" dos sovietes, o cronograma continha sérias implicações no que se refere ao caráter do futuro governo revolucionário: "Lênin justificava a sua impaciência pela noção de que qualquer atraso na tomada do poder permitiria a Kerensky organizar medidas repressivas contra ele [...] isso [...] não tem sentido [...] Kerensky era bem incapaz de ter ação decisiva [...] e, de qualquer modo [...] o governo não tinha força [para isso]."[28] (Figes se pergunta se se trata apenas de uma desculpa ou se, refugiado na Finlândia, ele estava mal informado da situação). Temos, por fim, o essencial, que merece, sem dúvida, uma longa citação:

Mas aqui havia outro motivo para desejar que a insurreição se fizesse antes do convocado Congresso dos Sovietes, independentemente da tática militar. *Se a transferência de poder ocorresse através de uma votação do próprio congresso, o resultado seria certamente o de que a coalisão governamental reuniria todos os partidos do soviete. Os bolcheviques poderiam ganhar a maior porção dos lugares ministeriais, se estes fossem atribuídos numa base proporcional, mas, ainda assim, eles teriam de governar em parceria pelo menos com a extrema-esquerda e – possivelmente – com os partidos SR e menchevique.* Isso seria uma vitória política estrondosa para Kamenev, o arquirrival de Lênin no partido bolchevique, que emergiria certamente como a figura central desta coalisão. [...] E poderia mesmo haver novos esforços para reunir os bolcheviques com os mencheviques. [...] Lênin corria o risco de ser colocado fora do manejo [...] consignado na margem esquerda do seu partido.

26   Ibidem, p. 465 (grifo nosso).
27   Ibidem, p. 470.
28   Ibidem, p. 471.

206 O CICLO DO TOTALITARISMO

E Figes considera, então, a outra hipótese, a que realmente se verificou:

Mas se uma tomada do poder pelos bolcheviques ocorresse antes do congresso convocado, Lênin emergiria como o chefe político. A maioria do congresso provavelmente avalizaria a ação bolchevique, com o que daria ao partido o direito de formar um governo próprio. Se os mencheviques e os SR se dispusessem a aceitar essa tomada violenta do poder, como *fait accompli*, então se encontrariam, sem dúvida, uns poucos lugares menores para eles no gabinete de Lênin. Caso contrário [...] [eles teriam] de ir para a oposição.

Foi o que aconteceu. "Os esforços de coalisão de Kamenev seriam assim minados; Lênin teria a sua ditadura do proletariado e, ainda que o resultado fosse inevitavelmente o de mergulhar o país na guerra civil, isso era algo que o próprio Lênin aceitava – e talvez mesmo desejasse – como parte do processo revolucionário."[29] Que Lênin não tinha nada contra a guerra civil, já vimos através dos textos citados por Werth. Também não parece duvidoso que a questão da data do levante tinha essas implicações e que Lênin estava consciente delas. Que o seu projeto sempre foi o de governar em regime de partido único poderia ser confirmado ainda por uma carta que ele envia a Lunacharski, em 25 de março de 1917[30] (carta que citei anteriormente): "A independência e a particularidade do nosso partido, *nenhuma aproximação com outros partidos*, se revestem para mim de um caráter imperativo. Sem isto, não se poderia ajudar o proletariado a avançar, através do golpe de Estado *democrático*, em direção à *comuna* e eu não obedecerei a outros objetivos."[31] Assim, o destino da revolução não é um

---

29 Ibidem, p. 471, 472 (grifos nossos).
30 Cf. supra, capítulo IV, Em Torno da Insurreição de 1917..., Primeira Parte.
31 Carta de Lênin a A.V. Lunatcharski, 25 de março de 1917, *Oeuvres*, v. 35, p. 30. A carta é citada por Israel Getzler, em *Martov: A Political Biography of a Russian Social Democrat*, Cambridge: Cambridge University Press, 1967, p. 158. Martov lhe dá uma tradução um pouco diferente: "The independence and separateness of our party, *no* rapprochement *whatever with other parties* – are for me an ultimatum. Without this it will be impossible to assist the proletariat to proceed through the democratic revolution to the *commune*, and no other aims would I serve." Em lugar de "golpe democrático", tem-se "revolução democrática". No original russo (ver *Polnoe Sobranie Sotchinenii* [obras completas], v. 43, *Pisma*, cartas [agosto 1914/outubro 1917]), p. 411, o termo ▶

problema externo aos "quiproquós" de outubro. Estes têm um peso específico, o que não exclui as lutas de classes (estas existem, mas, se jogadas no contexto em forma geral, não explicam nada). Duas situações poderiam servir de base para levantar possíveis objeções à interpretação de Figes. Ele as discute, aliás, no mesmo contexto[32]. Elas são: a formação de um governo de coalisão com os SR de esquerda, de dezembro de 1917 até Brest-Litovsk; e a aceitação momentânea por parte de Lênin, no começo de setembro, do projeto de Kamenev de um governo "do soviete". No primeiro caso, teve-se uma coalisão fundada em razões eminentemente táticas e que, por isso mesmo, não poderia ir muito longe (o que é dito, praticamente, com todas as letras pelos próprios bolcheviques; por Trótski, pelo menos). No segundo caso, entende-se que Lênin tenha se interessado, um momento, por um movimento conjunto, numa situação em que o golpe bolchevique em solo oferecia ainda certos riscos. Mas, para além do caráter muito efêmero da aceitação (ela não dura mais do que uns poucos dias), é difícil não imaginar, por tudo o que sabemos do projeto e da prática leninistas antes e depois dessa ocasião, qual seria o papel do bolchevismo nessa eventual coalisão. À medida que foi ficando claro que o golpe "sem" os sovietes era viável, Lênin não só deixou de pensar naquela alternativa como começou a acusar de traição todos aqueles que continuavam a acreditar nela[33].

Podemos voltar agora ao problema geral do debate historiográfico em torno da revolução russa. Além da leitura libertária a que se refere Acton, temos, finalmente, quatro posições. A dos liberais, que insistem no lado "golpe de Estado" do movimento (no que se refere ao que vem depois, utilizam em geral o conceito de totalitarismo, mas isso não lhes é exclusivo); a da historiografia soviética marxista-leninista, que vê

▷ empregado é *perevorot*, que significa mudança radical, mas que aparece também precedida de uma determinação, na expressão "golpe de Estado".

32 Desenvolvi este ponto no meu ensaio: Trótski: A Democracia e o Totalitarismo: A Partir do *Trotsky* de Pierre Broué, em *A Esquerda Difícil*, p. 67s. Ver, também, o capítulo anterior.

33 "No dia 29 de setembro [de 1917], no ápice da frustração, Lênin rabiscou uma diatribe colérica contra os líderes bolcheviques, na qual ele os denunciava como 'traidores miseráveis à causa do proletariado'" (O. Figes, *A Peoples Tragedy*, p. 470).

no movimento uma autêntica revolução proletária (quanto aos resultados, no caso extremo supõe que se teve uma verdadeira ditadura do proletariado; nas versões mais críticas, trotskistas, por exemplo, que se teve um "Estado revolucionário degenerado" etc.); a posição revisionista que dá ênfase ao movimento social subjacente vê, um pouco no limite, o movimento de outubro como revolução proletária, porém é mais crítico em relação ao que vem depois (absolvendo, entretanto, Lênin e o bolchevismo da responsabilidade por esse destino); e, finalmente, a posição, na falta de melhor termo, eu diria, da crítica independente de esquerda, que não nega a existência de um movimento social, mas não só vê em outubro um mal-entendido em várias dimensões – entre o desejo popular de um governo dos sovietes, de um lado, e o projeto de tomada do poder pelos bolcheviques, de outro – como também supõe que esse "mal-entendido" era "compreendido" e, mais do que isso, fora "calculado" por Lênin. De tal modo que o quiproquó é constitutivo – sem excluir, aparentemente, outras razões – do destino trágico que teve a revolução, movimento radical-libertário por excelência, que terminaria numa sinistra ditadura de partido único. Essa discussão se fez sobre o fundo da história trágica do século XX: a leitura liberal tem como pano de fundo os horrores do stalinismo, nos anos de 1930 e 1940, e, depois, a guerra fria; a leitura revisionista é caraterística da distensão a partir dos anos de 1970; a leitura marxista-leninista viveu agarrada ao regime e só começa a mudar quando o próprio regime começa a entrar em crise; por fim, a leitura crítica tem como pano de fundo o mundo depois da queda do muro, e também as reflexões de uma esquerda definitivamente vacinada contra o totalitarismo, mas procurando ainda o seu caminho. A querela da revolução russa (que evidentemente não terminou!) pode e deve ser também o ponto de partida de uma reflexão sobre a história contemporânea, e sobre a história moderna em geral. A emergência e o declínio do totalitarismo de esquerda é um fenômeno novo e, salvo raras exceções, não previsto. Ele põe por terra muitos esquemas interpretativos do sentido da história mundial, por mais que os seus adeptos tentem inseri-lo na sua grade de pensamento. Como escreveu em algum lugar Castoriadis, os epiciclos de Tiho Brahe, construções semiteóricas destinadas a justificar a teoria geocêntrica de Ptolomeu diante dos ataques dos modernos, acabaram se revelando artificiais, no seu afã de "salvar os fenômenos" e a teoria antiga. Se não é necessário começar tudo de novo – alguma ou bastante coisa da tradição teórica fica, apesar dos pesares –, é um bom pedaço de teoria e de filosofia da história (pedaço que, de qualquer modo, altera o conjunto, certamente) que será preciso reelaborar.

3. OS PARTIDOS E AS "GRANDES TENDÊNCIAS" NAS REVOLUÇÕES RUSSAS

Os Partidos e as Grandes Tendências

Em primeira aproximação, havia três tendências de esquerda maiores, representadas por três partidos que se enfrentavam, quando eclode a revolução de fevereiro de 1917 que leva à queda do tsar: os bolcheviques, os mencheviques e os socialistas-revolucionários. Essas tendências dão respostas diferentes ao problema do caráter da revolução, apresentam-se em formas diversas de organização e põem em práticas políticas distintas. Os bolcheviques e os mencheviques haviam feito parte de um mesmo partido: o Partido Operário Social-Democrata da Rússia, que – a partir de 1898 ou, mais propriamente, desde 1903 – num processo lento, que a rigor só termina em 1917, se divide em dois partidos distintos.

Porém, levando em conta a história desses partidos, seria possível ordenar as tendências de um modo diferente. Na realidade, havia dentro de cada um deles, dois dos quais, como indiquei, eram já resultado de uma ruptura, gente com posições muito diversificadas e que, algumas vezes, tinham mais em comum com a perspectiva de outras tendências (em geral minoritárias) em outros partidos do que com a orientação majoritária dentro do próprio partido. Essas divergências irão se revelar no decorrer da história pré-revolucionária e revolucionária e levarão à ruptura formal de um desses partidos e, nos outros, a grandes tensões internas. O processo permitiria organizar o conjunto diferentemente, distinguindo uma tendência de esquerda radical, um centro e uma direita (no interior da esquerda). À primeira, pertencem Lênin e Trótski, à segunda, os mencheviques internacionalistas de Martov e, até certo ponto, a esquerda dos socialistas-revolucionários; na última estão a direita socialista-revolucionária e o menchevismo de direita, majoritário até outubro, mas não depois.

Por ora, fixemo-nos no esquema dos três partidos. Eles se distinguiam principalmente pelas suas formas de organização e pela concepção que tinham do processo revolucionário. Nesse último aspecto, como vimos, o problema principal era o do atraso do país. Que efeitos sobre o caráter da revolução poderia ter o atraso da Rússia em relação aos países capitalistas europeus? A resposta a essa questão os dividia.

As Origens do Leninismo: Peripécias de uma Ruptura

A história da luta entre bolchevistas e menchevistas foi contada muitas vezes, mas ela é, no fundo, mal conhecida, pelo menos pelo grande público. E há certo número de problemas em torno do verdadeiro caráter do, então, grupo e, depois, partido bolchevista. Quanto ao menchevismo, sua história é, em geral, ainda menos bem conhecida. A história da social--democracia russa (de onde provêm as duas tendências) deita suas raízes no populismo russo e nas primeiras tentativas de organização política dos operários, no interior do império russo. Mas a organização mais importante não é, no início, "russa". O Partido Operário Social-Democrata da Rússia (Rossiiskaia Sotsial Demokraticheskaia Rabochaia Partiia, RSDRP) teve o seu primeiro congresso em Minsk, em 1º de março de 1898, por iniciativa de várias organizações, mas o "impulso principal veio do Bund"[34] (Liga), nome que se impôs e que abrevia o nome em ídiche da "União – ou Liga – Geral dos Operários Judeus da Lituânia, Polônia e Rússia"[35], organização dos operários judeus constituída em partido, em 1897. Esse congresso foi pouco representativo e, com a prisão de vários dos seus participantes, inclusive de dois dos três membros

34 L. Shapiro, *The Communist Party of the Soviet Union*, p. 29.
35 Ibidem, p. 22; ver também, J.L.H. Keep, *The Rise of Social Democracy in Russia*, Oxford: Clarendon, 1963, p. 44.

do comitê central eleito no evento, não parece ter produzido muito resultado. De certo modo, a verdadeira fundação ocorre no Segundo Congresso, reunido em Bruxelas e Londres, em julho-agosto de 1903. Nele, tinha maioria esmagadora o grupo de militantes que se reunia em torno do jornal *Iskra* (A Centelha), cujo primeiro número fora publicado na Alemanha[36], em 24 de dezembro de 1900 (11, pelo calendário juliano) mas que se instalara em Genebra, depois de funcionar um período em Londres. Fazia parte da *Iskra* uma geração mais velha, composta de G. Plekhanov, P.B. Axelrod e Vera Zassulich, que vinham do populismo. A eles se juntam Martov, que formara, com amigos, um grupo em Petersburgo, e que depois constituiria com Lênin, em 1895, a "União de Luta em Prol da Libertação da Classe Operária (Petersburgo)", além de Potressov, que também estava ligado a este último grupo. Em março de 1902, Lênin publica o seu muito famoso panfleto *Que Fazer?* que retoma o título do romance de Tchernichevski. Nele, como se sabe, defende uma concepção centralista no que se refere à organização do partido e, no plano tático-estratégico, sustenta a ideia de que, abandonado a si mesmo, o proletariado não tende a ultrapassar a luta de tipo tradeunista (mesmo quando ela é travada no plano político), sendo a consciência revolucionária introduzida "de fora" pelos intelectuais revolucionários organizados no partido.

A história de todos os países atesta que, apenas com as suas forças, a classe operária só pode chegar à consciência tradeunista, isto é, à convicção de que é necessário se unir em sindicatos, travar a luta contra o patronato, exigir do governo tais ou tais leis necessárias aos operários etc. [Em nota: O tradeunismo não exclui absolutamente toda luta política. As *tradeunions* praticam [...] certa luta política [...] [mas não social-democrata].[37]] Quanto à doutrina socialista, ela nasceu das teorias filosóficas, históricas, econômicas elaboradas pelos representantes instruídos das classes proprietárias, pelos intelectuais.[38]

---

36 Há certa discrepância entre os historiadores sobre a cidade alemã em que este primeiro número foi feito. Alguns autores dizem que foi Munique, outros, Stuttgart. Provavelmente a resposta correta não seja nem uma nem outra. É Leipzig. Ver Lénine, *Oeuvres*, v. 4, p. 462, n. 114 (dos editores). (Em agradecimento a João Guilherme Vargas Neto.)

37 Cf. *Que Fazer?*

38 Cf. V.I. Lénine, *Oeuvres*, v. 5, 1965; *Que Faire?*, p. 382.

212   O CICLO DO TOTALITARISMO

Lênin apoia a sua tese num texto de Kautsky, comentando o projeto do novo programa do Partido Social-Democrata Austríaco (texto publicado na *Neue Zeit*[39]), em que Kautsky afirma que

> o socialismo e a luta de classe surgem paralelamente e não se engendram mutuamente; elas surgem de premissas diferentes [...] O portador da ciência não é o proletariado, mas são os *intelectuais burgueses*: é [...] do cérebro de certos indivíduos desta categoria que nasceu o socialismo contemporâneo [...] a consciência socialista é um elemento importado de fora [*von Aussen Hineingetragenes*] na luta de classe do proletariado e não algo que surge nele espontaneamente [*urwüchsig*][40].

Quanto ao centralismo, na versão leninista, ele vem ligado à ideia de que o núcleo da organização deve ser constituído por revolucionários profissionais: "a organização dos revolucionários deve englobar, acima de tudo e principalmente, homens cuja profissão é a ação revolucionária"[41]. Essas teses têm uma longa história, e tiveram um formidável impacto sobre a política do século xx.

O que interessa por ora assinalar é que o livro inicialmente foi recebido quase sem crítica pelo grupo da *Iskra*. Segundo Shapiro, Potressov acolheu o livro com entusiasmo, observando apenas que o autor teria exagerado o argumento contra a espontaneidade. Potressov, Plekhanov e Axelrod teriam, na realidade, manifestado alguma apreensão[42].

A querela em torno das teses de Lênin só começaria, entretanto, no ano seguinte, com o Segundo Congresso do partido. Como explicar esse fato? Ele deve ser entendido no contexto da história do grupo da *Iskra* e do conjunto do movimento revolucionário russo. A força dominante, de início, era o populismo, em geral, de tendência centralista; em parte, influenciado pelo jacobinismo. Os membros mais velhos do grupo da *Iskra* provêm do populismo e também os jovens haviam sido mais ou menos marcados por ele, no início da sua carreira de revolucionários. Eles vão romper com o populismo e com o jacobinismo, mas, em seguida, enfrentam o problema do que eles chamavam de "economismo", a tendência que privilegiava, mais ou menos

39 *Neue Zeit*, 1901-1902, v. xx, i, n. 3. (Grifos de Kautsky.)
40 Kautsky, apud Lénine, *Oeuvres*, v. 5, p. 390-391.
41 Lénine, *Oeuvres*, v. 5, p. 463.
42 Cf. L. Shapiro, *The Communist Party of the Soviet Union*, p. 39.

REVOLUÇÕES RUSSAS: QUESTÕES "POLÍTICAS" DE UM NÃO HISTORIADOR... 213

exclusivamente, a luta legal em detrimento da atividade ilegal (o chamado economismo não era no início bernsteiniano, mas ele, ou uma parte dele, evolui num sentido claramente reformista). A luta contra o economismo tem como resultado – ou como pressuposto – certo centralismo em termos de organização e uma concepção marcadamente revolucionária (antirreformista) no plano tático-estratégico. Opondo-se aos "economistas", todos os *iskristas* vão nessa direção. Até que o problema é recolocado, de maneira mais precisa, no momento do Segundo Congresso. A posição de Lênin, então se torna mais clara. É como se ele tentasse guardar alguma coisa do populismo. De resto, não deve ser por acaso que ele deu ao seu livro o título do famoso romance do populista Tchernichevsky. A maioria dos membros do comitê da *Iskra* passa então a atacar o que lhes parece ser um neojacobinismo. Assim, há uma espécie de movimento oscilatório por parte da maioria da direção *iskrista,* movimento cujos extremos são a crítica do populismo e do jacobinismo, e a crítica do economismo.

As divergências já se anunciam, entretanto, no momento da preparação do congresso. Lênin se opõe a Plekhanov a propósito do projeto de programa: é a segunda versão de Plekhanov que afinal, com alguns adendos, será apresentada[43]. Até aí, nada de mais grave[44]. A primeira versão continha uma referência à

43 L. Shapiro, *The Communist Party...*, p. 44.
44 É no decorrer dessa discussão sobre o projeto de programa que, discutindo a atitude a adotar em relação a outras classes eventualmente aliadas, em particular ao campesinato, Lênin insiste na necessidade de ter uma posição "firme" em relação a este último, mais do que isto, fala na necessidade eventual de utilizar a força (utilizo a versão inglesa, *Collected Works*, London: Lawrence & Wishart, v. 6, p. 53): "Quanto mais 'indulgência' nós mostrarmos na parte prática do nosso programa em relação ao pequeno produtor (por exemplo, o camponês), 'mais estritamente' deveremos tratar esses elementos socialmente não confiáveis e ambíguos (*double-faced*) na parte teórica do programa, sem sacrificar um iota do nosso ponto de vista. Nós dizemos, então, se vocês adotarem esse nosso ponto de vista, podem contar com 'indulgência' de toda espécie, mas se não, bom, não fiquem zangados conosco! Sob a 'ditadura', devemos dizer com relação a vocês: não é o caso de desperdiçar palavras, lá onde se exige o uso do poder (*the use of power*)." O texto é citado em Draper, em *The "Dictatorship of the Proletariat" from Marx to Lenin*, New York: Monthly Review Press, p. 83; por Keep, em *The Rise...*, p. 114; e por Shapiro, em *The Communist Party...*, p. 45-46. Keep e Shapiro empregam a palavra (inglesa) *force* (*to use force*). Draper segue as *Collected Works*. A tradução francesa põe água no vinho, o que não deve ter ocorrido por acaso: "inutile de faire perdre sa salive là où il faut faire preuve d'autorité" (Lénine, *Oeuvres*, v. 6, 1976, p. 48, [grifo nosso]). (O texto russo, ver *Polnoe Sobranie...*, v. 6, p. 231, diz ▶

214   O CICLO DO TOTALITARISMO

ditadura do proletariado que, segundo Lênin, desaparece na segunda[45]. Mas ela será incorporada na proposta apresentada ao congresso que, com poucas modificações, será aprovada[46], e a referência se manterá na versão aprovada "sem emendas essenciais"[47] pelo congresso. É a primeira vez que se fala da ditadura do proletariado num programa socialista. Esse fato é importante e deve ser salientado. Ninguém pensara antes em incluir a "ditadura do proletariado" num programa de partido. Marx se refere à ditadura do proletariado na *Crítica do Programa de Gotha* e Lionel Shapiro lê a passagem como uma crítica da omissão da noção no programa de Gotha[48]. Para Plekhanov,

> ▷ "gde nado vlast ipotrebit", que corresponde, de fato, a "lá onde é necessário usar do poder".) Diante dessa declaração, Vera Zassulitch observa: "Contra milhões de pessoas! Tente fazer isto!" (J.L.H. Keep, op. cit., p. 114; Shapiro, op. cit., p. 46.) Keep comenta: "Ela devia estar longe de imaginar que viveria o bastante para ver Lênin e o seu partido 'tentar isto' depois de Outubro de 1917." Note-se que a observação de Lênin precede a formulação do que seria a palavra de ordem leninista, até 1917, para um futuro governo revolucionário, a "ditadura democrática dos operários e camponeses". Esta circunstância não absolve o seu autor e a observação talvez exprima seu projeto político mais profundo. Outro ponto que interessaria assinalar nessa discussão é que quando Lênin propõe a "nacionalização" da terra, Plekhanov condena a ideia, dizendo que isso implicaria dar um poder enorme ao Estado, que, por sua vez, poderia ferir os interesses dos camponeses (cf. J.L.H. Keep, *The Rise...*, p. 115-116; e Shapiro, *The Communist Party...*, p. 79-80).

45   Cf. Lénine, *Oeuvres*, v. 6, 1976, p. 46 e 54.

46   Cf. L. Shapiro, *The Communist Party...*, op. cit., p. 46. E J.L.H. Keep, *The Rise of Social Democracy...*, p. 112-116; e a nota 1. (p. 549) ao v. 6 das *Oeuvres* de Lênin, op. cit., que parece ser, aqui, suficientemente objetiva.

47   L. Shapiro, op. cit., p. 46.

48   Ibidem, p. 45. De fato, lê-se na *Crítica do Programa de Gotha*: "Então se põe a pergunta: que transformação sofrerá a instituição do Estado (*Staatswesen*) em uma sociedade comunista? Por outras palavras, que funções sociais restarão lá, análogas às atuais funções do Estado? Esta questão só pode ser respondida cientificamente, e não se avançará de um palmo no problema juntando de mil maneiras diferentes a palavra povo com a palavra Estado. / Entre a sociedade capitalista e a sociedade comunista, se situa um período de transformação revolucionária de uma [sociedade] na outra. A ela corresponde um período de transição, cujo Estado só pode ser a ditadura revolucionária do proletariado. / Ora, o programa não tem nada (*weder... zu tun*) nem sobre essa última, nem com o ser futuro do Estado (*zukünftige Staatswesen*) na sociedade comunista. / Suas [do programa] exigências políticas não contêm nada fora as litanias democráticas conhecidas por todo mundo: sufrágio universal, legislação direta, justiça popular" (Marx, *Kritik des Gothaer Programms*, Marx-Engels, *Werke*, v. 19, 1987, p. 28. Marx, *Critique du Programme de Gotha*, Paris: Éditions Sociales (LDES), 2008, p. 73-74 (Coll. Geme) (grifado por Marx, tradução minha). O sentido do texto parece ser mesmo o de uma crítica à omissão do tema da ditadura do proletariado. Sobre a ditadura do proletariado, ver Hal Draper, *Karl Marx's Theory of Revolution*, v. III, ▶

REVOLUÇÕES RUSSAS: QUESTÕES "POLÍTICAS" DE UM NÃO HISTORIADOR... 215

a expressão deveria ser entendida como visando a um tipo de governo em que haveria limitação dos direitos políticos de algumas pessoas. Isso fica claro na discussão do congresso. Um representante da Sibéria, V.E. Mandelberg, se pergunta se a política do partido deveria se subordinar aos "valores democráticos" ou se estes deveriam se subordinar à política do partido (Mandelberg prefere a segunda opção, incluindo mesmo o sacrifício da inviolabilidade pessoal). Plekhanov apoia a posição de Mandelberg e "propõe como máxima *salus revolutionis suprema lex*". Ele explica que "apesar do engajamento dos social-democratas em favor do sufrágio universal, poder-se-ia revelar necessário [logo depois da revolução] restringir os direitos eleitorais das 'classes superiores'"[49]. Assim, tanto com relação às teses de *Que Fazer?* como com relação à ditadura do proletariado, havia bastante acordo no conjunto do grupo da *Iskra* e no partido. Segundo Keep, um dos poucos críticos da ditadura foi Akimov[50],

> ▷ p. 305. Nesse volume, Drapper traz a lista completa das ocorrências da expressão (ou de expressões equivalentes) em Marx e em Engels, quinze exatamente. Ver igualmente, do mesmo autor, *The "Dictatorship of the Proletariat" from Marx to Lenin*. A tese de Draper, que não é essencialmente diferente da de Kautsky, é a de que Marx, ao falar em "ditadura do proletariado", não visa uma forma precisa de governo, e, em particular, não visa uma forma propriamente ditatorial, no sentido corrente, o que só teria ocorrido mais tarde. Embora Draper conheça admiravelmente os textos, a tese não me parece inteiramente convincente. Provavelmente, há pelo menos mais ambiguidade do que ele está disposto a reconhecer no emprego da expressão por Marx e Engels.

49 Cf. J.L.H. Keep, *The Rise of Social Democracy in Russia*, p. 122-123. Hal Draper narra um episódio curioso a propósito das opiniões de Plekhanov e da reação de Engels diante delas. É uma história contada por um terceiro, portanto sujeita a caução, mas, como diz o autor, não há motivo para duvidar dela. O jovem social-democrata russo A.M. Voden (o qual, se não me falha a memória, torna-se, mais tarde, um político reacionário) vai visitar o velho Engels, em 1883, com uma carta de apresentação de Plekhanov. Engels pergunta – conta Voden nas suas memórias – como Plekhanov se situava em relação à ditadura do proletariado. Voden é obrigado a responder que, para Plekhanov, "se 'nós' chegarmos ao poder, é claro que 'nós' só daremos liberdade a 'nós mesmos'", ao que Engels teria observado que tal coisa "ou conduziria a transformar o Partido Social-Democrata Russo numa seita, com suas consequências práticas inevitáveis e sempre indesejáveis, ou daria origem [...] – pelo menos entre os imigrantes russos sociais-democratas – a uma série de cisões, com as quais o próprio Plekhanov não se beneficiaria (H. Draper, *The "Dictatorship of the Proletariat" from Marx to Lenin*, p. 39-40; a descrição do episódio se encontra também em H. Draper, *Marx's Theory of Revolution*, v. III, p. 323-325).

50 Cf. J.L.H. Keep, op. cit., p. 123. Akimov fazia parte, precisamente, do grupo que girava em torno do jornal *Rabochee Delo* (A Causa do Povo), cujos membros vieram a ser chamados "economistas". Ver, a respeito, L. Schapiro, op. cit., p. 33.

que publica logo depois um panfleto em que antevê um futuro comparável ao do terror jacobino de 1793: "seria a ditadura do governo revolucionário *sobre* o proletariado – bem entendido, sob pretexto (*for the sake*) de salvá-lo dos exploradores"[51], o que – resume Keep – implicaria a extinção das liberdades e a substituição de um despotismo por outro.

A ruptura com as teses do *Que Fazer?* só viria, como se sabe, com a discussão do primeiro parágrafo da constituição do partido. O problema era o de definir a condição de membro, e a comissão de estatutos não tinha chegado a um acordo, havendo duas propostas diferentes, uma de Martov e a outra de Lênin. Martov propõe que seja admitida como membro "toda pessoa que aceite o programa do partido, o apoie por meios materiais e lhe dê assistência pessoal regular, sob a direção de uma das suas organizações". Segundo a proposta de Lênin, seria membro do partido "quem aceitasse o seu programa e o apoiasse com sua participação pessoal em uma das suas organizações". A diferença parece sútil, e "para quem não estivesse a par do que se passava nos bastidores"[52] seria difícil dizer o que iria acontecer a partir daí, no Congresso, e por muitos anos, depois dele. Lênin era favorável à existência de várias organizações, só que não queria reconhecer aos seus participantes a condição de membro do partido. Martov, por sua vez, era também por uma pluralidade de níveis de participação, implicando provavelmente, no plano prático, direitos e deveres diferenciados. Mas ele queria atribuir a esse tipo de participante (ou a uma parte deles) a condição de membro. Claro que a diferença ficava além do que diziam as duas propostas. Lênin queria um partido muito centralizado, formado "sobretudo e principalmente"[53] de militantes profissionais. Martov queria um partido com uma estrutura mais flexível e com uma participação muito mais ampla. Axelrod se opõe à proposta de Lênin. Da discussão que se segue, seria a destacar que Plekhanov apoia Lênin, explorando um exemplo não muito convincente de Axelrod. Embora centralista, Trótski apoia Martov. Surpreendentemente, só dois dos três "economistas" apoiam Martov, mas, dada a relativa obscuridade da questão, houve

51 J.L.H. Keep, op. cit., p. 134.
52 Ibidem, p. 127.
53 Lénine, *Oeuvres*, v. 5, 1965, *Que Faire?*, p. 463.

vários votos inesperados. Lênin é derrotado por 28 votos a 23. Entretanto, a situação se altera alguns dias depois com a saída dos delegados do *Bund* judeu, a quem se negara autonomia (no que se refere ao proletariado judeu), e com a saída também dos dois economistas que haviam votado contra Lênin (saída motivada por problemas de reconhecimento de organizações). É a partir daí que a fração de Lênin começou a ser conhecida como "bolchevique", isto é, majoritária[54]. Passo por cima das peripécias que se seguem à ruptura: Lênin propõe um comitê só de três membros para a *Iskra*, Martov não aceita e se demite. Mas, afinal, a vitória bolchevique no Congresso se revela "uma vitória de Pirro". A *Iskra* é dominada pelos mencheviques[55].

É Axelrod quem abre fogo, no seu artigo "A Unificação da Social-Democracia e suas Tarefas" (publicado pela *Iskra*, em dezembro de 1903 e janeiro de 1904), contra o que aparece agora como uma tendência bem determinada. A crítica de Axelrod é importante, acerta em cheio nos problemas imediatos, mas não na sua significação última. Axelrod ataca o ideal de disciplina passiva e insiste sobre a necessidade de que os operários se formem conscientemente no partido e através dele. Ele imputa a Lênin uma fascinação pelo modelo jacobino. Até aqui, muito bem. O ponto fraco é pensar os perigos em que poderia implicar a orientação leninista em termos de influência burguesa (o privilégio que tinham os intelectuais revolucionários na visão leninista da organização seria uma variante dessa influência, exercida dentro mesmo do partido, e em nome de uma ideologia radical). Keep, que sigo de perto nesse passo, observa com razão que a limitação vinha "do seu quadro conceitual marxista". Axelrod via bem o perigo, mas, como todos os adversários do leninismo (ou quase todos), não tinha ideia da trágica inovação histórica que gestava lá[56]. Até então, qual fora a atitude dos *iskristas* em relação ao jacobinismo? O problema teria de ser levantado em

---

54 Segundo Keep, *The Rise of Social Democracy in Russia*, p. 132, n. 2, o uso dos termos bolchevique ou menchevique se generaliza só a partir de 1904.

55 Sobre essa sequência de episódios, ver, além das obras indicadas, o livro de L. Haimson, *The Russian Marxists and the Origins of Bolshevism*, Cambridge: Harvard University Press, 1955, capítulos 9 e 10.

56 Cf. J.L.H. Keep, op. cit., p. 142-143 e 145. Kautsky permite que se publique uma carta que ele envia a um bolchevique, em que duvida das acusações de oportunismo endereçadas aos antileninistas, e faz o elogio da tolerância.

forma mais geral: qual a atitude da *Iskra* em relação ao jacobinismo, ao populismo, e também ao centralismo? Com relação ao último ponto, já indiquei que a posição dos *iskristas* era centralista (isso reaparece em seguida, por exemplo, nas intervenções de Trótski). Como se poderia resumir o que fora até aqui a posição ou, antes, a trajetória dos *iskristas* em relação ao populismo e ao jacobinismo? O que nos conduzirá, depois, a discutir a relação de Lênin com um e outro. Quase todos, se não todos, os membros da direção da *Iskra* haviam passado pelo populismo, o que poderia significar que, na origem, foram admiradores do jacobinismo. Mas a história de cada um deles é peculiar. I. Getzler, o biógrafo de Martov, escreve que "ele admirava os populistas, mas não tinha nenhum sentimento especial pelos eslavos ou pelos camponeses. Seus heróis eram ainda Roberspierre e St Just"[57]. O "ainda" remete ao fato de que o interesse pela Revolução Francesa e admiração pelo jacobinismo (que sucede a um primeiro culto dos girondinos) são anteriores à admiração pelo populismo[58]. Martov vai romper com o populismo e o jacobinismo, no prefácio, escrito em dezembro de 1892, para a edição russa do *Coletivismo*, de Jules Guesde[59]. Axelrod, cuja história é muito particular, pois se passa quase toda fora da Rússia, foi inicialmente bakunista, e aparentemente não pró-jacobino. Em todo caso há textos já do final dos anos de 1970 em que ele se refere a Robespierre (e também a Cronwell) como gente que partiu dos mais nobres ideais e terminou como déspota[60] Mais do que ninguém, Alexrod sofrerá a influência do movimento socialista da Europa ocidental. O caso de Plekhanov é ainda mais peculiar. Se influenciado por Bakunin, ele sempre foi atraído pelo jacobinismo, mesmo se, às vezes, reconheça nessa sua tendência uma espécie de pecado em que incorre, de forma mais ou menos irresistível[61]. Seu biógrafo, Samuel Baron, escreve que "em 1900 e alguns anos depois, Plekhanov, em termos de espírito, era precisamente um jacobino

---

57 I. Getzler, *Martov: A Political Biography of a Russian Social Democrat*, p. 12.
58 Ibidem, p. 8.
59 Ibidem p. 18.
60 Cf. Abraham Ascher, *Pavel Axelrod and the Development of Menshevism*, Cambridge: Harvard University Press, 1972, p. 36.
61 Cf. Samuel H. Baron, *Plekhanov: The Father of Russian Marxism*, London: Routledge & Kegan Paul, 1963, p. 129.

(*was precisely a Jacobin in spirit*)"[62]. O autor mostra como essa tendência se manteve até depois do golpe de outubro. De fato, Plekhanov afirma, num texto do final da sua vida – ele morreu em maio de 1918 – que "Lênin, Trótski e outros [...] se tornaram essencialmente Narodniks, depois da revolução de fevereiro. Eles estão agindo segundo o programa de Tikhomirov e estão seguindo o conselho de Bakunin, para o qual a revolução deve se basear não nos operários organizados, que estão infectados de estatismo, mas nas massas não conscientes, no elemento criminoso etc."[63] Não há aí referência ao jacobinismo. Há duas coisas a considerar: por um lado, Plekhanov sempre manifestou uma tendência consideravelmente centralista e também autoritária, mesmo se, em princípio, se trate sempre de um "autoritarismo de maiorias". Por outro lado, se ele não deixou de entender o perigo de uma deriva verdadeiramente autocrática, ele sempre separou essa hipótese da experiência histórica do poder jacobino que lia, à sua maneira, como ditadura a serviço da revolução. Assim, quando no seu texto de crítica aos populistas, "Nossas Diferenças", considera muito profeticamente a possibilidade de um processo desse tipo (como deriva de um poder revolucionário que quer ir mais longe do que permitem as condições) ele escreve: "ele [aquele poder] teria de buscar a sua salvação nos ideais do 'comunismo patriarcal e autoritário', apenas introduzindo nesses ideais a alteração de que uma casta socialista iria manejar a produção nacional, em lugar do 'filho do sol' peruano e dos seus funcionários"[64.] O modelo do "despotismo de esquerda" não é o jacobinismo, mas o Estado inca...

---

62 Ibidem, p.213.

63 Ibidem, p. 358. O texto de Plekhanov foi publicado em 1924. Baron cita também uma carta da mulher de Plekhanov, escrita em 24 de novembro de 1917, "sob a sua inspiração", carta em que se absolve explicitamente Robespierre da acusação de ter inspirado o bolchevismo: "Não estamos sofrendo o terror dos *montagnards*, não! Trata-se daqueles contra quem Robespierre se lançou e que haviam tomado o poder. São os hebertistas, os bakunistas, os anarquistas. A convenção queria a França unida, forte e indivisível, enquanto o nosso presente regime permite que a grande Rússia seja cortada em pedaços."

64 S.H. Baron, *Plekhanov...*, p. 105.

Leninismo e Antileninismo:
Ainda Sobre o Neo-Jacobinismo leninista e os seus críticos

Retomo aqui a discussão de Lênin com os antileninistas de que começamos a nos ocupar no capítulo II[65]. Ela se insere na nossa narrativa. Referi-me, no item anterior, ao artigo de Axelrod "A Unificação da Social-Democracia e Suas Tarefas". Lênin vai responder com o seu livro-panfleto *Um Passo à Frente, Dois Atrás* (*A Crise no Nosso Partido*) (1904). Nele, Lênin acusa Axelrod e Martov de oportunismo, lendo as divergências entre eles e os antileninistas sob o modelo da discussão internacional recente, em torno do revisionismo bernsteiniano. Axelrod, Martov e todos os que se opõe a Lênin teriam retomado os argumentos dos "economistas". Na realidade, Lênin interpreta a querela não só sobre o fundo da polêmica em torno do reformismo bernsteiniano, mas também sobre o fundo da discussão recente em que Lênin, Martov, Alexrod, Plekhanov etc. enfrentaram os chamados economistas. Trata-se de mostrar que Axelrod e Martov defendem posições idênticas às de Akimov, que criticara desde o início o *Que Fazer?*. A imputação é de anarquismo em matéria de organização, o que vai junto com a ideia de que o *ethos* daqueles camaradas encontra o da *gens intelectual*, incapaz de disciplina, e jogando sempre a carta da democracia. Principalmente, tem-se uma defesa do jacobinismo. No Capítulo II, citei as passagens principais em que Lênin toma defesa do jacobinismo[66]. Essa defesa vai junto com a ideia de que a disciplina exigível no partido assusta os intelectuais burgueses, enquanto ela é perfeitamente aceitável pelos operários, porque estes foram formados pela disciplina da fábrica[67]. Como já indiquei, há dois textos clássicos de crítica de *Um Passo à Frente, Dois Atrás*: o artigo de Rosa Luxemburgo, "Questões de Organização da Social-Democracia Russa", publicado pela *Die Neue Zeit*; e o livro de Trótski, *Nossas Tarefas Políticas*, publicado em agosto de 1904, em Genebra. O artigo de Luxemburgo tem

---

65 Ver, supra, p. 73, Sobre as Origens do Totalitarismo.
66 Idem.
67 Cf. Lénine, *Oeuvres*, v. 7, p. 409-410. Cf, também, supra, p. 103, n. 58, Sobre as Origens do Totalitarismo. Lênin responde a um artigo da nova *Iskra*, que o acusa de conceber o partido como "uma imensa fábrica".

alguma coisa em comum com o texto de Axelrod. Luxemburgo ataca em conjunto a ideia de um partido claramente distinto da classe que ele deveria representar e o modelo ultracentralista de organização. Ela defende o centralismo, mas não o ultracentralismo, que considera "jacobino-blanquista", de Lênin, ultracentralismo que separa o partido da classe e que permite à direção decidir da constituição e da direção dos comitês de base. O que ela defende é antes um autocentralismo da camada dirigente do proletariado[68], um modelo de organização em que a social-democracia aparece como "o próprio movimento da classe operária"[69], e em que o centralismo não é um conceito absoluto, mas uma tendência que depende do "esclarecimento e da formação política da massa trabalhadora". Dois pontos a destacar nessa crítica: a recusa absoluta da ideia de que a fábrica é, para o operário, uma escola de disciplina que será investida como disciplina partidária; e, como no texto de Axelrod, a desconstrução da pretensão leninista em se apresentar como baluarte da luta contra o oportunismo. Sobre o elogio leninista da disciplina da fábrica, já vimos o suficiente[70]. Quanto à questão do oportunismo, Luxemburgo observa que, se é mais fácil pensá-lo a partir da intelectualidade, as coisas são, na realidade, mais complicadas: há oportunismo dos sindicalistas, por exemplo, e, sobretudo, é um erro pensar que o oportunismo se manifesta sempre sob a forma de uma tendência à descentralização e a uma organização frouxa. Isso ocorreu na Alemanha, ocorre, em geral, no movimento socialista dos países capitalistas mais avançados e vem muito ligado à prática parlamentar. Mas pode haver outro oportunismo que, ao contrário daquele, vem de dentro do partido e que se traduz por uma exigência de centralismo e de disciplina rigorosa. Isso aconteceria principalmente nas fases iniciais da luta: foi o caso da Alemanha, no tempo de Lassalle, e é hoje o caso da Rússia. Esse oportunismo não deve ser menos combatido do que o outro[71]

---

68   Cf. *Gesammelte Werke*, Berlin: Dietz, v. 1, II, 1963, p. 429.
69   Ibidem.
70   Ver supra, p. 73, Sobre as Origens do Totalitarismo. Como vimos, Luxemburgo acusa Lênin de confundir dois sentidos diversos e como que opostos da palavra "disciplina".
71   Cf. R. Luxemburg, *Gesammelte Werke*, v. 1, II, p. 439.

O livro de Trótski é um caso particular na história do pensamento (prático)-político. Esse brilhante ensaio de crítica do leninismo só foi traduzido para uma língua estrangeira... 66 anos depois da sua publicação. Trótski e os trotskistas preferiam guardar na gaveta esse Trótski denunciador do bolchevismo. Stálin o utiliza em certa ocasião, lembrando que o livro foi dedicado ao "(seu) querido mestre Pavel Borisovitch Axelrod", porém, a partir do momento em que começou a denunciar Trótski como agente do fascismo e outras coisas do mesmo tipo, a utilização desse texto deixou de ser útil. Há, no livro de Trótski, um núcleo de argumentação que é comum a ele, a Luxemburgo e a Axelrod: que a posição de Lênin é uma forma de oportunismo. Mais precisamente, no caso do livro de Trótski, tem-se o argumento que as posições não são duas, mas três, A terceira posição é a do "oportunismo blanquista"[72]. Também se tem a ideia de que a social-democracia deve ser a expressão da "autodeterminação política do proletariado"[73]. Mas, no quadro dessa tese, há um desenvolvimento crítico muito brilhante sobre as concepções organizatórias de Lênin. O ideal leninista é o da "divisão do trabalho". Trótski começa observando que esse conceito é muito geral, algébrico de certo modo. Porém, Lênin vai mais longe e dá a essa divisão do trabalho um caráter análogo ao de uma divisão do trabalho no interior da fábrica, ou, mais precisamente –Trótski se refere explicitamente à análise de Marx em *O Capital* –, na manufatura. O ideal de Lênin seria o da divisão manufatureira do trabalho (a rigor, a melhor referência para criticar Lênin é aquela da qual, de fato, Lênin parte: ele parte é da fábrica, mais do que da manufatura, mas isso só reforça o argumento de Trótski).[74] Lênin quer distinguir um lado explorador na fábrica e outro que seria – digamos – positivo, o da organização do trabalho que formaria o operário para a

72 L. Trotsky, *Nos Tâches Politiques*, p. 200.
73 Ibidem, p. 49.
74 O modelo da fábrica já estava no *Que Fazer?*. Trótski cita o seguinte texto: "Quanto mais perfeito o trabalho de cada *engrenagem* (*rouage*), maior seria o número de trabalhadores empregados nos detalhes da obra comum, e mais a nossa rede seria densa, menos as inevitáveis intervenções policiais trariam perturbações às nossas hostes" (Lénine, *Oeuvres*, v.5, 1965, p. 520, apud Trótski, *Nos Tâches Politiques*, p. 138, tradução nossa a partir do texto de Trótski, grifos no original).

REVOLUÇÕES RUSSAS: QUESTÕES "POLÍTICAS" DE UM NÃO HISTORIADOR... 223

disciplina partidária. Trótski insiste no fato de que, para Marx, o que caracteriza a grande indústria (e já, em sentido um pouco diferente, a manufatura) é que os operários parcelados perdem toda iniciativa espiritual. E ele utiliza uma citação que Marx faz de Ferguson, onde se diz que "lá onde as manufaturas florescem mais, é lá onde se sabe mais renunciar à vida espiritual"[75]. É esse o ideal que Lênin teria para a organização do partido. Por isso, condena como inúteis mesmo certas reuniões de discussão geral que se fazem entre os militantes. O partido se transforma numa "manufatura social-democrata"[76]. "A 'organização de revolucionários profissionais', mais exatamente a sua cúpula, aparece então como o centro da consciência social-democrata, e, abaixo, há apenas executantes disciplinados das funções técnicas."[77] A disciplina que pode resultar desse modelo organizatório só pode ser – como diz Marx da fábrica moderna – uma "disciplina de caserna"[78]. Trótski se inscreve contra esse projeto:

A tarefa da social-democracia consiste precisamente, também, em formar o proletariado contra essa disciplina que substitui o trabalho do pensamento humano pelo ritmo de movimentos físicos; ela consiste em reuni-lo contra essa disciplina imbecilizante e mortal num único exército ligado [...] pela comunidade da consciência política e do entusiasmo revolucionário [...] O regime de *caserna* não pode ser o regime do nosso partido, assim como a fábrica não poderia ser o seu modelo.[79]

"Na política interna do Partido", afirma Trótski, numa frase que se tornou muito famosa, "esses métodos levam a que [...] *a organização do partido substitua o Partido, a que o Comitê Central substitua a organização do Partido e, finalmente, a que o ditador substitua o Comitê Central.*"[80] Quanto ao jacobinismo, a analogia é falsa. O texto merece ser citado uma segunda vez[81]: "O método deles era guilhotinar os menores desvios, o nosso, ultrapassar teórica e politicamente as divergências. Eles

75 Trotsky, *Nos Tâches Politiques*, p. 139.
76 Ibidem, p. 141.
77 Ibidem.
78 Ibidem, p. 159.
79 Ibidem (grifado pelo autor).
80 Ibidem, p. 128 (grifo nosso).
81 Cf. supra, p. 71, Sobre as Origens do Totalitarismo.

224 O CICLO DO TOTALITARISMO

cortavam cabeças, nós insuflamos a consciência de classe."[82] Em resumo, Lênin, que Trótski chama de "Maximilien Lénine", aparece como o defensor de uma "lógica burocrática"[83], de um "fetichismo de organização"[84], como o representante de uma concepção "substituicionista"[85] da política que é na realidade reacionária[86].

Essa crítica é de um interesse teórico considerável. Observe-se que a posição de Trótski, por antileninista que ela seja, é entretanto favorável ao centralismo e, no plano estratégico, à ditadura do proletariado[87]. Ele toma posição não somente contra Bernstein, mas também contra Jaurès. Por outro lado, e isso é um pouco surpreendente, Trótski critica de maneira complacente a antiga *Iskra*, isto é, a *Iskra* de antes do Segundo Congresso[88], o que significa admitir haver certa continuidade entre a antiga *Iskra* e o bolchevismo, ou seja, que a *Iskra* tomava um caminho errado (ou pelo menos perigoso) do qual, felizmente, após o congresso se afastou. Porém, o mais importante no texto é o fato de que ao opor Marx a Lênin (o que em si mesmo pode ser um recurso banal), Trótski toca numa questão fundamental. Ao falar da divisão do trabalho na manufatura e depois na fábrica, Marx faz uma dupla crítica ao sistema: *formal e material*. Para ele, não se trata apenas de analisar criticamente a extorsão da mais-valia (forma), mas de mostrar que na indústria moderna (mais ainda do que na manufatura, ou de outro modo) o trabalhador é oprimido *no interior do próprio processo material de trabalho*. Esse é o sentido do tema, fundamental e relativamente pouco tratado, do *despotismo de indústria*, em

82 Trotsky, *Nos Tâches Politiques*, p. 187. Citado por extenso aqui, ver supra, Sobre as Origens do Totalitarismo, p. 73.
83 Ibidem, p. 204. Cf *Trotski Rapport de la Délégation Sibérienne*, Paris: Spartacus, [s.d.], texto um pouco anterior a *Nossas Tarefas Políticas* e que, talvez explicitamente, o anuncia: "cremos que num futuro bem próximo aparecerá uma brochura que começará assim: 'existe ou não existe na jovem social-democracia russa uma tendência conhecida pelo nome de centralismo burocrático'? Na opinião de uma das partes em presença, por exemplo, P. Axelrod, tal tendência não só existe, mas, dadas certas circunstâncias, pode ter uma influência muito nefasta sobre o desenvolvimento anterior do partido" (p. 90).
84 L. Trotsky, *Nos Tâches Politiques*, p. 176.
85 Ibidem, p. 148. O tema do substitucionismo está também alhures.
86 Ibidem, p. 192: "o chefe da ala reacionária do nosso partido, o camarada Lênin".
87 Ibidem, p. 203.
88 Ibidem, p. 190-192.

O Capital. Ora, para legitimar a sua concepção de organização, Lênin apela precisamente – como se se tratasse de algo em si mesmo positivo – para alguma coisa que Marx não por acaso chama de *despotismo*, e que exprime um lado igualmente importante da exploração/opressão (na realidade, é o lado da opressão) que exerce o sistema. Lênin não só não se deu conta disto, ou não quis se dar conta, mas toma *essa opressão material do capital como modelo ideal para a organização do partido*.

Têm-se aí duas maneiras de criticar o capitalismo: uma, de Marx, que denuncia exploração e opressão, outra, de Lênin, que denuncia a exploração, mas que não só não vê a opressão, *mas a toma como modelo para a organização do partido*. No fundo há aí duas atitudes em relação à liberdade, porque é disto, essencialmente, que se trata. Não é à toa que, em *Que Fazer?*, ao atacar a "liberdade de crítica" que é reivindicada por alguns dos seus adversários, Lênin, embora vise algo como a liberdade burguesa, se ponha a denunciar a "liberdade" de forma bastante genérica, apelando para um cientificismo duvidoso:

A liberdade é uma grande palavra, mas é sob a bandeira da liberdade da indústria que foram feitas as piores guerras de banditismo [*brigandage*]; é sob a bandeira da liberdade do trabalho que se espoliou os trabalhadores. A expressão "liberdade de crítica", tal como ela é empregada hoje, contém a mesma mentira. As pessoas que estão realmente convencidas de ter feito progredir a ciência não reclamariam para as concepções novas a liberdade de existir ao lado das antigas, mas sim a substituição destas por aquelas.[89]

O interesse da crítica do jovem Trótski lida à luz do destino do bolchevismo é evidentemente muito grande (bastaria dizer que um dos capítulos finais do seu livro se chama "A Ditadura Sobre o Proletariado"[90]). Lênin está preocupado com a exploração econômica, o lucro, a mais-valia; as condições concretas, do trabalho na fábrica e, em geral, a experiência vivida do trabalhador interessam-lhe pouco. Mais tarde, isso irá facilitar uma "filosofia da produção" marcadamente produtivista. E Trótski?

---

89 Lénine, *Oeuvres*, v. 5, 1965, p. 361. Uma posição política é legitimada, aí, em nome da ciência, o que permite excluir, sem mais, as outras, e questionar a ideia de liberdade de crítica.

90 L. Trotsky, *Nos Tâches Politiques*, p. 197.

226 O CICLO DO TOTALITARISMO

Paradoxalmente, esse crítico do substituísmo e da alienação do trabalhador na fábrica se tornará o campeão da "militarização do trabalho" e do vanguardismo em matéria de direção. Tudo isso será bem visível (e para o próprio Trótski, sem dúvida, que parece fazer uma vaga alusão crítica às suas posições de juventude) em *Terrorismo e Comunismo*. A reivindicação do jacobinismo é constante na obra de Lênin.

Se Martynov e Cia. tivessem refletido sobre essas questões, teriam talvez compreendido a ideia tão árdua (quão árdua!), emitida pela antiga *Iskra,* da semelhança entre as relações de jacobinos e girondinos, e as relações entre os social-democratas revolucionários e os oportunistas. (Se não nos enganamos [observa Lênin], esta ideia foi formulada pela primeira vez no editorial do n. 2 de *Iskra*, redigido por Plekhanov.) Os girondinos traíam a causa da grande Revolução Francesa? Não. Mas eles eram seus defensores inconsequentes, irresolutos, oportunistas. Por isso, os jacobinos defendiam os interesses da classe avançada do século XVIII com tanta firmeza quanto os social-democratas revolucionários defendem os interesses da classe avançada do século XX: os combatiam. Por isso, os traidores reconhecidos da causa da grande revolução, monarquistas (*royalistes*), padres constitucionais e outros, apoiavam e justificavam os girondinos diante dos ataques dos jacobinos.[91]

Mais adiante, no mesmo volume, na série de textos do Terceiro Congresso, o tema reaparece:

A *Iskra* [trata-se da *Iskra* que passou a ser dirigida pelos mencheviques[92]] toma a França como exemplo. Mas é a França jacobina. Fazer dos jacobinos um espantalho no momento da revolução é a maior banalidade. A ditadura democrática [...] não é a organização da "ordem", é a da guerra. Se chegamos a nos apoderar de Petersburgo e guilhotinamos Nicolau, teríamos de enfrentar várias Vendeias. Marx estava consciente disso quando, em 1848, evocava os jacobinos na *Neue Reinische Zeitung*: "O terror de 1793, dizia ele, não é mais do que o procedimento plebeu para acabar com o absolutismo e a contrarrevolução." Preferimos, nós também, acabar com a autocracia russa conforme o procedimento

---

91 Lénine, *Oeuvres*, v. 8, 1964, p. 221. (Gente da *Osvobojdénié* [Libertação, jornal liberal] e da nova *Iskra*, Monarquistas e Girondinos, artigo de *Vperiod*, [Para frente], março de 1905.)

92 Lênin tenta mostrar as dificuldades (segundo ele) de um artigo da *Iskra* menchevique, que, contra o argumento central do menchevismo, vai bastante longe na ideia de que, em condições especiais, seria necessário tomar o poder, artigo este que dá como exemplo a França revolucionária.

"plebeu" e deixaremos à *Iskra* o procedimento girondino. Uma situação excepcionalmente vantajosa se oferece à revolução russa (guerra antipopular, conservantismo asiático da autocracia etc.). Esta situação permite esperar um resultado favorável à insurreição. Os sentimentos revolucionários do proletariado aumentam, não dia a dia, mas de hora em hora. Num momento como este, o martynovismo [referência ao menchevique Martynov] não é somente tolo, é também criminoso, pois compromete a manifestação [*deploiement*] da energia revolucionária do proletariado, entrava seu entusiasmo revolucionário.[93]

Menos de um ano depois, num artigo denominado "A Revolução Russa e as Tarefas do Proletariado", Lênin evoca a declaração do Comitê Central da Liga dos Comunistas aos seus membros, de junho de 1850, escrita por Marx, em que, depois da derrota da revolução, este insiste na necessidade de uma "forte organização *secreta* do partido revolucionário"[94]. Lênin se refere, logo mais adiante, à declaração anterior, de março de 1850, e afirma que Marx "dá como modelo à democracia alemã a França jacobina de 1793 (ver "O Processo dos Comunistas de Colônia")"[95].

Em maio (junho) de 1917, a propósito da prisão pelo governo provisório de um aspirante a oficial, Krousser, por causa de um discurso revolucionário, Lênin escreve o seguinte no *Pravda*:

Nós não somos adversários da violência revolucionária exercida no interesse da maioria do povo. Quando Plekhanov evocou, há poucos dias, não sei a propósito de que, os jacobinos de 1793 e a *clara* declaração

---

93 Lenin no Relatório Sobre a Participação da Social-Democracia no Governo Rrevolucionário Provisório (abril-maio 1905), em *Oeuvres*, v. 8, p. 395. O texto de Marx a que ele se refere é do artigo: A Burguesia e a Contra-Revolução, publicado pela *Nova Gazeta Renana*, em 15 dez. 1848 (Die bourgeoisie und die Kontrerevolution, *Neue Rheinische Zeitung*, em Marx-Engels, *Werke*, v. 6, p. 107; Marx Engels, *La Nouvelle Gazette Rhénane, traduction et notes par Lucienne Netter*, Paris: Éditions Sociales, 1969, v. 2, p. 227-231). A citação não explicita a posição de Marx. De um modo talvez discutível, mas conforme ao que era a sua tendência no momento, Marx ressalta o papel progressista da burguesia em detrimento da pequena-burguesia: "*Todo o terror francês* não era mais do que uma *maneira plebeia* de acabar com os *inimigos da burguesia*, o absolutismo, o feudalismo e a pequena-burguesia (*Spiessburgentüm*)".

94 Cf. Lénine, *Oeuvres*, v. 10, 1967, p. 138. Lênin cita o texto de Marx. Cf. Marx--Engels, *Werke*, v. 7, 1990, p. 306.

95 Lénine, *Oeuvres*, v. 10, p. 138. Na declaração de março, pode-se ler: "Assim como na França em 1793, hoje na Alemanha a organização (*durchführen*) da centralização mais estrita é a da tarefa do verdadeiro partido revolucionário" (Marx-Engels, *Werke*, v. 7, p. 253).

228 O CICLO DO TOTALITARISMO

deles "Estes aqui e aqueles lá são inimigos do povo", nós nos dissemos: *nenhum* partido deve proibir a si mesmo de imitar os jacobinos de 1793 nesse ponto escolhido por Plekhanov. Mas há "jacobinos" e "jacobinos". Uma expressão francesa muito espiritual, que Plekhanov gostava de recordar, há vinte anos, quando ele ainda era socialista, zombava dos "jacobinos menos o povo". A grandeza histórica dos verdadeiros jacobinos, dos jacobinos de 1793, era a de serem "jacobinos *com* o povo", com a *maioria* revolucionária do povo, com as classes *revolucionárias* de vanguarda do *seu* tempo. Os "jacobinos menos o povo" são lamentáveis e ridículos, eles que não fazem mais do que macaquear os jacobinos, eles que *temem* denunciar claramente, em voz alta [*hautement*], aos olhos de todos, como inimigos do povo, os exploradores, os opressores, os servidores da monarquia em todos os países, os partidários dos grandes proprietários rurais em todos os países [...] os *grandes* jacobinos de 1793 não temeram declarar inimigos do povo os representantes da *minoria* reacionária, exploradora do povo da sua época [...] precisamente os representantes das *classes* reacionárias do seu tempo.[96]

Alguns dias depois, Lênin escrevia ainda no *Pravda*:

Os jacobinos de 1793 representavam a classe mais revolucionária do século XVIII, os elementos pobres das cidades e do campo. Contra essa classe que já havia justiçado praticamente (e não em palavras) o seu monarca, os seus grandes proprietários rurais, os seus burgueses moderados, através dos meios mais revolucionários, guilhotina inclusive, [...] contra essa classe autenticamente revolucionária do século XVIII, os monarcas da Europa, em coalizão, voltaram as suas armas. Os jacobinos declararam inimigos do povo aqueles que se faziam de "auxiliares das intrigas dos tiranos coalizados contra a República" [...] *O exemplo dos jacobinos é cheio de ensinamentos. Ele não envelheceu, mas é preciso aplicá-lo à classe revolucionária do século XX, aos operários e semiproletários.* Para esta classe, no século XX, o inimigo são os grandes proprietários rurais e os capitalistas, considerados enquanto classe, e não os monarcas.

Lênin conclui de uma maneira um pouco surpreendente, se considerarmos o que, efetivamente, viria a acontecer:

Se o poder passasse aos "jacobinos" do século XX, aos proletários e semiproletários, eles declarariam inimigos do povo os capitalistas que se enriquecem em bilhões na guerra imperialista, isto é, numa guerra pela divisão do butim e dos benefícios dos capitalistas. Os "jacobinos" do século XX não se poriam a guilhotinar os capitalistas: imitar um bom

---

96 Lénine, La Contre-révolution prend l'offensive, *Pravda*, maio de 1917, *Oeuvres*, v. 24, 1974, p. 550-551.

REVOLUÇÕES RUSSAS: QUESTÕES "POLÍTICAS" DE UM NÃO HISTORIADOR... 229

exemplo não é copiá-lo. Bastaria se prender cinquenta a cem magnatas do capital bancário, altos cavaleiros da prevaricação e da pilhagem bancária; bastaria pô-los na prisão durante algumas semanas, *para divulgar as suas roubalheiras* e mostrar a todos os explorados "quem lucra com a guerra". Uma vez divulgadas as roubalheiras dos reis dos bancos, poderíamos libertá-los, pondo sob o controle dos operários os bancos, os sindicatos capitalistas e os homens de negócio que "trabalham" por conta do Tesouro. Os jacobinos de 1793 entraram na história como um grande exemplo de luta autenticamente revolucionária contra *a classe dos exploradores*, de luta travada pela *classe dos trabalhadores e dos oprimidos*, dona de *todo* o poder de Estado.[97]

Muito interessante é o comentário que faz Lênin de um artigo publicado pelo jornal liberal *Retch* (A Palavra). O texto de Lênin se chama "O Jacobinismo Pode Servir Para Intimidar a Classe Operária?"[98]. O artigo de *Retch*, que é escrito ou assinado por um historiador, especula, em junho de 1917, sobre o destino possível de uma tomada de poder pelos sovietes. Ele escreve (e Lênin o cita):

"Tendo tomado 'todo o poder', os sovietes se convencerão bem cedo de que eles têm muito pouco poder. E para compensar sua falta de poder deverão recorrer aos procedimentos experimentados no decorrer da história, pelos jovens turcos ou pelos jacobinos... Quererão eles, pondo de novo todo o problema, cair no jacobinismo e no terror ou tentarão lavar as mãos? Tal é a questão na ordem do dia, e que deve ser decidida nesses dias." [Lênin:] O historiador tem razão. Nesses dias ou não, de qualquer modo logo, essa questão precisa deve ser decidida. *Ou* [...] a viragem em direção à contrarrevolução [...] Tchernov e Tsereteli "lavando as mãos". *Ou* o "jacobinismo". Os historiadores da burguesia veem no jacobinismo um rebaixamento. Os historiadores do proletariado veem no jacobinismo um dos *pontos culminantes* atingidos por uma classe oprimida na luta por sua emancipação. Os jacobinos deram à França os melhores exemplos de revolução democrática e de resposta à coalisão dos monarcas contra a república. Eles não poderiam ter uma vitória completa [...] O "jacobinismo" na Europa ou na fronteira da Europa e da Ásia, no século XX, seria a dominação de uma classe revolucionária, o proletariado, que, sustentado pelo campesinato pobre e utilizando as condições materiais existentes favoráveis para marchar para o socialismo, poderiam não só introduzir tudo aquilo que os jacobinos do século XVIII introduziram de grande, de indestrutível, de

97 Lénine, Sur les ennemis du peuple, *Oeuvres*, v. 25, 1971, p. 54-55.
98 Ibidem, p. 123.

230   O CICLO DO TOTALITARISMO

inesquecível, mas levar também, no mundo inteiro, à vitória duradoura dos trabalhadores. É característico da burguesia o ódio ao jacobinismo. É característico da pequena-burguesia temer o jacobinismo. Os operários e os trabalhadores conscientes creem na passagem do poder para a classe revolucionária, oprimida, porque *está nisso* o fundamental [*fond*] do jacobinismo, a única saída para a crise, a única maneira de acabar com o marasmo e com a guerra.[99]

Há aí dois problemas. Um deles – em parte, já visto – é saber o que significa jacobinismo na boca e na pena de Lênin. Ele remete, sem dúvida, a certa posição em relação à violência e a um modelo de organização (que não é o modelo histórico específico do jacobinismo, mas o modelo genérico do que se poderia chamar de vanguardismo). Uma legitimação da violência que vai até o terror (isto é, até uma violência mais ou menos indiscriminada contra aqueles que são considerados "inimigos do povo") e um tipo de organização que se constrói de cima para baixo, e não se preocupa muito com legitimidades eleitorais. Mas, ao mesmo tempo, aparece a ideia de que tudo isso se funda no apoio da maioria da população, o que é sem dúvida um eco do *Manifesto*. Há aí um impasse: vanguardismo da maioria ou ditadura de uma minoria? Num mesmo texto, ou em textos da mesma época, temos ao mesmo tempo uma evocação do modelo jacobino e um projeto político que inclue, entre outras coisas, a convocação de uma Assembleia Constituinte (a questão da Assembleia Constituinte é, na realidade, um pouco especial, pode haver simples oportunismo, nesse ponto). A tensão contida nessa ideia de ditadura das massas acabaria se resolvendo em favor de um dos polos, e se resolvendo mal. O outro problema é de ordem bem diversa. É da legitimidade do apelo aos textos de Marx. Não vou retomar aqui a análise do conjunto das passagens de Marx e de Engels, em que eles se referem ao jacobinismo ou ao terror (remeto a meus livros anteriores e às obras, já referidas, de Hal Draper, que fez um registro exaustivo dos textos concernentes ao tema[100]). Diria apenas o seguinte. É interessante como Lênin faz questão de se pôr sob a sombra de Marx, isto é, de apresentar a sua posição como marxista. Isso se entende no contexto histórico, com o que não

---

99   Ibidem, p. 124-125. (Grifos do autor.)
100   Cf. *A Esquerda Difícil*, p. 235-236; Hal Draper, *Karl Marx's Theory of Revolution*, v. III, p. 360s.

REVOLUÇÕES RUSSAS: QUESTÕES "POLÍTICAS" DE UM NÃO HISTORIADOR... 231

quero decidir a questão de saber se Lênin "blefava". Ele mostra conhecer bem os textos de Marx (que lia no original), mas escolhe os que lhe servem melhor: principalmente artigos e declarações do Marx do pós-1848 imediato, ocasião em que Marx, depois da derrota da revolução, professa um ideal centralista, conspirativo e muito marcadamente proletário (isso no sentido da crítica da política dos liberais e das possibilidades de uma aliança com eles; o texto canônico, a esse propósito, é a primeira declaração do CC da Liga dos Comunistas, de março de 1850). Este é o Marx que serve melhor ao leninismo, o momento em que ele se aproxima mais do que será o modelo leninista, sem que se possa dizer que as diferenças desapareçam. Marx aceitaria a disciplina da fábrica como pedagogia para a disciplina revolucionária como pretendem os dois opúsculos famosos? Comentando essas citações, Robert Service escreve, no primeiro volume de *Lenin, a Political Life*, a propósito das referências de Lênin a Marx no contexto das primeiras discussões com a fração menchevique em constituição:

Os fundadores do marxismo –Lênin afirma [–] "desprezaram aqueles que desprezaram os jacobinos". Lênin vai mais longe. Ele acredita que Marx pensa maravilhas [*enthused*] do terrorismo de massa como meio de consolidar revoluções; sua prova é uma observação em 1848 de que a guilhotina de Robespierre foi "o método plebeu" de erradicar a antiga ordem. Essa citação precisa era acurada. Mas ela era também seletiva; porque Marx, ainda que às vezes feche os olhos de maneira inequívoca para o terror francês, em outras ocasiões o condena severamente. Na *Sagrada Família* (1844), ele havia declarado que Robespierre, inadvertidamente e contra os próprios desígnios, havia criado as condições para a derrubada do seu regime.[101]

---

101 R. Service, *Lenin, A Political Life: The Strengths of Contradiction*, Bloomington: University Press, 1985, v. 1, p. 135. Sobre a referência a Marx, ver Marx-Engels, *Werke*, 1990, v. 2, *Die Heilige Familie*, p. 125-131. O texto da *Sagrada Família*, que é um livro de juventude, toma distância em relação ao jacobinismo. Este aparece como um movimento duplamente ilusório, porque quer acentuar o poder do Estado (enquanto, na realidade, é a "vida burguesa" que sustenta o conjunto do Estado), e porque está permeado de ilusões "antigas" (e, entre a democracia antiga fundada na "escravidão efetiva" e a sociedade burguesa fundada na "escravidão emancipada" haveria pouca coisa em comum). Além disso, Marx estabelece uma continuidade original, e um pouco surpreendente, entre Robespierre e Napoleão, precisamente através do papel que desempenha o Estado no momento do poder jacobino e no período napoleônico. Napoleão "consumou (*vollzog*) o terrorismo, na medida em que, no lugar da revolução permanente, pôs a guerra permanente" (ibidem, p. 130). Em forma mais positiva aparecem os *enragés* Leclerc e Roux (também o Círculo Social, ▶

232 O CICLO DO TOTALITARISMO

Os textos de maturidade que criticam o jacobinismo seguem outro caminho (o terrorismo é inútil e vem do medo dos governantes); as passagens mais importantes são de Engels[102], mas há motivos suficientes para afirmar que Marx não estava em desacordo[103].

A história das origens do bolchevismo revela assim uma série de elementos que podem ser considerados anunciadores do regime pré-totalitário, e depois totalitário, que viria a se impor depois de outubro. Mas a fração bolchevique era hipercentralista e monolítica? Os historiadores simpáticos ao bolchevismo se empenham em denunciar o que teria sido o mito de um movimento (e depois partido) bolchevista unanimista e ultracentralista (ver, em particular, *Le Parti Bolchévique*, de Pierre Broué)[104]. Sem dúvida, havia divergências dentro da fração. Mas o essencial não é que tenha havido divergências (as rupturas não provam nada). O que me parece fundamental é que a partir do *Que Fazer?* aparece um ideal de organização muito centralizada, e um apelo ao modelo jacobino não tão "algébrico", aliás, porque não faltam referência, mesmo se sibilinas, ao "terrorismo"[105]. Broué cita passagens em que Lênin tenta relativizar as teses do *Que Fazer?*, mas tudo se passa como se o livro pairasse como um modelo, incompletamente realizado em curto prazo, é verdade, mas esperando a hora da sua realização. Projeção *a posteriori*? Não. A prova, ou um início de prova, está no fato de que se temia os bolcheviques desde o início, e vai-se temer ainda mais no ano de 1917. Os adversários do bolchevismo não se enganaram com o que os aguardava, caso os bolcheviques chegassem ao poder. Mas há também um problema do lado dos mencheviques. Digamos que, se o bolchevismo era mistificado por um ideal neojacobino (neo porque, evidentemente e sob mais de um aspecto, em termos de organização e mesmo de violência, ele era especificamente diferente do jacobinismo),

▷ no início da revolução), e depois Baboeuf e Bounarotti "que reintroduziu na França, depois de 1830, a ideia comunista" (ibidem, p. 126).

102 Cf. *A Esquerda Difícil*, p. 43-44, n. 20.

103 Cf. Marx-Engels, *Werke*, v. 31, p. 48; v. 9, p. 301. E Hal Draper, *Karl Marx's Theory of Revolution*, v. III, p. 361s.

104 Pierre Broué, *Le Parti Bolchevique, histoire du P.C. de l'U.R.S.S.*, Paris: Minuit, 1971[1963].

105 Como vimos, em certa passagem, Lênin diz que os bolcheviques não pretendem liquidar os grandes capitalistas, só prendê-los por algum tempo; mas, com essa fala, a suspeita sobre quais eram as suas reais intenções como que aumenta.

os mencheviques se revelam desde cedo também mistificados ou suscetíveis de mistificação; e isso dado o apelo demasiado ortodoxo que fazem não ao marxismo, mas, digamos, às teses centrais (ou canônicas) de Marx, teses de que o próprio Marx se afastou em alguma medida, em mais de uma ocasião.

A revolução russa começava mal. Havia, por um lado, os que direta ou indiretamente sonhavam com ditadores e com o terror e, por outro, os que não abandonavam a ideia de que a revolução que viria só poderia ser uma revolução burguesa. Qualquer que fosse o caráter mais preciso que fosse dado a essa expressão, o fato é que, se ela tinha a vantagem de pôr um freio a certos radicalismos (mas mesmo tal vantagem era incerta), o menchevismo ortodoxo atrelava a revolução a um esquema ao mesmo tempo rígido e formal, que prenunciava dificuldades para o momento em que viesse a se impor a necessidade de concretizar o programa.

Entre mencheviques e bolcheviques havia, a partir de 1905 mais ou menos, uma terceira posição, a de Trótski (posição que, já vimos, era parecida à de Rosa Luxemburgo[106]). Conforme estudamos, ele foi o principal crítico das teses leninistas num momento em que ainda fazia parte do bloco menchevista. Porém, logo se separa. Trótski tinha uma discordância fundamental com o menchevismo a respeito do caráter da revolução e do papel que poderia desempenhar a burguesia na revolução. Mas ao mesmo tempo, uma concepção sobre o caráter e as perspectivas da revolução que, podemos dizer, ficava mais à esquerda não só da posição geral dos mencheviques como também da dos bolchevistas. Para os mencheviques, a revolução, que, como para todos os marxistas, era o produto da iniciativa histórica do proletariado, na Rússia, entretanto, seria burguesa em seu caráter; os socialistas não participariam do governo provisório, permaneceriam na oposição como representantes dos interesses do proletariado[107].

---

106 Parvus (Alexander Israel Helphand, 1867-1924) tinha também uma posição independente. Como se sabe, este russo, que viveu muito tempo em terras de língua alemã e participou do movimento socialista alemão, teve, junto com Trótski, um papel importante na elaboração da assim chamada "teoria da revolução permanente".

107 Resumindo a posição menchevique, escreve Israel Metzger, na sua biografia de Martov: "Se o Partido Social-Democrata foi chamado pela história para liderar a revolução nacional russa, o objetivo imediato da revolução era, tanto depois, como antes, do Domingo Sangrento, uma republica democrático-burguesa, e não uma ordem socialista. Martov, a exemplo de Axelrod, Potresov ▶

234 O CICLO DO TOTALITARISMO

Para Lênin, a revolução também não será socialista, como para os mencheviques, mas a convergência não vai muito longe. Porque a outra classe, que não o proletariado, a protagonizar a revolução não será mais a burguesia liberal, como no esquema menchevique (o projeto leninista será diferente também na forma), mas o campesinato pobre. A burguesia, que não poderia ter um papel revolucionário, era, assim, substituída pelo campesinato. Os camponeses apareciam como os burgueses ou, antes, como os pequeno-burgueses do campo (já não se preferia os burgueses aos pequeno-burgueses como fazia o Marx de uma certa fase). E, ao contrário do que ocorria no projeto menchevique, os socialistas deveriam participar do poder num governo de aliança, constituindo a "ditadura democrática dos operários e camponeses". Esse governo realizaria as chamadas "tarefas democrático-burguesas" e criaria as condições para, mais tarde, começar a construção do socialismo.

A posição de Trótski estava bem mais próxima das posições de Lênin do que da dos mencheviques, mas havia diferenças. Como Lênin, Trótski acreditava que os socialistas não deveriam recusar o poder, e também concordava com o ceticismo bolchevique em relação às possibilidades revolucionárias da burguesia liberal. Mas, diferentemente de Lênin: 1. ele não falava em ditadura democrática dos operários e camponeses, mas numa ditadura exercida pelo proletariado, embora apoiada pelos camponeses[108]; 2. se a revolução começava efetivamente

▷ e Plekhanov, e diferentemente de Parvus (Helphand), Trótski e Lênin, que a abandonam, permaneceu essencialmente fiel à doutrina original exposta por Plekhanov em 1883 e reafirmada por ele em abril de 1905, segundo a qual, num país atrasado como a Rússia, a futura revolução deveria ser "burguesa" e levaria ao poder a burguesia. Enquanto eles não pudessem efetivar imediatamente o seu programa máximo de uma ordem socialista, os sociais-democratas deveriam se abster [de participar] do poder; eles não deveriam participar num futuro governo burguês. [...] Martov só admitia uma possibilidade de tomada do poder pelos sociais-democratas: no caso excepcional em que a vitória da revolução e da república democrática não pudesse ser garantida de outro modo; se, por exemplo, aqueles vigorosos partidos burgueses revolucionários fenecessem antes de florescer" (Israel Metzger, *Martov: A Political Biography of a Russian Social Democrat*, p. 101).

108 "[...] não se pode falar de não sei que forma especial da ditadura do proletariado na revolução burguesa, de uma ditadura 'democrática' do proletariado ou de uma ditadura do proletariado e do campesinato" (Trotski, *Bilan et Perspectives*, 1905), seguido de *Bilan et Perspectives*, traduções, respectivamente, de Maurice Parijanine (do russo), e de Gérard Bloch (do inglês), Paris: Arguments, Les ▶

realizando as chamadas "tarefas democrático-burguesas" (ao contrário dos outros, Trótski hesita, mesmo, no emprego da expressão "revolução burguesa"[109]), estas se prolongariam – sem que se pusesse instituir uma ruptura entre os dois momentos, ou um prazo qualquer para que se passasse ao segundo momento – em tarefas propriamente socialistas que o proletariado no poder começaria a realizar. Trótski empregava aqui a expressão, que é de Marx, "revolução permanente"[110]. Aliás, a expressão se encontra também em Lênin[111]. Assim, em Trótski, coexistia uma visão claramente antiautoritária, embora centralista, de

> Éditions de Minuit, 1969, p. 434. Creio que vale a pena fazer uma citação que exprima a tese em forma positiva: "é incontestável que o proletariado, quando ele tiver assim remediado a inércia da burguesia, se chocará de qualquer modo com ela, em certo momento do desenvolvimento da luta, como com um obstáculo imediato. A classe que será capaz de superar esse obstáculo, deverá atacar e, em consequência, assumir a hegemonia se, pelo menos, está no destino do país conhecer um renascimento democrático. Nessas condições, vemos chegar a dominação do 'Quarto Estado'. Claro, o proletariado cumpre a sua missão quando busca um apoio, como outrora a burguesia, na classe camponesa e na pequena burguesia. Ele dirige o campo, arrasta as aldeias no seu movimento e as interessa pelo sucesso dos seus planos. Mas é ele, necessariamente, que é e permanece o chefe. Não se trata da *'ditadura dos camponeses e do proletariado', é 'a ditadura do proletariado, apoiado nos camponeses'"* (Trotski, 1905, la reaction et les perspectives de la révolution, *Nos Différends,* artigo publicado na revista polonesa *Przeglad socialdemokratyczny,* p. 381, grifo nosso), que Trótski pensa, apesar de tudo em um governo de coalisão fica claro pela leitura de outros textos (Cf. Trotski, *Bilan et Perspectives,* p. 425, grifo nosso).

109 "Isto nos incita a conceber uma situação histórica em que a vitória da revolução 'burguesa' só seria possível graças à conquista do poder revolucionário pelo proletariado. Esta revolução deixaria de ser burguesa? Sim e não. Isso não dependeria de uma definição, mas do desenvolvimento ulterior dos acontecimentos" (Trotsky, *Bilan et Perspectives,* p. 367).

110 "A nossa imprensa progressista deu um grito unânime de indignação quando foi formulada pela primeira vez, na imprensa socialista, a ideia de revolução ininterrupta – uma ideia que ligava a liquidação do absolutismo e da feudalidade a uma revolução socialista, através dos conflitos sociais crescentes, de levantes de novas camadas das massas, de ataques incessantes efetuados pelo proletariado contra os privilégios políticos e econômicos das classes dirigentes" (Trotsky, *Bilan et Perspectives,* p. 434). "É só nessa via que a sua dominação [do governo operário] revolucionária temporária se tornará o prólogo de uma ditadura socialista. A revolução permanente será, pois, a regra para o proletariado da Rússia, no interesse e para a salvaguarda desta classe" (Trotsky, *Bilan et Perspectives,* p. 385).

111 Cf. Lénine, *Oeuvres,* v. 9, p. 244. O texto é comentado por Oskar Anweiler, *Les Soviets en Russie 1905-1921,* trad. francesa de Serge Bricianer, prefácio de Pierre Broué, Paris: Gallimard, 1972, p. 90. (na tradução francesa, como assinala o tradutor de Anweiler, está *revolution ininterompue,* não por acaso, muito provavelmente).

236 O CICLO DO TOTALITARISMO

funcionamento do partido, com um verdadeiro *gauchisme* em termos estratégicos, para usar o jargão, que viria a ser dominante. A revolução russa não seria propriamente burguesa e conduziria, num prazo maior ou menor e sem verdadeira transição heterônoma, ao socialismo. Digamos que o esquerdismo estratégico acabou devorando o que havia de antiautoritário no seu projeto organizatório.

Outros Partidos. O Partido Socialista-Revolucionário

Além do Partido Operário Social-Democrata Russo, no interior do qual se constitui o bolchevismo e o menchevismo, há outro partido de esquerda cuja importância não pode ser subestimada. O Partido Socialista Revolucionário ou, literalmente, o Partido dos Socialistas-Revolucionários. O bolchevismo, como movimento vitorioso, foi em geral privilegiado pelos historiadores da revolução. Lentamente, os menchevistas e os socialistas-revolucionários foram sendo incorporados, embora alguns dos livros clássicos sobre os socialistas-revolucionários (assim como pelo menos um livro sobre as oposições depois de 1917, como o de Leonard Shapiro, *The Origin of Communist Autocracy*), já sejam bastante antigos. Feito uma balanço da bibliografia, parece evidente que a importância dos socialistas-revolucionários foi subestimada. Há, para começo de conversa, um problema com esse partido. Ele é considerado, tradicionalmente, um partido de base camponesa. E ele mesmo reivindica uma tradição *narodniki*, cuja referência principal era o campesinato. Isso não é falso, mas há que considerar que o partido veio a constituir uma base operária que rivalizou com a das outras duas tendências, mencheviques e bolcheviques. Mesmo mais do que isto. Logo no início da sua história (1902), o partido declarou privilegiar o trabalho junto aos operários e aos intelectuais. Por outro lado, é interessante observar, nos socialistas-revolucionários ou pelo menos em alguns dos seus líderes, a coexistência de dois traços aparentemente opostos, ambos os quais têm bastante importância para o nosso problema: um envolvimento com o terrorismo e uma preocupação ao mesmo tempo ética e democrática. A este respeito, cito alguns textos do grande especialista do neopopulismo russo, Oliver H. Radkey[112]:

Do populismo mais antigo [...] Tchernov tomou a recusa em subordinar valores éticos a valores materiais, e a insistência sobre o livre desenvolvimento à personalidade humana como objetivo do socialismo, não menos do que a melhoria do destino material dos trabalhadores. Era uma tarefa enorme que se propôs a si mesmo, não só justificar a inclusão do campesinato no movimento socialista mundial, mas conciliar socialismo com liberdade, o bem coletivo com o indivíduo livre.[113]

No seu livro sobre os SR, em 1917, que na realidade começa com quatro capítulos de análise da trajetória dos neopopulistas antes da revolução de fevereiro, Radkey escreve, no mesmo sentido:

no domínio da teoria política, os SR foram favoráveis à mais escrupulosa observância dos direitos pessoais, e se inscreveram em favor de características do Estado ultraliberal, como a descentralização, a autodeterminação nacional, as declarações de direitos etc. que garantissem o máximo de segurança ao livre desenvolvimento da individualidade em todos os seus múltiplos aspectos[114].

É importante destacar o quanto o programa e o estilo dos SR pareciam imunizá-los contra toda tentativa de arregimentação forçada dos camponeses, como aquelas que efetivamente aconteceriam, tragicamente, na era stalinista:

Aqui é interessante notar que os SR tinham pressentido vagamente, com um quarto de século de antecipação, a possibilidade de um programa de coletivização forçada, tal como ele foi instituído na União Soviética, sob os planos quinquenais, e assumiram posição contrária a isso. Eles eram democratas irredutíveis, e permaneceram sendo tal até o fim; o povo não tinha de ser conduzido ao domínio coletivista, mas tinha de entrar voluntariamente, convencido da superioridade dessa organização econômica.[115]

---

112 Radkey é o autor de dois livros clássicos sobre os socialistas-revolucionários, *The Agrarian Foes of Bolshevism: Promise and Default of the Russian Socialist Revolutionaires; February to October 1917*, New York: Columbia University Press, 1958; e *The Sickle under the Hammer: The Russian Socialist-Revolutionaires in the Early Months of Soviet Rule*, New York: Columbia University Press, 1963.

113 Oliver H. Radkey, *Chernov and Agrariam Socialism Before 1918, Continuity and Change in Russian and Soviet Thought*, Cambridge: Harvard University Press, 1955, p. 66.

114 Idem, *The Agrarian Foes of Bolshevism...*, p. 19-20.

115 Ibidem, p. 27-28.

238 O CICLO DO TOTALITARISMO

Esse traço também vai aparecer e, mais ainda, será decisivo, na política dos socialistas-revolucionários de esquerda[116]. Estes jogam a carta do poder plural, constituído pelos diversos partidos socialistas. Convidados a participar do poder depois da insurreição de 1917, eles se recusam, no início, exigindo a participação dos outros partidos de esquerda. A entrada desses partidos no governo fracassa, porque os bolcheviques não o desejam (mas aqueles partidos têm alguma culpa no sentido de que, na última tentativa, impõem como condição que Lênin e Trótski fiquem de fora do governo, o que o outro lado, então já pouco desejoso de um acordo, não poderia aceitar). Afinal, não conseguindo realizar o seu projeto, os socialistas revolucionários de esquerda entram no governo bolchevique, em dezembro, e permanecem até o tratado de Brets-Litovsk, ao qual o partido se opõe, o que provoca a sua saída. Assim, os socialistas-revolucionários de esquerda, aparecem como um elemento claramente democratizante. De forma geral, eles são pela democracia soviética; mas, não obstante, apoiaram o fechamento da Assembleia Constituinte. Só que se eles são democratizantes, eles se revelam, ao mesmo tempo, complacentes com o terrorismo.

No conjunto da história da revolução russa, o terrorismo teve um peso maior do que em geral se supõe. O livro de Anna Geifman, *Thou Shtalt Kill, Revolutionary Terrorism in Russia, 1894-1917*[117] revela o quanto o fenômeno foi profundo e como, sob formas diferentes, os diversos partidos e movimentos se comprometeram com ele. O livro mostra todo o perigo de um deslizamento da atividade revolucionária em direção ao banditismo e, em geral, a brutalidade das práticas, indiferentes ao destino das vítimas inocentes. Mas Geifman estabelece um corte

116 A divisão entre uma direita SR e uma esquerda (há também os que permanecem numa espécie de centro) leva finalmente a uma ruptura, em novembro de 1917, com a constituição de um Partido Socialista-Revolucionário de Esquerda. Ver, a respeito, Michael Melancon, The Left Socialist Revolutionaries, 1917-1918, em E. Acton et al., *Critical Companion to the Russian Revolution*, p. 291s.

117 A. Geifman, *Thou Shtalt Kill, Revolutionary Terrorism in Russia, 1894-1917*, Princeton: Princeton University Press, 1993. (A mesma autora publicou mais recentemente um segundo livro sobre o tema, *Death Orders: The Modern Terrorism in Revolutionary Russia*, Santa Barbara: Praeger, 2010, de que tive conhecimento tarde demais para poder incorporá-lo a este texto.)

REVOLUÇÕES RUSSAS: QUESTÕES "POLÍTICAS" DE UM NÃO HISTORIADOR... 239

entre o terrorismo dos revolucionários russos do século XIX – que, embora tenha feito vítimas inocentes, revelava uma real preocupação em evitar que isso acontecesse – e o terrorismo do século XX, completamente indiferente às considerações de ordem ética. Mesmo se o livro parece algumas vezes não levar suficientemente em conta a distância, que subsistia, entre o "terrorismo" e a atividade revolucionária ou pré-revolucionária não terrorista – com o que corre o risco de atribuir a responsabilidade ao conjunto do movimento –, ele nos traz uma documentação e uma análise impressionantes do que, em muitos casos, representa uma verdadeira ferida na história do movimento revolucionário. Aqui nos interessa o problema da relação dos socialistas-revolucionários com o terrorismo.

Conhece-se a pré-história dos socialistas-revolucionários. Ela remonta a *Terra e Liberdade* [*Zemlia i Volia*], de 1876[118], e ao movimento de "ida ao povo", dos anos de 1870. *Terra e Liberdade* vai se cindir na *Narodnaia Volia* (A Vontade do Povo) e na *Chörnyi Peredel*, traduzido em geral por A Partilha Negra[119]. A primeira organização pratica o terrorismo, a outra é bastante crítica em relação a ele (embora, segundo Geifman, a diferença tenha sido menos marcada do que se supõe). A atividade terrorista de *A Vontade do Povo* culmina com o assassinato do tsar reformador, Alexandre II, no dia 1º de março de 1881[120]. A partir daí, *A Vontade do Povo* se decompõe. Um neopopulismo[121] vai surgindo, na década de 1890. Há uma organização do norte, e vários grupos no sul, além de um importante círculo em Minsk; mais o trabalho

118 Robert Philippot, *Histoire de la Russie, 2, La Modernisation Inachevée 1855-1900*, Paris: Hatier Université, 1972, p. 92. Houve dois *Zemlia i Volia*. O primeiro, criado nos anos de 1960, era "constituído de pequenos grupos, quase não organizados" (Franco Venturi, Les Intellectuels, le peuple et la Révolution: histoire du populismo russe au XIXe siècle, op. cit., v. 2, p. 912; v. 1, p. 487s). Para o segundo *Zemlia i Volia*, ver v. 2, p. 912s., mas já antes, v. 2, p. 894s.

119 Cf. Venturi, *Les Intellectuels...*, v. 2, p. 1015s e 1049-1050: "Negra", explica Venturi, refere-se aos camponeses que durante séculos haviam sido servos, isto é, "escravos". É como se os dois grupos tivessem se apropriado de um dos elementos da antiga organização. Uns ficaram com a *Volia* (liberdade e, aqui, principalmente vontade), os outros guardaram a *Zemlia* (a terra, que deve ser objeto de partilha); Nicholas V. Riasanovsky, *A History of Russia*: Oxford: Oxford University Press, 1993[1963], p. 384.

120 R. Philippot, *Histoire de la Russie, 2*, p. 100.

121 Sobre as origens do termo populismo, ver Richard Pipes, Narodnichestvo: A Semantic Inquiry, *Slavic Review*, v. XXIII, n. 3, Sept. 1964.

240 O CICLO DO TOTALITARISMO

no exílio[122]. Essas organizações se dividem principalmente em torno de duas questões, a do papel do terror e a do papel dos camponeses na revolução. O alinhamento é complexo[123]. Graças ao trabalho de G.A. Gershuni (1870-1908) e V.M. Tchernov (1873-1952), a unificação é possível, e ela se dá no inverno de 1901-1902. Tchernov, apesar de muito jovem, já terá papel importante; ele será a grande figura do movimento. Tchernov não deixa de tolerar o terror, isto é, apoiá-lo, ainda que "pessoalmente relutante em participar da violência[124]. O problema do terrorismo é uma das questões que provocam cisões do partido, surgindo uma direita não só antiterrorista como contrária a qualquer trabalho ilegal que se organiza no Partido Socialista Popular, e uma esquerda revolucionária e hiperterrorista, os chamados *maximalistas*, também cisionistas. O partido mantém uma organização terrorista com bastante autonomia. Ela pratica ações que tiveram grande impacto, mas cujo resultado político foi sempre duvidoso, das quais as mais importantes foram o assassinato do ministro do Interior, Sipiagin, em abril de 1902, do seu sucessor, Pleve, em julho de 1904, e o assassinato do grão-duque Serguei Alexandrovich, tio (e concunhado) do tsar e governador-geral de Moscou[125]. O partido entra numa formidável crise quando se descobre que um dos seus principais dirigentes, ligado diretamente à atividade terrorista, era um agente da Okhrana (sigla da polícia política do tsar). Azev foi desmascarado, em 1908[126], graças a uma iniciativa que não veio do partido; e nem mesmo a sentença de morte decretada contra ele, quando afinal os principais dirigentes se convenceram da culpa do personagem, foi cumprida. Ele conseguiu fugir para a Europa ocidental, onde viveu ainda uma

---

122 Cf. Manfred Hildermeier, *The Russian Socialist Revolutionary Party Before the First World War*, (trad. inglesa do alemão), New York: Lit/St Martin's, 2000[1978], p. 30s.

123 Ibidem, p. 41-42.

124 Anne Geifman, *Thou Shalt Kill: Revolutionary Terrorism in Russia, 1894-1917*, p. 46 e 48; cf. M. Hildemeier, op. cit., p. 307.

125 Cf. A. Geifman, op. cit., p. 20 e 55; Hugh Seton-Watson, *The Russian Empire, 1801-1917*, Oxford: Clarendon, p. 599 (Oxford History of Moderne Europe); verbetes "Serguei Aleksandrovich Romanov", "Plehve, V.K.", e "Spirigin, D.S.", em Joseph L. Wieczynski (ed.), *The Modern Encyclopedia of Russian and Soviet History*, Golf Breeze: Academic International Press, 1976-1994, 56 v.

126 Além do verbete "Azev" na *The Modern Encyclopedia…*, op. cit; cf. A. Geifman, op. cit., p. 232s.

REVOLUÇÕES RUSSAS: QUESTÕES "POLÍTICAS" DE UM NÃO HISTORIADOR... 241

dezena de anos. Com o caso Azev, não só o partido como também o terrorismo receberam um golpe violento, mas não fatal. A tentação terrorista reapareceu, em 1918, por iniciativa dos socialistas-revolucionários de esquerda (que, como já disse, acabaram se separando formalmente do partido, no final de 1917), quando, em oposição ao Tratado de Brets-Litovsk, eles tentaram provocar uma guerra entre a Rússia e a Alemanha, assassinando do embaixador alemão, Von Mirbach. O embaixador é morto, mas o projeto fracassa totalmente, e dele resulta uma imensa repressão contra os socialistas-revolucionários de esquerda (os outros já haviam sido neutralizados) por parte do poder bolchevique.

Sobre os socialistas-revolucionários, seria necessário destacar, por outro lado, o que já vimos: o lado democrático do seu projeto e, em geral, da sua atitude política. O democratismo se encontrava com frequência nos mencheviques, mas era mais raro entre os bolcheviques. Além do democratismo, há outros traços positivos a salientar. Os socialistas-revolucionários enfrentam, desde muito cedo, o peso do marxismo que é adotado pelos seus rivais social-democratas. Nos meios SR – em primeiro lugar, em Tchernov –, o impacto, se não do marxismo, mas pelo menos de Marx, é muito grande. Porém, os SR se empenham em praticar uma espécie de marxismo heterodoxo ou, antes, combinam elementos marxistas com outros, de origem russa ou não. Essa tendência é, em geral, fecunda. Primeiro, porque, mais do que os marxistas, eles ficam ao abrigo dos dogmatismos teóricos e do determinismo simplista. Neles se encontra uma ideia de história mais flexível e mais aberta do que a dos marxistas, o que representa uma vantagem teórica e prática considerável. Por outro lado, em termos propriamente práticos, isto é, no plano do projeto revolucionário, tal posicionamento implica uma recusa da ideia de uma revolução eminentemente, ou exclusivamente, proletária. O PSR é considerado, tradicionalmente, um partido camponês. Já vimos o que a fórmula tem de verdadeira e também os seus limites. De fato, ele se distingue dos social-democratas pelo fato de que reconhece um papel revolucionário aos pequenos camponeses independentes e sem assalariados[127], embora esse respeito pelo pequeno proprietário rural coexista, num equilíbrio difícil,

---

127 Cf. Oliver Radkey, *Chernov and Agrarian Socialism, before 1918*, p. 68.

242 O CICLO DO TOTALITARISMO

com um ideal coletivista e antiproprietário[128]. O apoio que os SR tiveram na cidade nunca foi desprezível, e eles só vão perder esse apoio na segunda metade de 1917, quando a mesma coisa acontece com os mencheviques e demais grupos antibolcheviques[129]. Mas o partido sempre manteve uma espécie de fidelidade ao campesinato. E, embora os efeitos disto tenham sido limitados – os SR perderam –, esse fato é de qualquer maneira importante. Mais precisamente, o PSR e Tchernov, em particular, elaboraram a tese de uma revolução fundada sobre três bases (classes ou grupos): os camponeses, os proletários urbanos e a intelectualidade. Há aí duas coisas a assinalar, além do fato de que eles evitavam o projeto perigoso de uma revolução uniclassista (qualquer que fosse a justificação dela). Uma delas é, precisamente, que os camponeses ganhassem um papel substantivo. E aqui o essencial é que não

---

128 A respeito das antinomias do programa do PSR, ver também outro artigo de Radkey: An Alternative to Bolshevism: The Program of Russian Social Revolutionism, *Journal of Modern History*, v. XXV, mar.-abr. 1953.

129 Sobre a atitude do PSR para com o proletariado e a cidade, em geral, ver Michael Melancon, The Socialist-Revolutionary Party (SR), (1917-1920), em E. Acton et al. (eds.), *Critical Companion to the Russian Revolution*, p. 281s., além dos textos de Oliver Radkey. Ver deste último, *The Agrarian Foes of Bolshevism*, p. 61, nota 36, e p. 55-56, no qual cita textos quase oficiais do partido, em que se declara que o interesse principal do partido são os trabalhadores industriais e a *intelligentzia*, sobretudo os estudantes. Uma menção análoga se encontra em Radkey, Chernov and the Agrarian Socialism Before 1918, em E.J. Simmons, *Continuity and Change...*, p. 65. No mesmo artigo, há passagens decisivas sobre as relações que os dois partidos mantinham com as duas grandes classes. Acho que se impõem aqui algumas citações: "Chernov confirmou a velha predileção pelo campesinato, a qual foi reativada pelas agitações de 1902, dando pela primeira vez a esta escola de pensamento um programa agrário, no centro da sua prescrição, para os males da sociedade russa. A partir daqui, o neopopulismo ou social-revolucionismo foi tão irrevogavelmente comprometido com o campesinato como a social-democracia com o proletariado, ainda que cada um oferecesse algum atrativo à classe oferecida pelo outro." Depois de mostrar que, entretanto, a simetria não era perfeita, porque os SR nunca mostraram "hostilidade para com a classe operária", enquanto a "massa da social-democracia encarava o camponês como pequeno-burguês", Radkey conclui: "Na realidade, o movimento de Tchernov deve ser caracterizado como centrado nos camponeses mais do que como camponês, em parte porque a maioria dos [seus] membros foi sempre intelectual, e em parte porque os SR nunca desejaram se definir, de maneira estreita, como um partido camponês, mas sempre se conclamaram defensores dos trabalhadores em geral" (Radkey, Chernov and the Agrarian Socialism..., em E.J. Simmons, *Continuity and Change...*, p. 67-68). Sobre a política agrária dos SR, ver também Maureen Perrie, *The Agrarian Policy of the Russian Socialist-Revolutionary Party, from Its Origins through the Revolution of 1905-1907*, Cambridge: Cambridge University Press, 1976.

se reconhece o elemento revolucionário somente nos proletários rurais, como acontecia com os bolcheviques e com os social-democratas, em geral; eles incorporavam também os pequenos produtores. O conceito geral era o dos trabalhadores do campo, o que incluía tanto proletários como pequenos produtores. Isso implicava uma série de elaborações (em parte, piruetas teóricas, em cujos detalhes não entrarei), mas tinha o grande mérito de não excluir o pequeno proprietário rural do projeto revolucionário. Em segundo lugar, a questão da intelectualidade. Os bolcheviques se recusavam a fazer da intelectualidade revolucionária um grupo a incluir entre os grupos (e classes) que, enquanto tais, suportariam a revolução. Isso poderia parecer "democrático" (antielitista) e radical. Mas, aqui, há alguma complicação. O partido tinha diversos intelectuais e, mais do que isso, a direção do partido era, na realidade, constituída de intelectuais. Esse fato era implicitamente reconhecido e justificado pela ideologia partidária por meio da teoria neokautskiana da intelectualidade que introduz ciência revolucionária na consciência do proletariado. Nesse sentido, admitia-se o papel da intelectualidade, mas – poder-se-ia dizer – da pior forma possível, isto é, pela via burocrática. Muito mais razoável e, na realidade, também mais democrática era a fórmula SR, que reconhecia a intelectualidade revolucionária (mesmo se, evidentemente, não toda a intelectualidade) como um dos suportes de pleno direito da revolução. Isso era mais sério e não tinha os inconvenientes do discurso leninista do *Que Fazer?*. Eu diria, concluindo que, se os socialistas-revolucionários tinham um traço que torna difícil afirmar a sua atualidade – esse traço, já sabemos, é a "mania" do terrorismo –, sob vários outros aspectos, democratismo, antidogmatismo histórico, teoria plural sobre as bases da revolução se revelam eminentemente modernos. Creio que meditar – criticamente, é claro – sobre a história desses grandes perdedores que foram os SR é alguma coisa não só útil como necessária e indispensável para quem quiser pensar na refundação do socialismo que, sem dúvida, hoje se exige. Infelizmente, a história dos vencedores se impôs de uma forma tal que foram necessários muitos anos não para que se escrevesse sobre os derrotados (escreveu-se sobre eles, já há mais de meio século), mas para que eles se constituíssem um verdadeiro polo de interesse, teórico e prático.

Aos partidos a que me referi, seria preciso acrescentar os anarquistas (que não constituíam propriamente um partido), além dos liberais (estes sim, organizados em partidos, principalmente no Partido Constitucional-Democrático). No interior da galáxia social-democrata, seria preciso acrescentar um grupo que se mantém independente de bolcheviques e mencheviques, até meados de 1917, os interdepartamentais (*mezhraiontsy*) de Petrogrado. Este grupo, ao qual se liga Trótski, tem um papel considerável em Petrogrado, na primavera e no verão de 1917. Ele se funde com os bolcheviques, no verão do mesmo ano[130].

---

130 Sobre os *mezhraiontsi*, ver principalmente o livro de M. Malencon, *The Socialist Revolutionaries and the Russian Anti-War Movement, 1914-1917*, Columbus: Ohio State University Press, 1990.

VI. Sobre a Revolução Chinesa

a assim chamada "Revolução Chinesa" foi uma revolução camponesa? A Revolução Chinesa e a classe média intelectual

INTRODUÇÃO:
REVOLUÇÃO CHINESA E REVOLUÇÃO RUSSA

A revolução chinesa oferece diferenças importantes em relação à revolução russa, se não por outras razões, porque ela veio depois e foi marcada por esta última e pelo regime que dela resultou. Da influência e do impacto, na sua dinâmica complexa, resultaram algumas convergências e muitas linhas divergentes. Mas as diferenças já estão na situação respectiva dos dois países (às vésperas de 1917, para a Rússia, e nos anos de 1920, para a China). Os dois países são de algum modo atrasados: nos dois, o campesinato tem um peso muito grande. As convergências não vão muito além. Trótski descreveu o caráter da Rússia pré-revolucionária por meio da fórmula célebre do "desenvolvimento desigual e combinado". Uma estrutura em que traços arcaicos – em primeiro lugar, o peso enorme da massa camponesa – coincidem com características muito modernas em termos capitalistas, como a concentração do capital. No caso chinês, os traços arcaicos são ainda mais fortes, e é mais tardiamente que se poderia falar em desenvolvimento combinado. Além disso, e principalmente, há no caso chinês um elemento ausente na situação russa: a China é um país de tipo semicolonial ou, pelo menos, um país sobre o qual se exerce a pressão, ou a intervenção direta, das grandes potências capitalistas. Por essa razão, há um fator ausente no caso russo, o de um forte movimento nacionalista (republicano, mas ao mesmo tempo autoritário) que explode em determinadas ocasiões (em grande escala, em 4 de maio de 1919), e que se cristaliza, entre outras formas, num partido de importância histórica, o *Kuomintang*, que sucede à Liga Jurada[1]. Esses componentes já dão os elementos para pensar em que medida os dois processos deveriam ser diferentes. Mas a eles se acrescentam, evidentemente, vários outros fatores.

1. OS MOVIMENTOS AUTÓCTONES E A TERCEIRA INTERNACIONAL

A revolução chinesa (entenda-se, o processo que levaria os comunistas ao poder, em 1949) deita suas raízes num amplo movimento nacional-modernizador, até certo ponto democrático, e com uma dimensão socializante, presente nas duas primeiras décadas do século XX. A república é instituída, em 1912[2], com a eleição de Sun Yat-Sen para a presidência. Entretanto, ele deixa o poder para Yuan Shikai, que institui um governo ditatorial e tenta restabelecer a monarquia, mas morre em 1916. Segue-se um período de anarquia em que se digladiam os "senhores da guerra". O 4 de Maio (de 1919) é um grande movimento de protesto de estudantes, apoiados por trabalhadores e comerciantes, contra as decisões pró-Japão do Tratado de Versailles, em prejuízo da China, que entrara na guerra do lado da Entente[3]. Até aqui, o que havia de socializante no movimento era predominantemente anarquista (Kropotkin deve ter sido a figura mais influente)[4], mas a situação se modifica com a insurreição de outubro.

---

1 Sobre a história do Kuomintang, ver Marie-Claire Bergère, *Sun Yat-Sen*, Paris: Fayard, 1994.
2 Cf., a respeito, Yves Chevrier, *Mao et la Revolution Chinoise*, Firenze: Casterman, Giunti, 1993, p. 35.
3 Ibidem, p. 43 e 45.
4 Cf., a respeito, Arif Dirlik, *The Origins of Chinese Communism*; e também, do mesmo autor, *Anarchism in the Chinese Revolution*, Berkeley: University of California Press, 1991.

SOBRE A REVOLUÇÃO CHINESA

Em *The Origins of chinese Comunism*, Arif Dirlik discute longamente o problema das condições em que se implantam, na China, o marxismo e o comunismo bolchevista, duas coisas a distinguir, como insiste, com razão, o autor. Acho que se podem resumir as suas conclusões frisando, por um lado, o fato de que o comunismo chinês não nasce evidentemente do nada (o movimento nacional-republicano extravasava em movimento social), mas que, ao mesmo tempo, o peso da Internacional Comunista, exercido através dos agentes que ela envia na China, é decisivo e mesmo configura um fenômeno que tem alguma coisa de um parto artificial. Essa passagem constitui um fenômeno sobre o qual vale a pena meditar. Ela nos mostra algo assim como a possibilidade da ocorrência de "processos artificiais" na história. O do transplante rápido e sem apelo de um modelo estranho, por mais que se possa dizer que as condições de algum modo não lhe eram desfavoráveis. Parte-se de um grande movimento popular que tem como fundo um país subdesenvolvido, com estruturas tradicionais que coexistem com um capitalismo em desenvolvimento. Um duplo capitalismo, de resto: o estrangeiro, que se instala na costa, onde as nações europeias haviam obtido concessões, e um capitalismo nacional, mais disperso, cujo setor principal era a fiação do algodão[5]. Esse movimento era republicano, anti-imperialista e tingido de socialismo, principalmente, anarquista. Dois intelectuais ocidentais de primeira importância passam uma longa temporada na China, nesse período, e têm certa influência sobre o movimento renovador: Bertrand Russell e John Dewey[6]. O ensino de Dewey parece não ter sido

---

5   Cf., a respeito do desenvolvimento da economia chinesa, o livro de Marie--Claire Bergère, *L'Âge d'Or de la bourgeoisie chinoise*, Paris: Flammarion, 1986, p. 18. O capitalismo nacional se desenvolve principalmente nas condições particulares da Primeira Guerra Mundial, para entrar em crise em 1923. A partir de 1927, ao capitalismo da burguesia sucede um capitalismo burocrático de Estado. E ao poder burocrático do Kuomintang sucederá, depois de 1945, o da burocracia comunista. Bergère chega a afirmar que, sob esse aspecto, a ruptura de 1927 foi mais importante do que a de 1949 (ver Bergère, *L'Âge d'Or...*, p. 18).

6   Dewey permanece na China de 30 de abril de 1919 até julho de 1921. Ele chega pouco antes das manifestações de 4 de maio; ver John King Fairbank, *The Great Chinese Revolution 1800-1989*, trad. franc. *La Grande Révolution Chinoise 1800-1989*, Paris: Flammarion, 1989, p. 288. Russell, de outubro de 1920 a julho de 1921. Cf. John K. Fairbank; Albert Feuerwerker (eds.), *The Cambridge History of China*, Cambridge: Cambridge Universty Press, v. 13, part 2, 1986, p. 384.

248 O CICLO DO TOTALITARISMO

muito marcado politicamente[7]. Russell, cuja filosofia política era uma espécie de liberalismo aristocrático-anarquista[8], e que acabara de escrever o, sob muitos aspectos, notável *Practice and Theory of Bolshevism* – relato de sua viagem à Rússia e balanço do bolchevismo –, se ocupa, pelo menos em algumas das suas conferências, da crítica do bolchevismo e da ideia alternativa de um comunismo introduzido sem violência[9].

A Terceira Internacional, pelo trabalho dos seus representantes (Voitinski, Maring, Borodine...), vai canalizar e enquadrar o movimento revolucionário chinês. O Partido Comunista Chinês é fundado em 1921; seus dois principais dirigentes-fundadores são Li Dazhao (executado em 1927)[10] e Chen Duxiu (destituído da direção em 1927, expulso em 1929, dirigente trotskista nos anos de 1930, morre em 1942, professando um socialismo democrático e antiburocrático). Dificilmente encontraremos outros exemplos de uma canalização tão rápida de um movimento. No seu livro sobre a China, *Problems of China*[11], Bertrand Russell não acredita que o bolchevismo seja

7 Ibidem.
8 Cf. Philip Ironside, *The Social and Political Thought of Bertrand Russell: The Development of an Aristocratic Liberalism*, Cambridge: Cambridge University Press, 1996.
9 Mao Tsé-Tung estava presente numa das conferências políticas de Russell, em Changsha. Mao descreve, numa carta, o teor das posições políticas de Russell, e suas divergências em relação a elas. Ver, a respeito, Ray Monk, *Bertrand Russell, The Spirit of Solitude*, London: Joanathan Cape, 1996, p. 592. Dirlik, op. cit., p. 216, que fala das "conferências antibolchevique" de Russell, na China. Pelo menos as conferências que Russell faz depois de sua volta do sul da China parecem não ter sido muito marcadas nesse sentido (muito menos do que o seu livro sobre o bolchevismo, que é muito crítico). Monk acentua que Russell se esforçava por estabelecer uma convergência entre as suas posições e as de Dora Black, sua futura mulher, que o acompanhara na viagem à China, quando voltara de sua viagem à Rússia (feita logo depois da de Russell) com uma perspectiva inversa à do filósofo. Ver o livro que retoma essas conferências, incorporando também outros elementos, escrito em colaboração com sua já então mulher, Dora Russell, *The Prospects of Industrial Civilization*, London: George Allen & Unwin, 1959[1923].
10 Para as informações biográficas a respeito dos principais personagens da "revolução chinesa", ver o *Dictionnaire Biographique du Mouvement Ouvrier International*, sob a direção de Jean Maitron, volume La Chine, dirigido por L. Bianco e Y. Chevrier, Paris: Les Éditions Ouvrières-Presses de la Fondation Nationale des Sciences Politiques, 1985.
11 B. Russell, *Problems of China*, London: George Allen & Unwin, 1922.

SOBRE A REVOLUÇÃO CHINESA

aplicável à China[12], entre outras razões porque "o bolchevismo exige [...] mais controle da vida individual pelas autoridades do que já se conheceu até aqui; [ora,] a China desenvolveu a liberdade pessoal num grau extraordinário, e é o país em que as doutrinas do anarquismo parecem encontrar mais aplicação prática bem-sucedida[13]. Mas, embora as observações de Russell sobre a importância do anarquismo na China se justifiquem, a verdade é que o bolchevismo foi se impondo como uma torrente sobre o incipiente movimento socialista chinês. Em meio a uma década de derrotas e tragédias, o PC cresce, apesar de tudo[14]. Na realidade, a situação é complexa, porque o recém-fundado PC Chinês sofre sucessivamente o impacto do bolchevismo e, logo em seguida, do stalinismo (duas coisas que, de qualquer modo, é preciso distinguir). Maring[15], emissário da Internacional Comunista, impõe uma aliança com o Kuomintang desde 1923, ao mesmo tempo que Sun Yat-Sen faz um pacto com Moscou. Os comunistas ingressam no Kuomintang. Porém, depois da morte de Sun, em 1925, abre-se uma crise de sucessão[16]. Rompendo com os comunistas, Chiang Kai-Shek, toma o poder em Cantão, com o golpe de 20 de março de 1926. Com o sucesso da "expedição do norte" (que começa em julho de 1926 e o conduz a Xangai e depois a Pequim), campanha apoiada pelos comunistas, Chiang reforça o seu poder. Em 12 de abril de 1927, ajudado pelas *gangs*, ele massacra os comunistas em Xangai. A Internacional Comunista que sacrificara o movimento no altar de um política ingênua de alianças se lança em aventuras putschistas, das quais a mais famosa é a chamada Comuna de

12 Se Russell pensa que o bolchevismo não é aplicável à China, ele acredita, entretanto, que o bolchevismo possa desenvolver "como força política" no quadro de uma possível "expansão asiática do bolchevismo", isto é, de um neoexpansionismo imperialista russo na Ásia, sob o comando bolchevista.

13 B. Russell, op. cit., p. 176.

14 Em 1927, o PC Chinês é o terceiro do mundo em número de militantes, depois do russo e do alemão. Ele se apoia num amplo movimento de massas, "relançado pelo movimento de 30 de maio de 1925", espécie de novo 4 de maio. Ver Yves Chevrier, *Mao et la Révolution Chinoise*, p. 59.

15 Trata-se do nome de guerra do comunista holandês Hendrikus Sneevliet (1883-1942), que mais tarde se torna trotskista (mas mantendo certa distância em relação a Trótski e reticente em relação à Quarta Internacional). Resistente, ele é capturado pelos nazistas e fuzilado (ver o verbete Maring, no *Dictionnaire biographique...* (dir. J. Maitron), La Chine (dir. L. Bianco e Y. Chévrier), p. 472).

16 Cf. Ives Chevrier, *Mao et la Révolution Chinoise*, p. 59.

250 O CICLO DO TOTALITARISMO

Cantão, de dezembro do mesmo ano, que também termina em desastre[17]. O PC Chinês passa por sucessivas crises sob a batuta da Internacional. Sucedem-se vários secretários gerais: Chen Du-Xiu, Qu Qiubai, Xiang Zhongfa, Li-Lisan, Wang Ming. O PC começa então um trabalho no campo. Uma república soviética é fundada no Jiangxi, perto da fronteira do Fujian (sudeste da China), cujo "comitê executivo central" – assim como o "conselho dos comissários do povo" – é presidido por Mao Tsé-Tung[18]. A "república chinesa do Jiangxi" é liquidada em novembro de 1934[19].

2. COMUNISTAS E NACIONALISTAS

Pouco antes, começa a Longa Marcha que conduziria os comunistas ao norte do Shanxi, onde eles estabelecem a sua capital (Yanan). Ao começarem a marcha, eles são mais de 80 mil; serão menos de 15 mil quando chegam ao norte do Shanxi, em outubro de 1935[20]. Sobre a Longa Marcha, como em geral sobre a figura de Mao Tsé-Tung, houve uma discussão após a publicação do livro de Chang e Halliday[21]. Parece seguro que

17 Ver, a respeito desse período, e da política da Internacional Comunista, o livro de Harold Isaacs, *The Tragedy of the Chinese Revolution*, 2. ed. 1951. (Utilizei a versão francesa, *La Tragédie de la Révolution Chinoise*, trad. de René Viénet, Paris: Gallimard, 1967[1938]).

18 Cf. Ives Chevrier, *Mao et la Révolution Chinoise*, p. 80-81.

19 Cf. Harold Isaacs, *La Tragédie...*, p. 408.

20 Cf. Philip Short, *Mao: A Life*, New York: Henri Hort and Company LLC, 1999, p. 329.

21 Jung Chang; Jon Halliday, *Mao: The Unknown Story* (cito a versão francesa, *Mao: L'Histoire inconnue*, trad. de Béatrice Vierne e Geoges Liebert, com a participação de Olivier Slavatori, Paris: Gallimard, 2006). Sobre a longa marcha, ver p. 149s. O livro de Chang e Halliday é considerado hoje (janeiro de 2016), mais ou menos universalmente, um livro que não merece muita confiança. Ver, a respeito, os comentários de Alain Roux, em *Le Singe et le tigre: Mao, un destin chinois*, Paris: Larousse, 2009, p. 22-27. Mas isso não quer dizer que tudo o que se diz lá seja falso. Mao foi certamente um déspota execrável (brutal, de um total amoralismo, corrupto...). Porém, admitindo-se (como, ao que parece, deve-se admitir) que ele tenha sido um "monstro" (ou quase isso), resta saber se o retrato de um monstro totalmente individualista, e preocupado exclusivamente com o próprio poder, é plenamente objetivo. Não haveria um pouco mais de política – e, bem entendido, essa política pode ter sido, como de fato foi, no caso, execrável – no projeto desse personagem? Sem dúvida, é possível que nas condições do totalitarismo, o que é "político" não tenha o ▶

SOBRE A REVOLUÇÃO CHINESA

houve uma mitificação de várias passagens e aspectos da Longa Marcha É bem mais problemática sua interpretação do significado geral do episódio: por uma mistura de razões estratégicas (necessidade de neutralizar os "senhores da guerra", interesse em ter boas relações com os russos) e pessoais ou semipessoais (o filho de Chiang era uma espécie de refém nas mãos de Stálin), Chiang teria se abstido de esmagar as forças comunistas, e teria mesmo forçado o seu deslocamento inicial, em direção ao leste. Quanto às características dos métodos de Mao e dos comunistas, segundo os dois autores (brutalidade, burocratismo, elitismo...) estas parecem indiscutíveis.

Após o sequestro de Chiang por um ex chefe nacionalista (semissenhor da guerra) no final de 1936, uma nova aliança é concluída entre nacionalistas e comunistas. Os japoneses, que ocupam a Manchúria, em 1931, e obtêm a amputação desta[22], voltam a atacar a China, em 1937, mas se limitam a ocupar as grandes cidades do norte[23]. Um incidente ocorrido nas imediações de Xangai (onde o Japão fora autorizado a ter uma tropa reduzida) desencadeia uma guerra entre as duas potências. A aliança nacionalistas/comunistas teria por objetivo uma luta comum contra os japoneses. Há certa divergência entre os autores sobre o papel que tiveram comunistas e nacionalistas, na luta contra os japoneses. Ou, antes, há de um lado o livro de Chang e Halliday, que minimiza o quanto possível o papel dos comunistas e valoriza o de Chiang. Os outros autores nos dão

▷ mesmo sentido do que é político na tradição. Talvez o mundo de manobras, traições etc. com finalidades de puro poder pessoal sejam precisamente a marca do político nas condições do totalitarismo. O déspota é a instituição, escreveu um clássico dos estudos sobre totalitarismo russo. Se a análise do contexto remete em parte ao próprio déspota e não a um estrato sociológico, é porque o déspota e seus interesses "pessoais" são eles mesmos, em parte, esse contexto. [Elimino uma discussão mais detalhada das teses do livro, que constava da primeira versão deste texto. De lá para cá, as múltiplas resenhas que se fizeram dele tornam supérfluas, penso eu, as observações críticas que um não especialista esboçara a seu respeito (mesmo se estas últimas, ouso afirmar, resistem mais ou menos bem às intervenções dos especialistas, que vim a conhecer depois).]

22 Cf. Jacques Guillermaz, *Histoire du Parti Comuniste chinois (1921-1949)*, Paris: Payot, 1968, p. 264.

23 Cf. Cristopher R. Lew; Edwin Pak-Wah Leung, *Historical Dictionary of the Chinese Civil War*, 2. ed., Lanham/London/Toronto/Plymouth: The Scarcrow Press, 2013[1937] (verbete Marco Polo Bridge Incidente), p. 145.

252 O CICLO DO TOTALITARISMO

um quadro mais equilibrado, que parece ser o mais verdadeiro. Dos dois lados, havia uma preocupação em não queimar suas reservas na luta contra os japoneses. Mas, ao mesmo tempo, comunistas e nacionalistas enfrentaram esses últimos, se não por outra razão, pelo próprio fato de que, em maior ou menor medida, eram forçados a isso. No caso de Chiang, insiste-se que ele tratou de poupar as suas tropas o quanto pôde, por saber da desproporção de forças que existia entre elas e as do invasor japonês[24]. Quanto ao papel dos comunistas na luta contra o Japão, Lucien Bianco dá finalmente uma apreciação favorável, mas não sem ambiguidade: "Não concluamos que os comunistas não resistiram aos invasores." E, em nota:

Menor do que a que afirma a lenda, a sua contribuição à resistência foi, tudo somado, honrosa [*au total honorable*]. Tenhamos em mente apenas que o invasor considerava o exército nacionalista, [e] não o comunista, seu inimigo prioritário. Quanto aos comunistas, eles se preocupavam menos [*ils étaient moins soucieux*] em combater o exército japonês do que em preservar e estender as suas bases.[25]

Neutralizando progressivamente os seus adversários, Mao passa a ser o número um do partido desde a conferência de Zunyi, ou pouco depois dela (a conferência se realizou em janeiro de 1935, durante a Longa Marcha), mas só se torna o líder também no papel em março de 1943[26].

A Segunda Guerra Mundial, em seus diversos momentos (os comunistas chineses são diretamente impactados pela situação da URSS) – aliança germano-soviética, aliança da URSS com os países ocidentais, mas sem beligerância com os japoneses,

---

24 Cf. Lucien Bianco, *La Chine*, Paris: Flammarion, 1994, p. 83; Alain Roux, *Le Singe et le Tigre: Mao, un destin chinois*, p. 164.

25 Lucien Bianco (em colaboração com Hua Chang-Ming), *Jacqueries et Révolution dans la Chine du XXᵉ siècle*, p. 438 e 558, n. 22. Referindo-se pouco mais adiante à ofensiva lançada pelos comunistas contra os japoneses no norte da China, em agosto de 1949 (ofensiva comandada pelo futuro desafeto de Mao, Peng Dehuai, e conhecida como a dos Cem Regimentos), o mesmo autor observa em nota: "Essa ofensiva, que, num primeiro momento, infligiu perdas substanciais aos japoneses, confirma que os comunistas resistiram sim (*ont bien resisté*) [aos japoneses], mas não é seguro que Mao a tenha aprovado" (ibidem, p. 558, n. 23).

26 Ver, a respeito, Philip Short, *Mao, A Life*, p.14; e Chang e Halliday, *Mao: L'Histoire inconnue*, p. 282.

SOBRE A REVOLUÇÃO CHINESA

e entrada tardia na guerra contra o Japão –, vem modificar a situação. Cada um à sua maneira, EUA e URSS jogam a carta da aliança de todas as forças contra o Japão[27]. A capitulação do Japão ocorre poucos dias depois da intervenção russa. Segue-se um período em que se alternam ou, antes, se duplicam negociações e guerra-civil. Há um encontro entre Mao e Chiang em Chung-king, no final de 1945[28], e sucessivas tentativas de negociação. Até 1947, os nacionalistas dominam a situação militar, que começa a se inverter. Os comunistas dominam a totalidade da Manchúria, no outono de 1948. Tietsin e Pequim caem em janeiro de 1949, os comunistas atravessam o Yangzi em abril e tomam a capital nacionalista, Nankin (o governo foge para Cantão, depois para Chongking). Xangai cai em 27 de maio. A República Popular da China é proclamada em Pequim, em 1º de outubro de 1949. O governo nacionalista se instala em Taiwan[29].

3. LENINISMO E STALINISMO

Que dizer dessa primeira etapa da história da chamada revolução chinesa? Como no caso russo, mas com características particulares, pelo próprio fato de que vem depois no tempo, é preciso considerar o peso do leninismo e o peso do stalinismo. Isto é, não juntar, sem mais, um com o outro. Mas também não supor, como na tradição trotskista, que os problemas só se tornaram insolúveis por causa do peso do stalinismo. A crítica do leninismo tem de ser articulada com a crítica do stalinismo, trabalho interessante a fazer, mas difícil. Cai-se facilmente em uma destas duas más soluções: continuidade essencial ou ruptura absoluta. Conhecendo os limites da crítica trotskista, deve-se, entretanto,

---

27 Para Chang e Halliday, isso teria beneficiado os comunistas, ver o desenvolvimento que eles dão ao conjunto do período, nos capítulos 27 a 30, do seu livro. Os dois autores insistirão também no papel que teriam desempenhado comunistas enrustidos de longa data no alto comando das forças nacionalistas. Para a crítica – não do fato de que havia agentes infiltrados, mas de que os houvesse na quantidade suposta e com os resultados indicados pelos dois autores – ver Alain Roux, *Le Singe et le tigre*, p. 25-26.

28 Cf. Philip Short, *Mao: A Life*, p. 401-402.

29 Sobre as peripécias do abandono da China continental pelos nacionalistas, ver Denis Twitchett; John K. Fairbank (eds.), *The Cambridge History of China*, v. 13, Part 2, p. 782-787.

incorporá-la como momento numa crítica global que tome também ela própria como objeto. Tudo isso nos interessa muito, para discutir um problema essencial, que é o da possibilidade de que o processo tivesse tido outra direção, e outro desfecho.

Como vimos, houve, na China dos anos de 1910 e 1920, grandes mobilizações nas cidades (mas, como vimos também, a história da revolução chinesa até 1930 não se passa apenas na cidade). Inicialmente, o comunismo marxista tinha em todo esse processo um papel totalmente secundário; mais do que isso, ele era quase inexistente. Ele começa a se desenvolver logo depois do 4 de maio (que ocorre, lembremos, mais ou menos um ano e meio depois da insurreição de outubro). A partir daí, o comunismo vai se impondo na esquerda chinesa pelo prestígio da revolução de outubro, mediado – mas esse mediado indica uma condição essencial – pelo trabalho dos agentes da Terceira Internacional. Mesmo se ele brota de um solo favorável (a tendência progressivamente socializante do movimento democrático), o comunismo chinês é uma espécie de planta nascida na estufa, de produto "artificial". Essa é uma primeira violência ao processo histórico "espontâneo", se podemos dizer assim, à qual logo se acrescentará o peso do stalinismo. Se o bolchevismo se apropria do movimento popular de outubro de 1917, na Rússia, e instaura um Estado pré-totalitário revolucionário, criando as condições para um Estado totalitário stalinista, na China, o stalinismo cai como uma chapa sobre o movimento popular, neutraliza a influência anarquista e, por meio de um partido e de uma Internacional que de jacobina-autoritária vai passando a burocrática-totalitária, abre caminho para a ideologia e os métodos stalinistas também nas áreas rurais que o partido irá conquistar[30]. Os dois processos são similares, mas com algumas diferenças: a distância temporal entre o impacto do leninismo e o impacto do stalinismo é menor na China, porque o primeiro começa mais tarde; o peso tanto

---

30 Sobre os inícios do trabalho dos comunistas no campo, ver Y. Chevrier, *Mao et la Révolution Chinoise*, p. 62-64. Há um precursor dessa "via agrária" é Peng Pai, que organiza uma associação camponesa em Haifeng (a oeste de Cantão), em 1922. Mas o grande momento desse caminho camponês será o da implantação dos comunistas em Jiangshi (1937-1934), com a fundação de uma República Soviética Chinesa, em novembro de 1931. Ver, a esse respeito, Y. Chévrier, op. cit., p. 80; e Harold Isaacs, *La Tragédie de la Révolution chinoise*, apêndice, p. 379s.

SOBRE A REVOLUÇÃO CHINESA

do leninismo como do stalinismo provém, no caso chinês, pelo menos no início, de um partido e de um governo estrangeiros (através da Internacional); e se o impacto se dá, como na Rússia, tanto sobre o partido como sobre o governo, esse governo na China se exerce, antes da Longa Marcha, sobre áreas territoriais bastante limitadas, e, depois dela, de qualquer modo, limitadas (o governo de Yanan).

Tudo se passa – a história da China nos reconduz a esse tipo de reflexão – como se o bolchevismo tivesse imprimido uma imensa marca na história contemporânea. Quando, no início do século, Lênin escreve os seus opúsculos neojacobinos, que o jovem Trótski e Luxemburgo criticariam, anunciava-se uma virada histórica decisiva. Virada, no sentido de uma alteração fundamental do que poderia ter sido o curso da história, se preponderasse uma direção não leninista na condução do movimento socialista, mas alteração que de forma alguma pode ser considerada um progresso. É, na realidade, um horizonte de regressão social que se desenha com a publicação dos opúsculos fundadores do leninismo.

4. "REVOLUÇÃO CAMPONESA"?

Mas há outro ponto em que se abre uma grande discussão histórica, em paralelo com o caso russo: o caráter da revolução chinesa. Vimos quais as dificuldades existentes para afirmar a tese tradicional de que a insurreição de outubro foi uma revolução operária. Operários participaram dela, mas só uma minoria da classe (embora a maioria da classe estivesse contra o governo provisório), o papel do partido e não o da classe é que foi decisivo (e não se pode dizer sem mais que o partido representava a classe). Para a China, é o campesinato e não o proletariado que, a partir do final dos anos de 1920, vai aparecer como base fundamental. Isso permitiria afirmar segundo a tese tradicional – em paralelo com a tese também tradicional sobre o caráter proletário da revolução russa – que a revolução chinesa foi uma revolução camponesa? O problema tem implicações importantes, e não só para a análise da China. Trata-se de um problema maior para a sociologia política e para a filosofia da história

256   O CICLO DO TOTALITARISMO

contemporânea. Quem teve o mérito de lançar a discussão foi o sinólogo francês Lucien Bianco.

Há bastante gente competente que continua falando em revolução camponesa, a propósito do movimento chinês. Segundo eles, ela teria sido, mesmo, "a maior revolução camponesa da história"[31]. Sem dúvida, observa Bianco, a fórmula (revolução camponesa) "não é completamente falsa"[32]. Mas uma análise cuidadosa da revolução chinesa mostra a complexidade do problema. Desde sempre, houve revoltas camponesas na China. O século xx não foi exceção. Derrotados na cidade, em parte pelo menos por causa da política desastrada da Internacional Comunista, os intelectuais que compõem a direção do PC Chinês se voltam para o campo. O pioneiro desse trabalho foi Peng Pai, fuzilado pelos nacionalistas, em 1929. A partir daí, o PC Chinês "se apoia" nos camponeses. Mas que significa esse apoiar-se? Bianco observa que "os intelectuais que dirigiam o movimento comunista, em outras palavras, os revolucionários profissionais considerados indispensáveis por Lênin, teriam sido, sem dúvida, incapazes de conquistar o poder sem seus exércitos camponeses"[33]. Entretanto:

Comentadores ou historiadores repetiram que os camponeses chineses derrubavam dinastias umas após as outras. Sem dúvida indispensáveis, a contribuição deles a esta "revolução camponesa" foi mais modesta. Os camponeses forneceram a "infantaria de base" [*piétaille*]: agentes de reabastecimento [*ravitailleurs*], *coolies*, e carne de canhão de um Exército Vermelho às ordens do Comitê Central e de um birô político constituído de intelectuais.[34]

"Muito poucos camponeses acederam aos escalões supremos de uma organização rigorosamente hierarquizada; eles fornecerão,

31   David S.G. Goodman: "The peoples republic of china has its origins in arguably the greatest peasant revolution in the history of the world", *Social and Political Change in Revolutionary China*, New York: Rowman & Littlefeld, 2000, p. 1. O texto é referido por Bianco e Hua, *Jacquéries...*, p. 13 e 429.

32   L. Bianco; Hua, *Jacquéries...*, p. 429. Cf Lucien Bianco, Les Paysans dans la révolution, em Claude Aubert, et al., *Regards froids sur la Chine*, Paris: Seuil, 1976, p. 283-284: "percebe-se de imediato uma parte maciça de verdade na fórmula banal 'revolução chinesa, revolução camponesa'".

33   L. Bianco; Hua, *Jacquéries...*, p. 429. A referência constante a Bianco não é apenas inevitável, mas uma obrigação. Não sei se ele foi o primeiro a levantar o problema. Mas certamente o fez com extraordinário equilíbrio e rigor.

34   Ibidem, p. 14.

SOBRE A REVOLUÇÃO CHINESA

em compensação, a maioria dos quadros de nível médio e a quase totalidade dos quadros locais."[35] A última citação, que é de um texto anterior de um quarto de século, atenua em alguma medida a polarização de funções que sugere a primeira. Mas não creio que, a esse respeito, pelo menos partindo dos textos de *Regards Froids sur la Chine* (1976), o autor tenha mudado de posição de forma relevante[36]. Como pensar a relação entre o PC Chinês e os camponeses? Não se tratou de pura manipulação[37], mas daí a falar em "revolução camponesa" há uma distância. Elemento importante a considerar: os comunistas só conseguem arregimentar os camponeses lá onde eles são governantes. "A conquista do campesinato" é indissociável "da responsabilidade política e administrativa" exercida em certas zonas. "Para além das fronteiras flutuantes dessas 'regiões liberadas', o contágio não funcionou (*joué*): lá onde ela não era recrutada por uma elite de revolucionários profissionais, o campesinato chinês não participou do combate travado em seu nome."[38] Aí se coloca um primeiro problema: por que razão os camponeses se dispõem a participar do movimento? Os comunistas não eram mais do que uma das muitas forças militares que tentavam dominar o país. Havia os nacionalistas, a partir dos anos de 1930 os japoneses, além dos muitos senhores da guerra e bandidos. Os camponeses desconfiavam deles, como desconfiavam dos outros ou, mais ainda, porque nada levava a crer que eles seriam vitoriosos. O medo tem aí um papel decisivo. Medo, coação, interesse: "Menos idílica do que foi descrita, a cooperação entre aldeães e comunistas oscila predominantemente entre o casamento por interesse e a obediência dos fracos aos fortes"[39] Uma vez dominada uma zona, não havia como fugir ao que ordenavam os novos governantes[40]. A isso se

---

35 L. Bianco, Les Paysans dans la révolution, em C. Aubert et al., *Regards froids...*, p. 297.

36 Há certamente evolução mais ou menos significativa na perspectiva geral do autor, se tomarmos como referência um livro anterior, *Les Origines de la Révolution Chinoise, 1915-1949*, Paris: Gallimard, cuja primeira edição é de 1967.

37 Cf. L. Bianco, Les Paysans dans la révolution, op. cit., p. 294.

38 Ibidem.

39 Bianco; Hua, *Jacquéries...*, p. 26.

40 Quando o Exército Vermelho ocupava uma aldeia "o apoio aos comunistas se tornava involuntário e automático" (Gregor Benton, *Mountain Fires: The Red Army's Three-Year War in South China, 1934-1938*, Berkeley/Los Angeles: University of Carolina Press, 1992, p. 487, apud Bianco; Hua, *Jacquéries...*, p. 453).

258   O CICLO DO TOTALITARISMO

somou, sem dúvida, o fato de que os comunistas lutavam contra a antiga exploração e opressão por parte dos proprietários, dos usurários e do Estado nacionalista. Inicialmente desconfiados (pesaram também as antigas fidelidades, assim, em muitos casos, os camponeses pagavam secretamente ao proprietário a diferença entre a antiga renda e a renda reduzida imposta pelos comunistas)[41], os camponeses aceitaram progressivamente as novas autoridades e, mais do que isto, muitos deles se incorporaram ao movimento[42]. A diferença entre as gerações parece ter sido bem evidente: os jovens – vindos não só dos setores mais pobres, mas também de setores médios – aderem muito mais facilmente. Os mais velhos, mesmo pobres, dificilmente se engajam (havia também o fato de que só jovens poderiam participar de uma atividade que, em grande parte, era militar). As categorias mais altas também fornecem à sua maneira os seus filhos: vários dirigentes, Mao é o melhor exemplo, são originários de famílias de proprietários ou de camponeses ricos[43]. Isso seria suficiente para que se possa falar em revolução camponesa?

No que se refere aos atores, em todo caso, só se pode afirmar (*la cause est entendue*): são os comunistas, originalmente uma elite exterior ao campesinato, que conceberam, fomentaram e conduziram a revolução. Que eles a fizeram triunfar com a ajuda do campesinato não faz da revolução chinesa uma revolução camponesa. Os camponeses participaram de uma revolução empreendida e dirigida por outros, o que pouco a pouco modificou suas concepções e seu comportamento.[44]

A última frase poderia indicar uma mudança radical por parte dos camponeses, mesmo se não imediata. Mas os autores precisam pouco mais adiante:

A interação entre o PCC e a sociedade rural mudou indiscutivelmente um e outro. Mas ela não os modificou essencialmente. Por eloquente que seja o contraste entre a pequena elite de intelectuais reagrupada num punhado de grandes metrópoles, nas primeiras horas do movimento, e

41   Cf. L. Bianco; Hua, *Jacquéries...*, p. 442-433.
42   Ibidem, p. 436-437. Importante foi o trabalho de sapa junto às elites locais.
43   Muitos deles são professores. Bianco dirá que o centro da atividade foi, no início, bem mais a escola do que a fábrica.
44   L. Bianco; Hua, *Jacquéries...*, p. 454. (Texto já citado, parcialmente, no capítulo I, primeira parte.)

SOBRE A REVOLUÇÃO CHINESA

o aparelho complexo em que ela se transformou vinte anos mais tarde, quando mobiliza as massas rurais e administra um rosário de reinos, também rurais, o PCC conservou as estruturas organizacionais e as perspectivas leninistas que se lhe haviam sido impartidas (são mesmo essas últimas que lhe permitiram construir, desde a época de Yanan, o famoso "Partido-Estado").[45]

Simetricamente, há pelo menos certa continuidade na reação dos camponeses:

Do mesmo modo, as reações dos camponeses chineses – não só aos esforços de mobilização de que eles foram objeto por parte dos comunistas durante a Segunda Guerra Mundial, mas também por ocasião de cada avatar da estratégia pós-revolucionária (da coletivização acelerada dos anos de 1950 até a retirada após o Grande Salto, e até a descoletivização dos anos de 1980) – se assemelham, e recordam também os comportamentos espontâneos de seus avós, agarrados ao seu pedaço de "terra amarela".[46]

Importante é o fato de que os comunistas não levaram – mas de fato não precisaram levar – muito longe a "consciência de classe" dos camponeses:

A agitação camponesa contemporânea aos primeiros sovietes rurais fundados pelos comunistas não era outra coisa se não a justaposição desses motins e revoltas locais, isto é, dessas reações de defesa isoladas, desprovidas [...] da visão global e da estratégia coordenada e, pelo menos a termo, [uma] ofensiva em que implica todo verdadeiro empreendimento revolucionário [...] Entretanto, os comunistas não precisaram fazê-los percorrer toda a distância (de fato, os camponeses não a percorreram) para construir a sua vitória com material camponês.[47]

Pois "os comunistas não precisaram fazer com que os camponeses percorressem esse imenso trajeto: da estratégia eles se reservaram o monopólio, da tática, também. Eles se contentaram em fabricar, a partir do material camponês, a infantaria de base (*piétaille*) da revolução"[48].

45 L. Bianco; Hua, *Jacquéries...*
46 Ibidem, p. 454-455.
47 L. Bianco, *Les Paysans dans la révolution*, p. 291.
48 L. Bianco; Hua, *Jacquéries...*, p. 432. É verdade que o autor continua: "Não era por si só um pequeno empreendimento." No seu muito importante livro, *La Récidive, révolution russe, révolution chinoise* (Paris: Gallimard, 2014), publicado vários anos depois da primeira redação desse texto, Bianco retoma o ▶

260 O CICLO DO TOTALITARISMO

A questão de saber se a revolução chinesa foi camponesa pode remeter também (sem dúvida, num plano um pouco diferente) ao problema de saber se os camponeses ganharam com a revolução. Digamos, por ora, que os camponeses ganham com a neutralização das antigas classes dominantes. Mas essa vitória é ilusória. Não porque as classes dominantes não tenham sido neutralizadas (na realidade, elas foram destruídas, em muitos casos, fisicamente), mas porque, longe de representar uma libertação, a derrota dos antigos exploradores, e opressores, levou ao surgimento de uma nova forma de opressão e de exploração: "O essencial continua sendo a substituição de um sistema de dominação (o sistema, explorador e paternalista, da *gentry* rural) por outro *menos explorador e mais organizado e inquisidor: ele penetra e se ingere por toda parte.*"[49]

Pode-se bem admirar o quanto os camponeses tiveram êxito na sua emancipação em relação à antiga elite rural, mas não se pode ignorar o controle que o partido exerceu sobre a nova liderança rural e as suas implicações negativas para os camponeses [...] Emancipação em relação à velha elite não equivale à verdadeira emancipação.[50]

5. COMO OS COMUNISTAS SE IMPÕEM NAS CIDADES

▷ problema, nos mesmo termos, dando-lhe maior desenvolvimento. Vão aqui os textos essenciais. "Nessa revolução que tem fama de camponesa, os camponeses não são atores autônomos: os comunistas mobilizam depois alistam uma parte deles nas zonas que eles controlam" (Ibidem, p. 179). "Aliança [entre a *intelligentsia* revolucionária e o campesinato] ela mesma teórica e, sobretudo, 'desigual': remete à utilização das massas camponesas pelos chefes oriundos de outra classe, os quais lhes atribuem uma função de discípulos (pequena minoria de camponeses ativistas promovidos como quadros comunistas) ou subordinados leais à causa." E, principalmente: "Ainda de uso corrente, esta expressão [revolução camponesa] é enganosa em nove sobre dez. Tentemos extrair o fragmento de verdade que ela encerra. No essencial, aquilo não foi um autêntico movimento camponês, mas o último avatar do movimento nacionalista e anti-imperialista que inflamou as elites chinesas – e não os camponeses – desde o final do século XIX e esteve [...] na origem da vocação revolucionária de uma parte delas" (idem, p. 151, grifo nosso).

49 L. Bianco; Hua, *Jacquéries...*, p. 439 (grifo nosso).
50 Chen Yung-Fa, *Making Revolution, the Communist Movement in Eastern and Central China 1937-1945*, Berkeley: University of California Press, 1986, p. 508-509.

SOBRE A REVOLUÇÃO CHINESA

Revolução de uma elite que, apoiada nos camponeses, vai progressivamente construindo um Estado totalitário, a revolução chinesa, que como vimos, só em sentido problemático "tem o apoio dos camponeses", não ganha as grandes massas das cidades. No final dos anos de 1930 os jovens de classe média se orientam à esquerda e muitos farão a viagem até Yanan para se instalar na zona dominada pelos comunistas. A decepção era frequente[51]. A deterioração progressiva do regime de Chiang cria um vazio favorável aos comunistas, sem que, entretanto, eles venham a obter um verdadeiro apoio:

Embora tenham ouvido falar muito das brutalidades que haviam acompanhado na reforma agrária, principalmente através das centenas de milhares de pessoas que tinham conseguido fugir das zonas vermelhas, os habitantes das zonas brancas frequentemente não viam nisso senão excessos passageiros por parte dos oprimidos. De qualquer modo, eles não tinham nenhum meio de deter a progressão dos comunistas e, *como não tinham de forma alguma afeição pelo regime dominante,* sentiam-se muitas vezes obrigados a conceder a Mao o benefício da dúvida. [...] Mas por hostis que fossem aos nacionalistas, muito pouco numerosos foram os radicais que abraçaram a fé comunista. Ainda em 1949, numa época em que os vermelhos estavam manifestamente às vésperas da vitória (*sur le point d'emporter*), Mao confessou a Mikoyan que mesmo entre os operários de Xangai, que deveria constituir o bastião do comunismo, os nacionalistas eram muito mais numerosos [...] Na China central, a população não procede a grandes demonstrações de alegria vendo o poder mudar de mão (declaração de Lin Piao aos russos, em janeiro de 1950). [...] Não houve um único levante, urbano ou rural, em favor do PCC na China inteira – contrariamente ao que ocorreu na Rússia, no Vietnã ou em Cuba, quando a revolução estourou.[52]

Teria havido, assim, muito mais um desencanto progressivo com o Kuomintag do que entusiasmo pelos comunistas.

O período de reconversão [1946] dotou cada setor dos maiores centros urbanos da nação com queixas específicas pelas quais as medidas do governo e o comportamento dos seus funcionários eram considerados diretamente responsáveis. Os únicos beneficiários pareciam ser funcionários que assumiram o posto, especuladores, aproveitadores e industriais com ligações políticas [...] As palavras "incompetente"

---

51 Ver J. Chang; J. Halliday, *Mao: L'Histoire inconnue*, p. 264-265.
52 Ibidem, p. 350-351 (grifos nossos).

262 O CICLO DO TOTALITARISMO

e "corrupto" já tinham se transformado em abreviações correntes em certos círculos, para descrever tudo o que havia de ruim com a administração do KMT (Kuomintang). [...] Os estudantes [...] não procuravam derrubar o KMT, mas simplesmente limitar o seu poder – ou talvez redefinir os limites do seu poder. [...] a maioria deles aparentemente não era a favor da ideia de uma domínio da nação pelo PCC. Mas estavam insatisfeitos com a insensitividade e a corrupção do governo do KMT.[53]

Que apoio real tinham os comunistas na população urbana? Duas pesquisas interessantes, feitas entre os estudantes em 1948[54], mostram que o apoio a um governo exclusivamente comunista era muito pequeno (em torno de 3%). Porém, uma maioria (pouco mais de 51% numa pesquisa, e 72% na outra) era favorável a um governo de coalisão com a participação do PC. A opinião dominante era contrária à guerra civil, e favorável a um governo de coalisão. Era o que pedia uma petição assinada por 585 professores da região de Pequim-Tientsin: "suspender imediatamente a guerra civil para negociar sinceramente com o PC e então efetivar a paz e estabelecer um governo de coalisão"[55]. O documento chega a comparar a situação da China com a da França no tempo da revolução, e com a da Rússia no tempo da revolução de outubro, dizendo que ela é da mesma seriedade[56]. Muitos condenavam os dois lados, mas "o peso [*thrust*] maior do movimento antiguerra era dirigido contra o governo do KMT"[57].

O KMT era o governo e, nesse sentido, aparecia como o maior responsável pela situação; e se acreditava na sinceridade do PCC. Há um elemento que poderia complicar a análise: o PC chinês propunha então um governo de coalisão. Os que votavam a favor da coalião simplesmente apoiavam a posição do partido? Os autores que consultei, e que dispunham sem dúvida de outros elementos de controle, não tiravam essa conclusão. De resto, mesmo se ela fosse verdadeira o resultado das sondagens mostrava pelo menos que a classe média intelectual se

53 Suzanne Pepper, *Civil War in China: The Political Struggle, 1945-1949*, Berkeley/Los Angeles/London: University of Califórnia, 1978, p. 40-43.
54 Ibidem, p. 89-93.
55 Ibidem, p. 159.
56 Ibidem, p. 158.
57 Ibidem, p. 170.

SOBRE A REVOLUÇÃO CHINESA

opunha àquilo que viria a ser de fato o governo comunista: o poder de um partido único.

Há um movimento democrático bastante amplo nas áreas dominadas pelos nacionalistas, movimento que se cristaliza em alguns pequenos partidos, organizações não estritamente partidárias e frentes reunindo diferentes partidos ou organizações. O programa desses grupos é em geral democrático (defesa dos direitos cívicos e da legalidade constitucional), de resistência ao invasor japonês e favorável a um governo de coalisão. Há, entre eles, alguns de tendência bastante conservadora e que têm, a princípio, a benção do Kuomintang; porém, a exigência da pluralidade de partidos, bandeira que eles vão arvorando, vai criando tensões com o poder. Há também partidos mais à esquerda, como o chamado Terceiro Partido. E vários desses partidos e movimentos se organizam, primeiro na Federação dos Partidos Democráticos Chineses (março de 1941), mais tarde na Liga Democrática (setembro de 1944)[58].

Os círculos liberais (No sentido do inglês "liberal", aproximadamente "aberto à democracia"; sentido oposto ao do termo liberal, no uso que ele tem na França e, em geral, no Brasil.) apreciavam o que eles consideravam realizações do PC (que, de resto, eles conheciam mal), mas temiam "a forma da dominação comunista"[59]. Chu Anping, o diretor do hebdomadário *Guancha* (O Observador), de Xangai, fundado em setembro de 1946, escrevia, no ano seguinte: "Pelo menos, com o Kuomintang no

---

58 Ver, a respeito, Lyman P. Van Slyke, *Enemies and Friends: The United Front in Chinese Communist History*, Stanford: Stanford University Press, 1967, principalmente p. 168 -184. Trótski se refere muitas vezes a um desses partidos, o chamado Terceiro Partido. É interessante observar que Trótski era favorável à eleição de uma Assembleia Constituinte, na China, e diz mesmo que através dela as massas teriam "uma escola de parlamentarismo revolucionário". Mas, se ele não subestima as tarefas democráticas (incluindo liberdade de imprensa, sufrágio universal etc.), queria colocar o movimento democrático sob a liderança do PC. De resto, se ele acolhe o sufrágio universal como palavra de ordem, também o considera "instrumento da dominação burguesa, dominação que só pode ser liquidada pela ditadura proletária". Ver Les Evans; Russell Block, *Leon Trotsky on China*, New. York: Monad Press for the Anchor Foundation, 1976, em especial p. 435-436 ("O Slogan da Assembleia Nacional na China") e p. 495-496 ("A Oposição de Esquerda Chinesa").

59 Suzanne Pepper, *Civil War in China...*, p. 200.

O CICLO DO TOTALITARISMO

poder podemos sempre lutar pela liberdade; por reduzida que ela seja, trata-se ainda de uma questão de mais ou de menos. Com os comunistas no poder, a questão viria a se tornar a da existência ou não existência da liberdade."[60]

Muitos escritores criticavam os dois partidos [nacionalista e comunista] por violarem os princípios da democracia e aceitarem o domínio do partido único. Na realidade, esta era uma razão – provavelmente só segunda, em relação ao seu desejo de ver imediatamente o fim da guerra civil – pela qual os *liberals* estavam tão ansiosos em conduzir ambos os partidos a um governo de coalisão. Eles viam tal governo como um meio através do qual cada partido poderia servir como obstáculo para os excessos do outro.[61]

Um funcionário do governo nacionalista, que tinha posições críticas, observava: "Eu sinto que a democracia do KMT é a forma da democracia sem a sua substância, e a democracia do PCC é a democracia sob o controle do partido."[62] Fazendo um balanço, a autora escreve:

Só depois que a derrota militar do KMT apareceu como certa, a orientação da *intelligentsia* em relação aos comunistas passou de fato da desaprovação reservada para a aceitação qualificada. Por muito que os liberais possam ter racionalizado sua decisão de aceitar o domínio comunista, não há indicação de que eles foram até algo como o apoio inequívoco do novo regime, ou de que os compromissos que eles estavam dispostos a aceitar eram de algum modo fundamentais ou permanentes. Seu engajamento se estendia só ao programa comunista da Nova Democracia e, para além, até o desenvolvimento de uma economia

---

60 L. Bianco; Y. Chevrier, *Dictionnaire....*, verbete Chu Anping, p. 155. Chu acabaria passando para o território dominado pelos comunistas. O *Guancha* ressuscita marxizado, em setembro de 1949. Chu reaparece durante o período das cem flores, dirigindo o Guangming Ribao, orgão da Liga Democrática, a qual se tornara um partido aliado do poder comunista. Ele encara a figura de crítico democrático do regime (ou de aspectos) dele. Quando vira a maré, é criticado e reconhece os seus erros (ver sobre tudo isso o verbete Chu Anping, no *Dictionnaire...*). Outro jornal, este diário, em que apareciam artigos de natureza crítica, apesar de suas relações com o governo, era o *Ta Kung Pao*, publicado em Xangai, Tientsin e Hong-Kong (ver, a respeito, Suzanne Pepper, *Civil War...*, p. 133). O seu redator chefe era outra figura importante entre os críticos do regime de Chiang, Wang Yun-Sheng, um amigo de Chu (ver S. Pepper, idem, p. 65, n. 32). Há no livro, ampla informação sobre o caráter e a situação da imprensa em território nacionalista.

61 S. Pepper, Civil War..., op. cit., p. 216.

62 Ibidem.

SOBRE A REVOLUÇÃO CHINESA 265

socialista, mas certamente não até uma ditadura de um só partido ou de uma só classe. Assim como o PCC nunca tentou ocultar seus objetivos em longo prazo para a sociedade chinesa, os intelectuais *liberals* não ocultaram sua oposição a eles.[63]

E, resumindo: "a comunidade intelectual não retirou efetivamente seu apoio ao Kumintang até que se tornou certa a derrota deste último no campo de batalha"[64].

A posição de Lucien Bianco a respeito do problema pode parecer, à primeira vista, diferente, mas ela é, na realidade, no essencial convergente. Bianco escreve em *La Récidive* (livro essencial, de comparação duplamente crítica entre as duas assim chamadas revoluções):

A *intelligentsia* russa, que havia bem acolhido a queda do tsarismo, recusa outubro [...] Na China, numerosos intelectuais estavam, desde há muito, convencidos da necessidade de uma transformação revolucionária [*bouleversement révolutionnaire*]. [...] A maioria deles acolhe, assim, o novo regime, com uma esperança tanto mais viva porque ela partilha com o primeiro dos seus objetivos: reerguer o país.[65]

A única coisa que seria capaz, no entender deles, de restaurar a independência e a grandeza do país. E o autor acrescenta:

Só uma ínfima minoria acompanha o regime nacionalista de Taiwan, um punhado deles imigra para os Estados Unidos ou para Hong-Kong; em compensação, os exilados afluem para participar da reconstrução nacional. Mesmo aqueles – muito raros – que tinham algum conhecimento do precedente stalinista dominam as reticências e as apreensões para ir se alistar a serviço da nação [...]. Intelectuais e criadores logo se desencantam [...] mas poucos põem em dúvida a justeza do objetivo visado.[66]

Não há necessariamente oposição entre esses textos e os anteriores. Embora evoque também ideais antigos (mas bastante gerais), Bianco se refere principalmente ao que ocorre no

---

63 Ibidem, p. 328. A passagem tem alguma ambiguidade. O sentido parece ser: os intelectuais se opunham às formas ditatoriais, mas também ao comunismo como objetivo final, embora não se opusessem às medidas de socialização da economia.
64 Ibidem, p. 96.
65 L. Bianco, *La Récidive*, p. 333.
66 Ibidem.

266 O CICLO DO TOTALITARISMO

momento da revolução. Ora, segundo Suzanne Pepper, "depois que a derrota militar do KMT apareceu como certa, a orientação da *intelligentsia* em relação aos comunistas se alterou. Ela passou [...] da desaprovação reservada para a aceitação qualificada". A intelectualidade teria se transportado de um neutralismo cético a uma adesão ao novo poder. Entretanto, talvez haja divergência entre os dois autores no que se refere ao que cada um supõe que se sabia a respeito do "lado negativo" de um eventual poder comunista. Raros eram os que conheciam o "precedente stalinista", escreve Bianco. "Muitos escritores criticavam os dois partidos [...] por violarem os princípios da democracia e aceitarem o domínio do partido único", lê-se no livro de Pepper. Teria havido sim uma desconfiança fundada na recusa do projeto antidemocrático de um governo de partido único, ainda que só muito pouca gente estivesse a par, na sua especificidade, dos caminhos tenebrosos que trilhara a Rússia, após o golpe de outubro?

De qualquer modo, tentando fazer um balanço, e voltando ao tema principal: havia, na China, um movimento democrático no interior do qual estavam presentes tendências socialistas predominantemente anarquistas, que muito cedo é enquadrado pelo peso da chamada revolução de outubro, através do trabalho dos seus enviados especiais. Nessas condições, surge um PC Chinês que sofre o peso do leninismo e logo depois do stalinismo. O movimento tinha como centro as grandes cidades. De um ponto de vista crítico, havia aí dois perigos. Vencer sob uma direção leninista, o que levaria a um Estado autoritário. Ser derrotado, o que representava pagar um preço importante em termos de vidas humanas e de sofrimento, e abrir caminho para um governo conservador ditatorial (o que acabara produzindo o movimento iniciado por Sun Yat-Sen). Os erros de Stálin (denunciados corretamente, *do seu ponto de vista*, por Trótski) contribuíram para o segundo resultado. O PC começa um trabalho no campo, essencialmente forçado pelas circunstâncias. Ele utiliza o movimento camponês e os camponeses como base. *Até certo ponto* se funde com ele (no sentido de que as direções médias serão camponesas etc.). Mas subsiste claramente a diferença. A revolução chinesa é mobilização da intelectualidade radical (em parte de origem camponesa, isto

SOBRE A REVOLUÇÃO CHINESA

é, proveniente de famílias de proprietários ou de camponeses ricos), mais o movimento camponês. Este, apesar de tudo, subordinado à direção constituída por intelectuais radicais. *Assim, se a revolução de outubro não foi exatamente uma revolução operária, a revolução chinesa não foi exatamente uma revolução camponesa.* Mesmo se, nos dois casos, pelas razões indicadas, a tese tradicional não é inteiramente falsa.

A intervenção japonesa facilita o trabalho dos comunistas, entre outras razões, porque canaliza parte do esforço dos nacionalistas. Os comunistas ganham terreno, primeiro conseguem sobreviver às derrotas militares que sofrem, depois estabilizam um território no norte/noroeste da China. Tudo isso principalmente graças à desmoralização crescente do regime de Chiang, e apesar do fato de que Chiang enfrenta os japoneses. Com a entrada da URSS na guerra, pouco antes da rendição do Japão, a posição dos comunistas se reforça, mas o regime de Chiang ainda é muito forte e não só militarmente[67]. É a desmoralização do regime, que se agrava ainda no após-guerra, que vai criando condições para uma vitória comunista. As classes médias, a intelectualidade, não aderem de imediato aos comunistas (mas houve quem fosse se juntar eles em Yanan). Não se sabe muito do que se passa nas zonas "liberadas", mas deve se saber o suficiente, pelo menos, sobre o significado geral do domínio político do PC. Há uma vontade geral de mudança e mesmo de "revolução", alimentada pela tradição da luta anti-imperialista e pelo desencanto progressivo com o regime de Chiang. Porém, a intelectualidade não deseja um governo comunista, mas um governo de coalisão. Que essa tenha sido também a palavra de ordem do PC Chinês não significava que a maioria simplesmente obedecia ao que determinava a linha política dos comunistas. Enquanto a luta não se decide – e havia uma crença bastante generalizada de que não poderia haver um lado vitorioso, porque, juntando os vários fatores, os dois lados se equilibravam em termos de forças –, a bandeira dominante é a do fim da guerra civil que empobrece o país, da paz, enfim, e esta só seria possível se os dois lados se entendessem, compondo um governo único. Mas, com a derrota militar dos nacionalistas,

67   Cf. L.P. Van Slyke, *Ennemies and Friends*, p. 185-186.

isso se torna impossível. E então, a classe média intelectual aceita o poder comunista e inclusive adere a ele. Comecará para ela, sem que se dê conta disto, a grande noite do totalitarismo. O PC não era apenas autoritário, ditatorial, ele era o germe de uma nova forma social que, em poucos anos, iria mostrar em grande escala a sua verdadeira figura.

VII. "Je Suis Charlie": Balanço e Reflexões

Este último capítulo, que publiquei na revista eletrônica *Fevereiro*, no número junho de 2015, comenta os massacres perpetrados em Paris – tendo como centro o assassinato dos jornalistas do *Charlie Hebdo* e o ataque a um hipermercado *kasher* – por fanáticos jihadistas, em janeiro do mesmo ano. No final de 2015, escrevi um segundo texto, que publiquei no número 111 da revista *Piauí*, em dezembro de 2015, a propósito do novo ataque jihadista – este contra a população civil parisiense, sem maior distinção –, que ocorreu em novembro do mesmo ano. Decidi não incluir no presente volume este segundo artigo, que complementa o primeiro, em parte porque a sua publicação em revista ainda é bastante recente, em parte porque me pareceu que a inclusão dele, pelo peso que daria à questão do fundamentalismo, perturbaria em certa medida o equilíbrio temático geral do livro, cujo objeto principal deve ser os totalitarismos ocidentais.

De janeiro de 2015 até o momento em que escrevo essas linhas (março de 2016), a opinião pública europeia foi o campo de uma discussão que não terminou, a respeito da questão do fundamentalismo. Evidentemente, essa discussão, que havia esmorecido por volta de setembro/outubro de 2015, foi relançada com o segundo ataque jihadista, cujo núcleo foi uma sala de espetáculos, o Bataclan, no décimo *arrondissement* [bairro] de Paris. Outro elemento que a alimentou foi o ataque machista contra as mulheres em Colônia, na Alemanha, na passagem do ano de 2015 a 2016. Diria, a propósito dessa discussão, que ela é em geral decepcionante, embora se tenha escutado algumas vozes lúcidas. A meu ver, o melhor texto que se publicou a respeito foi precisamente aquele que é a minha referência principal, um artigo do filósofo e teórico da laicidade Henri Peña Ruiz (o artigo se chama "O Papa, a Mãe do Papa, e as Caricaturas", publicado pelo jornal parisiense, de esquerda, *Libération*, em 28 de janeiro de 2015, e reproduzido, no original e em tradução, na revista eletrônica *Fevereiro*, de junho de 2015, a mesma em que publiquei pela primeira vez o presente capítulo). O autor do artigo para o *Libération* insistia na distinção fundamental entre o objeto religioso, sacralizado sob formas diversas pelos diferentes cultos, e as pessoas e grupos de pessoas que praticam a religião, e que, assim, são os suportes subjetivos daquela sacralização. A distinção permite separar a crítica (ironia inclusive) em relação aos primeiros, e a crítica (ironia inclusive) que visa aos últimos. Apesar da existência de alguns casos mais complexos, mas cuja clarificação é sempre possível, a distinção é rigorosa. A crítica, mesmo a irônica, ao objeto religioso é sempre válida. O sagrado é sagrado só para os seguidores de um culto, e é impossível impor respeito àqueles que não acreditam no culto em questão, mesmo porque a sacralização não tem limites (ela poderia reivindicar seus direitos até no caso de ateísmos religiosos ou quase religiosos). Em suma, não existe nem pode existir delito de blasfêmia. Já quando se trata da pessoa, pessoa individual ou grupo de pessoas, a situação é diferente. Bem entendido, pode-se criticar os indivíduos e fazer ironia com eles. Mas não se pode criticar nem ironizar o indivíduo como pessoa humana, isto é, não se pode questionar o seu direito à vida, à igualdade e à liberdade (inclusive a liberdade de praticar o culto religioso que for da sua escolha, e mesmo de fazer proselitismo não violento em favor deste). Assim, se é válido fazer ironia com a religião cristã, a judaica ou a muçulmana (o que inclui a possibilidade de satirizar figuras históricas que as representam, por exemplo, Jesus, Moisés ou Maomé), não posso brincar com matanças de cristãos, com a *Shoha* ou com os massacres de palestinos, ou de muçulmanos. Se o fizer, atento contra os direitos fundamentais dos indivíduos, e a liberdade de crítica se transforma, nesse caso – mas não no outro, apesar das aparências –, em violência e negação da liberdade de outrem. O resultado dessa teorização, que retomei e incorporei ao meu artigo é a de que: 1. a liberdade de crítica tem sim os seus limites; 2. mas esses limites não estão no pretenso respeito que se deveria aos objetos sagrados (contra os quais não se poderia blasfemar), mas sim na pessoa humana e nos seus direitos (vida, igualdade, liberdade, direito de crença e prática religiosa). O respeito pelo direito de crer num dogma religioso e de praticar uma religião é assim diferente, apesar das aparências, do respeito por uma religião enquanto tal. O primeiro é uma exigência, o segundo uma ilusão sob a qual se esconde uma limitação intolerável do meu direito de crítica (direito de ironizá-la, inclusive).

Ora, o que se viu depois do atentado de janeiro e, mais ainda, depois dos massacres de novembro e do episódio de violência, no Ano-Novo, em Colônia? Há, por um lado, os que continuam acreditando na teoria da blasfêmia. Li textos de intelectuais ocidentais que seguem longe na tentativa de justificar essa tese obscurantista. Do outro lado, há os que a condenam. É o caso de parte da esquerda, cujas posições estão expressas em artigos e livros. Entretanto, se se condena aquele falso limite, frequentemente está ausente a ideia de que existe sim um limite; isto é, de que se o sagrado, qualquer que seja a sua forma, não é intocável, há sim um intocável, que é a pessoa humana e os seus direitos. Essa insuficiência está presente no próprio jornalismo que praticava e pratica o *Charlie Hebdo*, como, aliás, indico no meu texto. Como explico, ela não me levou a atenuar em nada a responsabilidade dos assassinos fanáticos, principalmente pelo fato de que o ataque ao *Charlie* não foi motivado por tal ou tal caricatura irresponsável no tratamento da pessoa humana, mas sim pelo fato de o hebdomadário ter feito ironia com uma figura religiosa, isto é, ter satirizado uma religião. Se o *Charlie* ressurrecto retoma um bom trabalho crítico, infelizmente ele não abandonou o hábito – não de fazer humor com o trágico, até aí nada de grave, mas – de mexer com tragédias que envolvem a pessoa individual ou coletiva, inclusive aquelas em que as vítimas são os mais fracos (assim, ele se permite fazer blague com o menino imigrante encontrado morto numa praia do Mediterrâneo; ele se permite até fazer piada com os mortos do Bataclan...). Claro que nada disso justifica a violência passada ou futura dos jihadistas nem atenua a crítica que se deve fazer deles, mas não deixa de ser em si mesmo injustificável e, mais grave ainda, fornecer armas para o fanatismo. Porque logo se procedeu a um amálgama: da crítica da ironia infeliz de que fez uso o *Charlie* ao se perguntar, em charge, se o menino cujo corpo foi encontrado numa praia do Mediterrâneo, uma vez adulto, seria um dos violadores de Colônia, os críticos passaram sem transição às brincadeiras com a figura do profeta que o mesmo jornal praticara, como se se tratasse da mesma coisa. Na realidade, trata-se de duas coisas diferentes. Mas a confusão é alimentada pela inconsciência dos próprios jornalistas do *Charlie*. Seria preciso – seria necessário – evitar aquele tipo de "derrapagem". Impossível evitá-las? Isso faria parte do "espírito *Charlie*"? Quero crer, e espero, que não.

Num plano mais geral, tem-se uma polarização ilusória mais ou menos análoga. Por um lado, há um radicalismo laico de direita, claramente anti-imigrantes, que quer, por exemplo, estender a proibição do uso do véu ao espaço das universidades; assimilar os imigrantes em lugar desintegrá-los; reconhecer, em certos casos, a possibilidade legal de perda da nacionalidade francesa para os binacionais etc. etc. De outro, há os que assumem uma posição oposta em todos esses casos (liberdade do uso do véu na universidade e, mais do que isso, recusa da possibilidade de perda da nacionalidade francesa pelos binacionais – em certo sentido integração, mas de forma nenhuma assimilação – para os imigrantes etc.). Tudo isso está bem, só que vem ligado a uma tendência a perder de vista sobre o que existe de violento e de intolerável, não no Islã enquanto tal, mas na variedade dele que, infelizmente, hoje é a hegemônica (mesmo se não majoritária) nos países muçulmanos. Assim, quando alguém escreveu que as violências contra as mulheres praticadas na passagem do ano em Colônia têm a ver com a situação atual das mulheres nos países com religião dominante muçulmana, foi acusado, e de forma violenta, de neocolonialismo, se não de racismo antimuçulmano. Ora, isso é insustentável, porque a crítica é correta (aliás – detalhe terrível –, o autor, um jornalista e escritor argelino de muito talento, foi objeto de uma *fatwa* [decisão jurídica baseada na lei islâmica] pronunciada por um imã qualquer). Mesmo se, evidentemente, existe machismo fora do Islã, e houve violências comparáveis às de Colônia praticadas por gente que nada tinha a ver com o mundo árabe ou muçulmano, parece-me óbvio que a situação de dependência e de submissão (maior ou menor) das mulheres na maioria dos países de maioria muçulmana vem pelo menos sobredeterminar um machismo que, sem dúvida, existe também no ocidente. Os adversários daqueles que argumentam como estou argumentando aqui, isto é, os críticos de toda referência à situação da mulher no Islã como motivo (como um dos motivos) da violência machista, fazem valer a alegação de que é necessário não generalizar: nem todo Islã, nem todos os muçulmanos subscrevem as práticas de submissão da mulher. O que é verdade. Mas quem generaliza de forma indevida são eles. Isso porque eles supõem que estas são as práticas normais de uma sociedade em que a religião dominante é o Islã, o que é absurdo, porque as coisas não eram assim na Tunísia de Bourguiba ou no Egito de Nasser; e também porque, hoje, existe uma oposição democrática pequena, mas não desprezível, mesmo se ela foi derrotada na maioria dos países muçulmanos, salvo em parte na Tunísia, pela violência complementar do fundamentalismo religioso e do autoritarismo laico. Os que veem com suspeita a referência à situação da mulher nos países de religião muçulmana dominante como motivo (pelo menos codeterminante) de violências como as do Ano-Novo, em Colônia, traem, na verdade, a causa dos laicos e dos muçulmanos "liberais" que lutam contra os fundamentalismos nos seus países. Na realidade – digo isso a propósito das duas ordens de problemas que considerei –, existe uma ambiguidade fundamental na noção de "islamofobia" que hoje se maneja a torto e a direito. Como já se perguntava o autor do artigo para o *Libération*, o que quer dizer islamofobia? Se se tratar de racismo antimuçulmano, bem entendido, ele tem de ser absolutamente condenado. Mas a expressão é ambígua. Ela poderia significar também oposição à religião muçulmana (talvez "medo" dela, ou recusa, mais ou menos radical). Ora, nesse segundo sentido, enquanto recusa de uma religião, ela não só não é condenável como é um direito elementar. É preciso distinguir bem uma coisa da outra, o que a noção ambígua de islamofobia não faz. Posso ser contra o judaísmo como religião, e contra o cristianismo como religião, sem ser nem antissemita, nem anticristão. Do mesmo modo, posso não apreciar a religião muçulmana, sem ser racista antiárabe e, mais, defendendo até o último homem o direito dos muçulmanos de praticar a sua religião e também de fazer proselitismo em favor dela. Como dizia o velho Engels – em forma ao mesmo tempo brutal-ingênua e "hiperliberal", no melhor sentido – em texto que cito no artigo: devemos defender o direito que eles têm de acreditar... nas suas besteiras. O que significa também defender o nosso direito de achar que são besteiras ("besteiras", é claro, em termos de verdade – por exemplo, o que vale como verdade o jardim do Paraíso judeu-cristão? –; ninguém está negando o peso das religiões como fenômenos de cultura). Do jeito que vão as coisas, tem-se a impressão de que toda crítica da religião vai se tornando impossível. É o que vai ocorrendo a partir de uma crescente atitude defensiva em relação à crítica, atitude que tem a ver, sem dúvida, com o medo, pois vai se constituindo uma verdadeira chantagem em relação a toda crítica religiosa: quem a praticar corre perigo. Situação que é reforçada pelo uso de termos ambíguos que evocam ao mesmo tempo duas coisas distintas: crítica (mesmo se irônica) desta ou daquela religião, e racismo contra grupos que a praticam.

1. INTRODUÇÃO*

A série de ataques terroristas que ensanguentou a França, de 7 a 9 de janeiro de 2015, não teria sido uma surpresa não fosse o número de vítimas e o fato de que, com elas, liquidou-se quase toda a equipe de redação de uma revista, incluindo cinco dos maiores caricaturistas do país. De fato, a ameaça do terrorismo

---

*   Tive o privilégio de me beneficiar da leitura crítica, por vários amigos, de uma primeira versão deste texto. Além de ter feito um primeiro trabalho de revisão, Maria Caramez Carlotto fez vários comentários e me deu importantes indicações bibliográficas de caráter sociológico, que eu vim a utilizar, refundido uma das seções. Daniel Golovaty Cursino me ajudou bastante com as suas observações sobre a história do Oriente Médio, observações que permitiram equilibrar melhor a perspectiva do artigo e corrigir alguns erros. Carlos Fausto comentou criticamente alguns parágrafos que poderiam interessar a um antropólogo e, além disso, relançou a discussão em torno do teor das caricaturas do *Charlie*; além de ter apontado imperfeições em várias ►

"JE SUIS CHARLIE": BALANÇO E REFLEXÕES   275

jihadista estava presente. Para além da França, sua presença
se fazia mesmo num crescendo, mas ninguém esperava uma
operação dessa ordem, só comparável, *mutatis mutandis*, ao
11 de setembro de 2001, nos Estados Unidos, quando aviões
sequestrados por terroristas islâmicos foram lançados contra
o World Trade Center, em Nova York, e contra o Pentágono,
em Washington.

A sequência de atentados praticados por três jovens de nacionalidade francesa, dois irmãos, de pais argelinos, e um de pais
nascidos no Mali, visou a três alvos diferentes: primeiro, aos
caricaturistas e outros membros da redação da revista satírica
Charlie Hebdo, que publicara caricaturas de Maomé – junto com
outras pessoas presentes, incluindo um policial encarregado da
proteção do diretor e outro, de origem cabila, que fora ferido e
que os dois irmãos liquidaram, na rua, antes de tomar o caminho da fuga; depois, na manhã do dia seguinte, uma policial
negra de família católica, da Martinica, assassinada pelo terceiro
terrorista e, por fim, várias pessoas de ascendência judaica, na
tarde do dia seguinte, mortas quando faziam compras num
supermercado *kasher* em Vincennes, e que haviam sido tomadas
como reféns quando o estabelecimento foi investido pelo dito
personagem. Os atentados se revestiram de um triplo caráter:
religioso (punir a blasfêmia ou o sacrilégio), racista e antissemita (liquidar judeus, supostamente inimigos dos árabes e dos
muçulmanos) e político (liquidar policiais e, de preferência – é
o caso da policial do Caribe, pelo menos –, os que pertencendo
à "diversidade" são, por esse motivo, assimilados a traidores a
serviço do inimigo). Os três aspectos, enfim, se confundem.

Os atentados tiveram uma imensa repercussão, à qual voltarei mais adiante. Basta dizer que o Conselho de Segurança
da ONU aprovou uma moção de repúdio a eles e observou um

⊳ passagens. Tudo isso me levou a introduzir modificações e acréscimos que
me parecem essenciais. Arthur Hussne Bernardo, cuja posição era, no limite,
diferente da minha, rediscutiu também o caráter das caricaturas. Mesmo se
eu discordasse de uma parte das suas observações, indiscutivelmente muito
agudas, elas me foram muito úteis. Incorporei as principais ao texto e tentei
responder. Finalmente, Elisabeth de Souza Lobo sugeriu oportunas mudanças de forma, que aceitei. A todos os amigos, muito obrigado. Dado o caráter
desse artigo, e embora tenha tido a impressão, feliz, de que ele foi se tornando
um texto coletivo, não é pura fórmula dizer que eles não são responsáveis
pelo que ainda pode ter sobrado de imperfeito ou de inexato.

minuto de silêncio em homenagem às vítimas. Por ora, observaria – parafraseando uma expressão famosa – o quanto os assassinatos de janeiro como que se revestiram do caráter de "eventos sociais globais", no sentido de que eles se relacionam, de algum modo, com realidades bastante distantes no espaço e no tempo. De fato, quem tenta analisar as ações terroristas do primeiro mês de 2015 logo se descobre – quer isso, no final das contas, se revele ou não justificado – comentando a situação política no Oriente Médio, ou tentando entender as origens do fundamentalismo islamista que remontam, no mínimo, ao século XIV... Essa transgressão de limites a que os acontecimentos induzem revela-se também nos temas e nos problemas. Em geral, começa-se – ou então se conclui – por uma discussão sobre "responsabilidade" e "determinismo", um *topos* filosófico clássico. Por outro lado, que se defenda esta ou aquela tese, é mais ou menos inevitável tentar dizer alguma coisa sobre o Islã e a sua situação entre os outros monoteísmos. E, a partir da situação do Islã, há um convite a refletir sobre o fenômeno religioso como um todo. Os massacres de janeiro e também a sequência de atos de terror islamista têm, em geral, traços muito originais em relação aos eventos que estávamos acostumados a assistir, e, no fundo, vão na contramão de teorias ou filosofias da história ainda dominantes. Diante de acontecimentos novos que ao primeiro olhar apresentam-se mais ou menos enigmáticos, aparece a necessidade de ir até a raiz das coisas, ou mesmo de pensar tudo de novo: poder, religião, progresso, atrasos históricos, periferias...

2. O MASSACRE E AS CIRCUNSTÂNCIAS

Com exceção dos *complotistas*, dos partidários do jihad, e de alguns terceiro-mundistas delirantes (os quais acham que tudo o que golpeia "o centro" é positivo, ou que "a França [*sic*] pediu" etc.), todo mundo condenou os atentados. Os *complotistas* – infelizmente numerosos, ao que parece, entre os jovens da imigração – põem em dúvida o que eles chamam de "versão oficial" dos acontecimentos. Com base neste ou naquele detalhe menos convincente das investigações, tratam de contestar

"JE SUIS CHARLIE": BALANÇO E REFLEXÕES 277

o conjunto dos fatos da forma mais exorbitante, interpretando o que ocorreu ou como um não acontecimento inteiramente fictício, ou como um complô montado ora pelos americanos, ora pelos judeus, ora pelo serviço secreto francês. Tudo isso seria risível se não houvesse penetrado mais ou menos fundo em certos meios e se não tivesse o caráter pré-fascista de todo conspiracionismo. O mesmo tipo de coisa se ouviu a propósito do 11 de setembro. Os islamistas – a distinguir de "islâmico" – comemoraram a morte das dezessete pessoas como uma vitória contra os imperialistas ocidentais, e transformaram os três assassinos em heróis. Multidões saíram às ruas em países de maioria muçulmana para saudar os atos heroicos dos três terroristas. O que não significa que todos os muçulmanos, ou mesmo a maior parte deles, se identificassem com essas posições. No plano mundial, o apoio ao crime não foi propriamente uma exceção. Isso deve ser levado em conta para que se tenha presente a real gravidade da situação.

Porém, pondo entre parênteses pró-jihadistas, *complotistas* (às vezes os mesmos) e mais uma franja ultraexacerbada de terceiro-mundistas, presentes muito mais no Brasil do que na França, a condenação foi geral. Sem dúvida, os crimes tiveram características particularmente atrozes: houve o episódio da liquidação por dois irmãos, à queima-roupa, de um policial que jazia ferido na calçada defronte (morto, talvez, por ser cabila). O assassino dos judeus no supermercado *kasher*, depois de abater algumas pessoas – ele acabou matando quatro no supermercado –, perguntou aos presentes, seus reféns, se queriam que ele desse o tiro de misericórdia em um ferido, e assim por diante. Por outro lado, observe-se que, embora não revelando uma experiência fácil, a história de vida dos assassinos não oferece maiores motivos para atenuar a gravidade dos crimes. Os irmãos que operaram na sede do *Charlie* eram, sem dúvida, órfãos de pai e mãe a partir da adolescência, mas foram recolhidos em um estabelecimento especializado e aparentemente de bom nível, no interior da França, viajaram de férias para o exterior e puderam ter uma formação técnica, ainda que modesta. As irmãs do assassino do policial, em 8 de janeiro, e do grupo de judeus, no supermercado – ele era o único homem em dez irmãos – tiveram, aparentemente, uma história

278 O CICLO DO TOTALITARISMO

de vida normal (estão empregadas, não têm problemas maiores de integração etc.)[1]. Só insisto em que as condições gerais do desenvolvimento dos três personagens não foram de qualquer forma terríveis. Finalmente, o choque provocado pelo crime foi potencializado por algumas circunstâncias: trata-se de um crime contra os judeus enquanto judeus e, portanto, um crime antissemita; e, no primeiro evento, foram liquidados, entre outras pessoas, cinco grandes caricaturistas franceses. Imaginemos cinco grandes poetas de um país assassinados de uma só vez, cinco grandes romancistas, ou cinco grandes pintores. Para além do crime sem circunstâncias atenuantes, o estrago em termos culturais e nacionais foi enorme.

Porém, uma vez condenados os crimes, passou-se a considerar o que se chama às vezes de circunstâncias ou o "quadro" em que eles se inserem. Em princípio, nada mais normal e indispensável. Entretanto, como observa um filósofo midiático, que detesto particularmente[2], em um texto que contém *no início* uma passagem interessante, a consideração das circunstâncias frequentemente vem implicar a introdução de certo tipo de atenuantes que, de alguma forma, limitariam a gravidade dos crimes. Entre essas circunstâncias, pretensamente atenuantes, estaria o contexto nacional, europeu ou internacional, mas também o estilo do *Charlie Hebdo*. Aquele triplo contexto deve necessariamente ser levado em conta, mas há de fato o risco de que a menção dele venha a se constituir em razão atenuante. Não deveria ser assim. É preciso guardar as duas pontas: a da continuidade e a da descontinuidade. Os crimes são o que são, e os responsáveis são os responsáveis. Eles poderiam não ter feito o que fizeram. Ao mesmo tempo – mas sem perder de vista o outro lado –, é necessário estudar as circunstâncias. Elas não são causas nem mesmo "cocausas" dos atos, mas, digamos, são "caldos de cultura"

---

1 Claro que, com isso, não estou entrando nos abismos das histórias pessoais: a vida na residência talvez fosse difícil; ao deixar o estabelecimento, os jovens não são, ou são pouco, acompanhados. Quanto ao assassino isolado, a condição de único filho homem de um pai, ao que parece, muito exigente, não lhe deve ter sido favorável. A acrescentar um evento de outra categoria: um dos companheiros de delinquência desse terrorista, grande amigo seu, foi morto pela polícia – ele mesmo ficou ferido – quando policiais perseguiam uma camionete transportando motos roubadas em que os dois se encontravam.

2 Cf. Slavo Zizek, *L'Obs*, 22. jan. 2015.

"JE SUIS CHARLIE": BALANÇO E REFLEXÕES 279

que, por um lado, favoreceram a eclosão da mentalidade terrorista e, por outro, facilitaram a efetivação dos projetos a que ela deu origem. Quanto ao estilo do *Charlie,* a tentativa de utilizar as suas particularidades para atenuar, de algum modo, a gravidade dos crimes não representa, a meu ver, uma anfibolia "filosófica", mas um quiproquó de ordem ética e política.

Porém, antes de me ocupar do contexto nacional e internacional e do estilo do *Charlie Hebdo,* seria preciso dizer alguma coisa sobre os antecedentes históricos dos atentados enquanto atentados, o que, aliás, à sua maneira, também faz parte do contexto e implica, por sua vez e em alguma medida, que se invada desde já a história do *Charlie.* Se o leitor quiser antecipar os meus resultados e teses, aqui vai um resumo deles: 1. há boas razões para se solidarizar, *sem reticências,* com o *Charlie Hebdo* e homenagear os seus mortos, assim como as outras vítimas dos atentados; 2. é preciso responsabilizar *sem atenuante* os responsáveis pelo massacre; 3. sem prejuízo disto, é necessário *estudar os contextos;* 4. a análise do contexto internacional mostra a *enorme responsabilidade* de ocidentais e russos pelo apodrecimento da situação no Oriente Médio, porém, esta circunstância não elimina em absoluto as *responsabilidades locais* de laicos e religiosos; 5. a situação dos jovens pobres de origem extraeuropeia na França é *dramática e intolerável,* ela explica e *justifica* as suas mobilizações, mesmo violentas (excluindo certos atos irresponsáveis que implicaram ferimentos graves de terceiros); 6. o terrorismo islamista é regressivo, ele canaliza o descontentamento dos jovens da imigração e os utiliza em benefício próprio e contra os interesses de quem pretende representar; 7. a ironização de ícones religiosos *não representa* uma agressão às populações imigrantes, ela não visa essas populações, mas a afirmar um *princípio de laicidade* do Estado e de *liberdade* na sociedade civil que, em longo prazo, pode, pelo contrário, servir a essas populações.

O princípio geral deste texto é, assim, o da crítica em *duas frentes,* ou da análise em dois registros, determinismo e responsabilidade, imperialismo e opressões autóctones, luta de minorias e desmascaramento dos pseudodefensores das minorias, respeito pela liberdade de religião e liberdade de crítica da religião etc. O artigo visa desconstruir os quiproquós funestos que se constituíram a partir do esquecimento de um membro qualquer de qualquer um desses pares de registros, ou, se se quiser, a partir da tentativa mistificante de defender um extremo de violência ou de ilusão com base na crítica do seu oposto.

3. *CHARLIE HEBDO* E OS ATENTADOS

Como os atentados de janeiro tiveram pelo menos o duplo caráter de repressão a "atos blasfematórios" e de ações antissemitas, eles se inserem em duas sequências de episódios que tiveram lugar na França e na Europa, em geral. Porém, mesmo se a gravidade de uma das séries não é menor do que a da outra, para simplificar, vou deixar de lado a narrativa sobre atentados antissemitas (a começar por aquele contra a sinagoga da rua Copérnico em Paris, em 1980), pondo entre parêntesis também os grandes atentados "anônimos", como os de Madri e Londres, para me concentrar, ainda que brevemente, sobre a outra série, entendida como a que visa punir específica e individualmente atos considerados blasfematórios. Ela é a que oferece mais problemas de interpretação e de julgamento.

Digamos que essa história começa com a ofensiva contra Salman Rushdie, escritor indiano de língua inglesa e condenado à morte pelas autoridades xiitas, mais precisamente por uma *fatwa* do aiatolá Khomeini, de fevereiro de 1989, visando ao seu livro *Versos Satânicos*[3]. Neste, aparece um profeta com um nome próximo ao de Maomé que utiliza material "diabólico" em suas pregações. O escritor foi acusado de blasfêmia e de apostasia e se apelou aos muçulmanos para que o assassinassem, assim como o seu editor. Rushdie passa a viver oculto e a ser objeto de proteção. Vários atentados e crimes são cometidos nesse contexto: o tradutor japonês de Rushdie é morto a punhaladas (seu editor italiano fora apunhalado poucos dias antes); livrarias em Berkeley são incendiadas; um hotel na Turquia é incendiado – o alvo era o tradutor turco de Rushdie –, matando dezenas de pessoas etc.

---

3   Talvez fosse útil lembrar que os anos Khomeini (1979-1989) foram caracterizados por uma repressão sangrenta. Apenas entre 1981 e 1985, o regime executou oito mil opositores políticos. Ver, a respeito, Mohammad-Reza Djalili; Thierry Kellner, *Histoire de l'Iran contemporain*, Paris: La Découverte, 2010, p. 81.

"JE SUIS CHARLIE": BALANÇO E REFLEXÕES   281

O segundo caso é o do assassinato, em 2004, do realizador Theo Van Gogh, sobrinho bisneto do pintor. (Antes disso, em 2002, o sociólogo universitário e político de direita *sui generis*, Pym Fortuyn, que fazia campanha contra a imigração muçulmana, fora assassinado. Mas o criminoso, um desequilibrado que declarou querer proteger os muçulmanos contra as campanhas de Fortuyn, era um ecologista radical de nacionalidade holandesa, e não um muçulmano.) Theo Van Gogh fez humor com o Cristo e, mais tarde, principalmente, com o Islã, mas também com a *Shoah*. Junto com uma ativista de origem somaliana, produzira um filme bastante violento sobre a situação da mulher sob o Islã. Theo Van Gogh foi assassinado por um holandês, muçulmano de origem marroquina, que o baleou e o decapitou, enquanto proferia ameaças de novas mortes.

Em 2005, dá-se o caso das caricaturas. Um escritor, Kare Bluitigen, homem de esquerda, escreve um livro infantil sobre Maomé e tem dificuldade para encontrar quem o ilustre, depois do crime na Holanda. O fato dá origem a um debate. O editor cultural do jornal, de centro-direita, *Jyllands-Posten* (Correio da Dinamarca) convida quarenta caricaturistas a enviar desenhos sobre o profeta para ser publicados no jornal. Doze deles aceitam. Seguem-se ameaças contra o *Jyllands-Posten* e manifestações em vários países com grande população muçulmana. Embaixadores dos países árabes tentam, em vão, encontrar o primeiro-ministro da Dinamarca. As caricaturas são republicadas, em totalidade ou em parte, em vários jornais de diversos países: Suécia, Bélgica, Holanda, Alemanha, Itália e até Egito – uma das duas primeiras republicações mundiais –, além da Bósnia. O *France Soir* publica as caricaturas no início de fevereiro. O *Le Monde* edita duas caricaturas, no dia 2, e um "caligrama" de Plantu, "je ne sais pas dessiner Mahomet", que forma a cara do profeta. No dia 8, o *Charlie Hebdo* publica as caricaturas com mais outras, da própria revista, e traz na capa a figura de Maomé, com a manchete "Como é penoso ser amado por idiotas" (*C'est dur d'être aimé par des cons*)[4]. A União das Organizações Islâmicas da França, a

---

4   Sobre a história do *Charlie Hebdo*. O ponto de partida foi uma revista mensal, *Hara Kiri*, fundada em 1960. Lá estavam, entre outros, os caricaturistas Wolinski e Cabu (assassinados em janeiro), e também Siné e Reiser. Era dirigida por Francis Cavanna (1923-2014) e por George Bernier (1929-2005), vulgo ▶

Grande Mesquita de Paris e a Liga Islâmica Mundial processam o *Charlie Hebdo* por "injúrias públicas contra um grupo de pessoas decorrentes de suas crenças religiosas". A revista é absolvida. Em novembro de 2011, o *Charlie* publica um número com um segundo título, trazendo na capa um desenho de Maomé que diz "100 chicotadas para quem não morrer de rir" (na última página, lê-se "Sim, o Islã é compatível com o humor"). Um coquetel Molotov é lançado na redação da revista, no 20º *arrondissement* de Paris. O *Charlie* se instala na redação do *Libération*. Há, em seguida, novos processos sem condenação. A revista replica, pondo na capa um jihadista beijando na boca um cartunista; sua manchete diz: "O amor é mais forte do que o ódio." Quatro anos depois, dá-se o massacre de janeiro.

4. BLASFÊMIA

Entre as pretensas circunstâncias atenuantes do crime estariam não só supostas posições políticas "incorretas" do *Charlie*, mas principalmente o fato de que os jornalistas o teriam "provocado". Li coisas incríveis nesses registros na imprensa brasileira[5].

> ▷ "professor Choron". Revista satírica, de humor virulento, suspensa mais de uma vez, nos anos de 1960. Em 1969, foi lançado o *Hara Kiri hebdo* (depois, *L'hebdo Hara Kiri*), que veio a ser fechado em 1970 por causa da famosa manchete publicada no momento da morte de De Gaulle: "Baile Trágico em Colombey, um Morto" (Colombey-les-Deux-Églises é uma cidadezinha do nordeste da França em que o general De Gaulle se fixara, e onde foi enterrado; a referência ao baile remete a um incêndio ocorrido poucos dias antes, em um baile de província, que provocara mais de uma centena de mortes). Parte da turma do *Hara Kiri*, mais alguns novos, funda então o *Charlie Hebdo*, que repete a manchete provocadora. O diretor é Cavanna. O nome da revista (que se apresenta como a versão hebdomadária de *Charlie*, revista mensal em quadrinhos fundada em 1969 por alguns da mesma turma) vem de uma personagem de histórias em quadrinhos, somado a *family jokes* em torno da figura de De Gaulle. O *Hara Kiri* mensal continua saindo até 1986, e tem ainda uma breve ressurreição. O *Charlie Hebdo* fecha em 1981. Fora um número excepcional, ele só renasce em 1992, com parte da antiga redação (mas sem o professor Choron), ou do *Hara Kiri* (Siné, Wolinski, Cavanna, Delfeil de Ton...), e alguns novos: Charb e Tignous (assassinados em janeiro), Renaud, Luz, Bernard Maris (o *oncle* Bernard, também morto em janeiro). O redator chefe (depois diretor) será Philippe Val.

> 5   No Brasil – o que foi mais raro na Europa, por parte da esquerda –, fizeram-se, entre outras, críticas puramente políticas ao *Charlie*, derivadas de contrassensos ou de má intenção. As insinuações (de reacionarismo) são falsas, mesmo ▶

E parece que houve muito mais. Deveríamos reconhecer algo assim como uma exigência de respeito em relação a objetos, instituições e figuras históricas sacralizadas por tal ou qual religião? Não vou discutir se as pessoas que transgridem essa suposta exigência devem ser condenadas à morte, porque isso já seria ultrapassar os limites da justiça mais elementar. Discutamos se elas mereceriam outro tipo de punição ou censura, ou, menos do que isso, se haveria algo suficientemente reprovável em sua conduta a partir do que se poderia atenuar a condenação eventual dos atos de violência de que foram vítimas. Por outras palavras, existiria uma exigência – moral ou outra – de respeito pelo "sagrado", isto é, por aquilo que é sacralizado por esta ou aquela religião? A resposta mais rigorosa que encontrei está num artigo do filósofo Henri Peña-Ruiz, publicado pelo jornal parisiense *Libération*[6], artigo que a revista eletrônica *Fevereiro* incluiu no dossiê sobre o *Charlie* publicado no seu número 8, de junho de 2015. Nele, o articulista insiste na diferença entre o respeito pelos indivíduos ou grupos de indivíduos enquanto seres humanos e a reverência em relação ao sagrado, trate-se de objetos, de instituições ou mesmo de indivíduos (mas enquanto sagrados, isto é, em sua condição de entes sacralizados por tal ou tal tradição). Feita essa distinção, que é essencial, valerá o princípio de que só é legítima a exigência de respeito pelos seres humanos enquanto pessoas humanas (ou aos grupos humanos enquanto grupos de pessoas humanas). Só aí, trata-se propriamente de respeito. O direito à existência e também ao exercício dos direitos humanos fundamentais é um absoluto, contra o qual não se pode atentar nem sob a forma da ironia. Assim, a ironia em relação a massacres e genocídios é

▷ se elas contêm um grão de verdade. De fato, a atitude do antigo redator chefe, e depois diretor (1992-2009) do *Charlie*, o jornalista e compositor Philippe Val, em relação ao problema palestino, era pelo menos discutível (não que o Hamas seja inocente, mas Val estabelecia uma espécie de simetria entre a causa palestina e a israelense). Embora diretor, Philippe Val era apenas um dos membros da redação. Além do que, ele deixou o *Charlie* em 2009. Quem assumiu a direção foi Charb, um dos mortos de janeiro. Ora, a posição de Charb em relação à questão palestina não deixa dúvida. De parte dele ou do *Charlie*, não há traço de má vontade ou incompreensão em relação aos palestinos. A tese de um *Charlie* periódico inimigo dos palestinos ou, pior ainda, uma publicação reacionária, é evidentemente um mito.

6   Le Pape, sa mère et les caricatures, *Libération*, 28 jan. 2015.

O CICLO DO TOTALITARISMO

evidentemente ilegítima. Já aquilo que esta ou aquela tradição sacralizou é objeto sagrado para esta tradição e para ninguém mais. Não existe nenhuma obrigação de respeito pelo que as tradições sacralizaram por parte daqueles que são estranhos a essas tradições; existe sim exigência de respeito pelos *indivíduos e grupo de indivíduos* que as suportam, isto é, pelos que põem em prática os rituais e assumem as crenças de que essas tradições se alimentam. Respeito por esses indivíduos e grupos de indivíduos significa, aqui, pleno reconhecimento do seu direito de crer e mesmo de promover a sua crença, assim como o de praticar livremente os rituais da tradição a que pertencem ou da religião que escolheram. Assim, não existe crime, mesmo "moral", de blasfêmia. A blasfêmia só é blasfêmia para quem sacraliza o objeto supostamente profanado (ele só é "profanado" para quem o adora). A exigência legítima é a do respeito pelo humano enquanto pessoa humana, não do humano (ou, *a fortiori*, do objeto) sacralizado. A distinção é fundamental e nos dá uma regra segura para distinguir o que merece e o que não merece ser condenado[7]. É a ignorância ou o obscurecimento dela que leva à confusão, frequente, no que se lê sobre os assassinatos de janeiro, inclusive em textos assinados por gente de

7 O critério é seguro. Mas, a propósito da sua aplicação, dever-se-ia dizer o seguinte. Salvo casos muito especiais, a "liberdade de blasfemar" não oferece maior dificuldade de aplicação; mesmo se é preciso insistir em que se trata de um direito a intervenções simbólicas (simbólico é, aqui, o que é de ordem estritamente representativa; por exemplo, se alguém for se manifestar contra Maomé na porta de uma mesquita, já está em outro registro). Quanto ao direito de praticar uma religião, pode sim haver casos em que essas práticas se chocam com os valores fundamentais da República, incluindo instâncias limítrofes em que não é simples decidir se há ou não incompatibilidade. Uma lei francesa, a meu ver justificadamente, proibiu o uso público da burca (vestimenta que cobre inteiramente a mulher, inclusive os olhos). Por outro lado, a legislação francesa proibiu o uso do véu nas escolas primárias e secundárias públicas, o que se poderia discutir (a comissão, nomeada pelo governo, que propusera a medida, sugerira também, como que temperando a recomendação, o reconhecimento oficial dos feriados de duas religiões não cristãs, o que não foi acolhido pela lei). Já a proposta de introduzir uma nova legislação, proibindo o véu também nas universidades, onde o público é adulto, proposta lançada por um ex-presidente, por razões puramente demagógicas, é certamente inadmissível. Para o princípio de liberdade de culto, é preciso, portanto, delimitar com finura a fronteira entre o direito de culto e os princípios de autonomia e igualdade, em que se funda a República. Se essa delimitação não é sempre fácil, as eventuais dificuldades de aplicação não põem em cheque o princípio. E elas não atingem em nada o direito à blasfêmia.

esquerda ou de extrema-esquerda. Assim, é absurdo afirmar, como se afirmou e se afirma em meios de confissão islâmica (principalmente da juventude), que seriam usados dois pesos e duas medidas, quando a justiça condena um humorista que ridiculariza os mortos nos campos de concentração nazista e, ao mesmo tempo, não reconhece como crime o fato de se representar, e até ironicamente, uma figura sagrada de uma religião. Os dois casos são diferentes. Caricaturas ridicularizando a matança de palestinos por forças de ocupação, por exemplo, têm de ser condenadas, e também juridicamente. Mas caricaturas de Moisés, de Jeová, do Cristo ou da mãe de Cristo – que se as considere de bom ou de menos bom gosto – não são e nem podem ser suscetíveis de pena (mesmo de pena "moral"; "bom gosto" ou "mau gosto" são de outro registro, aproximadamente estético, ainda que com um verniz "ético-político").

Entretanto, poder-se-ia perguntar: o conjunto das caricaturas publicadas pelo *Charlie Hebdo* resiste bem àqueles critérios de julgamento? Eu responderia: se passarmos em revista todas as caricaturas, a resposta é, a rigor, "não"; mesmo se a imensa maioria resiste. Há caricaturas que mexem com mortes ou violências, individuais ou coletivas, por exemplo, uma sobre as vítimas dos terroristas do Boro Haram, outra sobre a matança dos Irmãos Muçulmanos, no Egito, outra sobre os imigrantes que naufragam no Mediterrâneo, uma até sobre a Shoah... Elas representam, sem dúvida, "derrapagens". Entretanto, por razões que tentarei explicar, elas não são suficientes, a meu ver, para introduzir uma circunstância negativamente atenuante, no apoio dado ao *Charlie* (isto é, a presença delas não é suficiente para introduzir cláusulas do tipo, "é, eles abusaram..." ou "também, as caricaturas deles..."). E isso pelas razões seguintes. 1. Primeiro: apesar de tudo, há em todas essas caricaturas alguma ambiguidade. Por exemplo, a caricatura sobre a Shoah – a qual mostra, aliás, que os caricaturistas do *Charlie* não visam preferentemente aos muçulmanos, e aqui até pelo contrário –, se bem examinada, revela que o seu objeto é menos a Shoah do que o uso demagógico da Shoah que faz o governo israelense no quadro de sua política de ocupação colonialista do território palestino. Outras caricaturas são menos defensáveis. Mas, sem forçar a nota, nelas está quase sempre presente, embora talvez não só, uma dimensão de "humor negro". De fato, o que se observa é que eles fazem humor tanto com os amigos como com os inimigos (pelos textos que o hebdomanário publica, e que não são ambíguos, sabemos quem são os amigos e os inimigos da revista; e, também, pela consideração simultânea do conjunto das caricaturas). A universalidade da ironia neutraliza boa parte do sentido negativo que parte delas poderia ter. 2. Segundo, e principalmente: mesmo admitindo que haja caricaturas do *Charlie* que, a rigor, não passam na prova dos princípios enunciados, há que se considerar a circunstância essencial de que *os jornalistas do Charlie não foram condenados por causa daquelas caricaturas; eles foram condenados (à morte!) por terem retratado o profeta Maomé* (o que é considerado um escândalo, não para os muçulmanos em geral, mas para a faixa fundamentalista do Islã). Ora, toda condenação por motivos dessa ordem (e mesmo que não se tratasse de condenação à morte...) é absolutamente intolerável, pois vai contra um princípio fundamental e inviolável, o da liberdade de crítica, mesmo "blasfematória". Nesse sentido, o *Charlie* merece um apoio sem reticências, ainda que, em matéria de caricaturas, possamos preferir – é o meu caso – charges mais moderadas, digamos, como as de alguém como Plantu, o caricaturista do *Le Monde*. Que a maioria dos imigrantes extraeuropeus e seus descendentes não aprecie que se faça humor com o profeta é, de fato, uma coisa triste. Mas, no fundo, o *affaire* das caricaturas não tem nada a ver com a imigração. Tem a ver sim com o problema do fundamentalismo muçulmano (os imigrantes são muçulmanos, mas, em sua maioria esmagadora, não são fundamentalistas). E eu acrescentaria: se, de fato, em termos imediatos, o cartunismo em torno do profeta desagrada à população imigrante, ousaria dizer que, em médio e longo prazo, ele joga a favor dela. Pela razão seguinte: só quando os ícones do Islã tiverem o mesmo regime de fato dos ícones cristãos e judeus, isto é, só quando se banalizar a "blasfêmia" a propósito deles, como se banalizou a propósito do Cristo ou de Moisés (ou da Torah), é que a população muçulmana poderá se sentir inteiramente integrada (falo de condição necessária e não suficiente, pois, é claro, há, para além disso, muitos outros problemas e, com ou sem a banalização da blasfêmia, o preconceito é evidentemente intolerável). Quanto ao argumento, sutil, sem dúvida, de que se se tem o direito de blasfemar não se tem o dever de blasfemar, o que é verdade, há que responder lembrando que a querela não começou com o *Charlie*. O ponto de partida foi a ameaça a Rushdie, cuja vida quase foi destroçada pelo autocrata Khomeini – este tinha, aliás, razões de oportunismo político quando tomou aquela iniciativa –, seguindo-se uma sucessão de ameaças intercaladas de desafios a essas ameaças. Houve um crescendo, que explica, em parte, a virulência de certas charges. Os jornalistas do *Charlie* como que entraram na briga. E, se não tinham o dever de entrar, tinham, a meu ver, boas razões para fazê-lo. Com isso, mais do que os caricaturistas "moderados", eles acabaram defendendo e representando – infelizmente, por um preço muito alto – uma causa que é de todos nós.

5. O CONTEXTO

Como observei, atrás, o exame do que se poderia chamar de "contexto dos atos terroristas de janeiro" nos leva muito longe no espaço, mas também no tempo. Ele nos remete ao que ocorre em duas regiões. Nos dois casos, os problemas regionais têm raízes e efeitos mundiais, e um mergulho no tempo, embora maior num dos casos, é inevitável. Em uma das regiões, está o lado ativo, o dos atores individuais ou coletivos que recrutam adeptos e combatentes; na outra, estão os atores passivos, os que se dispõe a aderir, ideológica ou militarmente. É difícil, também, deixar de introduzir nesse exame algumas considerações de ordem antropológica ou histórico-antropológica.

I. A trajetória do Islã e a hegemonia dos fundamentalismos. Começo pelo que ocorreu, e ocorre, no "mundo muçulmano". O elemento essencial é o peso que foram tomando, a partir das últimas décadas do século passado, os movimentos políticos de fundo religioso, em prejuízo dos movimentos laicos. Em outros termos, o fenômeno do fim, relativamente a uma época, da hegemonia dos movimentos nacionalistas laicos no

288   O CICLO DO TOTALITARISMO

Oriente Médio[8]. Na realidade, a história das lutas políticas e religiosas no Oriente Médio e na África do Norte é de uma considerável complexidade, e revela um jogo de forças muito diferente do que costumamos encontrar no ocidente. Com as lutas entre os movimentos de espírito mais ou menos laico e os de fundo religioso, cruza-se a querela secular entre xiitas e sunitas, que remonta às origens do Islã (século VII), mais a oposição entre "progressistas" e conservadores, e as tensões de ordem regional ou nacional (ou entre nacionalismo... "nacional", e nacionalismo pan-árabe). Tudo isso tendo como fundo histórico remoto o desenvolvimento de duas grandes civilizações, ou impérios, de hegemonia sucessiva, ambos de religião muçulmana: a civilização árabe (que representou, sem dúvida, uma grande civilização) e o império turco[9]. Ao contrário das civiliza-

8   Aqui surgem algumas dificuldades terminológicas e conceituais. Há muita ambiguidade entre os próprios especialistas na utilização das noções de "Oriente Médio" e "Oriente Próximo". Só usarei a primeira. Viso com ela, aproximadamente, aos países, em grande maioria, muçulmanos que se situam entre o Egito e o Irã (os dois, inclusive) no eixo oeste-leste; e da Turquia (inclusive) até os limites da África negra, na linha norte-sul (aí deveriam entrar também o Sudão e a Somália). Para designar os países a oeste do Egito-Líbia, Tunísia, Argélia, Marrocos (aí deveria figurar também a Mauritânia), pode-se utilizar a expressão imperfeita, mas corrente até no uso oficial, de "países do norte de África" (abreviada aqui por "norte da África", ou equivalente). Mas há ainda o Afeganistão (haveria também o Paquistão), de ampla maioria muçulmana e que interessa ao nosso tema. A expressão "países muçulmanos" designará, no texto, os países muçulmanos que correspondem a esses três casos, excluindo, portanto, vários outros territórios nacionais (por exemplo, a Indonésia, onde reside a maior população muçulmana do mundo, o Bangladesh, a Índia, que tem grande população muçulmana, minoritária embora, as ex-repúblicas soviéticas de maioria islâmica, outros países da África etc. etc.). Para uma discussão erudita dessas questões, ver Georges Corm, *Le Proche-Orient éclaté 1956-2012*, 7. ed. atual. aumentada, Paris: Gallimard, 2012, 2 v., principalmente a introdução à primeira parte e o cap. 1, v. I, p. 65-111. E, também, no livro do mesmo autor, *Histoire du Moyen-Orient, de l'antiquité à nos jours*, Paris: La Découverte, 2007, cap. 1. Pode-se consultar ainda *Le Bilan du monde, géopolitique, environnement, économie*, 2015 (*Le Monde* e *France Info*), p. 172-180 (*Atlas, Moyen Orient*).

9   Ver, a esse respeito, entre outras obras, o livro do historiador italiano Franco Cardini, *Europa e Islam, storia de um malinteso* (2000; utilizei a tradução francesa, *Europe et Islam, histoire d'un malentenu*, traduzido do italiano por Jean-Pierre Bardos, Paris: Seuil, 2002). Sobre a história política recente do mundo muçulmano, ver o livro do eminente sociólogo e orientalista Gilles Kepel, *Fitna*, Paris: Gallimard, 2004. *L'Islam contre l'Islam, l'interminable guerre des sunnites et des chiites*, Paris: Grasset, 2012), de Antoine Sfeir, trata especificamente do combate entre xiitas e sunitas. Um grande livro que cobre a história moderna dos árabes é *The Arabs: A History*, de Eugene Rogan, ▶

"JE SUIS CHARLIE": BALANÇO E REFLEXÕES   289

ções chinesa e indiana, eles representaram uma ameaça para o ocidente cristianizado. Depois de conquistar o norte da África, os árabes ocupam durante séculos a península Ibérica, além de setores do Mediterrâneo. Os turcos avançam pelos Balcãs, chegando até Viena, que, como se sabe, resiste a cercos célebres no século XVI e na segunda metade do XVII. A partir daí, os turcos entram progressivamente em decadência. O império Otomano, sob cujo domínio os árabes passam a viver, sendo ambos muçulmanos, vai decaindo até se tornar, no século XIX, o "doente da Europa", conforme a palavra célebre de um dos tsares daquele século. O movimento nacionalista árabe se desenvolve em luta contra os turcos e contra os ocidentais, embora ele tenha se aliado a esses últimos, em determinadas circunstâncias. Os turcos têm a sua crise "final" ao se aliar às potências centrais, derrotadas na Primeira Guerra Mundial. Depois dela, ou já antes, surge um movimento nacionalista que vai florescer, depois da guerra, com Atatürk, talvez a principal figura laica da história do reerguimento político do mundo muçulmano (de resto, figura de autocrata civilizador, apreciada diversamente pelos autores)[10]. No mundo árabe, para me limitar ao século XX, surgirão, bem depois de Atatürk, as figuras de Nasser, no Egito, e de Burguiba, na Tunísia, sem falar das forças nacionalistas não religiosas que se desenvolvem no Irã, país também muçulmano, mas, como a Turquia, não árabe. Porém, paralelamente aos movimentos laicos[11], vão se organizando partidos

▷ (utilizei *Histoire des Arabes, de 1500 à nos jours*, tradução francesa de Michel Bessières, Paris: Perrin, 2009).

10 Ver sobre Atartük, e particularmente sobre o seu lado negativo, nacionalista intolerante, ditador responsável por muitas violências (embora ele não tenha responsabilidade pelo genocídio armênio), Hamit Bozarslan, *Histoire de la Turquie contemporaine*, Paris: La Découverte, 2007[2004]. Para uma apreciação favorável, ver Bernard Lewis (que consultei em tradução francesa), *Islam et Laicité, la naissance de la Turquie moderne*, tradução de Philippe Delamare, Paris: Fayard, 1988.

11 A propósito de "laico", seria preciso fazer duas observações. A primeira é a de que os governantes "laicos", em princípio, não são ateus, mas sim muçulmanos, que defendem, porém, uma política de separação, maior ou menor, do Estado em relação à religião. A segunda observação é a de que nem todos os laicos são nacionalistas. No texto, refiro-me principalmente aos laicos nacionalistas. Mas há um laicismo pró-ocidental e não "anti-imperialista", como o do último Xá, laicismo que não se confunde, evidentemente, com o de Atatürk, Nasser ou Burguiba.

e grupos de caráter marcadamente político-religioso, um dos quais é o movimento dos Irmãos Muçulmanos, que nasce no Egito, nos anos de 1920. O quadro se complica com o desenvolvimento do movimento sionista, que culmina com a fundação do Estado de Israel, em 1948. Do ponto de vista econômico, toda essa história será marcada, desde a primeira metade do século xx, pela luta pelo petróleo, de que a região é a grande produtora mundial.

Tem-se assim um universo político e econômico complexo em que se pode destacar, para os objetivos da presente análise, a oposição entre os movimentos de fundo laico e os movimentos religiosos, com a hegemonia dos primeiros durante muitos anos, seguida por uma crise profunda. Essa crise se deve a quê? Um elemento importante foi a atitude desastrosa dos "ocidentais", russos inclusive. A história das relações dos países liberais-capitalistas com o mundo muçulmano é propriamente catastrófica. Nos anos de 1950, um governante iraniano progressista e de tendência geral democrática é derrubado por um complô fomentado pelos ingleses e pela CIA. Mossadegh nacionalizara os bens da Anglo Iranian Oil Company, grande companhia petrolífera, o que desagradou as potências ocidentais. Nesse caso, ao contrário da grande maioria deles, não se tinha apenas um nacionalismo laico, mas um nacionalismo laico não autocrático. Com a intervenção, desfez-se um caminho possível para a democracia, ou para certa democracia, no Oriente Médio. Os erros se sucederam. Em 1956, a França, a Inglaterra e Israel prepararam uma ação contra Nasser, visando a neutralizar a nacionalização do Canal de Suez que este decretara. Nesta ocasião, os norte-americanos se opuseram e a operação acabou sendo suspensa. Os russos não ficaram atrás em matéria de iniciativas desastrosas. A intervenção russa no Afeganistão para apoiar a facção pró-Moscou do comunismo afegão deu origem a uma ampla resistência, que acabou obrigando os russos a se retirar do país. Foi a sua grande derrota em matéria de intervenções internacionais. Os norte-americanos, por sua vez, cometeram o erro de se lançar a fundo no apoio a essa resistência, da qual participavam tendências fundamentalistas. A CIA ajudou assim a criar as condições para o desenvolvimento de Al Qaeda. Porém, o seu maior erro em matéria de política externa, já no quadro de uma nova política externa de marca "neoconservadora", foi a intervenção que destituiu Saddam Hussein. Este, um ditador impiedoso, não tinha nada a ver, entretanto, com o atentado de 11 de setembro (foi, em parte, enquanto reação a esse atentado que se pretendeu justificar a invasão; o outro motivo, também falso, era o de que Saddam estava acumulando armas de destruição em massa). Atacar Saddam para vingar o 11 de setembro foi uma tolice sem limite, mesmo de ponto de vista dos interesses das forças políticas mais reacionárias, à frente das quais estavam os neoconservadores, campeões da campanha pró-intervenção. O resultado da invasão do Iraque – fruto de uma espécie de estratégia leninista delirante às avessas: tratava-se, segundo os neoconservadores, de introduzir "de fora" a democracia! – foi uma sucessão de desastres. Que Saddam fosse ou não um monstro (ele era!), o país foi humilhado, deixou-se que os seus museus fossem saqueados por multidões e, pior ainda, decidiu-se pela dispersão do exército de Saddam... Pois esses soldados sem emprego vieram a constituir o núcleo do futuro Estado Islâmico (ou Califado) que disputa hoje a liderança do terrorismo com Al Qaeda. No mesmo sentido, os norte-americanos puseram no poder um governo xiita corrupto e dogmático que, marginalizando os sunitas, lançou as tribos sunitas do norte, e outras forças sunitas mais, nos braços do mesmo Califado...

A instauração do Estado de Israel, em 1948, com o apoio dos ocidentais e dos russos, não foi em si mesmo um erro. A situação dos judeus no após guerra (e após a Shoah) era muito incerta[12] e, além disso, havia uma população judaica considerável na Palestina (é verdade que ela era mínima, quando nasce o sionismo). Naquela conjuntura, a partilha era, em princípio, uma solução correta. Só que, além do fato de o traçado da partição ser discutível (por exemplo, Haifa, cidade de maioria árabe ficou na zona israelense)[13], ela só poderia se fazer em boas condições se houvesse um contingente da ONU, ou legitimado por esta, que assegurasse o cumprimento correto das

---

12 Ver, a propósito, o livro importante de Timothy Snyder, *Bloodlands: Europe Between Hitler and Stalin*, Basic Books (Perseus), 2010 (utilizei a tradução francesa de Pierre-Emanuel Dauzat, *Terres de Sang, l'Europe entre Hitler et Staline*, Paris: Gallimard, 2012).

13 Ver, a respeito, Eugene Rogan, *Histoire des Arabes*, p. 345, e, em geral, todo o capítulo 9, La Catastrophe palestinienne et ses conséquences.

292 O CICLO DO TOTALITARISMO

decisões. Na falta disso o que se teve foi a expulsão de parte da população palestina que ocupava os territórios cedidos a Israel, expulsão que não se fez sem massacres. Do lado judeu, havia também o risco de que os países árabes, que, ao contrário do seu adversário, não aceitaram a partilha e invadiram a Palestina, viessem a massacrar as populações judias. Os árabes poderiam ter ganhado a guerra, embora os judeus dispusessem de um armamento superior. De qualquer modo, houve também muitas violências contra os judeus. A política ocidental subsequente em relação ao problema palestino, principalmente por parte dos EUA, foi prejudicial aos interesses árabes. Mas estes erraram ao não reconhecer, em algum momento, a partilha – Arafat o admitiu, mas só depois de muito tempo –, sem falar no radicalismo antissemita do Hamas que continua visando expulsar os judeus de todo o território[14]. O governo israelense, vitorioso em várias guerras, recusou-se durante anos a reconhecer um poder palestino, e se lançou progressivamente num movimento de colonização, no duplo sentido da palavra, que pouco a pouco vai roendo o território do futuro Estado. Assim, a política dos ocidentais (russos inclusive) não serviu aos interesses de um nacionalismo árabe laico no Oriente Médio. E, menos ainda, aos interesses de um nacionalismo democrático. Este, de fato, apenas despontou. É verdade que os russos em geral apoiaram os movimentos laicos, mas a sua política foi sempre estreita, porque comandada pelos interesses imediatos da URSS durante a guerra fria, sem falar na desastrosa intervenção no Afeganistão. O fim da URSS foi, de qualquer forma, um fator que acelerou a crise dos movimentos laicos[15], não só porque eles perderam com isso a possibilidade de fazer certas alianças, como também porque o chamado "fim do comunismo" enfraqueceu, no Oriente Médio e para além dele, as ideologias laicas. Mesmo se de forma confusa ou muito ambígua – em não poucos casos, eles se fascinaram com os nazifascistas, mas, nesse terreno, os grupos religiosos, como veremos, foram ainda mais longe –,

14 No capítulo das violências, ao nos lembrarmos da expulsão, direta ou indireta, dos palestinos dos territórios que couberam a Israel, seria bom não nos esquecermos da expulsão dos judeus dos países árabes, da ordem de 800 mil pessoas.
15 Fique claro que nem estou lamentando o fim da URSS – não creio, como alguns, que isso foi uma "derrota do socialismo" –, nem estou idealizando os movimentos laicos do Oriente Médio e do norte da África.

"JE SUIS CHARLIE": BALANÇO E REFLEXÕES

os partidos laicos reivindicaram algum tipo de "socialismo". Os movimentos laicos se revelaram incapazes de levar avante seus projetos de unificação nacional – houve, entre outras, uma efêmera unificação do Egito com a Síria, nos anos de 1950/1960 – e foram minados pela corrupção e pelo autocratismo.

Os movimentos religiosos, existentes há muito tempo, puderam aproveitar a decomposição ou a desmoralização do laicismo árabe no Oriente Médio e no norte da África. Mesmo se eles não são vitoriosos por toda parte, globalmente, é como se a sua vez tivesse chegado. Os momentos principais dessa virada são o já mencionado conflito do Afeganistão, quando se gestou a expansão do fundamentalismo religioso sunita, e, por outro lado, a revolução iraniana, que começa pouco tempo antes da intervenção soviética no Afeganistão, com a queda do Xá Reza Pahlavi, no início de 1979. Este contava com o apoio dos norte-americanos e perdeu o poder para uma revolução da qual resultou a entronização de um governo religioso xiita.

O fundamentalismo religioso se construiu doutrinariamente, do lado sunita, sobre o fundo do "salafismo" – movimento cujas raízes são do século XIV e que reivindica a volta aos ensinamentos ancestrais e à "pureza" do Islã – e, mais precisamente, sobre a doutrina de al-Wahhab, predicador fanático do século XVIII, que defende um Islã expansionista e de um extremo rigorismo[16]. O wahhabismo impõe-se muito cedo na Arábia Saudita – ele é combatido pelas forças, que vêm do Egito, do futuro dissidente Méhémet-Ali – e chega ao século XX como tendência dominante na península arábica. O paradoxo é que a dinastia saudita que sustenta o wahhabismo é aliada dos norte-americanos. Estes preservam cuidadosamente a aliança com os sauditas, por causa

---

16 Sobre o wahhabismo e, em geral, sobre a história da hegemonia das tendências fundamentalistas, bem como sobre as múltiplas tradições e manifestações de um Islã tolerante e antidogmático, ver os livros indispensáveis de Abdelwahab Meddeb (cito apenas dois deles), *La Maladie de l'Islam*, Paris: Seuil, 2002, e *Sortir de la malédicion, l'Islam entre civilisation et barbarie*, Paris: Seuil, 2008. E o livro, muito rico, de Hamadi Radissi, professor da Faculdade de Direito e de Ciências Políticas de Tunis, *Le Pacte de Nadjd, où comment l'islam sectaire est devenu l'islam*, Paris: Seuil, 2007. Sobre o fundamentalismo hoje, na linha das contribuições dos "muçulmanos das luzes", ver o panfleto filosófico, de Abdennour Bidar, *Lettre ouverte au monde Musulman*, Paris: Les Liens qui Libèrent, 2015. Outros autores do Islã das luzes são Mohamed Talbi e Abdelmajid Charfi.

dos interesses petrolíferos. Assim, o wahhabismo, doutrina do fundamentalismo mais agressivamente antiocidental e antimoderno, desenvolve-se no bojo de um país dominado por um poder ultrarretrógado – ver a situação da mulher e dos trabalhadores imigrantes – e *pró-americano*. Sem dúvida, uma ruptura entre os wahhabistas e o poder saudita acaba ocorrendo. Ela começa depois da primeira guerra do Golfo, quando os fundamentalistas consideraram intolerável que tropas norte-americanas – e em particular, mulheres-soldados – pisassem na Terra Santa, o que provocou fricções com o poder saudita. É aí que nasce Osama Bin Laden e o movimento Al Qaeda. Os fundamentalistas foram até a prática do terror em terras sauditas. Hoje, a ruptura parece consumada, mas subsiste a obscuridade sobre a origem dos fundos dessa organização. O poder saudita não esgota o conjunto dos simpatizantes do wahhabismo na península.

Assim, estamos diante de um cenário com muitas linhas de força, em que a guerra entre laicos e religiosos atravessa as rupturas internas do Islã, além de outros jogos de interesse econômico ou regional[17]. A hegemonia dos grupos religiosos fundamentalistas levou a um recrudescimento da propaganda religiosa e, principalmente depois do surgimento do Estado Islâmico, a uma arregimentação crescente de jovens de origem árabe, ou de confissão muçulmana, em proveito das forças sunitas fundamentalistas, no Oriente Médio. Bem entendido, há a acrescentar a esse cenário histórico, o grande evento recente que foram as revoluções árabes do início dessa segunda década do século XXI. Elas despertaram uma enorme esperança. Mas esta, em grande parte, se desvaneceu. Naquelas revoluções, despontara, aparentemente, uma laicidade diferente da do ciclo laico clássico. Lutava-se ali, segundo alguns, pela democracia, segundo outros, pela dignidade[18]. De qualquer forma,

---

[17] As oposições entre tendências ou partidos no interior do mundo muçulmano levaram a um conflito armado que provocou algumas centenas de milhares de mortos (se não um milhão), o que opôs o Irã dos aiatolás ao Iraque de Saddam Hussein, nos anos de 1980. As alianças, de um lado e de outro, foram muito complexas, atravessando a diferença entre laicos e religiosos. A guerra levou a um enfraquecimento do regime de Saddam, mas também a um esgotamento relativo do Irã.

[18] Sobre as revoluções árabes do início da segunda década, ver – na sétima edição, atualizada e aumentada – o capítulo 28 e a conclusão do segundo volume de Georges Corm, *Le Proche-Orient éclaté, 1956-2012*. É esse autor que prefere definir os ▶

tratava-se de uma realidade nova, muito impulsionada pela juventude. Os grupos islamistas que, em geral, não tiveram papel no desencadear das revoluções subiram rapidamente no estribo e modificaram, mais ou menos profundamente, o caráter do movimento revolucionário. Mas alguma coisa sobrou dessa grande onda, na origem, reconhecidamente libertária.

Vê-se por aí como a história do Oriente Médio e do norte da África é dramática e parece conduzir a impasses. Nela, a democracia é um fenômeno raro e efêmero, que desponta aqui ou ali, para ser esmagada pelas botas laico-autoritárias ou fundamentalistas. Se não for pela dos imperialismos estrangeiros. A responsabilidade dos ocidentais e dos russos pelo recrudescimento do fundamentalismo islâmico ou pelo florescimento de um autoritarismo, nacionalista ou não, é, como vimos, muito grande. Sem falar em todo o passado colonial de exploração econômica e opressão política, que não foi pouca coisa. As grandes potências liquidaram os gérmes possíveis de um desenvolvimento democrático (Mossadegh), apoiaram ativamente os combates de islamistas ou "pré-islamistas" (americanos no Afeganistão), promoveram intervenções desastrosas (russos e americanos), apoiaram de maneira acrítica ditaduras nacionalistas ou foram, e são, aliadas de autocracias ultrarreacionárias. Mas a responsabilidade pesada de ocidentais e russos no Oriente Médio não absolve os governos laicos autoritários e às vezes genocidas (Saddam, Assad), de sua parte de responsabilidade pelo recrudescimento dos movimentos islamistas. Porém, nada disso justifica atentados terroristas, sejam eles antissacrílegos, antissemitas ou racistas em geral. E *a fortiori*, quando o seu alvo são as populações civis. Não esqueçamos de que o 11 de setembro foi um grande massacre desse tipo.

11. A juventude, a *banlieue* e os paradoxos da integração. O outro lado é o da situação na Europa. Ela também tem a ver com o contexto mundial, mas, nesse caso, principalmente

> objetivos deles em termos de "dignidade". Já Eugene Rogan, em seu importante *post-scriptum* – acrescentado, aparentemente, no início de 2012 – à sua *História dos Árabes*, não hesita em sublinhar o caráter democrático, ou pró-democrático, que tiveram esses movimentos em sua origem, e ele os descreve com admiração, embora já insistindo sobre o seu destino incerto, nos cinco casos principais que considera: Tunísia, Egito, Líbia, Barhein, e Iêmen (ver Eugene Rogan, *Histoire des Árabes, de 1500 à nos jours, post-scriptum*, p. 675s.).

com o contexto econômico. Se, a partir da história dos grupos fundamentalistas, entendemos como eles chegaram a certa hegemonia, e entendemos também, a partir da sua ideologia, por que eles tentam arregimentar os jovens de todo mundo, resta saber por que estes últimos são tão receptivos – ou, pelo menos, relativamente receptivos – às sereias islamistas.

Talvez se devesse começar com dados antropológicos gerais, embora eles pareçam banais. Aristóteles escrevia sobre a juventude, no livro II da *Retórica*:

Os jovens são, pelo seu caráter, submetidos ao desejo, e são do gênero [das pessoas] que realizam o que desejam [...] não suportam serem tido como insignificantes, mas se indignam quando creem serem vítimas de injustiça [...] deixam-se facilmente enganar pela razão indicada: têm a esperança fácil. São também mais corajosos, pois são ardentes e cheios de esperança, a primeira qualidade os impedindo de ter medo, e a segunda lhes dando a audácia [...] são também sensíveis à vergonha [...] E em todas as coisas vão longe demais, e com força demais, transgredindo assim o preceito de Quilon ["Nada em excesso"], pois fazem tudo com excesso, amando com excesso, e detestando com excesso, e assim em todos os domínios. Eles acreditam saber tudo, e se afirmam com força, e esta é a causa do seu comportamento excessivo em tudo [...] As injustiças que eles cometem vão no sentido da desmesura e não da maldade.[19]

Se esse diagnóstico corresponde bastante bem, e de forma até surpreendente, ao que sabemos dos jovens do ocidente, ele corresponde mal, bem examinadas as coisas, ao jovem fundamentalista. A descrição se ajusta mal ao fundamentalismo e aos seus jovens seguidores, porque ela aponta para um indivíduo que visa, em geral, para ele ou para mais do que ele, a algum tipo de *vida* (nesse sentido, apesar do lado individualista que também transparece, a atitude aí retratada poderia ser chamada de "utopista"). Ora, uma característica sem dúvida essencial do jovem fundamentalista islâmico contemporâneo é, pelo contrário, a atração pela *morte*: "Foi Alá que decretou nossa morte, antes mesmo do nosso nascimento."[20] "O inimigo de Alá não teme nada mais do que o nosso amor pela morte."[21] Valem, para efeito de compara-

---

19 Aristóteles, *Retórica*, II, 12, 1 388 b e s., *Pleiade, I*, 794.
20 David Thomson, *Les Français jihadistes*, Paris: Arènnes, 2014, p. 16, apud Fethi Benslama, Au delà du terrorisme, le "Daechisme", *L'Obs*, n. 2625, 22 jan. 2015.
21 *Les Français jihadistes*, p. 128.

ção, outras características indicadas no texto, como a tendência ao excesso. Mas, com isso, avançamos pouco.

Como existem, e em quantidade não desprezível, jovens que não vêm da imigração (e que frequentemente vivem, além disso, em condições econômicas favoráveis), os quais, apesar disso, aderem ao fundamentalismo e ao jihad, é preciso começar buscando raízes muito universais do fenômeno para além do racismo e, em muitos casos, também da crise econômica.

O depoimento de pessoas empenhadas em neutralizar o recrutamento jihadista nos remete a situações em que, aparentemente, não estamos longe do fenômeno da adesão dos jovens a seitas (algumas muito opressivas e exploradoras), a que se assistiu e se assiste no mundo ocidental. Se assim é, há em primeiro lugar fatores que em parte não remetem à política ou ao político, embora, de algum modo, a presença desses últimos acabe também se revelando. Patologias sociais da família, crise da escola, fenômenos de dessocialização dos grupos jovens etc., mas também algo como um enfraquecimento da coesão social e nacional. Há o fenômeno da desmotivação em relação ao trabalho, de resto paradoxal, porque ocorrendo numa situação em que o trabalho é um bem raro[22]. Se, já passando ao plano propriamente político, for considerado que não só o *ethos* social do ocidente se enfraqueceu, mas também, e ainda mais, o das ideologias radicais de esquerda, que tiveram grande peso durante boa parte do século passado, tem-se o contexto de uma atmosfera vazia de referências, onde habita um jovem dessocializado em relação à sociedade global e à família[23] e alérgico tanto aos ideais de vocação dominantes como aos projetos laicos de revolução social. Esses "átomos livres" buscam apoio em modos fanáticos de agir e de pensar. O fundamentalismo islâmico é um deles e hoje é, de certo modo, o hegemônico. Os mesmos fatores existem, mas

---

22 Ver, a respeito da "desmotivação" em relação ao trabalho, Stéphane Beaud; Joseph Confavreux; Jade Lindgaard (dirs.), *La France Invisible*, Paris: La Découverte, 2008, p. 51s.

23 As pessoas empenhadas em dissuadir os candidatos ao jihadismo nos falam também da frequência, entre os candidatos, de traumatismos familiares com raízes na infância. Ver, a respeito desse ponto e do conjunto do problema, Dounia Bouzar, *Comment sortir de l'emprise "djihadiste"?*, Paris: L'Atelier, 2015, livro muito importante pelos depoimentos que contém.

agravados e sobredeterminados, em se tratando do caso específico dos jovens da imigração extraeuropeia.

Entre a situação dos jovens europeus em geral e a dos de origem extraeuropeia situa-se o caso intermediário, o dos jovens de condição modesta – qualquer que seja a sua origem, incluindo, mas não só, os da imigração – que vivem uma situação difícil, principalmente nas periferias. Começo discutindo mais esse caso geral, para depois me ocupar em detalhe do específico. Não será possível, porém, evitar alguma transgressão a esse modo de exposição.

O mal-estar das *banlieues*, na França – embora o problema não se situe apenas nas *banlieues* – é um fenômeno antigo que data, pelo menos, dos anos de 1970[24]. Pouco a pouco, os governantes viram-se obrigados a intervir diante de uma realidade que é a da pobreza e da precariedade de uma população, principalmente jovem, e em face do desassossego dela, exprimido em choques com a polícia e violências diversas. O fenômeno culmina com o quase levante de outubro/novembro de 2005, que começa na região parisiense (aglomeração de Clichy-sur-bois e Montfermeil) e se estende pelo conjunto do território francês, durante três semanas[25]. O ponto de partida dessa revolta foi a morte de dois jovens que, em companhia de um terceiro (este sobreviveu), ao fugir da polícia – embora fossem os três perfeitamente inocentes – entraram numa central elétrica e morreram eletrocutados. Começam então as manifestações e a violência, e esta se agrava. Já é preciso introduzir o dado específico – quando, dois dias depois, a polícia lança uma bomba de gás lacrimogêneo na porta de uma sala de orações, atingindo pessoas de várias idades que participavam de uma reza muçulmana do Ramadã. Depois de 2005, não houve motim desse porte.

---

24 Para a história das insurgências e das intervenções governamentais, no período de 1970 a 1995, ver Christian Bachmann; Nicole Guennec, *Violences Urbaines*, Paris: Hachette, 2002[1996].

25 Sobre a insurgência de 2005, ver Gérard Mauger, *L'Émeute de novembre 2005, une révolte protopolitique*, Paris: Croquant, 2006; Laurent Mucchielli, com a participação de D'Abderrahim Aït-Omar, Les Émeutes de novembre 2005, les raisons de la colère, em Laurent Mucchielli; Véronique Le Goaziou (dirs.), *Quand les Banlieues brûlent, retour sur les émeutes de novembre 2005*, Paris: La Découverte, edição revista e aumentada, 2007[2006], p. 11s; e Gilles Kepel, *Banlieue de la République, société, politique et réligion à Clichy-sous-Bois e Montfermeil*, Paris: Gallimard, 2011, assim como, do mesmo autor, *Quatre-vingt-treize*, Paris: Gallimard, 2012.

As razões das insurgências dos jovens (principalmente os da periferia) não são misteriosas, embora haja uma longa discussão entre os sociólogos, principalmente sobre a importância relativa de um ou de outro fator. Não é economismo dizer que a crise econômica que começa em meados dos anos de 1970 – com suas consequências: desemprego, pauperização, degradação do *habitat* e dos equipamentos urbanos, junto com concentração e *guetorização* das populações pauperizadas – está na base do desassossego. Assim, antes de discutir outros pontos, se se quiser evitar o risco de psicologização ou de diluição das raízes do problema, é preciso insistir em seus fundamentos mais gerais, sobretudo econômicos. De fato, ele aparece no final dos "trinta anos gloriosos", com o surgimento de uma massa de jovens, mais ou menos, fadada à marginalização, que, por causa da pauperização das famílias, vive em condições cada vez mais precárias.

Digamos que os jovens têm duas saídas possíveis: de um lado, a revolta, crônica ou aguda (além da politização); de outro, a droga e a delinquência. Muito cedo, os governos de direita e de esquerda tentam pôr em prática diferentes formas de intervenção, inicialmente assistenciais e institucionais. Entretanto, o aumento do desemprego coincide com o fim do *welfare state* e, a partir de certo momento, as mesmas causas que provocam a pauperização, e a degradação do *habitat*, determinam o recuo progressivo da intervenção do Estado, mesmo se esta não desaparece e é até relançada dentro de certos limites, depois da grande revolta de 2005. A acrescentar: as duas coisas coincidem também com a erosão dos partidos, ideologias e sindicatos que, legitimamente ou não, apresentavam-se como representantes das massas exploradas. Para o melhor ou para o pior – no curto prazo, em geral, para o melhor –, os pobres tinham um enquadramento que, depois, perderam[26].

É impossível dizer que os governos, mesmo os de esquerda, tenham sido suficientemente sensíveis ao que vivam os jovens da periferia. Os governos de direita, porém, e em particular um ministro do interior, Nicolas Sarkozy, chegou ao limite de

---

26 Para a coincidência de todos esses elementos, ver Stéphane Beaud; Michel Pialoux, *Violences urbaines, violence sociale, genère des nouvelles classes dangereuses*, Paris: Fayard, 2003, p. 16.

300   O CICLO DO TOTALITARISMO

uma declaração de guerra aos jovens "revoltados"[27]. Quanto às intervenções da polícia, elas não só foram ineficazes, mas frequentemente agravaram a situação[28]. Pode-se dizer, sem exagero, que a intervenção da polícia, por sua forma, foi um elemento de importância considerável na *origem* dos distúrbios. Com o que não se pretende subestimar o fenômeno do tráfico de droga e da delinquência em geral.

Para uma análise mais centrada no caso particular dos jovens da imigração, há dois fatores decisivos, a assinalar. Um é sobredeterminante. O outro é determinante. O primeiro é a crise econômica e o desemprego, aos quais já me referi. O segundo são os fenômenos de marginalização étnica (racismo, estigmatização dos imigrantes extraeuropeus).

Sem uma taxa de desemprego atingindo mais de 10% da população ativa e, bem mais do que isso, no caso particular dos jovens, é seguro que haveria um campo muito menos propício ao desenvolvimento do fundamentalismo e do terrorismo político. Quanto ao preconceito e à estigmatização, existem também evidências empíricas bem fundadas, mas o significado pleno desse segundo elemento, e também a sua conexão com a crise e o desemprego, está longe de ser simples[29].

27   Sobre o caráter desastroso do procedimento de Sarkozy, então ministro do Interior, ver Nasser Demiati; Nicolas Sarkozy, ministre de l'intérieur et pompier-pyromane, em Laurent Mucchielli; Véronique Le Goaziou (dirs.), *Quand les Banlieues brûlent, retour sur les émeutes de novembre 2005*, p. 58s. Quando a insurgência já amainava, o governo não teve outra ideia melhor do que decretar o estado de urgência, o que não se fazia desde a guerra da Argélia.

28   Sobre o caráter das intervenções policiais, ver Laurent Mucchieli, La Police dans les "quartiers sensibles", un profond malaise, em Laurent Mucchielli; Véronique Le Goaziou (dirs.), *Quand les Banlieues brûlent...*, p. 104s.

29   Envered, na continuação do texto, por uma análise que, estando centrada nos jovens de origem extraeuropeia, explora em alguma medida a experiência vivida desses jovens, mas sem dúvida não o suficiente, faltando, em particular, a experiência vivida nas "insurgências". As pesquisas revelam: 1. o enorme mal-estar e o sofrimento dos jovens de origem extraeuropeia, sem trabalho, sem dinheiro, sem interesses, sem perspectivas e sofrendo ainda o peso dos preconceitos (ver, a respeito, por exemplo, em Stéphane Beaud; Joseph Confavreux; Jade Lindgaard, *La France Invisible*, p. 33, o depoimento impressionante da experiência de vida de um jovem *banlieusard* da imigração); 2. no que se refere à experiência das lutas e a sua motivação, as pesquisas mostram a presença de dois motivos: por um lado, os jovens protestam contra a situação econômico-social em que se encontram, e, por outro, o que não é menos importante, eles exigem reconhecimento. Isto é, eles não protestam apenas contra a precariedade da sua situação material, mas também, e tanto como, ▶

"JE SUIS CHARLIE": BALANÇO E REFLEXÕES   301

Evidentemente, houve e há, na França e em outros países europeus, uma estigmatização dos descendentes de imigrantes não europeus, como houve, em outra época também, dos originários da imigração europeia. As pesquisas mostram como esse estigma vem de longe e começa com a geração anterior, a que fez a viagem, o que reforça dentro da família o sentimento de exclusão[30]. Um elemento muito vezes lembrado, e que me parece efetivamente essencial, são as condições em que se deu a descolonização, em particular a guerra da Argélia. Em princípio, ela concerniria só à imigração argelina. Mas deve ter havido um fenômeno de propagação que passa dos argelinos aos magrebinos, e vai além destes. O desfecho da guerra provocou a transferência para a França de um contingente populacional considerável de *pieds-noirs**, em geral com sentimentos marcadamente antiárabes ou antimuçulmanos. Observemos que a guerra da Argélia implicou a conscrição, com tudo o que ela significou, e o seu desfecho provocou uma crise nacional, de que resultou nada menos do que uma mudança de regime. Tudo isso deve ter deixado marcas profundas. As consequências se manifestaram dos dois lados: os pesquisadores observam o quanto os

▷ contra as humilhações que sofrem diariamente (as interpelações contínuas da polícia, que os despreza e destrata, mais a atitude do governo e do ministro Sarkozy, em particular, que, reagindo de maneira brutal e não fazendo o menor gesto de autocrítica, mesmo no momento da "gazagem" da sala de orações, não fez mais do que engrossar o ressentimento). Ver, a respeito disso tudo, Stéphane Beaud; Michel Pialoux, *Violences urbaines, violence sociale, genèse des nouvelles classes dangereuses*, p. 406-407; Gérard Mauger, *L'Émeute de novembre 2005...*, p. 27, assim como os depoimentos impressionantes de jovens insurretos (observar sobretudo a profundidade do ressentimento e a exigência recorrente de reconhecimento) em Laurent Mucchielli; D'Abderrahim Att-Omar, Les Émeutes de novembre 2005, les raisons de la colère, em Laurent Mucchielli; Véronique Le Goaziou (dirs.), op. cit., p. 24-29, e ainda, no mesmo volume, o texto final, de autoria dos dois organizadores, Laurent Mucchielli e Veronica Le Goaziou: Conclusion: Les Émeutes, forme élémentaire de la contestation politique, p. 163.

30 Sobre a primeira geração, conviria não perder de vista a situação econômica. Já que falei do *welfare state*, diria que a primeira emigração é filha "dos trinta anos gloriosos". Os "trabalhadores hóspedes", como dizem sem rir os alemães, vinham constituir um proletariado sem histórias e que custava pouco, assumindo os trabalhos pesados, perigosos, repugnantes, ou simplesmente mal pagos, que os trabalhadores autóctones se recusavam a fazer.

*   *Pied-Noir* (Pé-Negro), termo usado em referência ao francês ou, mais genericamente, europeu, oriundo do Norte da África após o fim da dominação colonial e da Guerra de Independência da Argélia, em 1962. (N. da E.)

antigos combatentes da revolução argelina, em parte também os seus descendentes, resistiam à ideia de adotar a nacionalidade da antiga potência colonial que eles haviam combatido. Na origem, havia dois elementos: hostilidade aos franceses e orgulho revolucionário ligado ao culto dos dirigentes e da causa nacional argelina. De lá para cá, esse segundo elemento caiu. Se a hostilidade para com os franceses continua, junto com ela há, agora, também hostilidade para com os atuais dirigentes do país e erosão dos grandes sentimentos de orgulho pela nação de onde vieram os pais[31]. É como se ficasse o lado negativo e não o positivo, que, precisamente, foi substituído por outro: a verdadeira nação dos *beurs* – o que se lê em vários depoimentos – é, na realidade, o Islã.

Voltando à relação ex-colonizador/colonizado, o preconceito dos franceses se alimentou e se alimenta, é claro, das diferenças culturais, reais ou supostas, entre "franceses de *souche*" (de origem) (*pieds-noirs* ou não) e a população de raízes extraeuropeias; e aí, evidentemente, a diferença de religião, que não existia no caso da imigração europeia, teve e tem o seu papel. Porém, sem a taxa atual de desemprego é difícil que o preconceito vingasse, pelo menos nos níveis em que existe hoje.

No entanto, há outros dados que mostram a complexidade da situação. Se as pesquisas sobre racismo e sentimentos contra os imigrantes revelam que a situação se agrava mais ou menos a partir de 2010, após um movimento crescente (embora irregular) de tolerância nos vinte anos anteriores[32], constata-se, ao mesmo tempo, pelo menos sob certos aspectos, um processo indiscutível de integração das populações de origem extraeuropeia. Entre outros exemplos (este é do campo da política) tem-se, pela primeira vez, o fenômeno – impressionante para

31 Poder-se-ia pensar que uma queda da empatia e do respeito para com o país de origem facilitaria uma integração na pátria nova. Na realidade, não é assim. Pelo menos na opinião de um especialista (Kepel), um fator explicativo de que haja mais terroristas de origem argelina do que de origem turca seria o fato de que a Turquia é hoje uma nação muito mais forte e integrada do que a Argélia. Desse modo, uma relação forte com o país de origem (a menos que esses países condenem expressamente a integração ou as naturalizações) não dificultaria, mas facilitaria a integração. Um pouco, talvez, como uma boa relação com a mãe não dificulta, mas torna mais fácil a relação com a parceira adulta…

32 Ver os dados publicados pelo *Libération*, 10 mar. 2015. Há uma ligeira melhora a partir de 2013.

quem vive há muito tempo, na França – de ministérios "régios" ocupados por gente da imigração, e isso tanto em governos de direita como de esquerda. Dir-se-á que se trata de uma incorporação por cima e que beneficia um número limitado de pessoas. Seja como for, é uma pequena revolução. Começa a haver uma mutação também por baixo (aqui estamos diante de um fenômeno que permite medir as atitudes de um lado e de outro): de forma inédita, na França, tem-se uma pletora de candidatos ao legislativo nacional de origem extraeuropeia, sem falar na presença de eleitos no plano municipal, departamental e regional. É verdade que o número de eleitos, pelo menos no nível nacional, é limitado[33]. Porém, mesmo esse resultado *a minima* é expressivo. É evidente que, nesse plano, o país começa a mudar.

Como organizar esses dados? Há aparentemente uma recrudescência do racismo com base: 1. na ideia de que, nas condições atuais, os imigrantes agravam a situação de emprego dos nacionais; e 2. na suposição de que é a imigração a responsável pela delinquência e pelo terrorismo. Ao mesmo tempo, e principalmente à medida que vai se desenvolvendo uma classe média originária da imigração, essa classe, pelo menos, vai sendo integrada, e não só no plano político. Parece difícil supor que esse fenômeno não tenha algum efeito sobre o conjunto da população de origem extraeuropeia.

Entretanto, poder-se-ia perguntar: mesmo supondo que o balanço desses prós e contras do chamado processo de integração (que não é o mesmo que assimilação) fosse antes negativo, mesmo levando em conta a situação econômica e os preconceitos, como explicar esse fenômeno *específico* que é o fato de que a religiosidade que impregna a imigração é, pelo menos em certas áreas, cada vez mais de ordem rigorista, se não fundamentalista, e, mais do que isso, que uma franja jovem (dos dois sexos) dessa população descambe para um projeto jihadista e terrorista?[34]

---

33 Gilles Kepel se debruçou sobre o fenômeno, entrevistando os candidatos "da imigração" em Marselha, e em Roubaix, no norte da França. Houve, nacionalmente, perto de quatrocentos candidatos de origem extraeuropeia às eleições legislativas de junho de 2012. Não mais do que uma meia dúzia se elegeu. Ver Gilles Kepel, *Passion Française, les voix des cités*, Paris: Galimmard, 2014. O conteúdo das entrevistas, muito diversificado, é de grande interesse.

34 Supõe-se que entre oitocentos e mil jovens, mais ou menos, partiram da França para o *front* islamista, entre os que aderiram aos aliados de Al Qaeda e os que ▸

304   O CICLO DO TOTALITARISMO

Em parte, isso sempre foi assim: é o rigorismo fundamentalista
(de seitas, de religiões e de partidos) que tem grande força de
atração nessas situações. Em parte, porém, não há para essa
pergunta uma resposta endógena, isto é, que remeta ao registro
local. As populações fragilizadas pelas razões indicadas *sofrem
o impacto de um proselitismo, que vem de fora*, e que está ligado
às peripécias da história do Islã no Oriente Médio e no norte da
África, descritas anteriormente. O proselitismo, diz uma especialista em neutralizar os recrutamentos, se exerce – como no
caso das seitas – por meio de um assédio muitas vezes brutal, e
por meio de manobras de sedução de toda ordem. Para além do
impacto da realidade atual do Oriente Médio[35] – e penso aqui
mais do que no fundamentalismo em geral, na atração pelo
terrorismo –, entram também outros fatores em parte exóge-
nos, em parte endógenos. Um deles, já referido, porque geral,
é o aumento da delinquência e do banditismo, frequentemente
em conexão com o comércio das drogas[36]. Mas é preciso reto-
má-lo no contexto dos problemas da imigração. As drogas se
relacionam, pelo lado do consumidor, com o vazio e a dessocialização, pelo lado do vendedor, com a crise e o desemprego
(sem que, com isso, tudo esteja dito). As drogas pesadas são,
antes das religiões, se não o ópio do povo (cf. Marx sobre as
religiões), pelo menos o ópio dos jovens... "[fontes de] ilusão
em um mundo sem ilusões". E, por sua vez, o comércio da droga
encontra evidentemente uma base favorável de recrutamento
em uma situação econômica que condena os jovens a vagar
sem rumo pelas *cités*. As redes de venda são às vezes extensas
e muito absorvedoras de mão-de-obra. O banditismo é uma
saída possível. E a religiosidade nisso tudo? A religiosidade é,

▷ se juntaram ao Daesh. Para uma população muçulmana avaliada (há alguns
anos) em cinco milhões, isso poderia parecer pouca coisa. Mas são perto de
mil jovens que se candidatam a "mártires".

35   Impacto que, em nosso exemplo, ganha um máximo de expressividade no fato
de que os dois assaltantes do *Charlie* receberam instrução militar no Iêmen.
Claro que os jovens *aceitaram* fazer essa viagem.

36   Retomando suas pesquisas sobre as populações de origem muçulmana em
cidades francesas que ele visitara, há 25 anos, o mesmo Gilles Kepel se diz
muito impressionado com o crescimento do tráfico de drogas com o seu cortejo de violências e horrores. Ver Gilles Kepel, *Passion française, les voix des
cités*, p. 19. Um dos subtítulos da introdução desse livro, é Le Caïd [o chefe
de gangue] et le salafiste.

"JE SUIS CHARLIE": BALANÇO E REFLEXÕES   305

em princípio, um obstáculo às drogas e ao banditismo. (Como também às insurgências: as autoridades religiosas fizeram apelos aos jovens muçulmanos para que *não* participassem das mobilizações.) Quando a religiosidade se torna não só fundamentalista, mas jihadista, e, portanto, terrorista, a situação se modifica. Alguns dos jovens que aderem ao jihad – é o caso do assassino do hipermercado *kasher* de Vincennes – foram bandidos, antes de serem militantes fundamentalistas. E, pelo que informam os especialistas que lidaram diretamente com o problema, os recrutadores e recrutadoras de soldados para o jihad, na França, também são ou foram ligados ao banditismo. Se os jovens pauperizados têm, agora, entre as saídas possíveis para a sua situação (além das mobilizações), o banditismo e a religiosidade, o jihadismo terrorista tem a característica de juntar os dois elementos. O jovem descobre um tipo de religiosidade que carrega com ela o banditismo, isto é, a violência (mesmo se não as drogas). Entende-se assim alguma coisa da atração que ele pode exercer sobre a juventude imigrante marginalizada. Além do fator banditismo, o rumo atual dos conteúdos da mídia também abre o caminho para as práticas violentas. É evidente que se compararmos o que ela oferecia há vinte ou trinta anos, digamos, com o que propõe hoje, em termos de filmes, jogos etc., constatamos uma proliferação de conteúdos de uma extrema violência (ver a utilização de materiais precisos da mídia pelos recrutadores, tal como nos informa o livro, já citado, de Dounia Bouzar). Assim, o desenvolvimento extremo da mídia, refletindo provavelmente o *ethos* global do capitalismo mais moderno, converge com as práticas do fundamentalismo o que, aparentemente, haveria de mais arcaico.

Mídia e terrorismo convergem também em outro plano. Num período anterior, os jovens se radicalizavam indo às mesquitas ou salas de orações. Mais recentemente, os DVD especializados tornaram desnecessário esse deslocamento. Hoje – os pesquisadores insistem sobre esse ponto –, as mensagens mais fanáticas e violentas circulam livremente na internet. Não só deixou de ser necessária a visita aos locais de prece como não se necessita, mesmo, de nenhum tipo de material ou instrumento, salvo o que permite o acesso a ela. A propaganda jihadista ocupa amplamente o espaço da mídia eletrônica e é acessível, sem esforço,

306 O CICLO DO TOTALITARISMO

a quem tiver interesse em chegar àquela (o que não deve fazer perder de vista o papel do contato *in vivo*, principalmente nas prisões). Quanto ao fenômeno aparente e paradoxal da coincidência do recrudescimento do terrorismo com os progressos da integração, sem querer jogar com paradoxos, pergunto-me se não há alguma coisa comum na base dos dois fatos: com efeito, muitos terroristas (os de janeiro, por exemplo) estão integrados, de algum modo. Inimigos ou não dos franceses, eles penetram sem dificuldade na cultura local e nela se movem com êxito, à sua maneira. Basta dizer que o terrorista do hipermercado *kasher* participou da coprodução de um documentário clandestino na prisão, que aliás deu origem a um livro, e que ele fez parte de um grupo de estagiários, recebidos pelo presidente da República... Com o que, não estou querendo dizer que a integração, em sentido próprio, da população de origem extraeuropeia não esteja em processo. Entretanto, se não se corrigir a política econômica, essa integração significaria, de fato, em muitos casos, desintegração... O jovem imigrante seria integrado à população francesa, ela mesma sob o risco de marginalização...

6. ISLÃ, JIHADISMO. RELIGIÃO, RELIGIÕES DO *LIVRO*

Isso posto, é preciso mergulhar mais nas raízes do fundamentalismo islâmico. Já que para analisar os acontecimentos sangrentos de janeiro, na França, nos dispusemos a tratar dos integrismos islamistas, é necessário tentar uma elucidação mais profunda do seu significado. Entretanto, é impossível falar dos fundamentalismos islâmico sem antes dizer alguma coisa sobre o próprio Islã. Na realidade, o que designamos até aqui por esse termo foi não só – ou não, exatamente – a religião muçulmana, mas a realidade, presente ou passada, de certos países e regiões em que ela predomina[37]. Supondo que esse território tenha alguma unidade – a unidade é religiosa e, em alguma medida, histórica, mas só parcialmente linguística: Turquia e Irã não são terras em

---

37 Ver, supra, a nota 9. Sobre o que se pressupõe ao caracterizar certos países e territórios a partir de uma religião, e sobre as dificuldades desse procedimento, ver as considerações de Georges Corm, *Le Proche-Orient éclaté*, principalmente v. i, p. 89s.

"JE SUIS CHARLIE": BALANÇO E REFLEXÕES   307

que se fala árabe, já observei –, o que representa esse "território" em termos geopolíticos? Digamos que ele represente uma "periferia" do sistema global de Estados, sistema que tem centros. Digo periferia, porque se trata de países ou de menor desenvolvimento econômico, ou de economia, digamos, *sui generis* (duas determinações que indicam situações bem diversas, e quase opostas, já que por *sui-generis* estou visando, principalmente, às economias de alguns dos grandes produtores de petróleo, como as monarquias do Golfo; e lá o PIB *per capita* é comparável, se não superior, ao das principais nações da Europa[38]). Apesar disso, há uma unidade nesse conjunto[39]. E tais países (por isso, também, se pode falar deles em termos de "periferia"), mesmo os mais ricos, pelas próprias peculiaridades das suas economias – vários deles, ricos e pobres, oferecem a particularidade de explorar renda territorial –, não têm o peso da Europa ou dos EUA e, mais recentemente, da China na política global do planeta, ainda que possam influenciá-la com o impacto do petróleo sobre a economia mundial[40]. Comparemos essa periferia muçulmana com outras áreas e países que foram colônias ou semicolônias. Tentemos, por outro lado, pôr em paralelo a situação do mundo muçulmano com a dos países mais desenvolvidos. E há pelo menos mais uma chave comparativa, muito interessante, que, a rigor, não entra em nenhuma dessas duas categorias.

Comparada com as outras periferias ou ex-periferias – China, Índia, África negra, América Latina… –, o mundo

---

38 Ver, a respeito do PIB (e do PIB por habitante) desses países, *Le Bilan du Monde, géopolitique, environnement, économie*, p. 173.

39 Como insiste Georges Corm, fazendo valer o que aconteceu durante a "primavera árabe" (ver Georges Corm, *Le Proche-Orient éclaté, 1956-2012*, v. II, cap. 28, particularmente, p. 1125).

40 Seria evidentemente insustentável afirmar que os países produtores de petróleo não têm nenhum poder sobre o mundo. Haja vista, por exemplo, o que aconteceu por ocasião da chamada "guerra do Kipur" entre os árabes e Israel (1973) (sobre as circunstâncias do embargo petrolífero e suas consequências, ver Eugene Rogan, *Histoire des Arabes*, cap. 13, L'Ère du pétrole, p. 480s.). Mas, a despeito disso, é evidente que, em mais de um sentido, as nações muçulmanas não dão as cartas no planeta. Sobre esse aspecto, ver o próprio Rogan (idem, p. 481) e também um dos livros, citados, de Abelwahab Meddeb. Tentando entender o ressentimento que ele vê na base do comportamento de Bin Laden, Meddeb faz algumas reflexões sobre a impotência relativa não só do personagem, mas do "sujeito islâmico", em geral, que "apesar da riqueza […] fica fora das decisões capazes de dar uma perspectiva para o mundo" (Abelwahab Meddeb, *La Maladie de L'Islam*, p. 161-162).

308 O CICLO DO TOTALITARISMO

muçulmano parece ter em comum com a China e com a Índia o fato de ter sido uma grande civilização. Grande em termos de poder, de extensão territorial, mas também em termos culturais. Isso, como veremos, tem uma importância considerável para pensar a história e o destino do Islã.

Se confrontarmos esse mundo muçulmano com as nações mais avançadas da Europa e os Estados Unidos, o traço que se destaca é a relação diferente que existe, em um e outro caso, entre o Estado e a sociedade civil, de um lado, e a religião, de outro. Ou entre o poder laico, de um lado, e o religioso, de outro. Como se sabe, no ocidente, operou-se uma nítida separação entre as duas esferas (embora relativa: pense-se, entre outras coisas, no reconhecimento pelo Estado das festas religiosas cristãs). Após a luta entre o papa e os imperadores e a constituição dos Estados nacionais, o papa conservou um poder cosmopolita, mas – como se costuma dizer – apenas espiritual. No mundo muçulmano, pelo contrário, apesar da força dos movimentos laicos, o impacto das autoridades religiosas e da religião continuou sendo decisivo[41]. O braço religioso existe pelo menos enquanto poderosa força de

---

41 Sobre a crise dos movimentos laicos e a emergência da hegemonia islamista, ver Eugene Rogan, *Histoire des arabes...*, principalmente, o cap. 11: Le Déclin du nationalisme arabe e cap. 13, Le Pouvoir de l'Islam. Tanto no plano político mais geral como no da "política de costumes", assiste-se hoje a uma verdadeira contrarreforma (no sentido geral, não histórico, do termo), já que, no século xx, não faltaram as tentativas de governança laica e de reforma de costumes. Sobre esta última, seria preciso registrar o fato de que algumas delas se apresentaram em forma muito autoritária e, por isso, foram mal recebidas. O exemplo mais impressionante foi a proibição do véu, nos anos de 1930, por um Xá da Pérsia (Reza Xá), proibição que, como se poderia esperar, encontrou resistência (ver Mohamed-Reza Djalili; Thierry Kellner, *Histoire de l'Iran contemporain*, p. 51). Compare-se essa proibição com a interdição, também autoritária, do fez – barrete masculino tradicional – por Atatürk. Já o "desvelamento" das mulheres que praticou Burguiba era facultativo, salvo na administração pública (com o que a lei tunisina se aproximava, *mutatis mutandis*, da atual legislação francesa). Quanto a Nasser, ver na internet ("Nasser et le voile islamique"), um famoso e divertido vídeo em que ele "goza" os Irmãos Muçulmanos, por causa da exigência do véu. Alguns desses exemplos mostram como para certos problemas a vertente laica, apesar dos seus defeitos, era melhor do que a religiosa. Já outros exemplos confirmam, no plano da política de sociedade, o que é evidente no nível político mais geral, principalmente quando se trata das formas autoritárias mais violentas: as tendências fundamentalistas e as laico-autoritárias constituem, essencialmente, uma falsa alternativa. Ver, a respeito desta, o livro do egípcio Alaa El Aswany, *Extrémisme religieux et dictature: Les deux faces d'un malheur historique*, tradução do árabe por Gilles Gauthier, Paris: Actes Sud, 2011.

oposição, se não no governo, impondo normas estritas de comportamento à população civil. Poder-se-ia encarar esse fenômeno como uma decorrência da essência do Islã e das nações cuja população é majoritariamente muçulmana. O que significaria que o Islã é mais ou menos incompatível com um governo moderno e, *a fortiori*, com um governo democrático. Mas também se poderia supor, pelo contrário, que a tendência nesses países é, em última análise, a de seguir os passos dos países avançados e operar, em médio prazo, se não a separação, pelo menos uma separação entre religião e Estado; o que significa que o Islã, como religião, seria compatível com uma sociedade republicana e democrática. Apesar de todas as críticas que hoje se faz, justificadamente, à noção de progresso, esta segunda leitura, que, aliás, não implica nenhuma ideia simplista de progresso, é, a meu ver, a melhor.

O que chamo de "fundamentalismo" ou de "integrismo", ou de islamismo remete a esse impacto do religioso sobre o poder político e sobre a sociedade, uma conjunção que, sob essa forma, não está mais presente no Ocidente. Eu diria que fundamentalistas são as tendências que, dentro do Islã, impõem ou alimentam esse domínio. O que significa subsumir sob o termo, certamente, o governo da Arábia Saudita e das demais monarquias do Golfo e do Irã; movimentos, como o salafismo (ainda que a variante quietista não pretenda intervir na política, mas começam a surgir dúvidas sobre o apoliticismo e mesmo a não violência dos quietistas), os Irmãos Muçulmanos (é verdade que o seu radicalismo varia, de situação a situação) e, sem dúvida, o jihadismo (que é, em parte, salafista) sob a espécie do movimento Al Qaeda, ou na figura do Califado (ou Estado Islâmico, Daesh), também vários partidos etc. O jihadismo vai representar, precisamente, a forma extrema, radical (em termos de violência) do fundamentalismo islâmico[42]. Vê-se por aí que há dois erros a evitar. Um deles, o de supor que o fundamentalismo e o jihadismo não têm nada a ver com o Islã (o que se ouve às vezes da boca de gente bem-intencionada). Fundamentalismo e jihadismo têm a ver com o Islã, evidentemente,

---

42 Para evitar confusões: "fundamentalismo islâmico" = islamismo. Isto é, conota a vertente, ou as vertentes, fundamentalistas do Islã. O que supõe que "islâmico" ≠ "islamista". Evito dizer "fundamentalismo islamista", porque me parece redundante.

310 O CICLO DO TOTALITARISMO

porque nascem nele e, de certo modo, dele. O outro é o erro contrário: o de supor que o fundamentalismo e o jihadismo são o Islã (o que se ouve da boca de gente mal-intencionada ou mal informada). Erro, também. Fundamentalismo e jihadismo representam, de fato – através do tempo e do espaço – *um* Islã e, na realidade, como afirmam os muçulmanos críticos, um Islã doente, ou uma doença do Islã.

Mas a que remete o conteúdo mais preciso desse fundamentalismo[43] e qual a sua significação na história, em particular, na história mundial contemporânea?

Os fundamentalismos, e o jihadismo, em especial, representam movimentos essencialmente *antiluzes*. Dito de forma geral, isso é certamente uma banalidade. Mas deixa de ser, talvez, se tentarmos explorar essa caracterização e compararmos essa vocação antiluzes dos fundamentalismos islâmicos com outras formas e projetos políticos da modernidade contemporânea.

Os fundamentalismos árabes são movimentos antiluzes por excelência (embora eles tenham também, e ao mesmo tempo, um lado moderno importante, de que me ocuparei mais abaixo). Às vezes fala-se do nazismo como o grande inimigo do *Aufklärung*. Na realidade, o nazismo é inimigo de um traço do Iluminismo, ou de uma vertente dele que se impôs no plano jurídico, a igualdade. Mas ele não é caracteristicamente antiluzes, porque é ateu (o *Aufklärung* não foi sempre ateu nem em geral ateu, mas o ateísmo era, de certa forma, a sua "vocação"). Quanto ao capitalismo liberal-democrático, ele é herdeiro das luzes. Porém, representa, de forma bastante nítida, uma

---

43 Aqui é preciso lembrar – limitando-nos às duas outras "religiões do *Livro*", mas poder-se-ia sair desse contexto – que há, também, fundamentalismos cristãos e fundamentalismos judeus. Só que hoje o fundamentalismo cristão tem outro peso e funciona diferentemente, apesar de tudo. Isso, graças precisamente ao destino das nações "cristãs". Como já se indicou, nelas se operou, embora com limites, a separação entre o político (e social-civil) e o religioso. Quanto ao fundamentalismo judeu, ele tem também características especiais, por causa da história muito original da constituição do Estado de Israel, no século xx. Digamos que também lá, e apesar das aparências, houve certo tipo de separação, *sui generis*, que não ocorreu no mundo muçulmano; embora tenha estado presente, e esteja até hoje, algo como uma "pulsão messiânica" (ver, a respeito, Georges Corm, *Le Proche-Orient éclaté...*, v. ii, cap. 22: Le Renouveau du judaisme, particularmente, a p. 917. A expressão, informa o autor, é de Alain Diekhoff). Mas Israel é, no contexto, um problema importante demais, voltarei a ele logo mais adiante.

"JE SUIS CHARLIE": BALANÇO E REFLEXÕES   311

"dialética das luzes". A saber, nele as luzes se realizam, mas ao mesmo tempo se pervertem e se negam. Há no capitalismo liberal-democrático uma dialética da igualdade e da desigualdade sobre o fundo da liberdade (uma liberdade que por causa daquela dialética também está afetada pela não liberdade). O "comunismo", por sua vez, – refiro-me ao chamado "socialismo real", daí as aspas –, tem também as suas raízes nas luzes. E, sob outra forma, também ilustra, e tragicamente – talvez seja o que ilustra melhor –, a "dialética das luzes". Aqui é a liberdade que se transforma no seu contrário – nesse caso, a negação não é uma *Aufhebung* (negação-conservação hegeliana), mas uma negação vulgar – sob a aparência de uma efetivação da igualdade (esta igualdade está afetada de não igualdade, por causa da negação da liberdade). O lado caricaturalmente *aufklärer* do "comunismo" fica patente no seu *cientificismo primário* e no seu *prometeísmo destruidor*.

Sobre a relação entre o fundamentalismo islâmico e esses outros modelos ou projetos, poder-se-ia dizer o seguinte. No que se refere ao comunismo, já vimos, foi a tendência laica e não a religiosa que, por razões compreensíveis, esteve muitas vezes ligado a ele, mas de forma instável e tortuosa. Qualquer que seja a opinião que possamos ter sobre esse evento, a queda do comunismo certamente levou água para o moinho antilaico. Os fundamentalismos islâmicos rejeitam o capitalismo liberal-democrata nas suas duas vertentes: o próprio capitalismo (mas a rejeição do capitalismo enquanto tal é ideológica; na prática, eles como que se "enroscam" no capitalismo) e a liberal-democracia, ou a democracia (aqui a rejeição é globalmente efetiva)[44]. O ataque à democracia, doutrina dos "descrentes" que defende a ideia nefasta de que o poder vem, ou pode vir, do povo, quando, evidentemente, ele vem de Deus, é um *leitmotiv* dos grupos islâmicos. Quanto à sua relação com o capitalismo, à qual ainda voltarei, o paradoxo sintomático, já assinalado é o de que o campeão tradicional do fundamentalismo, o poder

---

44   Entretanto, os xiitas e gente do entorno dos Irmãos Muçulmanos tentam, ao contrário dos sunitas, recuperar a noção de democracia. Ver, a respeito, Gilles Kepel, *Terreur et martyre: Relever le défi de civilisation, Paris: Flammarion,* 2008, p. 175. Esse livro é indispensável pelos materiais originais da ideologia jihadista que ele oferece.

312   O CICLO DO TOTALITARISMO

saudita, templo histórico do salafismo de que o jihadismo é uma das emanações, é um velho aliado da grande potência capitalista: os Estados Unidos. Os comentadores destacam a performance de equilibrista dos norte-americanos no Oriente Médio: sustentáculos de Israel, eles são, ao mesmo tempo, grandes amigos da Arábia Saudita...

No que se refere ao nazifascismo, o Islã político-radical, e também as tendências laicas, manifestaram muita vezes uma atração por ele, pelo menos por alguns dos seus aspectos. Por força do combate contra ingleses e franceses, alguns dos campeões do nacionalismo árabe, como ocorreu também alhures, no Terceiro Mundo, tiveram namoros com as ideias ou as práticas do fascismo. Mas foram os religiosos que caminharam mais longe nessa direção: o grão-mufti de Jerusalém, Al Amin al-Husseini, foi recebido por Hitler, em novembro de 1941. A partir daí, veio a se constituir uma divisão da ss (a 13ª divisão, chamada *Handschar*, cimitarra) formada majoritariamente de soldados muçulmanos da Bósnia (o episódio termina com um levante da tropa, que fazia o seu treinamento na França). Provavelmente, o espírito anti-igualitário e, mais ainda, o ódio aos judeus, que já tinham assentamentos importantes na Palestina, asseguraram a convergência entre os dois movimentos. O jihadismo pode, aliás, ser considerado uma doutrina e um movimento totalitário. Assim, os jihadistas têm uma afinidade maior com o comunismo e com o nazismo do que com o capitalismo liberal-democrático, ou, pelo menos, com a democracia.

Poder-se-ia observar, no plano da atitude geral ou do estilo que o discurso islamista, como muitos observadores têm indicado, revela um fundo de forte *ressentimento*. Isso se deve, sem dúvida, ao fato de que ele tem por trás de si a sombra da grande civilização, que perdeu o seu papel de vanguarda. A propósito do ressentimento, deve-se ressaltar, como já dissemos, o trabalho nefasto dos americanos, ou mais particularmente de Bush filho e dos neoconservadores, que por ocasião da desastrosa guerra contra Saddam – mesmo se este era, de fato, um monstro – fizeram questão de humilhá-lo e, o que é pior, de humilhar também o país. Foi o pior dos cálculos: condenável do ponto de vista ético e politicamente desastroso.

"JE SUIS CHARLIE": BALANÇO E REFLEXÕES 313

No contexto dessas considerações sobre o ressentimento, poderíamos introduzir também a questão de Israel. O problema palestino é evidentemente central no discurso islamista. E é muito por aí, embora não só, que o ressentimento está presente. Há certo paralelismo entre as histórias dos muçulmanos e a história dos judeus, pelo menos até certo momento. Ao projeto de fazer ressurgir a grande civilização, e o grande império muçulmano, corresponde, *mutatis mutandis* – as diferenças são grandes, apesar de tudo –, o projeto sionista de construir um Estado para os judeus. Estes tinham uma civilização, à sua maneira, brilhante, embora territorialmente limitada. Perderam o seu Estado no curso das invasões em torno do início da nossa era e, muito depois, foram vítimas de um genocídio monstruoso. Os radicais islâmicos insistem no argumento que os judeus obtiveram o que queriam – e obtêm sempre o que querem, dizem eles –, enquanto aos árabes não se dá nada. É curioso, aliás, observar o quanto, no discurso da extrema-direita, o árabe substituiu o judeu como objeto de preconceito, o que, evidentemente, não justifica o neoantissemitismo dos radicais islâmicos. O ressentimento – que existia e em parte existe ainda, pelas mesmas razões, também na China – tem uma dupla base amplamente explorada pelo proselitismo islamista: ao macrorressentimento histórico provocado pela perda de hegemonia por parte do Islã se soma o microrressentimento das populações de confissão muçulmana, marginalizadas, empobrecidas e discriminadas pelo racismo. Um ressentimento sobredetermina o outro.

No conteúdo do islamismo radical e mesmo, mas com intensidade menor, nos fundamentalismos mais moderados, aparece, como se sabe, um violento impulso antifeminista que visa ao enquadramento e à subordinação da mulher. No caso limite do chamado Califado (Daesh, ou Estado Islâmico), as mulheres muçulmanas são impedidas de sair de casa sem um tutor masculino que as comande, e, quanto às mulheres estrangeiras, elas são frequentemente violentadas e até vendidas como escravas. A dominação das mulheres, a discriminação e as medidas coercitivas que lhes são impostas, além de eventuais causas históricas mais específicas que desconheço, devem se relacionar, *via* o caráter antiluzes do islamismo, com o teor arcaico do religioso, em geral, ou de certo religioso, pelo menos.

A afirmação pode parecer uma tautologia, mas, desenvolvido o argumento, talvez não seja tanto assim. O que poderíamos chamar de "revolução feminista" é a mais recente de todas as revoluções (considerando só as verdadeiras). Os islamistas, adversários dos princípios da Revolução Francesa, revolução que ficou aquém da luta pela libertação da mulher, devem ser *a fortiori* adversários dessa segunda campanha de emancipação, que sucede ao que se passou em 1789. Mas o argumento é insuficiente.

Se tomarmos como referência as religiões do *Livro*: judaísmo (*Bíblia*), cristianismo (*Bíblia*), Islã (*Corão*) (e, em particular, as duas antigas religiões do *Livro*) – que me perdoem os especialistas se invado territórios desconhecidos ou se sou imprudente nas formulações –, a religião, ou aquelas religiões do *Livro* pelo menos, aparece com a seguinte figura. Elas vêm associadas a um *poder*. Poder de ordem cultural que impõem regras, ritos e crenças. Sobre o conteúdo dessas determinações, pode-se dizer que, por um lado, esse poder impõe regras morais (do tipo, não matar ou respeitar os pais), por outro, regras específicas que tomam um caráter claramente repressivo e dogmático. No que se refere a esse segundo grupo de regras, há dois elementos que se destacam: um ideal de pureza, que ordena o mundo conforme o puro e o impuro; e um interesse pela morte, com a crença na imortalidade da alma, mesmo se às vezes o tema dominante é antes o do prolongamento da vida humana. Há um terceiro elemento muito presente, que é a mulher. Onde situá-la nesse esquema? A mulher aparece, certamente, como objeto de dominação. O poder que encarnam essas religiões é de estilo claramente masculino. Mas a mulher vem ligada também a, pelo menos, um dos elementos privilegiados no plano dos ritos, proibições e crenças, que mencionei. Ela está muito presente, na medida em que pode ser portadora do "impuro", sem que ela seja em si mesma considerada um objeto impuro. Isso se deve a quê? Ao parto? Ao velho tema do sangue menstrual? Ou tudo isso é secundário diante do fato de que a religião (no caso das religiões do *Livro*) está associada a um poder, e poder marcadamente masculino? De qualquer *modo, creio que poderíamos falar de três elementos, presentes nas religiões do Livro* (em particular, nas antigas) e exacerbados nas suas vertentes

"JE SUIS CHARLIE": BALANÇO E REFLEXÕES   315

fundamentalistas: a distinção entre o puro e o impuro[45], o tema da morte e da imortalidade[46], e o da mulher[47]. Eu diria que o que caracteriza o *status* arcaico é que, como o poder político não se separa do poder religioso (de certo tipo de poder religioso), ele é como que contaminado pelas determinações físico-sociais, do tipo das do puro e do impuro imediatos, pelas quais esse poder religioso está, ele mesmo, contaminado. O poder religioso, e com ele o poder político, como que se banha nessas

45   Cf., no judaísmo, certos tabus alimentares (camarão, porque armazena as próprias dejeções) ou certas práticas pré-funerárias (lavagem do corpo, com retirada das matérias fecais). Ou, ainda, a proibição de comer o nervo ciático, à qual se refere Weber, em *O Judaísmo Antigo* (ver Max Weber, *Gesammelte Ausâtze zur Religionssoziologie*, III. *Das Antike Judentum*, Tübingen: Mohr, 1983[1920], p. 367; *Le Judaisme Antique*, trad. francesa de Freddy Raphael, Paris: Plon, 1998. No *Corão*, além da proibição das "carnes mortas", da carne do "animal asfixiado" etc. (ver *Corão*, v. 3, v. 6, p. 122, *Le Coran, essai de traduction* por Jacques Berque, Paris: Albin Michel, ed. revista e corrigida, Poche, 2002, p. 121), que também se encontra no judaísmo (cf. M. Weber, op. cit. p. 368, trad. francesa, op. cit., p. 440: "todo animal não corretamente abatido é considerado carniça"), pode-se ler o seguinte: "se você se puser no dever de rezar, então, lave o rosto e as mãos até o pescoço, passe a mão na cabeça e nos pés até o tornozelo. Se você estiver em estado de impureza, então, purifique-se. Se você estiver doente, ou em viagem, ou estiver saindo da defecação, ou tiver tocado em mulher e não encontrar água, utilize como substituto [um pouco de] terra sã sobre o seu rosto e as suas mãos" (*Corão*, v, 6, p. 122). Cf. para um texto análogo: *Corão*, IV, 43; *Le Coran*, p. 102). Aparentemente, o cristianismo sublima essa oposição: "Então os 'separados' [os fariseus] vieram, um dia, de Jerusalém e perguntaram a Jesus: 'Por que motivo os teus discípulos se permitem não respeitar a tradição dos antigos? Veja: eles levam o pão à sua boca sem ter lavado as mãos.' Jesus lhes respondeu: 'O ser humano não se suja através daquilo que entra na sua boca, mas através do que sai'" (*Mateus*, 15,1-11, *La Bible*, Montreal: Mayard, 2005, p. 2004) (uma passagem do livro de M. Weber, op. cit., p. 42, trad. francesa, op. cit., p. 508, confirma essa leitura).
46   "Eis o que ele mesmo nos prometeu: a vida sem fim" (*João* 2,25, *La Bible*, p. 2381). No chamado *Antigo Testamento*, é frequente o tema do prolongamento da vida humana terrestre como dádiva divina (por exemplo, o final do livro de *Jó*, idem, p. 1359).
47   Sobre a impureza da mulher menstruada, ver o *Corão*, XI, p. 222, *Le Coran*, p. 56-57. A passagem termina pela frase: "[Deus] ama os que têm escrúpulos de pureza". Sobre o tema da impureza da mulher menstruada, na *Bíblia*, ver *Levítico*, 15,19s. (*La Bible*, p. 218; *La Bible*, traduction œcuménique, Paris: LGF, 2011, I, p. 173). Interessante é que, no *Levítico*, a passagem sobre a impureza das mulheres menstruadas vem precedida de outra, que trata da impureza dos homens que tiveram uma "poluição" (ver *Levítico* 15,1) – a expressão, por si só, é interessante –, mas se trata, segundo uma nota dos editores, só da poluição de homens com infecções. Se assim é, uma situação patológica no homem é posta no mesmo nível de uma ocorrência normal na mulher.

      Sobre a impureza da mulher depois do parto, que é posto em paralelo com a menstruação, ver *Levítico*, 12,1s. (ed. Mayard, p. 207; ed. ecumênica, I, p. 166).

determinações. As luzes (mas já, em parte, o cristianismo, no interior da esfera do religioso) virão pôr um fim, pelo menos relativo, nessa contaminação[48]. Na variante fanática que examinamos, tem-se a patologia disso tudo – o amor da morte[49], a obsessão da pureza[50] e o controle (a dominação e, nos casos extremos, a escravização pura e simples) da mulher. Motivos maiores do fundamentalismo.

Poder-se-ia perguntar (retomando em forma um pouco diferente uma questão discutida antes) em que medida a inseparabilidade do religioso e do político, isto é, a recusa da cidade laica, que virá a ser a cidade democrática, não é produto de uma religião particular, o Islã. Por outras palavras – pergunta clássica e recorrente que ouso formular apesar dos limites evidentes dessas considerações –, o atraso desta religião vem de particularidades do Islã ou se deve a outras razões? Acho que aqui – o que nem sempre se faz – seria preciso distinguir duas perguntas: a que indaga se o caráter particular do Islã teve algum papel sobre o aparente bloqueio e, em certo sentido, regressão que se revela em sua história; e a que indaga sobre a necessidade disso, ou seja, se é inevitável que esse bloqueio e essa regressão aconteçam (aqui se retoma a pergunta levantada algumas linhas, acima). Minha impressão, a partir do que pude ler nos especialistas, é a de que a resposta à primeira questão é "sim", e à segunda é "não". O caráter bastante "político" da religião muçulmana deve ter dificultado a separação. Ao mesmo tempo,

---

48 Para a presença desse banho arcaico no jihadismo contemporâneo, valeria lembrar uma observação de Abdelwahab Meddeb a propósito da congruência provável entre a morte – sangrenta, se operada segundo as regras rituais – do animal cuja carne será ingerida, e a degola, também sangrenta, dos prisioneiros, sob o Daesh ou na Arábia Saudita (ver Abdelwahab Meddeb, *La Maladie de L'Islam*, p. 184). Em contraposição a essa última prática, na modernidade contemporânea ocidental o condenado à morte tem, pelo contrário, o direito à execução racional – herdeira da guilhotina – por injeção ou pelotão de fuzilamento. Enquanto esperamos a abolição final da pena de morte, diga-se de passagem, há que reconhecer nessa mudança um provável, ainda que ambíguo, progresso.

49 Sobre a obsessão da morte, ver, supra, p. 193.

50 Antes do atentado de 11 de setembro, os terroristas efetuaram um "trabalho do corpo", com depilação radical e outros procedimentos. A indignação de Osama Bin Laden, já mencionada, diante das mulheres militares norte-americanas que pisavam o solo sagrado da Península Arábica, reúne os temas da pureza e o da mulher.

"JE SUIS CHARLIE": BALANÇO E REFLEXÕES 317

é improvável que isso deva ser sempre assim. Por quê? Por que há muitas tradições laicas dentro da história cultural dos países muçulmanos: literatura, filosofia, também forças políticas laicas (melhores ou piores), e tudo isso existe também hoje. Há até forças democráticas que se manifestaram há pouco tempo, embora no momento presente estejam, em geral, na defensiva. Por outro lado, o lado fanático da religião se encontra também alhures, pelo menos nas outras religiões do Livro. É evidente que há fanatismo e intolerância na *Bíblia*. Certamente, no chamado *Antigo Testamento*. Mas não seria difícil dar exemplos disso também nos Evangelhos (e, entre esses exemplos, aduzir alguns que contradizem literalmente a outra vertente, a da tolerância, também presente)[51].

Na realidade, creio que poderíamos lembrar aqui da teoria do filósofo Ludwig Feuerbach sobre a religião (mesmo se ele escreve principalmente sobre o cristianismo). O discurso de Feuerbach sobre a religião, que talvez, contra as aparências, seja mais fecundo do que o de Marx, insiste precisamente sobre os dois lados contraditórios das religiões. Primeiro, o do amor e da concórdia; é o lado (eu observo) que deveria facilitar o estabelecimento de um Estado de direito e, eventualmente, a democracia. Segundo, o da fé; é a vertente do fanatismo. Os dois aspectos coexistem e são contraditórios[52]. Essa circunstância deve explicar

---

51 Para mostrar a coexistência contraditória das duas vertentes, proponho comparar *Mateus*, 12, 30 ou *Lucas*, 11, 23, onde se lê: "Quem não está comigo, está contra mim. Quem não acumula [ou reúne] comigo, dilapida" (*La Bible*, p. 1998 e 2088), com *Marcos* 9, 40, onde se encontra o seguinte: "Quem não está contra nós, está conosco" (idem, p. 2048). A primeira afirmação fixa um princípio máximo para a adesão e remete a uma atitude de intransigência fanática. A segunda estabelece um princípio mínimo para a adesão, com o que assina uma atitude de tolerância e de convivialidade. As duas passagens se contradizem. Aquele que "não está contra nós" (em *Marcos* 9, 40), na realidade, faz parte do grupo (referido em *Mateus* 12,30 e *Lucas* 11,23) "que não está comigo". Porque se estivesse, Marcos não diria apenas que ele "não está contra nós". Ora, deste sujeito Marcos diz, na continuação, que "ele está conosco [ou comigo]", enquanto para Mateus e Lucas "ele está contra mim".

52 "Os sacramentos não são nada sem a fé e o amor. A contradição nos sacramentos nos remete, pois, à contradição entre a fé e o amor [...] o amor é o que manifesta a essência oculta da religião, a fé constitui a sua forma consciente. O amor identifica o homem com Deus, Deus com o homem, portanto o homem com o homem; a fé separa o homem de Deus, portanto o homem do homem" (Ludwig Feuerbach, *Das Wesen des Christentums*, Stuttgart: Reclam, 1974[1969], p. 369; *L'Essence du Christianisme*, trad. francesa de Jean-Pierre Osier, com a colaboração de Jean-Pierre Grossein, Paris: Maspero, 1968, p. 401, ▶

318 O CICLO DO TOTALITARISMO

por que razão obtêm-se frequentemente respostas contraditórias quando se pergunta sobre a essência de uma religião, em particular a do Islã. De fato, a indagação recorrente em nossos dias, por motivos óbvios, a de se o *Corão* prega a paz e a tolerância ou se é, pelo contrário, uma religião de violência, merece respostas muitas vezes contraditórias, que ora vão em direção de um, ora em direção de outro dos ramos da alternativa. Parece que há pelo menos algumas palavras de paz bastante incisivas no *Corão* (em primeiro lugar, as que banem a coerção em matéria de religião)[53]. Mas há também fanatismo, e não pouco. Que peso tem uma ou outra vertente não posso dizer, mas, pelas citações dos especialistas, estão presentes os dois extremos. Isso vai em direção da teoria de Feuerbach e se aplica também ao cristianismo, que é, de resto, o objeto principal de Feuerbach.

Antes de passar ao último tópico, queria fazer ainda duas observações, uma sobre o conteúdo do fundamentalismo islâmico e outra sobre o fenômeno da "volta" do religioso. A primeira é muito importante, e já poderia ter sido desenvolvida antes. A saber: o fundamentalismo islâmico não é, evidentemente, puro arcaísmo, simples retomada do passado. Ele tem um lado moderno. É arcaísmo que incorpora um extrato moderno. E o que é moderno nele? Dois elementos. Seus compromissos

> ▷ grifos de Feuerbach). Há, nos *Estudos Sobre a Sociologia da Religião*, de M. Weber, (op. cit., p. 102, trad. francesa, op. cit., p. 127; e op. cit., p. 60-61, trad. francesa, op. cit., p. 78-79) uma oposição recorrente entre um lado pacífico e um lado violento, no judaísmo, sem que, entretanto, o grande sociólogo alemão suponha que eles sejam contraditórios.

53 "Nada de coerção em matéria de religião: a retidão é agora bem distinta da insanidade" (*Corão*, 2, p. 256; *Le Coran*, p. 63). Entretando, o valor desse versículo é objeto de controvérsia. Esta aflorou por ocasião da querela, desencadeada em 2006, por uma intervenção do papa Bento XVI (Ratzinger) a propósito das virtudes respectivas do Islã e do cristianismo. Os jihadistas, mas parece que também o "centro", consideraram o versículo um texto de juventude, que foi superado por versículos posteriores, pregando a guerra contra os infiéis. Não sei se essa posição extrema se fez presente no curso da controvérsia de 2006, provavelmente não, por razões óbvias (alguma coisa dessa opinião foi imputada ao papa). Porém, uma tendência oposta, que transparece numa resposta ao papa assinada por 38 teólogos muçulmanos moderados, difundida no dia 15 de outubro de 2006, contesta essa interpretação e aduz outros textos que confirmariam o versículo da tolerância. Os 38 teólogos observam, ao mesmo tempo, que também nos Evangelhos há passagens que induzem à violência, como *Mateus*, 19, 34 ("Não pensem que vim introduzir a paz na terra, não vim introduzir a paz, mas a espada."), e no plano prático, lembram as Cruzadas e a colonização. Ver, a respeito dessa interessante discussão, Gilles Kepel, *Terreur et martyre...*, p. 260s.

com o capitalismo mundial e sua implicação com a técnica. Invertendo o caminho clássico, as petromonarquias do globo investem capitais nos países capitalistas avançados. Hoje elas dispõem de uma porcentagem não desprezível nas ações das grandes firmas internacionais[54]. Quanto à imbricação com a técnica moderna, ela aparece principalmente sob duas formas, a do *armamento moderno,* e a da *comunicação moderna,* a mídia. Enquanto investidores capitalistas, e como utilizadores privilegiados do armamento moderno e dos recursos técnicos da mídia, os fundamentalistas islâmicos são modernos. Mas nem um, nem outro fator elimina o seu fundo arcaico. O fundamentalismo é arcaico-moderno. Porém se pode dizer, a despeito de tudo – esta é pelo menos a minha tese –, que a primeira determinação é a dominante e a que define a sua essência.

A outra observação diz respeito às condições de emergência contemporânea do religioso. É curioso como este foi subestimado. Israel jogou com os movimentos fundamentalistas árabes contra Arafat; e o próprio Arafat parece tê-los subestimado (como também os laicos judeus em relação aos seus fundamentalistas, como observou Daniel Golovaty Cursino)[55]. Os norte-americanos se lançaram a fundo no armamento da guerrilha jihadista no Afaganistão, visando tirar proveito disso para a Guerra Fria, sem pensar em suas consequências. Provavelmente, em todos esses casos, dominava a ideia de que um bando de fanáticos religiosos não poderia ter um papel de relevo (para o pior) no mundo moderno. No que todos se enganaram; e por trás do engano deve estar uma ideia linear do progresso. Eles não viram esse salto para trás, espécie de "revolução permanente" às avessas, que é o jihadismo. Aliás, o fenômeno também é dificilmente pensável a partir de Marx. Claro que ele conhecia o poder religioso e as civilizações pré-modernas, assim com os seus remanescentes na modernidade. Mas o peso atual desse arcaísmo se acomoda mal com a teoria ou o esquema marxiano da história.

---

54 Para que se tenha ideia do que isso significa, eis aqui alguns dados sobre a participação do Qatar no capital de grandes firmas da França: 12,8% de Lagardère, 5,3 de Vinci, 8% de Airbus Group, 5% de Veolia, 5% de Total, 1% de LVMH, 100% de Bein Sport e 100% do clube Paris-Saint Germain (dados do *Libération,* 4 jun. 2015).

55 Em conversa com o autor.

320   O CICLO DO TOTALITARISMO

Essas considerações sobre a religião reforçam, sem dúvida, a dupla exigência das luzes: a da liberdade religiosa, por um lado, e a da não obrigatoriedade em reconhecer o sagrado como sagrado, por outro, isto é, a não obrigatoriedade em respeitá-lo como sagrado no plano simbólico (a saber, no plano da representação). Na história do pensamento e da ação das esquerdas e, em particular, do marxismo, essa dupla exigência não foi obedecida, longe daí. Vou contrapor dois exemplos que representam bem, a meu ver, respectivamente, uma atitude errada – ela não é a única atitude errada, pois não considero aqui o seu oposto imediato, também falso – e uma atitude, em linhas gerais, correta que se pode ter em relação à religião. Os dois exemplos são de tipos diferentes, porque vou pôr em paralelo, de um lado, certa política e, de outro, um texto. Vou representar aquela política também por um texto, mas subsiste de qualquer forma a diferença, porque a primeira posição foi posta em prática e em grande escala – tanto para o melhor como para o pior; digamos, sem rodeios, para o pior – o que não foi o caso da segunda. A atitude errada está na política bolchevique dos anos de 1920. Política antirreligiosa brutal, pregada e efetivada por Lênin, no estilo do pior fanatismo pseudoiluminista. Consultem-se, a respeito, as histórias do poder bolchevista nos seus primeiros anos ou algumas delas[56]. Esse tipo de política, que implicou violências de toda

56   A obra que mais desenvolve o tema (começando por observar o quanto ele foi ocultado) é o livro de Richard Pipes, *Russia under the bolshevik Regime, 1919-1924*, London: The Harvill, 1997[1994], principalmente o capítulo 7, The Assault on Religion, p. 337s. (o livro é o terceiro volume de uma trilogia, cujos dois primeiros são *Russia Under the Old Regime* e *The Russian Revolution*). Quem objetar, fazendo valer o fato de que as posições políticas de Pipes são de direita (o que é verdade, mas o historiador não mente), pode confrontar o que ele diz com o que escreve Orlando Figes, historiador de esquerda, crítico, no seu *A People's Tragedy, the Russian Revolution 1891-1924*, p. 745-751; *A Tragédia de um Povo, a Revolução Russa, 1891-1924*, p. 915-922. Não resisto à tentação de citar um texto de Lênin que Figes reproduz à p. 749 (eu retraduzo, porque a versão brasileira dessa passagem, na edição da Record [p. 920], é imperfeita; grifos nossos): "Cheguei à conclusão inequívoca de que devemos travar a mais decisiva e impiedosa guerra contra o clero arquirreacionário [O texto diz "the Black Hundred clergy", literalmente "o clero pró-Cem Negros". "Cem Negros" ou "Centúrias Negras" era um movimento de extrema-direita, mas a expressão em Lênin tem, normalmente, uma significação mais geral], acabando com toda a resistência *e usando de toda crueldade*, de forma que eles não esqueçam desta por décadas. *E quanto mais membros da burguesia reacionária e do clero arquirreacionário conseguirmos fuzilar, melhor será.*"

"JE SUIS CHARLIE": BALANÇO E REFLEXÕES

ordem não só contra os objetos religiosos como também contra pessoas, teve, para além dos crimes, o resultado mais desastroso e mais oposto àquele com que contavam os seus promotores. A religião não só não morreu: acabou se fortalecendo e, em geral, em conexão com forças políticas conservadoras e reacionárias. A essa atitude, poderíamos opor a atitude de Engels, ou antes, mais modestamente, o que diz Engels em um texto, numa passagem da *Crítica do Programa de Erfurt*. Depois de reafirmar a necessidade da "plena separação da Igreja para com o Estado" e a exigência de que as comunidades religiosas percam toda subvenção pública e toda "influência sobre as escolas públicas", Engels precisa: "Entretanto, não se lhes pode proibir fundar *suas* escolas com *seus* fundos e lá ensinar as *suas* besteiras. (*Blödsinn*)."[57] Embora breve, a referência me parece digna de registro. Engels faz questão de deixar claro que, se rejeita toda inversão de dinheiro público em escolas confessionais, e se quer subtrair a escola pública a toda influência das comunidades religiosas, ele se inscreve explicitamente contra toda repressão antirreligiosa, as comunidades podem fundar, à sua custa, suas escolas. Entretanto, não deixa de expressar, ironicamente, o que pensa sobre o conteúdo do ensino religioso. Engels afirma, assim, em forma simples e ingenuamente irônica, talvez, mas eficaz, o duplo princípio do *Aufklärung* de que somos herdeiros: liberdade para todas as religiões e recusa em reconhecer o sagrado como sagrado (recusa que inclui o direito de crítica irônica do discurso e das representações religiosas). Ah, se Lênin tivesse a metade do bom senso crítico e político do velho Engels! Ter-se-ia poupado o mundo e a tradição socialista de algumas catástrofes e de alguns horrores. Apesar de ter uns 125 anos, o texto de Engels em sua simplicidade serve bem, hoje, pelo menos para definir uma posição nem fanática, nem falsamente respeitosa em relação às religiões.

---

57 Marx-Engels, *Werke*, v. 22; Engels, *Zur Kritik des sozialdemokratischen Programmentwurfs 1891*, p. 237.

7. DEPOIS DO MASSACRE

O morticínio na sede do *Charlie Hebdo* mais os assassinatos que tiveram lugar nos dias seguintes – não esqueçamos a morte da policial do Caribe e do grande show sangrento antissemita que deu o terceiro terrorista, no hipermercado *kasher* de Vincennes – tiveram uma imensa repercussão. Uma grande manifestação foi marcada para o domingo subsequente, reunindo, em Paris, um milhão e meio de pessoas (no conjunto das manifestações em toda a França, nos dias 10 e 11, foram para a rua em torno de três milhões e meio de pessoas). A ela estiveram presentes vários chefes de Estado ou de governo, inclusive governantes que não primam pelo respeito pelas minorias ou pela salvaguarda dos direitos fundamentais (o húngaro Viktor Orbán, dirigente de um partido de extrema-direita, que já liquidou boa parte da democracia em seu país; o soberano da Arábia Saudita, onde os trabalhadores imigrantes são tratados como escravos e as mulheres não podem guiar automóveis; e muitas outras figuras "controversas"). Netanyahu, campeão das colonizações de terras palestinas por Israel, fez questão de fazer a viagem, o que levou François Hollande a convidar também o chefe do governo palestino, Mahmoud Abbas, para tentar restabelecer o equilíbrio. Recuperação do movimento? Sem dúvida, mas ela era mais ou menos inevitável e, de qualquer modo, não neutralizou de modo substancial a força da manifestação. Poder-se-ia mesmo dizer, com algum otimismo, sem dúvida, que, de algum modo, nós, os manifestantes, manipulamos de nossa parte aqueles personagens, ou que as circunstâncias os obrigaram a essa espécie de concessão (de fato, quem poderia imaginar que Benjamin Netanyahu, Viktor Orbán, Sergei Lavrov [Rússia], o representante dos Emirados, Ali Bongo [Gabão], o primeiro-ministro turco Ahmet Davutoğlu etc. se manifestariam [também] em favor do *Charlie Hebdo*?). Certa extrema-esquerda não gostou da jornada. Um filósofo do entorno, figurão famoso, mas consideravelmente vazio, sentiu-se incomodado com as bandeiras francesas que muitos manifestantes empunhavam na grande marcha. Ele queria a bandeira vermelha e não a bandeira tricolor. Outro da mesma família, a quem, aliás, me referi no início, concluiu da manifestação – ou talvez do conjunto do episódio,

"JE SUIS CHARLIE": BALANÇO E REFLEXÕES

não lembro bem – que ela indicava o fracasso do liberalismo. Se esse termo fosse especificado em "neoliberalismo" a afirmativa poderia, talvez, ser de alguma utilidade. Mas, como no caso do seu compadre, parece ter havido aí uma espécie de incômodo com o fato de que se tratava de uma grande mobilização democrática. Um historiador, Michel Winock, disse mesmo que era a primeira "jornada do internacionalismo democrático" da história[58]. Na realidade, foi esse o caráter da grande manifestação do domingo, 11 de janeiro de 2015. E, a despeito do mau humor dos inimigos da democracia, tanto melhor que tenha sido assim. Como ocorreu no começo da chamada "primavera árabe", o *gauchisme* alérgico à democracia ficou irrequieto, não sabendo bem o que dizer. Pois a democracia mobiliza multidões, na França e fora dela, e isso é indispensável, embora, claro, não seja suficiente. É importante que haja demonstrações democráticas, porque elas valem não só contra o islamismo, mas também contra todos os totalitarismos. É nesse sentido que elas são importantes e é por isso mesmo que alguns não podem tolerá-las. A manifestação de 11 de janeiro teve, por outro lado, o grande papel de desmentir a ideia de que, na França, ninguém se interessa por nada, fora os problemas pessoais imediatos, isto é, de que haveria uma espécie de torpor na opinião pública, principalmente a de esquerda. O 11 de janeiro mostrou que não é bem assim. O "povo" pôs para fora as convicções que devem representar o substrato primeiro – histórico e também lógico – das lutas sociais do nosso tempo. É em todo caso auspicioso e nada negativo que o "povo" – a propósito, contra o que afirma certa literatura fantasmagórica, pesquisas recentes confirmam que a maioria dos manifestantes era de esquerda ou de centro – empunhe a bandeira tricolor, privatizada nos últimos tempos pela direita. Ele exprime com isso uma vontade de universalização. Que esta universalização seja "apenas" democrática não é grave.

Vou omitir aqui, concluindo, as considerações mais longas que pensava tecer sobre o que – penso eu – seria possível por em prática, no plano nacional francês, em termos de um projeto de luta contra o jihadismo; algo que assegurasse, ao mesmo tempo,

---

58 Disponível em <resistanceinventerre.wordpress>, "11 janvier 2015, un jour qui fait la France".

os direitos e o bem-estar das populações de origem muçulmana. Insistirei apenas sobre um grupo de fenômenos que mostram os perigos da situação atual. Até aqui, em eleições presidenciais francesas, o eleitorado muçulmano votou esmagadoramente na esquerda; apesar disso, vai ficando claro que há um risco de convergência entre, de um lado, os fundamentalismos e o dogmatismo religioso (em meio islâmico) e, do outro, a política da direita e também da extrema-direita. A esse respeito, há mais de um fenômeno a assinalar. Primeiramente, a direita clássica tenta arregimentar a população de confissão muçulmana[59] pelo sacrifício da laicidade do Estado. Assim, um deputado da UMP (principal partido da direita francesa), [hoje *Les Républicains*] eleito por uma circunscrição da região parisiense, apresentou, em 2006, um projeto de lei punindo a blasfêmia, projeto que, felizmente, não foi aprovado. Em segundo lugar, certos movimentos radicais de direita tentam atrair os, até aqui, tão detestados "invasores" para um cerrar fileiras em nome da luta pela defesa da religião e da moralidade. Assim, o movimento contra a legalização do casamento entre pessoas do mesmo sexo e contra o ensino, na escola, de uma pretensa "teoria do gênero" (?), movimento que levou à rua centenas de milhares de ativistas, conseguiu mobilizar para a sua causa várias famílias de confissão muçulmana. Mais grave do que isso, embora mais limitado em termos quantitativos: esboça-se uma aliança entre certos personagens dos meios salafista[60] e a extrema-direita neofascista e antissemita do humorista Dieudonné e do ideólogo Alain Soral[61].

No plano internacional, abreviando também, algumas pistas. Uma diminuição do interesse norte-americano pelo petróleo da península arábica – talvez como fruto do desenvolvimento de

---

59 Não se trata aqui de idealizar a esquerda. Nas províncias e, particularmente, em regiões de grande população de origem extraeuropeia, a esquerda do tipo PS é frequentemente corrupta e comprometida com a pior política clientelista. Destaco como perigo uma direita agressiva que explora, sem vergonha, uma suposta identidade de interesses com o mundo imigrante.

60 O salafismo está em ofensiva nos meios da imigração e vai tomando as posições ocupadas anteriormente por ativistas próximos dos Irmãos Muçulmanos, como o famoso predicador Tariq Ramadan.

61 Cf. Gilles Kepel, *Passion Française, les voix des cités*, Paris: Gallimard, 2014, principalmente p. 81s.

"JE SUIS CHARLIE": BALANÇO E REFLEXÕES   325

energias renováveis[62] – poderia desfazer ou pelo menos afrouxar o nó funesto que une os EUA às reacionaríssimas monarquias da Península Arábica, nó que tem muito a ver com o imbróglio do Oriente Médio. [Desde que esse texto foi escrito, a situação se complicou por causa do peso crescente que tomou a aliança Assad/Putin. O problema do terrorismo jihadista continua muito presente, é claro. Só que, no horror, ele faz par com a presença não muito menos sinistra do governo genocida de Assad. (Nota de 2017)].

Outra pista maior é, evidentemente, Israel. Uma solução suficientemente satisfatória do problema palestino, a qual dependeria, é claro, de uma mudança na atual política do governo israelense – esta tende a se esgotar em médio prazo –, alteraria consideravelmente a situação. Edgar Morin considera que será preciso refazer o mapa do Oriente Médio, porque as antigas fronteiras já não significam grande coisa. De fato, o Iraque está dividido. A independência dos curdos é desejável e provavelmente inevitável. Há, entretanto, uma dificuldade: os curdos estão, eles mesmos, divididos entre uma ala de cunho pró-totalitário, dominante na Turquia e na Síria, e uma ala mais democrática, hegemônica no Iraque.

Finalmente, não se pode esquecer o movimento democrático. Quando houve a chamada primavera árabe, em meio à euforia que provocaram os acontecimentos, exagerou-se a importância e as possibilidades dela. Em seguida, quando os islamistas levantaram a cabeça ou equipes mais ou menos ligadas às antigas ditaduras se reinstalaram no poder (as duas coisas aconteceram), o pêndulo se moveu em sentido contrário: tendeu-se a esquecer as forças democráticas, ou a supor que elas havia sido totalmente liquidadas. Mas, embora na defensiva, é evidente que o movimento democrático não morreu. E, pelo menos em um país, a Tunísia, ele se apresenta como uma força efetiva[63].

---

62   Gilles Kepel faz fé numa substituição do petróleo pela energia atômica, o que me parece insustentável. É verdade que o grande orientalista escrevia antes de Fukushima (ver Gilles Kepel, *Terreur et martyre...*, p. 300-302).

63   Sobre a situação mais recente e o papel do exemplo tunisino pode-se ler ainda um texto de Gilles Kepel, sua entrevista (cujo conteúdo vai além do que sugere o título) L'Iran pourrait redevenir le gendarme du Moyen-Orient, publicada por *Le Monde*, 2 set. 2014, e reproduzido em *Bilan du Monde, géopolitique, environnement, économie*, p. 204s. [Gilles Kepel publicou um novo livro no ▶

Os jornalistas do *Charlie Hebdo*, que não incorreram em nenhum crime de blasfêmia – uma invenção supersticiosa –, tornaram-se, na realidade, verdadeiros heróis das luzes. É preciso saudá-los e homenagear a sua memória. Como vimos, não faltaram nem faltam os detratores. Em compensação, eles foram entendidos e muito bem acolhidos por espíritos antidogmáticos e democráticos dentro da *mouvance* muçulmana. É que, desenhando o Profeta, eles não só praticaram uma ironia legítima como, pelo menos nas principais das famosas caricaturas – creio que em todas as de capa –, ofereceram da personagem um retrato "liberal" (no sentido das luzes), e um retrato que aparece como favorável ao retratado, pelo menos aos olhos de um leitor não preconceituoso. É, por exemplo, o caso da *charge* em que Maomé é representado proferindo a frase "como é penoso ser amado por idiotas" (*c'est dur d'être aimé par des cons*), ou aquela em que ele declara que "perdoa a todos". Na primeira, particularmente expressiva, o Profeta condena os dogmáticos e os denuncia. Pois um intelectual "muçulmano" de espírito livre, Abderwahab Meddeb, formado pelas duas tradições e professor de literatura comparada, escreveu, num livro de 2008, um texto que, curiosamente, até onde sei ninguém se lembrou de citar. O autor, que morreu em 2014, e, portanto, se foi, antes do grande massacre, posiciona-se premonitoriamente, se ouso dizer, em favor da revista e, em particular, em favor daquela charge; o que ele faz – e isso é notável – não só com espírito de tolerância, mas num gesto que trai, para além desta, uma real empatia com a caricatura e com seu autor. O texto merece ser citado extensamente. E se nele se exprime certa alegria é também com alegria que eu o insiro na conclusão deste longo capítulo:

E eu me enchi de alegria [*j'ai jubilé*] lendo o número do *Charlie Hebdo*[64] que *diz à sua maneira e pela força do desenho o que eu tento pensar em conceito*. Aquela edição foi composta para denunciar as superstições e os fanatismos de todas as crenças e não ter de cair em cima só do Islã, não renunciando à conquista ocidental da liberdade de dizer e de julgar:

> ⊳ final de 2015, incorporando os acontecimentos de novembro: *Terreur dans l'hexagone*, Paris: Gallimard, 2015.]

64 Trata-se do n. 712, hors série, de 8 fev. 2006, Mahomet débordé par les intégristes, como indica a nota de rodapé.

"JE SUIS CHARLIE": BALANÇO E REFLEXÕES   327

aqui não existe zona tabu e nós não temos de proibir a crítica da religião e a derrisão para com os fanatismos e as superstições. *A capa da revista satírica correspondia exatamente ao meu pensamento*, o qual eu já havia exprimido publicamente: um desenho com traços grossos mostrava o Profeta, com uma "balão"[65] com estas palavras: "Que infelicidade ser amado por idiotas". Essas multidões em fúria que protestam com fogo e sangue contra subprodutos da caricatura[66] são, com efeito, assimiláveis a gente de bestice crassa; *e eu adiro a esse desenho*, pois desejo ver o Islã se separar daqueles que fazem dele uma entidade boba [*bête*] e detestável, para que ele seja o que também pode ser: uma configuração inteligente e amável.[67]

65 Espaço fechado e curvilíneo onde se põem as falas nas histórias em quadrinhos.
66 Provável referência a algumas das caricaturas dinamarquesas, que o autor, como desenhista que também é, aprecia pouco, do ponto de vista artístico.
67 Abdelwahab Meddeb, *Sortir de la malédicion, l'Islam entre civilisation et barbarie,* Paris: Seuil, 2008, p. 137 (grifos nossos).

Fontes

O CICLO do Totalitarismo e os Impasses da Esquerda Mundial. *Fevereiro* (revista eletrônica), n. 7, jul. 2014; n. 8, jul. 2015.

SOBRE AS Origens do Totalitarismo Igualitarista. Redigido a partir de uma intervenção no Seminário Internacional Revolução Russa, 90 anos. São Paulo, USP, Unifesp e do Centro de Estudos de Cultura Contemporânea – Cede, novembro de 2007. Publicado sob o título, Em Torno da Pré-História Intelectual do Totalitarismo Igualitarista. *Lua Nova*. São Paulo, n. 75, 2008.

COMUNISMO E Nazismo. Inédito, 2009.

EM TORNO da Insurreição de Outubro de 1917 e dos Seis Primeiros Meses do Poder Bolchevista. *Fevereiro*, n. 2, dez 2010; n. 3, jul. 2011.

REVOLUÇÕES RUSSAS: Questões Políticas em Torno da História e da Historiografia dessas Revoluções. Inédito, 2008-2009.

SOBRE A Revolução Chinesa: A Chamada "Revolução Chinesa" Foi uma Revolução Camponesa? A Revolução Chinesa e a Classe Média Intelectual. Inédito, 2009.

JE SUIS Charlie: Balanço e Reflexões. *Fevereiro*, n. 8, jul. 2015.

COLEÇÃO ESTUDOS
últimos lançamentos

323. *Teorias da Recepção*, Claudio Cajaiba
324. *Revolução Holandesa, A Origens e Projeção Oceânica*, Roberto Chacon de Albuquerque
325. *Psicanálise e Teoria Literária: O Tempo Lógico e as Rodas da Escritura e da Leitura*, Philippe Willemart
326. *Os Ensinamentos da Loucura: A Clínica de Dostoiévski*, Heitor O´Dwyer de Macedo
327. *A Mais Alemã das Artes*, Pamela Potter
328. *A Pessoa Humana e Singularidade em Edith Stein*, Francesco Allieri
329. *A Dança do Agit-Prop*, Eugenia Casini Ropa
330. *Luxo & Design*, Giovanni Cutolo
331. *Arte e Política no Brasil*, André Egg, Artur Freitas e Rosane Kaminski (orgs.)
332. *Teatro Hip-Hop*, Roberta Estrela D'Alva
333. *O Soldado Nu: Raízes da Dança Butô*, Éden Peretta
334. *Ética, Responsabilidade e Juízo em Hannah Arendt*, Bethania Assy
335. *Alegoria em Jogo: A Encenação Como Prática Pedagógica*, Joaquim Gama
336. *Jorge Andrade: Um Dramaturgo no Espaço Tempo*, Carlos Antônio Rahal
337. *Nova Economia Política dos Serviços*, Anita Kon
338. *Arqueologia da Política*, Paulo Butti de Lima
339. *Campo Feito de Sonhos*, Sônia Machado de Azevedo
340. *A Presença de Duns Escoto no Pensamento de Edith Stein: A Questão da Individualidade*, Francesco Alfieri
341. *Os Miseráveis Entram em Cena: Brasil, 1950-1970*, Marina de Oliveira
342. *Antígona, Intriga e Enigma*, Kathrin H. Rosenfield
343. *Teatro: A Redescoberta do Estilo e Outros Escritos*, Michel Saint-Denis
344. *Isto Não É um Ator*, Melissa Ferreira
345. *Música Errante*, Rogério Costa
346. *O Terceiro Tempo do Trauma*, Eugênio Canesin Dal Molin
347. *Machado e Shakespeare: Intertextualidade*, Adriana da Costa Teles
350. *Educação, uma Herança Sem Testamento*, José Sérgio Fonseca de Carvalho
351. *Autoescrituras Performativas*, Janaina Fontes Leite
353. *As Paixões na Narrativa*, Hermes Leal

Este livro foi impresso na cidade de São Paulo,
nas oficinas da MarkPress Gráfica e Editora, em outubro de 2017,
para a Editora Perspectiva